Direito Tributário

Política Fiscal

www.editorasaraiva.com.br/direito
Visite nossa página

série **GVlaw**

Roberto França de Vasconcellos
Coordenador

Direito Tributário

Política Fiscal

Edison Carlos Fernandes
Elidie Palma Bifano
Eurico Marcos Diniz de Santi
Everardo Maciel
Flávio Rubinstein
Frederico Araujo Turolla
Marcio Roberto Alabarce
Marcos Cintra
Roberto França de Vasconcellos
Rogério Mori
Vanessa Rahal Canado

2ª edição
2016

FGV DIREITO SP

Editora Saraiva

Rua Henrique Schaumann, 270, Cerqueira César – São Paulo – SP
CEP 05413-909
PABX: (11) 3613 3000
SAC: 0800 011 7875
De 2ª a 6ª, das 8:30 às 19:30
www.editorasaraiva.com.br/contato

Direção editorial Luiz Roberto Curia
Gerência editorial Thaís de Camargo Rodrigues
Assistência editorial Daniel Pavani Naveira

Coordenação geral Clarissa Boraschi Maria
Preparação de originais Maria Izabel Barreiros Bitencourt Bressan e
   Ana Cristina Garcia (coords.)
   Ana Paula Soares
Arte e diagramação Jessica Siqueira
Revisão de provas Amélia Kassis Ward e
   Ana Beatriz Fraga Moreira (coords.)
   Denise Pisaneschi
Serviços editoriais Elaine Cristina da Silva
   Kelli Priscila Pinto
   Tiago Dela Rosa

Produção gráfica Marli Rampim
Impressão Intergraf Ind. Gráfica Eireli.
Acabamento Intergraf Ind. Gráfica Eireli.

ISBN 978-85-02-63077-2

Dados Internacionais de Catalogação na Publicação (CIP)
(Câmara Brasileira do Livro, SP, Brasil)

Direito tributário : política fiscal / Roberto França de Vasconcellos, coordenador. – 2. ed. – São Paulo : Saraiva, 2016. – (Série GVlaw)

Vários autores.

1. Brasil - Política fiscal 2. Direito tributário 3. Direito tributário - Brasil I. Vasconcellos, Roberto França de. II. Série.

15-02524   CDU-34:336.2(81)

Índice para catálogo sistemático:

1. Brasil : Direito tributário   34:336.2(81)

Data de fechamento da edição: 2-12-2015

Dúvidas?
Acesse www.editorasaraiva.com.br/direito

Nenhuma parte desta publicação poderá ser reproduzida por qualquer meio ou forma sem a prévia autorização da Editora Saraiva.
A violação dos direitos autorais é crime estabelecido na Lei n. 9.610/98 e punido pelo artigo 184 do Código Penal.

120.486.002.001   969301

Aos alunos do Programa de Pós-Graduação
Lato Sensu da FGV DIREITO SP (GVlaw).

SUMÁRIO

Prefácio 15
Apresentação 19
Nota dos Editores 21

1 POLÍTICA FISCAL E DESEMPENHO MACROECONÔMICO
Rogério Mori

1.1 Introdução 25
1.2 O papel estabilizador da política fiscal 27
1.3 Política fiscal brasileira: do desenvolvimentismo à ortodoxia 30
1.4 Política fiscal brasileira: desempenho macroeconômico recente 32
1.5 Conclusões 42
Referências 43

2 RESPONSABILIDADE FISCAL E INVESTIMENTO PÚBLICO NO BRASIL
Frederico Araujo Turolla

2.1 Introdução 47
2.2 O financiamento da despesa pública no Brasil 48
    2.2.1 Emissão monetária 49
    2.2.2 Endividamento público 50

SUMÁRIO

2.2.3 Tributação	55
2.3 Investimentos públicos	59
2.4 Observações finais	63
Referências	64

3 GLOBALIZAÇÃO, MODERNIZAÇÃO E INOVAÇÃO FISCAL
Marcos Cintra

3.1 Introdução	69
3.2 A síndrome dos porcos assados	73
3.3 A nova realidade mundial	75
3.4 O sistema tributário brasileiro	83
3.5 A escolha da espécie tributária	85
3.6 Custo de conformidade	90
3.7 Salários e Previdência: desoneração da folha de pagamentos	94
3.8 O resgate da função arrecadatória dos impostos	102
3.9 Equidade	105
3.10 A defesa da movimentação financeira	107
3.11 Tributação do consumo: Imposto sobre Valor Agregado (IVA) e *turnovers*	109
3.12 O exemplo do PIS/Cofins não cumulativo	129
3.13 Algumas simulações e conclusões	137
Referências	160

4 ADAPTAÇÃO DA POLÍTICA FISCAL EM TEMPO DE ECONOMIA INTERNACIONAL INTEGRADA
Edison Carlos Fernandes

4.1 Entendimento sobre política fiscal	171
4.2 Questões prévias relacionadas à análise tributária	173
4.3 Influência da economia internacional integrada sobre a soberania fiscal	176

4.3.1 Influência formal...	177
4.3.1.1 Formação de blocos econômicos............	177
4.3.1.2 Condução do comércio internacional	180
4.3.2 Influência econômica...	181
Referências	183

5 ASPECTOS ECONÔMICOS DOS TRATADOS INTERNACIONAIS EM MATÉRIA TRIBUTÁRIA
Roberto França de Vasconcellos

5.1 Introdução...	187
5.2 Tratados internacionais em matéria tributária...............	187
5.3 Incentivo ao comércio internacional............................	191
5.3.1 Bitributação..	195
5.3.2 Medidas de combate à bitributação...................	198
5.3.3 Mecanismos dos acordos de bitributação...........	207
5.4 Promoção do desenvolvimento econômico dos países envolvidos...	211
Conclusões..	226
Referências	227

6 A REPARTIÇÃO DE COMPETÊNCIAS TRIBUTÁRIAS NO BRASIL SOB A ÓTICA DA TEORIA NORMATIVA DO FEDERALISMO FISCAL
Flávio Rubinstein

6.1 Introdução...	233
6.2 Custos e benefícios da atribuição de competências tributárias aos governos subnacionais	240
6.2.1 Autonomia financeira subnacional......................	240
6.2.2 Concorrência intergovernamental	242
6.2.3 Externalidades intergovernamentais.....................	246
6.3 Critérios para a atribuição ótima de competências tributárias na Federação	248
6.3.1 Exportação de tributos.......................................	248

6.3.2 Mobilidade da base tributária 249
6.3.3 Eficiência na promoção das funções do Estado.... 251
6.3.4 Eficiência econômica 254
6.3.5 Economias de escala e viabilidade na administração tributária.. 255
6.4 Atribuição de competências tributárias na Federação brasileira 257
 6.4.1 Federalismo cooperativo e Sistema Tributário no Brasil 257
 6.4.2 Visão panorâmica do Sistema de Repartição de Competências Tributárias Brasileiro.................... 263
 6.4.3 Tributos atribuídos à União 268
 6.4.4 Tributos atribuídos aos Estados-Membros e ao Distrito Federal.. 272
 6.4.5 Tributos atribuídos aos Municípios...................... 279
6.5 Transferências intergovernamentais para repartição de receitas tributárias 287
 6.5.1 Instrumentos de repartição de receitas tributárias da União... 288
  6.5.1.1 Participações diretas 288
  6.5.1.2 Participações indiretas 290
 6.5.2 Instrumentos de repartição de receitas tributárias dos Estados e do Distrito Federal........................ 301
6.6 Carga tributária por nível de governo........................... 303
6.7 Considerações finais.. 305
Referências 309

7 DIREITO TRIBUTÁRIO E DIREITO FINANCEIRO: RECONSTRUINDO O CONCEITO DE TRIBUTO E RESGATANDO O CONTROLE DA DESTINAÇÃO

Eurico Marcos Diniz de Santi e
Vanessa Rahal Canado

7.1 Introdução... 321

7.2 O aumento da carga tributária e as contribuições: renovação do debate entre o "direito tributário" e o "direito financeiro".. 321
7.3 A destinação das contribuições e a classificação das espécies tributárias 327
7.4 Um novo conceito de tributo sob a égide da Constituição de 1988: viabilizando o controle da destinação das contribuições 332
    7.4.1 O conceito de tributo do art. 3º do Código Tributário Nacional e a nova conformação constitucional das espécies tributárias............................... 333
    7.4.2 O surgimento das contribuições e a destinação do produto da arrecadação: um novo conceito de tributo a partir do Código Tributário Nacional e da Constituição de 1988 335
    7.4.3 O controle da validade formal da regra-matriz da destinação e a repetição do indébito tributário.... 337
7.5 Conclusão: respostas às questões.................................... 339
    7.5.1. Existe autonomia entre o direito tributário e o direito financeiro? 339
    7.5.2. A destinação é relevante na classificação das espécies tributárias?.. 340
    7.5.3 O critério da destinação é relevante no controle da competência tributária das "contribuições"?... 340
Referências 341

8 A REFORMA DA TRIBUTAÇÃO SOBRE O CONSUMO NO BRASIL
Marcio Roberto Alabarce

8.1 A evolução do sistema constitucional de tributação sobre o consumo no Brasil 345
8.2 A complexidade do sistema de tributação sobre o consumo no Brasil 350
8.3 Os 19 anos de Reforma Tributária (1988-2007) 356

8.4 Um caso prático: a Reforma Tributária realizada em 2003 369
8.5 Os objetivos foram atingidos?............................... 375
Referências 381

9 TÓPICOS DE ADMINISTRAÇÃO TRIBUTÁRIA
Everardo Maciel

9.1 Introdução 391
9.2 Carga tributária, evasão e elisão fiscais 394
9.3 Modelos organizacionais na administração tributária 403
9.4 Gestão de pessoas na administração tributária 407
9.5 Fluxos de informação na administração tributária 409
9.6 Procedimentos de fiscalização 414
9.7 Compensação e restituição de tributos 416
9.8 Órgãos de julgamento administrativo fiscal e gestão de passivos tributários 420
9.9 O enfrentamento de desvios na administração tributária 425
Referências 428

10 MEDIDAS DE COMBATE AO PLANEJAMENTO TRIBUTÁRIO E À EVASÃO FISCAL
Elidie Palma Bifano

10.1 Informalidade e sonegação no Brasil 433
    10.1.1 Informalidade 433
        A) Conceito 433
        B) Razões da informalidade no Brasil 434
        C) O tributo ótimo 436
    10.1.2 Sonegação e outros ilícitos 439
        A) Conceito de sonegação 439
        B) Direito tributário penal e direito penal tributário: punibilidade 442
        C) Diferenças e semelhanças com outras figuras: o uso indevido do tipo penal 443

D) Informalidade e sonegação	445
10.2 Fundamentos para adoção de uma cláusula geral antielisiva	446
10.2.1 O que é elisão e evasão?	446
10.2.2 O que é uma cláusula geral antielisiva?	448
10.2.3 Aplicação de cláusula antielisiva no Brasil	450
10.3 Repressão ao planejamento tributário	452
10.3.1 Institutos legais tradicionais	453
A) Distribuição Disfarçada de Lucros – DDL	453
B) Substituição tributária e regime de fonte	454
C) Preços de transferência	454
D) Desconsideração de negócios e os crimes contra a ordem tributária	455
10.4 Tendências dos tribunais administrativos e judiciais relativamente ao planejamento tributário	455
10.5 Procedimentos de fiscalização das empresas	457
10.5.1 O crédito tributário e seus privilégios	457
10.5.2 Meios de arrecadação estranhos à lei	457
10.5.3 Fiscalização e informalidade	459
Referências	460

PREFÁCIO

A concepção e o desenvolvimento de uma obra coletiva como a que ora se apresenta somente seria possível em um ambiente de ampla liberdade acadêmica e científica, tolerante com a abordagem não convencional e multidisciplinar, exatamente como o que é cultivado pelo GVlaw em São Paulo, que se firmou como um dos centros mais produtivos e inovadores da pesquisa na área jurídica no Brasil. À liberdade acadêmica alia-se o perfil do corpo docente, composto em sua maioria por jovens e talentosos juristas, representantes da vanguarda do pensamento jurídico nacional, livres das amarras dos tradicionais modelos formais e dogmáticos.

Nesse sentido, foi decisiva para a realização do projeto, constituído primeiramente pelo curso (apresentado no GVlaw) e em seguida pelo livro de Política Fiscal, a participação de profissionais e acadêmicos com diferentes formações e atuantes em áreas variadas como Direito, Economia, Contabilidade, Finanças Públicas etc., tendo em comum, entretanto, elevado conceito no cenário nacional, conquistado principalmente por seus sólidos conhecimentos teóricos e práticos.

O resultado foi uma obra de inquestionável qualidade, que certamente contribuirá para preencher um incompreensível vazio na literatura nacional, lançando luzes e permitindo que a discussão sobre tema tão relevante, como a Política Fiscal, seja travada em elevado nível técnico, sem espaço para demagogia ou retórica.

PREFÁCIO

O desafio da coordenação da presente obra, se é que se pode usar tal termo considerando-se a excelência dos autores, consistiu em dar coerência a trabalhos elaborados por especialistas que nem sempre se expressam na mesma "língua" e que, não raro, defendem visões diametralmente opostas – a do jurista, a do economista, a do funcionário público etc. Mas é justamente nesta profusão de pensamentos que reside a riqueza da obra em questão. Assim, ao pensamento do jurista são contrapostos os argumentos do economista, muitas vezes lastreados em modelos matemáticos; à defesa passional do contribuinte é oposta a convicção daquele que experimentou a vida pública e seus meandros, e assim por diante.

A obra conta com artigos escritos por Rogério Mori e Frederico Araujo Turolla, professores integrantes da Escola de Economia da Fundação Getulio Vargas, tratando o primeiro autor dos efeitos da política fiscal sobre o desempenho macroeconômico, orientado pelas diversas dimensões contextuais da economia, para, em seguida, dedicar-se à digressão histórica do processo da elaboração da política fiscal no Brasil; já o segundo autor debruçou-se sobre o investimento público, considerando as suas fontes de financiamento e eventuais limites, como emissão monetária, endividamento e tributação, destacando o ônus político subjacente.

Em seguida são abordados temas relacionados ao processo de globalização e internacionalização da economia brasileira. Assim, temos a participação do Prof. Marcos Cintra, professor da Fundação Getulio Vargas e figura pública de grande projeção, que nos honra com artigo sobre a globalização, modernização e inovação fiscal, ressaltando a necessidade premente de, nas economias modernas, alicerçadas em eficientes recursos tecnológicos, proceder-se a uma reforma dos sistemas tributários convencionais, que se mostram incapazes de lidar com o processo fiscal em seus respectivos Estados Nacionais e analisando, além disso, a sempre debatida cumulatividade tributária.

Ainda no contexto da globalização, outros dois artigos, um escrito por Edison Carlos Fernandes, professor dos cursos do GVlaw, que, tomando por objeto o fenômeno da formação dos blocos regionais, aproveita para perquirir acerca do papel da soberania fiscal nos dias atuais, e outro artigo, de nossa autoria, versando sobre os Tratados Internacionais em Matéria Tributária, acordos bilaterais entre países que dispõem sobre tributos incidentes sobre a renda e o capital, bem como o papel que eles desempenham no desenvolvimento econômico das nações.

A partir daí, a obra traz dois artigos relacionados ao federalismo fiscal. O primeiro deles de autoria de Flávio Rubinstein, que leciona nos cursos do GVlaw, tratando da repartição de competências tributárias entre os entes da federação, buscando os parâmetros de tributação ótima para estruturação dos sistemas tributários dos Estados Federais. Ainda neste contexto, temos o artigo de Eurico Marcos Diniz de Santi e Vanessa Rahal Canado, sendo o primeiro renomado jurista e professor da FGV DIREITO SP, e a coautora, por seu turno, também professora da FGV DIREITO SP e advogada em São Paulo, e que, juntos, escrevem sobre o tema dos mais controvertidos da atualidade, relacionando o conceito de tributo com o controle da destinação, especialmente no que diz respeito às contribuições.

Após esta etapa, é apresentado artigo tratando de tópico da maior relevância, escrito por Marcio Roberto Alabarce, experiente advogado tributarista, discorrendo sobre a tributação do consumo no Brasil e, especialmente, acerca das diversas propostas de reforma tributária colocadas à mesa para negociação de tempos em tempos.

Por fim, temos dois artigos que envolvem o setor público e seus poderes fiscalizatórios. Assim, Everardo Maciel, ex-Secretário da Receita Federal e figura de grande proeminência, nos honra com artigo sobre a administração tributária onde relaciona diversos assuntos com os quais se defrontou ao longo de sua vida pública, tais como modelos organizacionais da administração tributária, carga tributária, órgãos de julgamento administrativo, gestão de pessoas etc.

E, para concluir, temos o artigo de Elidie Bifano, professora do mestrado profissional da FGV DIREITO SP, tributarista com rica experiência profissional e marcante atuação acadêmica, sobre tema palpitante – as medidas de combate ao planejamento tributário e à evasão fiscal empregados pelo poder público.

O objetivo principal da presente obra não se restringe à apresentação de dados e informações, mas principalmente fornecer ao leitor os instrumentos para que a reflexão e discussão sobre Política Fiscal no cenário nacional possa ocorrer dentro de parâmetros tecnicamente rigorosos.

Roberto França de Vasconcellos

APRESENTAÇÃO

A Escola de Direito de São Paulo da Fundação Getulio Vargas (FGV DIREITO SP) nasceu com a preocupação de implementar um projeto inovador para o ensino jurídico no país, apresentando-se como alternativa a formas tradicionais de pensar e ensinar o Direito.

Esse compromisso fundamental se consubstanciou na construção de diferenciais teóricos e práticos prezados pela Escola. São eles marcas que identificam a FGV DIREITO SP e criam condições para o aperfeiçoamento constante do projeto. O investimento na ampla difusão do conhecimento produzido na Escola e o emprego de métodos participativos de ensino são duas dessas marcas.

A Série GVlaw, editada pelo Programa de Pós-Graduação Lato Sensu da FGV DIREITO SP (GVlaw), concretiza esses sinais distintivos: publica material bibliográfico que assume a complexidade do fenômeno jurídico e que estimula o ensino a partir do enfrentamento de problemas concretos. Além disso, serve de suporte para uma prática pedagógica que aposta na autonomia discente, buscando superar a visão que assume o professor como detentor de todas as respostas e o aluno como espectador passivo de conhecimentos transmitidos por seus mestres.

Produzida por profissionais altamente qualificados, a Série GVlaw completou nove anos em 2015: o sucesso editorial e a influência na prática jurídica mostram que foi acertada a aposta do

GVlaw em convidar seu distinto corpo docente para investir num novo tipo de material didático para um novo tipo de ensino.

Emerson Ribeiro Fabiani
Diretor Executivo do Programa de Pós-Graduação
Lato Sensu da FGV DIREITO SP (GVlaw)

NOTA DOS EDITORES

A parceria FGV DIREITO SP/Saraiva publica livros didáticos, acadêmicos e voltados para a prática profissional. As obras da parceria foram organizadas em três Coleções que contam com rigorosos critérios de seleção para garantir a originalidade dos temas abordados, a alta qualidade dos textos e a inovação nos métodos de pesquisa e nas metodologias de ensino que orientam a elaboração de seus livros didáticos.

O rigor nos critérios de seleção e na produção dos livros é a garantia de que essa parceria seja veículo para um conhecimento sobre o Direito em constante transformação, capaz de acompanhar as questões jurídicas atuais com a seriedade e a qualidade exigidas dos juristas e demais estudiosos do tema.

A Coleção *Direito, Desenvolvimento e Justiça* é acadêmica e está aberta a autores de todo o Brasil. Seus livros são selecionados por um Conselho Editorial composto por professores renomados, oriundos de instituições de vários Estados brasileiros. A Coleção pretende contribuir para a reflexão e para o aperfeiçoamento do Estado de Direito brasileiro com a análise de temas como a promoção e a defesa dos direitos fundamentais, inclusive no que se refere à justiça social, e o desenvolvimento do Brasil, compreendido simultaneamente como avanço econômico e realização da liberdade. Além disso, as obras da Coleção pretendem discutir o ensino jurídico de forma crítica e divulgar materiais de ensino inovadores, inclusive baseados em métodos de ensino participativos. Afinal, para pensar criticamente as instituições é preciso ensinar o Direito criticamente.

A Coleção *Direito em Contexto* publica obras úteis à atividade profissional para além das rotinas estabelecidas. A busca de soluções novas implica ampliar os conhecimentos no campo do Direito, mas também arriscar-se em outras áreas do pensamento e dialogar com outras maneiras de pensar. Por essa razão, a Coleção incluirá obras que estabeleçam ligações entre os problemas práticos do Direito e da sociedade, sem deixar de lado a especificidade do Direito em sua dimensão profissional. Os livros dessa Coleção veicularão trabalhos de professores e pesquisadores selecionados com o auxílio de um Conselho Editorial formado por profissionais renomados em suas áreas de atuação.

A Série GVlaw tem como referência os temas dos cursos oferecidos pelo Programa de Pós-Graduação Lato Sensu da FGV DIREITO SP (GVlaw). Seu objetivo é refletir a dinâmica de seus cursos em artigos que contemplem tanto o rigor acadêmico como a prática jurídica, voltados para os profissionais de Direito que têm sua atuação pautada pela complexidade de questões contemporâneas. O material bibliográfico é selecionado por uma Comissão Editorial, e uma equipe de revisores, mestrandos e doutorandos, é responsável por supervisionar a produção dos textos. Os autores são professores do GVlaw, todos eles mestres, doutores, pós-doutores, livre-docentes e profissionais que se destacam no mercado e no meio jurídico por sua competência prática e acadêmica.

Este exemplar integra a Série GVlaw e apresenta como linha de pesquisa "Direito e Desenvolvimento", a mesma linha adotada pela Escola de Direito de São Paulo da Fundação Getulio Vargas (FGV DIREITO SP). A área de publicações acompanha a produção do livro e a montagem dos originais, garantindo o padrão dos livros da série.

Por meio dessas medidas, os livros adquirem autonomia em relação aos cursos, convertendo-se em material para ampla divulgação de ideias, conhecimentos e discussões jurídicas de questões atuais.

1 POLÍTICA FISCAL E DESEMPENHO MACROECONÔMICO

Rogério Mori

Professor de carreira da Escola de Economia da Fundação Getulio Vargas de São Paulo (FGV/EESP); coordenador dos Cursos de Pós-Graduação Lato Sensu e de Educação Continuada da FGV/EESP; coordenador do Mestrado Profissional em Economia e Direito da FGV/EESP; doutor em Economia de Empresas pela Fundação Getulio Vargas de São Paulo; ex-secretário-adjunto de Política Econômica do Ministério da Fazenda (1995-1997); atuou no mercado financeiro por seis anos.

1.1 Introdução

Uma das grandes questões acerca da economia brasileira dos últimos anos remete ao debate em torno da política fiscal e seu papel no contexto atual. Essa problemática ganhou novas dimensões, tendo em face sua evolução ao longo da última década e das perspectivas para os próximos anos. Sob esse ângulo, o País caminha de forma inequívoca para uma trajetória na qual decisões difíceis terão de ser confrontadas à realidade de um ambiente economicamente cada vez mais complexo e globalizado que se avizinha ao final da primeira década do século XXI.

Nesse contexto, cabe resgatar de forma breve o papel da ação do governo no âmbito da política fiscal e suas funções básicas. Em linhas gerais, três funções podem ser delineadas tomando-se por base essas ações: a função alocativa, a função distributiva e a função estabilizadora.

Basicamente, a função alocativa da política fiscal concerne o fornecimento de bens públicos, uma vez que, em princípio, eles não podem ser fornecidos de maneira adequada às necessidades da sociedade por meio do sistema de mercado. Uma vez que esses bens são não rivais e não excludentes, os benefícios gerados estão disponíveis a todos os consumidores, o que gera a problemática de que, potencialmente, não existam pagamentos voluntários para a produção desses bens nos níveis socialmente desejados. Dessa forma, o papel do governo em torno dessa questão centra-se na determinação do tipo e da quantidade dos bens públicos a serem produzidos e ofertados. A partir disso, o governo deve determinar o nível de contribuição dos consumidores na forma de impostos, com a finalidade de financiar a produção desses bens. Sob essa lógica, pode-se considerar que o processo eleitoral surge, em certo sentido, como uma alternativa ao sistema de mercado, uma vez que a eleição revela, em grande medida, as preferências da sociedade em termos de produção e financiamento de bens públicos.

A função distributiva está ligada a mecanismos que atuem no sentido de ajustar a distribuição da renda da sociedade da forma que ela considere mais adequada. Nesse sentido, a distribuição da renda oriunda das dotações dos fatores de produção e da sua remuneração no mercado pode não ser condizente com os anseios da sociedade. O papel do governo, sob essa ótica, é realizar ajustes em termos distributivos, de forma a realizar uma distribuição considerada justa e adequada para a sociedade. Os principais instrumentos em poder do governo para promover tais ajustes são os impostos, os subsídios e as transferências, e cabe a ele calibrá-los ao longo do tempo em face da dinâmica social e da produção.

A função estabilizadora da política fiscal, por sua vez, tem como papel fundamental a utilização da política econômica com vistas a proporcionar crescimento econômico, elevado nível de emprego e estabilidade da inflação em patamar baixo. Nessa visão, o governo tem papel fundamental ao garantir de maneira explícita na condução da política econômica, com destaque para a política fiscal, os elementos essenciais para um bom desempenho econômico do País.

Sob essa perspectiva, a política fiscal brasileira, analisada pelo prisma de sua função estabilizadora, transcendeu sua característica básica ao longo de boa parte da segunda metade do século XX e ganhou contornos desenvolvimentistas, com maior intervenção do Estado na economia brasileira.

O foco deste capítulo é apresentar uma discussão em torno dessa temática e indicar como a política fiscal, nos últimos anos, registrou mudanças substanciais em relação ao que foi praticado no contexto desenvolvimentista de boa parte do século passado. Dessa forma, do ponto de vista analítico, a estrutura do capítulo foca-se em uma discussão inicial e necessária sobre o papel da política fiscal e seu perfil no contexto da função estabilizadora, orientando-se pelas diferentes dimensões contextuais da economia, que transcenderam a percepção tradicional dessa visão. Em seguida, o capítulo explora essas diferentes perspectivas lançando um olhar crítico sobre a evolução da política fiscal implementada desde as bases que nortearam a implementação do Plano Real, no início da década de 1990. Essa dimensão histórica, confrontada com os principais elementos analíticos discutidos, torna possível vislumbrar e analisar as principais questões da política fiscal brasileira em relação ao desempenho macroeconômico observado e acerca de suas perspectivas futuras.

1.2 O papel estabilizador da política fiscal

O papel estabilizador da ação do Estado por meio da política fiscal teve diferentes visões ao longo da evolução da ciência econômica. No início do século XX, até meados da década de 1930, a visão prevalecente ditava que a economia dispunha de mecanismos de ajuste automáticos que garantiam o pleno emprego dos fatores. Nesse contexto, no que ficou subsequentemente conhecido como a visão clássica, a flexibilidade de preços e salários assegurava que desvios do produto em relação ao seu potencial poderiam ocorrer apenas temporariamente. Caso o produto se situasse abaixo do seu potencial, o mercado de trabalho e o mercado de bens se ajustariam de tal sorte a levar o produto novamente ao pleno emprego. Essa mecânica também ocorreria em situações nas quais o produto se situasse acima desse patamar, com o efeito final de uma elevação nos preços. Assim, esse mecanismo de ajuste automático eliminava a hipótese da existência de desemprego involuntário na economia, assegurando níveis de emprego no mercado de trabalho compatíveis com o produto de pleno emprego.

A Grande Depressão norte-americana da década de 1930 e a publicação de "A teoria geral do juro, do emprego e da moeda", de autoria de John Maynard Keynes, mudaram radicalmente essa percepção. No contexto da realidade econômica, a Grande Depressão norte-americana foi um divisor importante, uma vez que o produto registrou uma queda de cerca de 30% no período 1929-33, e a taxa de desemprego chegou a 25,2% em 1933. Mesmo com a deflação registrada no período, a economia norte-americana parecia não dispor de mecanismos automáticos para retornar ao pleno emprego, o que abriu uma nova agenda do ponto de vista do debate em torno do papel do Estado na economia.

A obra de Keynes, por sua vez, reconhece que a demanda tem um papel importante nas limitações ao produto e ao emprego em determinadas circunstâncias. Essa percepção representa uma clara mudança em relação à visão clássica predominante na época. Em determinados momentos, ante a incapacidade das economias se auto-ajustarem de forma a garantir o pleno emprego dos fatores de maneira quase automática, o Estado assumiu um papel importante na ação estabilizadora do produto e do emprego. Dessa forma, a ação do governo em momentos de excesso ou insuficiência de demanda agregada, por meio de instrumentos de política fiscal ou monetária, garantiria um elevado nível de produção e emprego. Tal ação permitiria elevadas taxas de crescimento e baixa inflação.

É nesse contexto que a política fiscal, através de variações nos gastos públicos ou de impostos, tem papel estabilizador fundamental reconhecido a partir desse período. Ao longo das décadas subsequentes, a teoria econômica interpretou e reinterpretou essa visão de diferentes formas e novas questões e visões foram incorporadas à dimensão da ação do Estado no âmbito estabilizador.

No contexto da teoria macroeconômica moderna, o papel estabilizador da política fiscal nos moldes vislumbrados nos anos 1950 e 1960 se contrapõe à cristalização de uma série de vertentes teóricas desenvolvidas ao longo das últimas décadas, que sinalizam para uma posição menos ativa do governo no desempenho dessa função[1]. Essas vertentes, que apontam, em grande medida, para a formação de algum consenso entre as diversas escolas macroeconômicas indicam que a tendência de crescimento do produto real é sugerida pelas características da oferta agregada, e as flutuações de curto prazo em torno dessa tendência são, primariamente, originadas a partir de choque na demanda agregada.

Em contraste com a visão keynesiana de meados do século passado, grande parte das escolas de pensamento macroeconômico sinaliza que os governos deveriam se abster do seu papel de tentar realizar uma "sintonia fina" na economia de seus países para tentar manter o nível de produto e de emprego próximo ao seu nível natural (ou de pleno emprego), utilizando políticas discricionárias de demanda agregada. Grande parte dos economistas que compartilham dessa visão aponta que o potencial estabilizador de políticas fiscais discricionárias ativas tem papel muito limitado, e que seu papel estabilizador se encapsula nos estabilizadores automáticos[2].

Do ponto de vista prático, a visão teórica moderna se descortina em uma perspectiva que limita, em grande medida, a ação do Estado no âmbito da sua função estabilizadora nos moldes keynesianos. Parte dessa literatura também versa sobre especificidades e potenciais desestabilizadores no contexto do sistema econômico de políticas fiscais discricionárias.

Essa questão mostrou-se particularmente sensível na América Latina, dadas as circunstâncias econômicas vivenciadas na região nos anos 1980. Em um claro contraponto à natureza da política fiscal praticada por grande parte dos países da região até o referido período,

---

[1] As críticas a políticas expansionistas e discricionárias de demanda agregada possuem diferentes vertentes, cujos melhores exemplos talvez sejam o monetarismo de Milton Friedman nos anos 1950 e 1960 e os Novos Clássicos.

[2] Para uma melhor compreensão das escolas de pensamento macroeconômico e suas diferentes visões sobre políticas de demanda agregada *vide* Snowdon e Vane (2005).

o eixo central da discussão no âmbito fiscal se deslocou para temas, em certo sentido, mais relacionados ao de uma política fiscal sustentável. No Brasil, essa discussão tem-se traduzido em elementos substanciais, que condicionaram a evolução da política fiscal do País nos últimos anos e que serão discutidos ao longo das próximas seções.

1.3 Política fiscal brasileira: do desenvolvimentismo à ortodoxia[3]

Tratar da política fiscal brasileira pelo prisma puro do seu papel estabilizador nos moldes keynesianos tradicionais guarda uma série de problemáticas de solução não trivial. Nesse sentido, em se focando especificamente o papel do Estado brasileiro durante a segunda metade do século XX, é possível avaliar que sua dimensão no contexto de papel estabilizador transcende essa visão. Sob essa ótica, o papel do Estado brasileiro durante esse período pode ser mais bem caracterizado como participante ativo do processo de desenvolvimento econômico do País, transcendendo as características usuais de estabilizador da demanda agregada.

De fato, é necessário lançar um olhar ao passado para obter maior compreensão a respeito desse processo em um contexto histórico mais amplo. É possível caracterizar um processo de maior intervenção estatal na economia brasileira com origem nos anos 1930 e 1940 em um período de industrialização, onde a preocupação central era garantir que esse processo tivesse plenas condições de ser levado adiante. No bojo dessa estratégia, o maior intervencionismo do Estado no setor produtivo se processou em face da existência de um setor privado relativamente pequeno na tentativa de limitar uma maior participação estrangeira em vários segmentos da economia brasileira.

---

[3] Sobre as diferentes escolas do pensamento econômico brasileiro e suas influências sobre a política econômica, *vide* Szmrecsányi e Coelho (2007), em especial os capítulos 1 a 4.

Em grande medida, esse processo prosseguiu ao longo das décadas seguintes e apenas seus contornos relativos foram realinhados em relação à evolução da estrutura produtiva e social do País ao longo desse período. De fato, pode-se dizer que o País encerrou a década de 1970 com estrutura produtiva baseada em uma grande participação do setor industrial, apresentando uma pauta de produção ampla e diversificada.

A crise da dívida externa brasileira dos anos 1980 e o problema inflacionário daquela década reverteram de forma gradativa as prioridades presentes na agenda do Estado brasileiro. Reconhecidamente, ao longo daquela década a problemática da inflação assumiu prioridade plena em um ambiente onde se mostrava cada vez mais claro que a não solução dessa questão inviabilizaria o restabelecimento de uma agenda de crescimento para o País.

Sob essa perspectiva, os primeiros passos no sentido de uma maior preocupação com o lado fiscal foram dados naquele período. Essa questão ganhou nova dimensão no Brasil e na América Latina a partir do "Consenso de Washington", no final daquela década, que apontava o desajuste fiscal e a presença excessiva do Estado na economia como entraves para a retomada do crescimento econômico da região.

Em face desses elementos, verificou-se uma clara inversão na lógica da ação do Estado a partir daquele período. O processo de privatizações da década de 1990, a priorização do ajuste fiscal após a bem-sucedida estabilização da inflação em patamar baixo e a abertura econômica representaram um contraponto à dinâmica verificada até o final dos anos 1970.

Sob essa perspectiva, a política fiscal dos últimos anos se insere em contexto claramente diferente daquele vivenciado em décadas anteriores. Seu eixo de priorização se encaixa em um enfoque ortodoxo, embora sua implementação reforce diversos aspectos negativos subjacentes à estratégia implementada, particularmente, a partir de 1998. Essa dinâmica amplificou sua problemática em relação a vários efeitos fiscais oriundos da Constituição de 1988[4] e de problemas de gestão oriundos e inerentes à estrutura do setor público brasileiro.

Assim, é evidente que a política fiscal praticada nos últimos anos é resultante de um processo histórico. Adicionalmente, é fato que a política fiscal tem condicionado, em grande medida, o desempenho macroeconômico brasileiro nos últimos anos, eixo a ser analisado na próxima seção.

1.4 Política fiscal brasileira: desempenho macroeconômico recente

A política fiscal brasileira praticada ao longo da década de 1990 registrou uma clara mudança em relação à praticada nas décadas anteriores. De fato, as alterações na condução dessa área foram, de um lado, reflexos explícitos de um processo histórico em curso em ambiente econômico internacional que se encaminhava para um contexto mais integrado, e das necessidades decorrentes da estabilização da economia brasileira.

Dessa forma, a rediscussão e o redesenho do papel do Estado no contexto econômico nacional ganharam uma nova perspectiva e dimensão, cujas origens embrionárias se situavam na década de 1980. De fato, essa década foi marcada, no plano nacional, por um período de forte instabilidade econômica, predominantemente a partir da crise da dívida externa brasileira. A sequência de programas de estabilização malsucedidos apenas contribuiu para que essa dinâmica ganhasse corpo na década seguinte.

Em uma perspectiva mais ampla, do ponto de vista de condicionamento de ações no campo da política fiscal, é evidente que não se pode desprezar a lógica implícita subjacente aos efeitos da Cons-

---

[4] Giambiagi e Alem (2001) destacam pontos relevantes sobre a problemática associada à Constituição de 1988 e seus efeitos sobre as contas públicas brasileiras.

tituição de 1988 sobre as contas públicas. Tais efeitos, levando-se em consideração as necessidades de um ajuste fiscal, essencial na consolidação de um programa de estabilização, e no novo papel do Estado, cujas linhas gerais se assemelhavam à dinâmica sugerida pelo "Consenso de Washington"[5], definiram, em grande medida, a estratégia da política fiscal ao longo dos anos 1990 e da década seguinte.

Sob essa perspectiva, a política fiscal dos anos 1990 pode ser dividida em três momentos determinados, em grande medida, pelo conjunto de ações e orientação do Governo em um contexto de redesenho da mesma e do papel do Estado no País. Nesse sentido, o primeiro momento pode ser definido como pré-estabilização, na qual alguns esforços fiscais mínimos começaram a ser ensaiados e onde se iniciou o processo de restrição e redefinição do papel do Estado no País. O segundo momento pode ser definido entre 1995 e 1998, a partir da estabilização da inflação em patamar baixo e da ausência de um ajuste fiscal mais efetivo. O terceiro momento pode ser considerado a partir de 1998, quando a estratégia de ajuste fiscal definida seguiu uma clara orientação de ampliação da carga tributária.

Os primeiros sinais mais concretos nesse sentido puderam ser percebidos a partir da apresentação do Plano Collor I. O programa em si visava efetivar o controle da inflação em patamar baixo e utilizou instrumentos pouco ortodoxos para tal. No entanto, o programa já dava claros sinais de orientar-se para uma restrição da presença do Estado na economia, via desregulamentação e de um programa de privatizações (além dos esforços malsucedidos do governo em tentar controlar gastos no período). Apesar do fracasso do Plano Collor I em controlar a inflação, as primeiras privatizações foram realizadas no começo da década de 1990.

---

[5] Importante lembrar que a orientação do "Consenso" no plano fiscal apontava para sua maior disciplina e para um redirecionamento dos gastos públicos em prol de gastos em saúde, educação e infraestrutura.

O fracasso em controlar a inflação, mantendo-a em patamar baixo, e as turbulências políticas que se seguiram nos primeiros anos da década permearam um conjunto de indefinições econômicas que condicionaram o desempenho econômico do período.

Um novo desenho dessa perspectiva se deu em 1993, a partir do Programa de Ação Imediata (PAI). Esse programa contava com a coordenação do Ministro Fernando Henrique Cardoso e parametrizava uma série de ações no campo fiscal no sentido de criar condições mínimas de ajuste com vistas à sustentabilidade de um programa de estabilização da inflação em patamar baixo. Dentre as medidas do PAI, destacam-se a criação do Imposto Provisório de Movimentação Financeira (IPMF), como forma de elevar as receitas do governo, a revisão da lei orçamentária de 1993 com foco no corte de gastos, os primeiros sinais e tentativas de controle dos gastos nas demais esferas de governo (atuando, inclusive, sobre os bancos estaduais) e aceleração e ampliação do Programa Nacional de Desestatização (PND), como uma forma de proporcionar continuidade ao processo de redefinição do papel do Estado e ao equacionamento dos desequilíbrios econômico-financeiros do setor público. Também foi fundamental para o período o estabelecimento de uma menor rigidez do lado das receitas e dos gastos, com a criação do Fundo Social de Emergência (FSE) no início de 1994.

Na prática, o FSE (posteriormente Fundo de Estabilização Fiscal – FEF) diminuía por um período de dois anos os percentuais de transferências vinculadas, o que proporcionava ao governo uma margem de manobra adicional como fonte de contenção de despesas por um determinado período de tempo. Em grande medida, as ações fiscais que antecederam o Real consolidavam a visão de que os ajustes promovidos no início da década eram insuficientes para garantir o sucesso de um programa de estabilização da inflação em patamar baixo a médio prazo. Adicionalmente, o ambiente inflacionário do período, em certo sentido, afetava o comportamento das receitas e das despesas, o que dificultava a formação clara do panorama fiscal em curso e o que passaria a vigorar em um ambiente de inflação baixa. Dessa forma, a garantia de um ajuste fiscal mínimo, mesmo que temporário, mostrou-se importante em um contexto do programa de estabilização a ser implementado no período. Na prática, o que se vislumbrava era que as condições de ajuste fiscal de longo prazo seriam proporcionadas a partir das reformas constitucionais a serem aprovadas mais adiante. Em outras palavras, o ajuste temporário representaria uma ponte nesse processo em busca de um ajuste mais efetivo e duradouro a ser implementado em uma etapa posterior.

O inegável sucesso do Plano Real no combate à inflação e em mantê-la em patamar baixo foi acompanhado, em um primeiro momento, de um ciclo de forte expansão econômica (*vide* Gráfico 1).

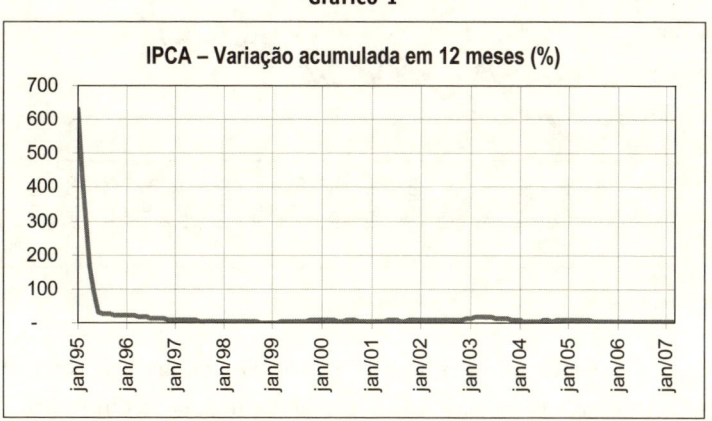

Gráfico 1

Fonte: IBGE.

A queda da inflação favoreceu os segmentos de renda que tinham baixa capacidade de se defender da corrosão inflacionária. Por outro lado, melhorou significativamente os mecanismos de crédito privado, com ampliação de prazos de financiamento. Esses efeitos, combinados ao fato de que parte da população temia que a estabilização fosse temporária, levou a uma forte aceleração do consumo no segundo semestre de 1994 e início de 1995. Tal fenômeno colocou em risco o programa de estabilização por conta dos riscos de sobreaquecimento da economia brasileira e levou o governo a promover um drástico aperto da política monetária, o que reverteu significativamente a trajetória do crescimento econômico no período. Esse fenômeno pode ser percebido no Gráfico 2, mediante a aceleração do ritmo da produção industrial brasileira no segundo semestre de 1994 e a reversão súbita desse processo nos primeiros meses de 1995.

Gráfico 2

Fonte: IBGE.

Consolidados os primeiros passos da estabilização em 1995, as questões de ordem econômica ganharam uma nova dimensão. De um lado, passada a bem-sucedida fase da transição da Unidade Real de Valor (URV) para a nova moeda, o real, o programa manteve no contexto de sua lógica de estabilização a âncora cambial, consubstanciada no regime de bandas (e minibandas) cambiais. Essa estratégia, em que pese seu sucesso em orientar as expectativas de inflação e criar uma rápida convergência da inflação para patamares significativamente baixos em pouco tempo, condicionou as orientações da política monetária para preservar o regime cambial. Em outras palavras, a resposta da política monetária nesse processo frente a choques adversos, principalmente no *front* externo, condicionou a prática de taxas de juros elevadas em determinados momentos ao longo do primeiro mandato do governo Fernando Henrique.

Os efeitos dessa prática sobre os resultados fiscais foram significativamente negativos e contribuíram para a crise de credibilidade fiscal que se abateu sobre o País em 1997 e, particularmente, em 1998 (o que detonou a crise que forçaria o Brasil a mudar seu regime cambial no início de 1999), uma vez que a despesa de juros do setor público permaneceu elevada no período (*vide* Gráfico 3).

Gráfico 3

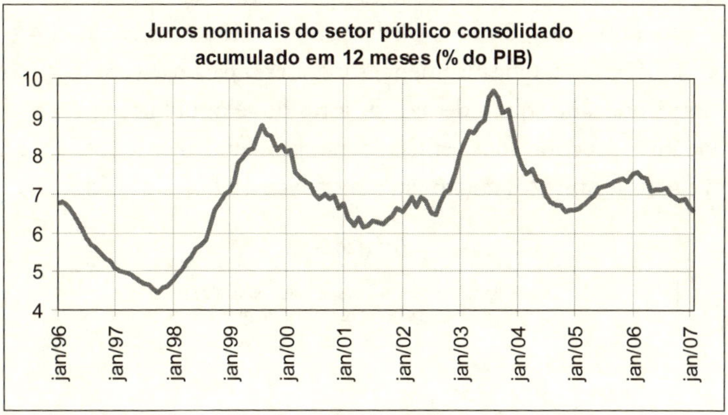

Juros nominais do setor público consolidado acumulado em 12 meses (% do PIB)

Fonte: BCB.

Os efeitos deletérios da despesa de juros sobre as contas públicas nos primeiros anos da estabilização se fizeram sentir mais duramente por conta da ausência de resultados fiscais primários superavitários de magnitude expressiva no primeiro mandato do presidente Fernando Henrique (*vide* Gráfico 4).

Gráfico 4

Resultado primário do setor público acumulado em 12 meses (% do PIB)

+ = déficit   − = superávit

Fonte: BCB.

Obviamente, as elevadas despesas de juros do setor público conjugadas à não geração de superávits primários expressivos levou o setor público a registrar déficits nominais significativos no período 1995-98. Note-se no Gráfico 5 que a média para o período (descontando-se o ano de 1995) é significativamente superior ao patamar verificado posteriormente, ainda que a despesa de juros do setor público tenha registrado picos superiores aos verificados nos primeiros anos da estabilização em alguns momentos críticos após a crise de 1999 (*vide* Gráfico 4).

Gráfico 5

Resultado nominal do setor público consolidado acumulado em 12 meses (% do PIB)

Média jan/96-dez/98   Média jan/99-fev/07

− = superávit   + = déficit

Fonte: BCB.

Os efeitos diretos desse processo se fizeram sentir diretamente sobre a dívida pública. Conforme pode ser observado no Gráfico 6, a relação dívida líquida do setor público/PIB sofreu incrementos significativos na primeira fase da estabilização da inflação. Essa relação se situava abaixo de 30% no início da estabilização, mas a dinâmica imposta a partir da combinação fiscal do período proporcionou uma trajetória insustentável no médio prazo. Sob essa perspectiva, pode-se dizer, em certo sentido, que a política fiscal praticada no período foi um dos principais vetores da crise cambial que se abateu sobre o País em fins de 1998 e no início do ano seguinte.

Gráfico 6

Relação dívida líquida do setor público/PIB (% do PIB)

Fonte: BCB.

Nesse contexto, cabe indagar quais foram as razões que levaram a esse fenômeno, uma vez que elas condicionaram, em grande medida, a estratégia adotada no momento imediatamente posterior e que persistiu ao longo dos últimos anos.

É natural que essa discussão se forme tendo por base o fato de que o ajuste fiscal mínimo promovido nas fases iniciais da implementação do programa de estabilização era tido temporário e o sucesso da manutenção da inflação em patamar baixo a longo prazo era condicionado a um processo de ajuste fiscal mais amplo. Ao mesmo tempo, os "ventos" haviam mudado significativamente de direção. O abandono da estratégia desenvolvimentista da década de 1980 e a redefinição do papel do Estado nas economias latino-americanas nos moldes propostos pelo "Consenso de Washington" consolidaram os elementos essenciais que, em tese, ampliariam os graus de liberdade do governo em termos de ajuste fiscal.

Nesse sentido, os passos naturais do processo de estabilização seriam a construção de um ajuste fiscal amplo e, paralelamente, a diminuição da presença do Estado na economia em vários setores mediante o processo de privatização de empresas estatais. Sob essa perspectiva, pode se dizer que o processo de privatizações de empresas estatais brasileiras avançou substancialmente nos primeiros anos do governo Fernando Henrique, diferentemente do que ocorreu no plano de ajuste fiscal.

Em face dessa discussão, fica claro que o ponto frágil na estratégia de estabilização é o desajuste fiscal consubstanciado na geração de resultados primários (e nominais) aquém dos necessários para evitar uma trajetória da dívida pública que comprometesse o processo de estabilização. Em outras palavras, o registro natural desse processo sugere que a etapa seguinte de ajuste não foi implementada a contento da forma esperada.

Alguns fatores relevantes contribuíram para que essa dinâmica se processasse. No plano do governo federal, os destaques ficam por conta dos aumentos dos gastos com benefícios previdenciários públicos e privados, aumentos das despesas de custeio e capital e das transferências a Estados e Municípios. Do lado dos Estados, a precariedade e gravidade das suas finanças contribuiu em alguma medida para mau desempenho do setor público no período em termos de resultado fiscal (o governo federal levou algum tempo para melhorar seus controles sobre os Estados e Municípios e, em alguns casos, os efeitos só puderam ser percebidos a médio prazo).

Ao mesmo tempo, a natureza do processo democrático mostrou que a velocidade de aprovação das reformas previstas nem sempre é rápida e, em muitos sentidos, desgastante para o executivo.

Nesse contexto, o processo de reforma da previdência mostrou-se extremamente moroso e desgastante para o governo, o que provocou uma certa lentidão e limitação de seu escopo.

Em face das dificuldades inerentes a esse processo e da necessidade de melhorar a performance fiscal do setor público, a opção estratégica recaiu diretamente sobre um *mix* de tentativa de contenção de gastos e aumentos de receitas.

Essa estratégia foi, em grande medida, consubstanciada no Programa de Estabilidade Macroeconômica de outubro de 1998, cujas ações focavam-se no plano estrutural, principalmente buscando avanços na Lei de Responsabilidade Fiscal, no plano fiscal, com o Programa de Estabilidade Fiscal e focando-se em demais ações de outras naturezas. Basicamente, o programa trabalhava com ações no sentido de galvanizar esforços para gerar um superávit primário do setor público de 2,6% em relação ao PIB em 1999, 2,8% em 2000 e 3,0% em 2001.

É importante notar que parte do programa contava com elevações da receita a partir de uma série de ações que garantissem resultados fiscais expressivos relativamente ao que vinha sendo verificado até então. Dentre essas medidas destacam-se a elevação da alíquota da CPMF de 0,20% para 0,38% e da COFINS de 2,00% para 3,00%.

De fato, como pôde se observar no Gráfico 4, o ano de 1999 representou um marco em termos de inversão do desempenho fiscal em relação ao resultado primário. A partir desse ano, os resultados observados mostraram-se uma sucessão de superávits expressivos no contexto do resultado primário do setor público consolidado.

Nesse sentido, é interessante observar que, em certo sentido, o programa de 1998/1999 (amparado em grande medida pelo acordo firmado com o FMI no período) "inaugurou" uma estratégia que veio a ser aprofundada à exaustão nos anos seguintes, baseada no ajuste fiscal centrado no aumento de receitas, particularmente em contribuições. Aumentos sucessivos de contribuições federais foram verificados na última década e já compõem boa parte da receita total arrecadada pela União.

Por conta disso, a carga tributária brasileira registrou uma sequência de aumentos sucessivos ao longo dos últimos anos, atingindo patamares recordes. Curiosamente, esse incremento de receitas nesse período não foi acompanhado na mesma velocidade do aumento do resultado primário, que, de fato, tem se mantido relativamente estável ao longo dos últimos anos. Em outras palavras, os gastos do setor público seguem aumentando expressivamente nos últimos anos, implicando em um aumento da participação do setor público em relação ao produto.

Ao mesmo tempo, nesse período verificou-se o amadurecimento do ajuste fiscal dos Estados, o que, em linha com a Lei de Responsabilidade Fiscal e com a reforma previdenciária de 1998 (e o fator previdenciário de 1999), contribuiu em alguma medida para o ajuste fiscal posterior.

Um aspecto positivo registrado recentemente tem sido a redução do peso dos juros sobre a dívida pública, o que tem contribuído em termos da dinâmica da dívida pública. Particularmente, isso tem sido possível graças à prática de níveis de taxa de juros mais baixos que os verificados até recentemente. A consolidação desse processo pode ter efeitos positivos sobre o conjunto da política fiscal brasileira, com reflexos para o conjunto dos demais segmentos econômicos do País.

1.5 Conclusões

Os aspectos positivos relativos à redução da carga da despesa de juros e do tamanho da dívida pública brasileira em relação ao produto não devem se encapsular em uma visão plenamente otimista acerca das intrincadas discussões no âmbito fiscal. De fato, o Brasil não deve se furtar, nos próximos anos, a uma nova rodada de rediscussão do papel do Estado na economia brasileira, ainda que esse debate se situe em moldes distintos dos verificados no final da década de 1980 e início da década de 1990. Claramente, essa discussão deverá transitar para o desenho da política fiscal e da sua estratégia de ação para os próximos anos, com implicações diretas para o desempenho macroeconômico brasileiro.

Olhando adiante, é possível afirmar que a discussão em torno da política fiscal brasileira claramente não está encerrada e está longe de representar uma página virada no contexto das prioridades econômicas nacionais.

Claramente, o papel da política fiscal e do Estado brasileiro no início do século XXI tem contornos diferentes do que foi vivenciado pelo País por boa parte do século passado. É difícil imaginar um Estado operando nos moldes dos anos 1970 em um contexto mais globalizado econômico e financeiramente como o verificado nos dias de hoje. Isso não significa, no entanto, que ele não possui um papel de destaque no âmbito econômico nacional.

Ao mesmo tempo, a política fiscal aproxima-se de uma encruzilhada na qual a estratégia da última década mostra sinais de esgotamento e há necessidade de mudanças do ponto de vista da estrutura dos gastos. Nesse contexto, a sociedade terá de fatalmente, optar por alguns parâmetros de ajuste que, muitas vezes, são difíceis de aceitar em relação ao ponto de vista social.

REFERÊNCIAS

BURNSIDE, Craig (Ed.). **Fiscal sustainability in theory and practice**: a handbook. Washington, D.C.: World Bank, 2005.

GIAMBIAGI, Fábio. **A política fiscal do governo Lula em perspectiva histórica**: qual é o limite para o aumento do gasto público?. Brasília: Ipea, 2006 (Texto para discussão n. 1.169).

_____. **Uma agenda fiscal para 2007-2010**. Brasília: Ipea, 2005 (Texto para discussão n. 1.123).

GIAMBIAGI, Fábio; ALÉM, Ana Cláudia. **Finanças públicas**: *teoria e prática no Brasil*. 2. ed. Rio de Janeiro: Campus, 2001.

GIAMBIAGI, Fábio; RONCI, Márcio. **Fiscal policy and debt sustainability**: *Cardoso's Brazil, 1995-2002*. Washington, D.C.: IMF, 2004 (Working paper 4/156).

LEVY, Paulo Mansur; VILLELA, Renato (Orgs.). **Uma agenda para o crescimento econômico e a redução da pobreza**. Brasília: Ipea, 2006 (Texto para discussão n. 1.234).

PIRES, Manoel de Carlos Castro. **Uma análise de credibilidade na política fiscal brasileira**. Brasília: Ipea, 2006 (Texto para discussão n. 1.222).

SILVA, Alexandre Manoel Angelo da; PIRES, Manoel Carlos de Castro. **Dívida pública, poupança em conta corrente do governo e superávit primário**: uma análise de sustentabilidade. Brasília: Ipea, 2006 (Texto para discussão n. 1.196).

SNOWDON, Brian; VANE, Howard R. **Modern macroeconomics**: its origins, development and current state. Aldershot: Edward Elgar, 2005.

SZMRECSÁNYI, Tamás; COELHO, Francisco da Silva. **Ensaios de história do pensamento econômico no Brasil contemporâneo**. São Paulo: Atlas, 2007.

2 RESPONSABILIDADE FISCAL E INVESTIMENTO PÚBLICO NO BRASIL

Frederico Araujo Turolla

Professor do Programa de Mestrado e Doutorado em Gestão Internacional (PMDGI/ESPM); professor de MBA em Gestão Econômica e Estratégica e Finanças da Fundação Getulio Vargas em São Paulo; professor da Escola Superior de Propaganda e Marketing – ESPM; mestre e doutor em Economia de Empresas pela Escola de Administração de Empresas da Fundação Getulio Vargas de São Paulo – FGV/EAESP, com intercâmbio com a Universidade de Brandeis (EUA); sócio da Consultoria Econômica PEZCO Microanalysis.

2.1 Introdução

A ampliação dos investimentos no setor produtivo, especialmente em setores de infraestrutura que oferecem restrições ao crescimento, pode ser incluída entre os desafios mais urgentes da sociedade brasileira. O Estado brasileiro, durante décadas, participou ativamente desses investimentos, tanto no papel de promotor como de financiador e investidor direto em um amplo conjunto de setores. Como resultado, o Brasil logrou constituir um parque industrial e de infraestrutura amplo, diversificado, mas, por falta de estímulos adequados, pouco eficiente e com problemas de competitividade. O papel ativo do Estado nesse processo, calcado no uso de mecanismos de financiamento como a inflação, o endividamento e o aumento da tributação, legou restrições macroeconômicas que afetam a realização de novos investimentos no atual momento da economia brasileira. O financiamento atual dos investimentos padece, assim, de importantes restrições advindas das nossas escolhas passadas.

Este capítulo discute as limitações do investimento público no Brasil. O texto foi estruturado em quatro seções. A primeira seção avalia as restrições quanto às fontes de financiamento das despesas públicas no Brasil e argumenta que a fraqueza dos investimentos públicos no Brasil está relacionada a estas fontes de financiamento, notadamente a emissão monetária, o endividamento e a tributação. A segunda discute diretamente os investimentos públicos no Brasil. A terceira avalia as possibilidades de geração de investimentos decorrentes da cooperação entre os setores público e privado. E, finalmente, a quarta seção apresenta observações conclusivas.

2.2 O financiamento da despesa pública no Brasil

Esta seção apresenta uma avaliação histórica do financiamento da despesa pública no Brasil nas últimas décadas. Mostra-se que é restrito o espaço para o financiamento de expansões da despesa pública, em especial pelo ônus político representado pelo aumento da tributação.

Toda despesa pública deve ser amparada por uma fonte de recursos que lhe financie. Assim, cada real gasto por um governo deve ser obtido junto a três possíveis fontes de financiamento:

1. Emissão monetária ("imposto inflacionário");
2. endividamento junto ao público; e
3. tributação.

O Quadro 1 apresenta, de forma esquemática, uma visão sobre como o governo brasileiro lançou mão de fontes de financiamento para suas despesas desde meados do século passado.

Quadro 1 – Fontes de financiamento da despesa pública no Brasil

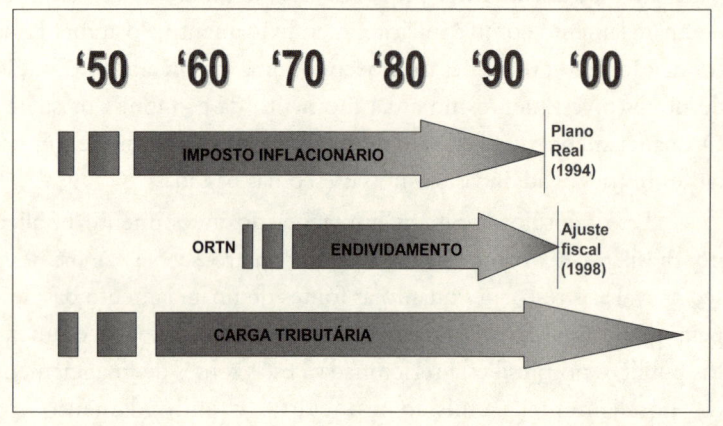

'50	'60	'70	'80	'90	'00
	IMPOSTO INFLACIONÁRIO			Plano Real (1994)	
	ORTN	ENDIVIDAMENTO		Ajuste fiscal (1998)	
	CARGA TRIBUTÁRIA				

Os itens a seguir descrevem, com base no Quadro 1, cada uma das três fontes de financiamento e a sua utilização no Brasil nas últimas décadas.

2.2.1 Emissão monetária

O financiamento público através da emissão monetária é também conhecido como "imposto inflacionário". Quando o governo emite novos saldos em moeda corrente, a moeda em poder dos indivíduos perde valor. Na prática, o governo se apropria de saldos reais da moeda nas mãos dos indivíduos.

O financiamento monetário dos gastos públicos foi utilizado de forma recorrente no Brasil até o Plano Real, de junho de 1994. A estabilização de preços trouxe inúmeros benefícios à economia brasileira, mas gerou uma restrição à capacidade do Estado de se financiar através de emissão monetária, gerando a necessidade de novas fontes de financiamento. Assim, a estabilização levou o setor público a buscar as duas fontes de financiamento remanescentes, produzindo um aumento simultâneo do endividamento e da carga tributária. O Quadro 2 evidencia que o "imposto inflacionário" foi um mecanismo importante de financiamento do Estado até 1994.

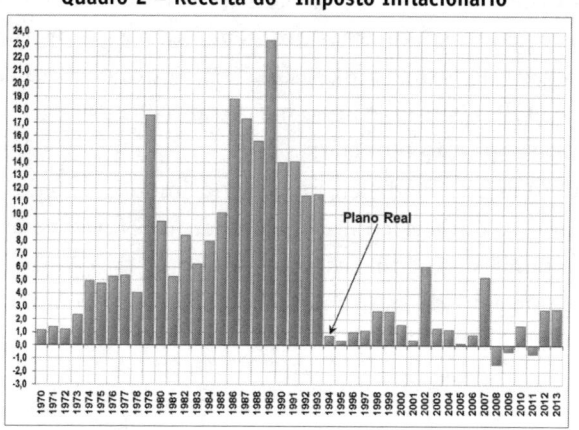

Quadro 2 – Receita do "Imposto Inflacionário"

Fonte: Ipeadata, cálculos sobre metodologia de ROCHA e SALDANHA[1].

---

[1] Cf. ROCHA, Roberto de Rezende; SALDANHA, Fernando M. C. B. Fiscal and quasi-fiscal deficits, nominal and real: measurement and policy issues. **Revista Brasileira de Economia**, v. 49, n. 3, p. 431-465, jul.-set., 1995.

2.2.2 Endividamento público

O endividamento público foi sempre usado pelo governo brasileiro como fonte de financiamento de suas receitas. Chama a atenção, entretanto, que as reformas da década de 1960 possibilitaram o uso do endividamento em escala muito maior como fonte de financiamento[2]. O impulso para o desenvolvimento do mercado de títulos da dívida pública se deu em 1964, quando teve início o processo de indexação, com base na Lei n. 4.357, de 16-7-1964, que criou as Obrigações Reajustáveis do Tesouro Nacional ("ORTNs") e institucionalizou a correção monetária. Antes da criação da ORTN, o mercado de títulos públicos praticamente não existia, devido à sua reduzida liquidez e à baixa rentabilidade dos títulos – presos à lei da usura dos anos 1930 – comprometida pela expansão inflacionária. Os títulos públicos, até então, constituíam-se num conjunto de papéis nominativos e não padronizados que possuíam baixa credibilidade e atratividade, formados em sua maioria por apólices e obrigações de dívida, e que eram emitidas para os mais diversos fins, sendo que a maior parte deles era carregada de forma compulsória por instituições bancárias. A criação da ORTN trouxe novo mecanismo que protegia o adquirente da depreciação monetária.

O Quadro 3 evidencia que a dívida mobiliária federal interna ganhou relevância como instrumento de financiamento das despesas públicas a partir dos anos 1960 e da criação da ORTN. Note-se que a dívida é usualmente medida em percentual do Produto Interno Bruto, o PIB. Isso permite relativizar seu tamanho pelo tamanho da economia.

---

[2] Cf. FERNANDES, Orlando Assunção; TUROLLA, Frederico Araujo. Uma revisão dos quarenta anos da dívida mobiliária interna (1964-2004). **Pesquisa & Debate**, v. 17, p. 215-236, 2006, onde podem ser encontrados maiores detalhes sobre a evolução da dívida mobiliária.

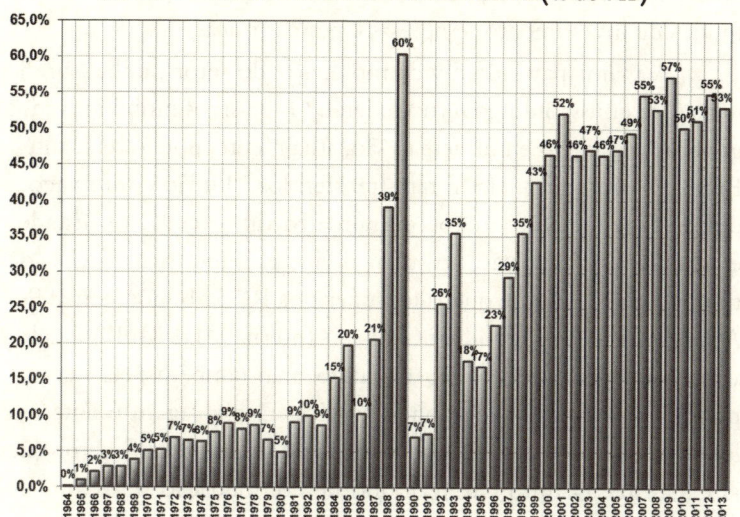

Quadro 3 – Dívida mobiliária federal interna (% do PIB)

Nota: a dívida mobiliária compreende Letras do Tesouro Nacional (LTN), Letras Financeiras do Tesouro Nacional (LFT), Bônus do Tesouro Nacional (BTN), Notas do Tesouro Nacional (NTN), CTN, CFT, Créditos securitizados, Títulos da Dívida Agrária (TDA), CDP, Dívida agrícola, Letras do Banco Central (LBC), Bônus do Banco Central (BBC e BBCA) e Notas do Banco Central (NBCA, NBCE e NBCF).

Note-se que, apesar da sua importância, a dívida mobiliária federal é apenas uma parte da dívida pública. Para se ter uma ideia mais ampla do tamanho da dívida pública brasileira, é útil separar dois conceitos, a dívida bruta e a dívida líquida.

A Dívida Bruta do Setor Público ("DBSP") mede o total de passivos do governo. Nessa dívida, a parcela mobiliária (securitizada, ou em títulos) é a mais importante. Cerca de 2/3 da dívida pública bruta correspondem a títulos públicos emitidos no mercado doméstico[3]. Esses títulos, que constituem a dívida mobiliária interna, são

---

[3] Note-se que a dívida mobiliária é, por definição, uma dívida bruta, já que é constituída somente por passivos na forma de títulos públicos.

colocados no mercado pelos três níveis de governo junto a bancos, fundos de investimento, empresas e pessoas físicas.

A maior parte da dívida mobiliária do setor público brasileiro é de emissão do governo federal. Os passivos mobiliários dos governos estaduais e municipais são, atualmente, pouco relevantes. Em sua maior parte, eles foram transferidos à União com os acordos de renegociação que ocorreram a partir de 1997. Os Estados e Municípios hoje não possuem dívida em aberto na forma de títulos, de um volume que já foi superior a R$ 50 bilhões em 1996. A Dívida Pública Mobiliária Federal Interna ("DPMFI") é relevante não somente pelo seu tamanho, mas também pela sua importância na rolagem da dívida pública. Essa rolagem é feita em leilões regulares e eventuais, constituindo um mercado aberto que já experimenta um grau avançado de consolidação do ponto de vista institucional.

Quando se compara a dívida pública de diversos países, o conceito bruto costuma ser preferido por olhar apenas o lado dos passivos (que são genuinamente as dívidas do governo), sem descontar ativos cujo conceito pode variar de um país para o outro. No conceito bruto, a dívida brasileira é de aproximadamente 62,0% do PIB. Há países desenvolvidos, como a Itália e o Japão, que possuem dívida bruta muito superior à do Brasil, chegando a superar 100% do PIB. Já no conceito líquido, a Dívida Líquida do Setor Público ("DLSP") brasileira é da ordem de 36,8% do PIB. Ambos os dados correspondem à posição de outubro de 2014, no conceito de governo geral.

A medida mais ampla e conhecida que está disponível para a avaliação do tamanho da dívida pública no Brasil é a DLSP. Ela corresponde à soma de todos os passivos de todos os níveis do setor público, deduzidos dos ativos financeiros de alta liquidez detidos por eles, como as disponibilidades de caixa e créditos a receber. A utilização do conceito de dívida líquida tem fundamento, conforme Goldfajn, porque essa medida se aproxima de um conceito de patrimônio líquido do setor público[4]. Essa medida é internacionalmente reconhecida como um parâmetro eficaz para determinar a posição do estoque de endividamento do setor público.

Quando o mercado financeiro avalia a solvência da dívida pública, ou seja, se vale a pena ou não emprestar ao governo[5], costuma-se usar o conceito de dívida líquida. Assim, o Banco Central divulga, mensalmente, os dados da dívida do setor público. É a DLSP que ganha as principais manchetes dos jornais e é avaliada mais de perto pelo mercado financeiro nacional. É por isso que a DLSP é considerada a medida mais importante do endividamento do setor público não só em nosso País mas também em todos os outros países.

Sob o ponto de vista do financiamento da despesa pública em cada período, não importa o tamanho da dívida, mas sim a sua variação ou crescimento. Quando a dívida cresce, o aumento da dívida é o montante adicional que o setor público consegue obter naquele período para o financiamento dos seus gastos. Por outro lado, uma dívida elevada e estável significa que o governo obteve financiamento por meio dela no passado, mas não consegue obter financiamento adicional no presente.

Uma rápida observação da trajetória da dívida líquida, apresentada no Quadro 4, evidencia que ela não constitui na atualidade uma fonte importante de financiamento da despesa pública, estando em trajetória de queda nos últimos anos, voltando a crescer apenas no período mais recente. As setas no Quadro destacam a trajetória antes e depois do Plano Real, mostrando que a estabilização teve

---

[4] GOLDFAJN, Ilan. **Há razões para duvidar que a dívida pública no Brasil é sustentável?**. Brasília, Banco Central do Brasil, jul. 2002 (Nota Técnica n. 25).

[5] No mercado financeiro, em geral, não se utiliza a pergunta "vale a pena emprestar a um determinado governo?", mas sim uma questão do tipo "a que preço vale a pena emprestar a um determinado governo?". A medida do prêmio de risco soberano reflete, em certa medida, a resposta a esta segunda questão.

efeito relevante sobre a trajetória do endividamento do Estado brasileiro. Tal efeito somente poderia ter sido evitado através de redução de despesas públicas, mas isso se revelou politicamente inviável, dado o destino das principais propostas que foram submetidas ao legislativo federal a partir de meados dos anos 1990.

Quadro 4 – Dívida Líquida do Setor Público (% do PIB)

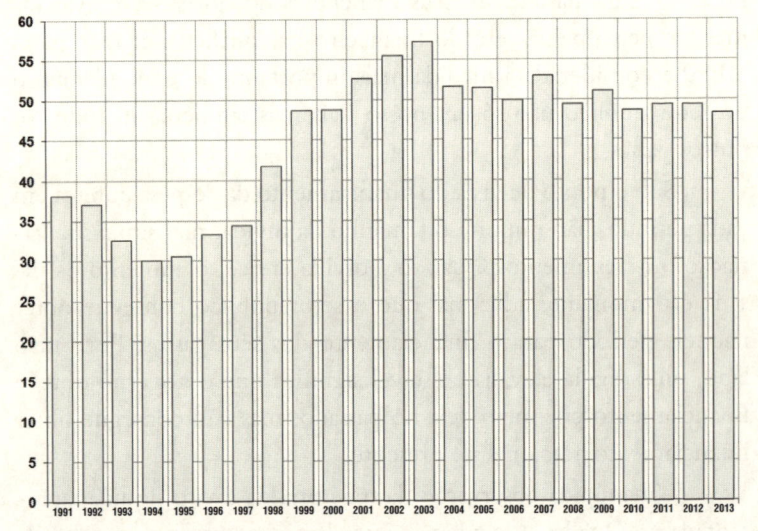

Fonte: Banco Central do Brasil.

Um marco importante do controle do financiamento público por meio do endividamento se deu no último trimestre de 1998, com o Programa de Estabilidade Fiscal, também conhecido como programa de ajuste fiscal. Naquele momento, foi iniciada a geração de superávits primários que contribuíram, nos anos seguintes, para a estabilização da trajetória de crescimento da dívida pública em relação ao PIB. A principal crítica aos superávits primários realizados desde então é que foram fortemente baseados em elevação de receita tributária, enquanto a despesa fiscal continuou em franco crescimento. Trata-se, assim, de programa calcado nas receitas públicas e na ampliação da carga tributária, com efeitos notórios sobre o crescimento e a competitividade da economia brasileira, como se discute no item a seguir.

2.2.3 Tributação

A tributação é a fonte regular de financiamento do Estado. No caso brasileiro, por muito tempo o ônus do financiamento do Estado foi compartilhado com os dois mecanismos já descritos, o imposto inflacionário e o endividamento. Entretanto, a partir de fins dos anos 1980 e, com maior ênfase, nos anos 1990, verificam-se fenômenos que colocam maior ênfase nesse mecanismo de financiamento em detrimento dos demais.

A Constituição Federal de 1988 teve como aspecto central o fortalecimento da Federação, redistribuindo as receitas entre as unidades federativas. Aumentou-se a autonomia dos Estados e Municípios, em especial com o retorno do direito de fixação de alíquotas do ICMS. A União também perdeu o direito de conceder isenções de impostos estaduais e municipais ou de impor condições e restrições à entrega e ao emprego de recursos distribuídos aos Estados e Municípios. A reforma tributária contida na nova Carta não foi inovadora e não alterou a estrutura tributária. Seu foco foi a partilha dos recursos, por meio de uma descentralização dos recursos tributários disponíveis. Para Giambiagi[6], "em linhas gerais, a reação do governo federal ao novo sistema tributário criado em 1988 resultou em queda na qualidade do sistema sem que tenha ocorrido de forma definitiva uma solução de seu desequilíbrio fiscal". Reduziu-se, assim, o volume de recursos disponíveis à União, sem a correspondente desoneração dos encargos financeiros que cabiam a esse nível de governo. Este se deparou com um vo-

---

[6] GIAMBIAGI, Fábio; ALÉM, Ana Cláudia Duarte de. **Finanças públicas**: teoria e prática no Brasil. 2. ed. Rio de Janeiro: Campus, 2000, p. 45.

lume menor de receitas, enquanto deveria arcar com o mesmo volume de encargos. Em consequência, no pós-Constituição, foram adotadas medidas para compensar as perdas, piorando a qualidade da tributação e dos serviços públicos. As principais medidas vieram na forma de:

1. Criação de novos impostos, contornando-se os que servem de base para a distribuição dos Fundos de Participação de Estados e Municípios e dos Fundos de Desenvolvimento Regional, constituídos por meio de recursos do Imposto de Renda e do Imposto sobre Produtos Industrializados (IR e IPI).
2. Reintrodução de impostos cumulativos, contribuições. Entre os principais exemplos, podem ser mencionados a Contribuição Social sobre o Lucro Líquido (CSLL), criada em 1989; os aumentos sucessivos da alíquota da COFINS e a introdução de novos setores na sua base de cálculo; o aumento da alíquota do Imposto sobre Operações Financeiras (IOF); e a introdução do Imposto Provisório sobre Movimentação Financeira (IPMF), mais tarde reintroduzido como Contribuição Provisória sobre Movimentação Financeira (CPMF).

Invariavelmente, essas fontes são buscadas entre impostos cumulativos, de cobrança mais simples, gerando nova deterioração da qualidade da tributação.

Podem ser identificados dois movimentos desde a década passada: aumento da carga tributária e piora de sua composição, com consequências negativas sobre o crescimento da economia. Quando o sistema tributário se deteriora, podem ser apontadas algumas consequências principais:

- Aumento da informalidade;
- redução de eficiência;
- redução de competitividade internacional das firmas locais, devido à desigualdade na incidência tributária.

O aumento da informalidade pode ser equiparado, em certa medida, a um avanço da corrupção. Os indivíduos que necessitam manter-se na formalidade, especialmente os assalariados cujo desconto de impostos e contribuições ocorre na fonte ou em folha, assim como empresas em cujas operações se verifica a substituição tributária, acabam arcando com uma carga tributária ainda maior para suportar a imensa quantidade de pessoas que atuam na informalidade. As consequências para o regime previdenciário são igualmente dramáticas, com impacto fiscal relevante.

A redução de eficiência decorre, especialmente, do efeito de deslocamento (*crowding-out*) dos gastos públicos. Adicionalmente, o aumento de custos representados pelo incremento da carga tributária sobre os negócios individuais desestimulam a oferta de bens e serviços, tornando a economia menos capaz de introduzir inovações e avançar em direção à competitividade.

Finalmente, quando o sistema tributário perde qualidade, isto é, quando os impostos de incidência direta são substituídos por impostos de incidência indireta, especialmente quando se trata de impostos cumulativos, cria-se um diferencial negativo entre a tributação local e aquela que incide em outros países sobre as firmas concorrentes no mercado internacional.

A ampliação da carga tributária federal, baseada em impostos de qualidade crescentemente negativa, foi agravada em dois momentos na década passada. O primeiro deles é a estabilização de preços, em 1994, quando o governo federal se dedica à busca de compensações para a perda da receita até então obtida com a emissão monetária. Criam-se novos impostos,

O segundo momento de ampliação da carga tributária se dá com o Programa de Estabilidade Fiscal, que limitou a segunda fonte de financiamento das despesas, a expansão da dívida pública. Novamente, o governo federal busca a ampliação de sua receita tributária como forma de manter o seu perfil de gastos. Observe-se, no Quadro 5, os momentos de ampliação da carga tributária no período recente.

Quadro 5 – Carga tributária (% do PIB)

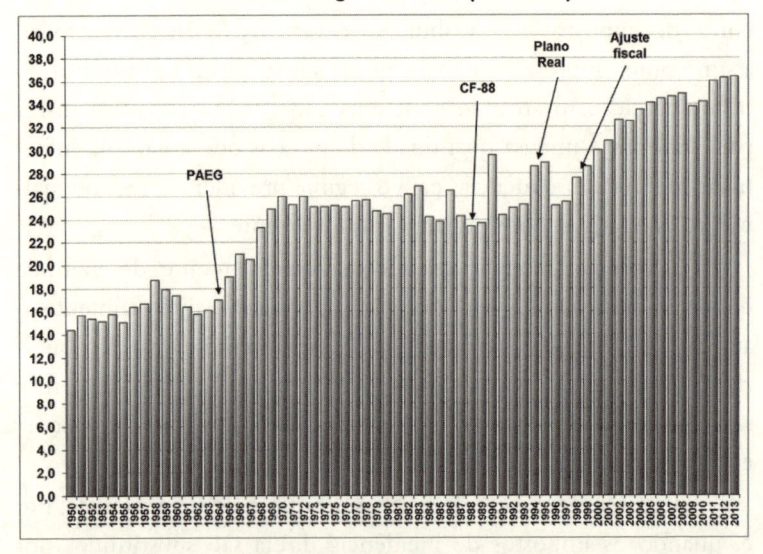

Fonte: Ipeadata; IBPT – Instituto Brasileiro de Planejamento Tributário.

Eis que, ao fim dos anos 1990, sem poder contar com o financiamento inflacionário e com possibilidades limitadas de ampliação de seu endividamento junto ao público interno e externo, a tributação surge como única fonte disponível para o financiamento dos gastos públicos federais. Tal fato constitui avanço político significativo, pois somente em meados dos anos 1990, após a estabilização de preços, o Brasil parou de "varrer para debaixo do tapete" os desequilíbrios das suas contas públicas, antes ocultados pela inflação e pelo aumento da dívida pública. Do ponto de vista do governo federal, essa limitação veio por meio de restrições que não são de ordem legal: o uso da inflação ficou impossibilitado pelo consenso político criado em torno da estabilidade de preços e o endividamento ficou limitado pela aceitação, pelo mercado financeiro local e internacional, do risco representado pelo setor público brasileiro. No caso dos governos subnacionais, as principais restrições vieram por meio dos acordos de renegociação de dívidas estaduais e municipais com a União, que incluíram cláusulas de ajuste fiscal, e pela Lei Complementar n. 101, de 4-5-2000, a Lei de Responsabilidade Fiscal.

Entretanto, o tamanho exagerado e a elevada taxa de crescimento das despesas públicas ainda exigem aumentos da carga tributária, deslocando o setor privado e causando também perda de competitividade. Notadamente, a ampliação da extração tributária envolve ônus político significativo. Ela só acontece, na atualidade, por que os grupos que recebem os encargos tributários adicionais têm menor propensão a mudar votos do que os grupos beneficiados pelos gastos públicos adicionais realizados a partir do aumento da carga tributária. Estabelece-se, assim, um sistema de incentivos voltado para a ampliação contínua da carga tributária nos próximos anos, com efeitos deletérios sobre a economia brasileira. Infelizmente, os gastos adicionais permitidos pela expansão em curso da carga tributária não são destinados a investimentos públicos, mas sim a gastos correntes.

2.3 Investimentos públicos

As limitações de financiamento impõem limites severos à expansão das despesas públicas, tanto para investimentos quanto para gastos correntes. A composição atual dos orçamentos, entretanto, não oferece espaço para os investimentos. Veja-se, por exemplo, a composição do orçamento federal em termos dos principais grupos de despesas. Conforme o Quadro 6, é notório que os investimentos federais ocupam parcela relativamente pequena das despesas. O orçamento público é dominado por despesas correntes, notadamente aquelas destinadas ao pagamento do pessoal ativo e inativo da União.

Quadro 6 – Composição do orçamento fiscal e da seguridade social, por grupos, em 2006 (excluídos transferências, amortização da dívida e refinanciamentos)

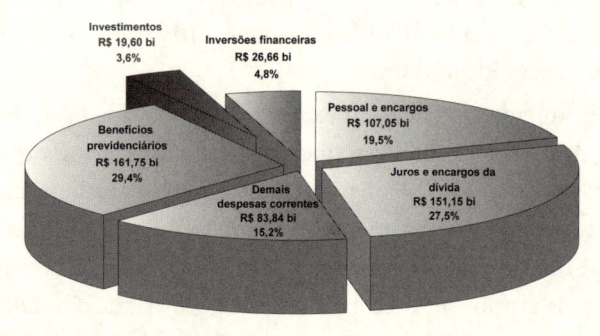

- Investimentos: R$ 19,60 bi – 3,6%
- Inversões financeiras: R$ 26,66 bi – 4,8%
- Pessoal e encargos: R$ 107,05 bi – 19,5%
- Juros e encargos da dívida: R$ 151,15 bi – 27,5%
- Demais despesas correntes: R$ 83,84 bi – 15,2%
- Benefícios previdenciários: R$ 161,75 bi – 29,4%

Fonte: Secretaria do Tesouro Nacional.

Do lado das despesas públicas brasileiras, um dos principais desafios diz respeito ao regime previdenciário. No regime previdenciário brasileiro, baseado na adesão compulsória ao Sistema de Repartição (conhecido internacionalmente como sistema *pay-as-you-go*), o aumento da longevidade média dos brasileiros e a redução da natalidade têm causado uma redução na base de contribuições enquanto amplia os benefícios a serem pagos aos inativos. A dinâmica demográfica brasileira nas últimas décadas é marcada por um forte crescimento da população idosa que contrasta com um aumento bem mais modesto, tendendo a arrefecer nos próximos anos, da população em idade ativa que financia o sistema de Repartição. Essa rápida transição demográfica, que não constitui exclusividade brasileira, é a principal fonte de pressão sobre o sistema previdenciário, com implicações fiscais de grande magnitude.

Como consequência, o sistema previdenciário brasileiro apresenta hoje um grande déficit atuarial, tanto no Regime Geral de Previdência Social ("RGPS"), o sistema público que segura os trabalhadores do setor privado, quanto no Regime Jurídico Único, voltado para o funcionalismo público. O déficit de ambos os sistemas vem crescendo fortemente, a despeito das reformas da previdência realizadas pelas administrações Fernando Henrique Cardoso e Lula. Resta, assim, pouca margem nas peças orçamentárias para uma maior alocação de recursos nas despesas de investimento.

O ambiente de crescente escassez de investimentos públicos conduz o foco para os mecanismos de incentivo aos investimentos privados, tanto autônomos como em cooperação ou parceria com o setor público. Desde os anos 1990, o Brasil experimentou avanços legais propícios ao desenvolvimento dessas modalidades, ainda que pairem restrições que têm limitado severamente a sua aplicação concreta. Os parágrafos a seguir discutem esses avanços e suas principais limitações.

Alguns tipos de investimento são mais complicados, notadamente os que envolvem a formação do capital na área de infraestrutura. A disponibilidade de infraestrutura é, historicamente, um dos gargalos do estoque de capital que impedem o crescimento da economia brasileira. Há setores críticos, como energia elétrica, saneamento e transportes, que recomendam atenção. Por se tratar de setores em que o custo fixo é muito elevado e as formas de capital são altamente específicas, o retorno do investimento ocorre em prazo muito longo, por isso a decisão de investimento está estreitamente relacionada à qualidade do ambiente regulatório e ao grau de segurança jurídica nas relações econômicas. Em geral, a coordenação dos investimentos pelo Estado é essencial à expansão do setor, embora quando os investimentos são feitos diretamente por ele a qualidade dos resultados tenha sido historicamente insatisfatória, além de sujeita à utilização política indevida, como se registra na história do país.

O quadro legal brasileiro apresenta, na atualidade, possibilidades de arranjos público-privados, especialmente (mas não exclusivamente) para investimento em setores de infraestrutura. O Quadro 7 representa, de forma esquemática, as aplicações dos diplomas legais sobre o relacionamento público-privado. Note-se que projetos de alto retorno privado e baixo retorno social se adequam no perfil dos instrumentos oferecidos pelas Leis das Concessões, notadamente a Lei n. 8.987, de 13-2-1995, e a Lei n. 9.074, de 7-7-1995. Já projetos com menor retorno privado, mas com externalidades sociais importantes, se enquadram no contexto da Lei n. 11.079, de 30-12-2004. Os projetos públicos tradicionais, com baixo retorno privado mas elevadas externalidades sociais, são candidatos típicos aos instrumentos da Lei n. 8.666, de 21-6-1993.

Quadro 7 – Visão esquemática da Cooperação Público-Privada no Brasil

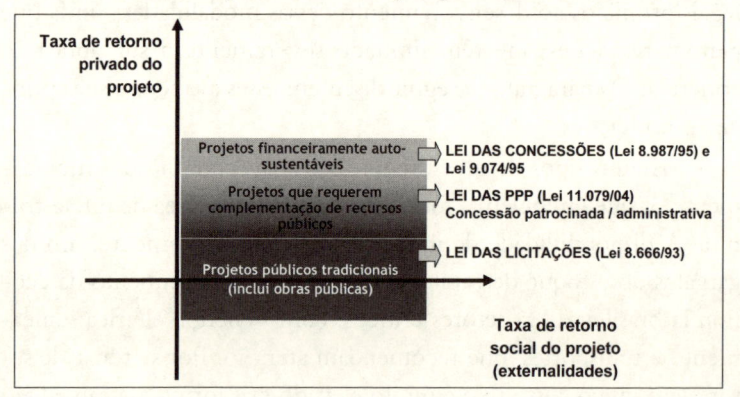

- Taxa de retorno privado do projeto
- Projetos financeiramente autossustentáveis → LEI DAS CONCESSÕES (Lei 8.987/95) e Lei 9.074/95
- Projetos que requerem complementação de recursos públicos → LEI DAS PPP (Lei 11.079/04) Concessão patrocinada / administrativa
- Projetos públicos tradicionais (inclui obras públicas) → LEI DAS LICITAÇÕES (Lei 8.666/93)
- Taxa de retorno social do projeto (externalidades)

Não se deve esperar que a possibilidade de uma ampliação significativa do espaço para investimentos por meio de instrumentos de cooperação entre os setores público e privado venha a se concretizar a partir da simples disponibilização dos instrumentos listados acima. Ela depende de vários avanços na área institucional, que poderiam ampliar a eficácia dos mesmos instrumentos. Entre esses avanços, é fundamental a consolidação e a modernização dos marcos regulatórios setoriais. Esse é um processo em curso desde meados dos anos 1990, mas que experimenta momentos de paralisação e até mesmo de retrocesso. Entre as principais causas de eventuais paralisias e retrocessos, sobressaem os interesses de governos que não desejam entregar decisões de alto valor econômico a uma esfera técnica, subtraindo-se do seu raio de manobra para ações de cunho político ou até mesmo autointeressado (do ponto de vista do agente público).

2.4 Observações finais

Avaliou-se neste texto que a tibieza crônica dos investimentos públicos no Brasil está relacionada às suas fontes de financiamento. A partir de meados dos anos 1990, duas das três fontes de financiamento da despesa pública brasileira se viram fechadas. O financiamento inflacionário foi praticamente estancado com o Plano Real, que impôs um elevado custo político à prática anterior de financiar novas despesas com emissão monetária. Note-se que a inflação tem caráter concentrador de renda e, assim, essa estratégia usada nas décadas anteriores penalizou os mais pobres. Por sua vez, o uso de aumentos na dívida pública como fonte de financiamento encontrou um limite diante da aceitação dos mercados financeiros locais e internacionais ao risco soberano brasileiro.

Restou, portanto, a carga tributária como mecanismo de financiamento da despesa pública. Investimentos geralmente têm longa maturação e não apresentam todos os seus benefícios dentro do horizonte de um mandato executivo. Por outro lado, despesas correntes têm impacto imediato e, ainda que não sustentável, produzem apoio político e mais facilmente se convertem em votos aos que as realizam. Dessa forma, políticos agindo de forma autointeressada só arcam com o ônus de elevar a carga tributária para gastar quando o benefício eleitoral desses gastos supera os seus custos políticos – e isso tipicamente ocorre quando se trata de gastos correntes e não de investimento. Essa ideia contribui, juntamente com outros fatores conjunturais e estruturais, para a explicação à deterioração contínua do perfil do orçamento federal, cada vez menos aplicado em despesas de capital e cada vez mais voltado para gastos correntes.

Diante do elevado ônus político associado à obtenção de financiamento para novas expansões do dispêndio público em bens de capital[7], qualquer esforço de ampliação dos investimentos públi-

---

[7] O ônus político pode ser apontado como a restrição principal, mas é possível

cos deverá, necessariamente, passar por alguma forma de recomposição da estrutura de despesa nos orçamentos públicos. Reduções nas despesas de custeio, através de ganhos de eficiência na gestão e reformas nos sistemas administrativo e previdenciário, contribuiriam decisivamente nessa direção. A institucionalidade brasileira atual, entretanto, não favorece tal realocação, de forma que é razoável antecipar como mais provável um cenário de continuidade da deterioração da qualidade dos orçamentos públicos no Brasil.

Na impossibilidade de se contar com mais investimento público, a cooperação com o setor privado aparece como possibilidade atraente. Os instrumentos legais já estão disponibilizados, por meio das leis das licitações, das concessões e das parcerias público-privadas. Também neste aspecto, entretanto, as dificuldades não são desprezíveis. A principal delas diz respeito aos requisitos institucionais que trariam segurança e que possibilitariam um menor retorno requerido da ponta privada das parcerias. A institucionalidade necessária exige tecnicidade e independência no processo decisório, o que confronta diretamente com o uso político e/ou autointeressado de decisões públicas com alto valor econômico ou eleitoral. Essa resistência ao avanço no desenho institucional vem sendo, em parte, rompida desde a década passada. Há, entretanto, muito a se avançar nesse campo até que o Brasil possa contar com o volume de investimentos, públicos e privados, necessários para fazer frente a um processo de crescimento sustentado e duradouro da sua economia.

REFERÊNCIAS

BIDERMAN, Ciro; ARVATE, Paulo (Orgs.). **Economia do setor público no Brasil**. Rio de Janeiro: Campus, 2004.

---

indicar também a perda de eficiência econômica, cujos efeitos geralmente se apresentam em horizonte que supera o ciclo político brasileiro.

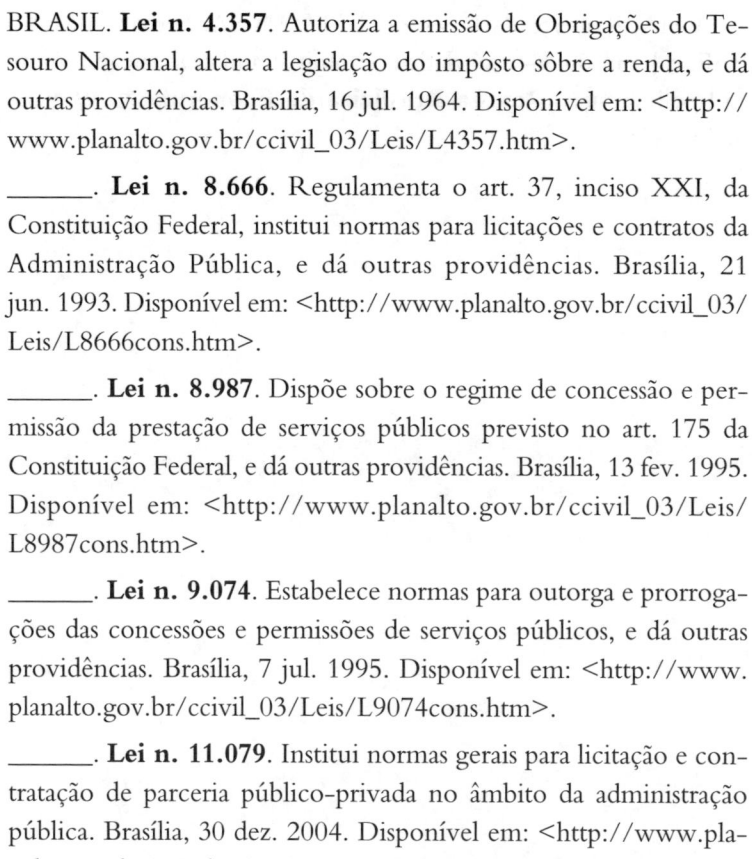

BRASIL. **Lei n. 4.357**. Autoriza a emissão de Obrigações do Tesouro Nacional, altera a legislação do impôsto sôbre a renda, e dá outras providências. Brasília, 16 jul. 1964. Disponível em: <http://www.planalto.gov.br/ccivil_03/Leis/L4357.htm>.

_____. **Lei n. 8.666**. Regulamenta o art. 37, inciso XXI, da Constituição Federal, institui normas para licitações e contratos da Administração Pública, e dá outras providências. Brasília, 21 jun. 1993. Disponível em: <http://www.planalto.gov.br/ccivil_03/Leis/L8666cons.htm>.

_____. **Lei n. 8.987**. Dispõe sobre o regime de concessão e permissão da prestação de serviços públicos previsto no art. 175 da Constituição Federal, e dá outras providências. Brasília, 13 fev. 1995. Disponível em: <http://www.planalto.gov.br/ccivil_03/Leis/L8987cons.htm>.

_____. **Lei n. 9.074**. Estabelece normas para outorga e prorrogações das concessões e permissões de serviços públicos, e dá outras providências. Brasília, 7 jul. 1995. Disponível em: <http://www.planalto.gov.br/ccivil_03/Leis/L9074cons.htm>.

_____. **Lei n. 11.079**. Institui normas gerais para licitação e contratação de parceria público-privada no âmbito da administração pública. Brasília, 30 dez. 2004. Disponível em: <http://www.planalto.gov.br/ccivil_03/_Ato2004-2006/2004/Lei/L11079.htm>.

FERNANDES, Orlando Assunção; TUROLLA, Frederico Araujo. Uma revisão de quarenta anos da dívida mobiliária interna (1964-2004). **Pesquisa & Debate**, São Paulo, v. 17, p. 215-236, 2006.

GIAMBIAGI, Fábio; ALÉM, Ana Cláudia Duarte de. **Finanças públicas**: teoria e prática no Brasil. 2. ed. Rio de Janeiro: Campus, 2000.

GOLDFAJN, Ilan. **Há razões para duvidar que a dívida pública no Brasil é sustentável?**. Brasília: Banco Central do Brasil, jul. 2002 (Nota técnica n. 25).

ROCHA, Roberto de Rezende; SALDANHA, Fernando M. C. B. Fiscal and quasi-fiscal deficits, nominal and real: measurement and policy issues. **Revista Brasileira de Economia**, v. 49, n. 3, p. 431-465.

3 GLOBALIZAÇÃO, MODERNIZAÇÃO E INOVAÇÃO FISCAL

Marcos Cintra

Professor titular da Escola de Administração de Empresas da
Fundação Getulio Vargas de São Paulo – FGV/EAESP;
atual vice-presidente da Fundação Getulio Vargas/FGV;
mestre em Planejamento Regional pela Harvard University;
bacharel, mestre e doutor em Economia pela mesma universidade.

3.1 Introdução

Uma das mais importantes questões contemporâneas na administração pública é encontrar caminhos para adequar os meios de financiamento do Estado ao novo ambiente político, econômico, social e tecnológico globalizado. O mundo moderno é marcado por uma conjuntura internacional de estratégia fiscal competitiva e profundamente imbricado com a revolução tecnológica da era da informática.

Nesse sentido, nota-se um esforço crescente para reformar os sistemas tributários convencionais, que vêm se mostrando crescentemente desgastados pela corrosão da eficácia dos mecanismos de exação das estruturas burocráticas, que se tornam cada vez mais impotentes para dirigir e controlar o processo fiscal em seus respectivos Estados nacionais.

A tônica dominante neste esforço renovador tem sido, por um lado, a busca de métodos formais de controle e fiscalização cada vez mais onerosos para o poder público e para o setor privado. Os gastos da administração tributária pública se agigantam. Ao mesmo tempo, os custos de conformidade dos impostos ao setor privado para atender as novas e mais volumosas obrigações tributárias acessórias implicam elevação de preços ao consumidor e estimulam o surgimento de novas possibilidades de práticas desleais de concorrência mediante a crescente sofisticação dos mecanismos de planejamento tributário, de evasão e de movimentação de fatores de produção e de capitais em todo o mundo. Henn[1]

---

[1] "However, the current solutions to tackle aggressive tax avoidance and tax eva-

aponta que, apesar dos altos custos e das complexas exigências burocráticas referentes a essa questão, o problema vem sendo apenas tangenciado, não resultando em ganhos palpáveis de eliminação de perdas tributárias causadas pela globalização.

Igualmente perturbador é que estas tendências acham-se presentes com maior intensidade em países federativos como o Brasil, bem como nos novos espaços econômicos formados por blocos de países integrados[2]. A superfície na qual se desenrola o jogo econômico mundial torna-se cada vez mais desigual por conta dos paraísos fiscais, zonas preferenciais e de uma predatória guerra fiscal, tanto interna quanto internacional.

Nesse mister, é importante a identificação de novas bases imponíveis tributárias, mais adequadas a essa nova realidade surgida a partir de meados do século passado. Há que evitar reformas baseadas na estrutura clássica de impostos, que, no dizer de Roberto Campos, "é uma curiosa relíquia artesanal na era eletrônica"[3].

As bases convencionais, estruturadas sobre tributos declaratórios, aplicam em sua grande maioria os métodos conhecidos como "autolançamento e autorrecolhimento com auditoria", uma tecno-

---

sion only mitigate some of the problems. Obviously, they are often incomplete or insufficient. Consequently, policymakers, civil society, and the public at large need to rethink how to ensure a sufficient tax base." *Vide* HENN, Markus. Tax Havens and the Taxation of Transnational Corporations. Berlin, Germany. Friedrich Ebert Stiftung. **Dialogue on Globalization**, jun. 2013, p. 12. Disponível em: <http://library.fes.de/pdf-files/iez/global/10082.pdf>. Acesso em: 27 ago. 2014.

[2] Sobre o federalismo fiscal e suas implicações na área tributária, *vide* WALLACK, Jessica Seddon; SRINIVASAN, T. N. (Eds.). **Federalism and economic reform**: international perspectives. New York: Cambridge University Press, 2006, p. 456-457. Uma das mais importantes características apontadas nos países analisados é a crescente tendência à centralização do controle de gastos, da arrecadação e das bases tributárias subnacionais. As implicações deste fato no debate da reforma tributária são profundas, como se verá adiante.

[3] CAMPOS, Roberto de Oliveira. O funeral da nota fiscal. **Veja**, 23 jan. 1999.

logia complexa, artesanal e profundamente contraditória com as tendências globalizantes e informatizadas das transações econômicas realizadas no mundo moderno. Exigem de cada pagador de impostos a autoapuração e o oferecimento de seus rendimentos à tributação, e sua posterior submissão a auditorias amostrais para aferir a veracidade das informações. Nesse sistema, a fiscalização exige o acompanhamento físico das transações econômicas, uma tarefa ciclópica, a cada dia mais difícil e onerosa de ser realizada com sucesso. As transações eletrônicas, o comércio pela *internet*, a volatilidade e mobilidade crescentes de fatores, capitais, mercadorias e serviços tornam a tarefa quase impossível de ser concretizada por haver necessidade de fiscalizar e auditar um número incalculável de transações que se realizam a cada momento. O resultado é a crescente necessidade de novos investimentos em tecnologia de informação por parte do poder público, quando a privacidade pessoal e o sigilo econômico tornam-se vítimas desta assustadora realidade *orwelliana* que toma conta do dia a dia dos agentes econômicos. Agravando ainda mais o quadro, criam-se áreas cinzentas e indivisíveis entre a auditoria tributária e a atividade policial repressiva, tornando o contribuinte um suspeito em potencial, até prova em contrário.

Luigi Nese afirma que:

> Hoje em dia já "transportamos" serviços via Internet quando fazemos os chamados "download[s]" de arquivos contendo, por exemplo, livros e músicas. Da mesma forma, no setor de serviços, estamos transportando, por via digital, *softwares*, projetos de engenharia, de arquitetura, de propaganda, tradução de documentos, informações, acesso a banco de dados etc. Nesses casos, a nota fiscal se torna uma peça de ficção. Portanto, o sistema tributário tem de dar conta dessa nova tecnologia. O que deve ser fiscalizado não é mais a mercadoria em trânsito, mas os valores envolvidos na transação. No instante em que alguns economistas já questionam a função e a quantidade dos bancos centrais existentes, é preciso pensar mais numa tributação de meios de pagamento do que, propriamente, na tributação sobre o bem. Quando alguém efetua o pagamento de uma

compra virtual, seja por meio do cartão de crédito ou de uma ordem de pagamento, é nesse momento que deve haver a cobrança de imposto. Creio que seria a única maneira de controlar esse tipo de operação e o fluxo monetário entre os países[4].

Esforços meramente reformistas poderão não ser suficientes para enfrentar as vicissitudes desta nova ordem econômica mundial. Há que buscar alternativas inovadoras, capazes de conter a explosiva burocracia tributária resultante destes novos desafios.

Ao invés de embate com os inconvenientes desta nova realidade, a exemplo do uso de legislação regulamentadora dos preços de transferência[5] e das polêmicas normas antielisão, há que se desviar deles, buscando alternativas e atalhos que abram novas possibilidades de garantir o financiamento seguro, estável e eficiente do poder público. Longe do desejo de utilizar o "princípio da conveniência", como alguns defensores do conservadorismo tributário insistem em afirmar em suas críticas às inovações tributárias, o que se pretende com o "princípio do desvio" é evitar a deflagração de conflitos de crescente gravidade entre o Estado, carente de formas estáveis e eficazes de financiamento, e os pagadores de impostos, cada vez mais escassos e sobretaxados, a partir da fuga de parcelas crescentes dos contribuintes para a economia informal, para a evasão, para os paraísos fiscais e para a sonegação.

A tese dita que se as economias modernas insistirem em manter o atual conservadorismo tributário, buscando apenas corrigir,

---

[4] NESE, Luigi. A reforma tributária para o século 21. **Folha de S. Paulo**, 18 set. 1999.

[5] Para uma descrição do conceito e das dificuldades de aplicação e aferição da tributação sobre preços de transferência, *vide* ZILVETI, Fernando Aurélio; TORO, Carlos Eduardo Costa M. A.; BRITO, Bianca Maia de. Preços de Transferência. *In*: SANTI, Eurico Marcos Diniz; ZILVETI, Fernando Aurélio (Coords.). **Direito tributário**: tributação internacional. Série GVlaw. São Paulo: Saraiva, 2007, p. 83-112. Esse texto demonstra as dificuldades e conflitos existentes na área da tributação internacional, como imposto de renda, dupla tributação, remessas e ganhos de capital, comércio exterior etc.

calibrar e reformar seus sistemas de arrecadação de impostos, ao invés de inovar, as brechas facilitadoras da evasão tributária se perpetuarão. Não há como imaginar que os tributos convencionais e ortodoxos gerados na era do papel, dos livros contábeis, das barreiras físicas de transporte e comunicação, e dos Estados nacionais autônomos, serão capazes de evitar a generalizada sonegação de impostos e suas dramáticas consequências para o financiamento do Estado moderno.

3.2 A síndrome dos porcos assados[6]

Certa vez, ocorreu um incêndio num bosque onde havia alguns porcos, que foram assados pelo fogo. Os homens, que até então os comiam crus, experimentaram a carne assada e acharam-na deliciosa. A partir daí, toda vez que queriam comer porco assado incendiavam um bosque. O tempo passou, e o sistema de assar porcos continuou basicamente o mesmo.

Mas as coisas nem sempre funcionavam bem: às vezes os animais ficavam queimados demais ou parcialmente crus. As causas do fracasso do sistema, segundo os especialistas, eram atribuídas à indisciplina dos porcos, que não permaneciam onde deveriam, ou à inconstante natureza do fogo, tão difícil de controlar, ou, ainda, às árvores, excessivamente verdes, ou à umidade da terra ou ao serviço de informações meteorológicas, que não acertava o lugar, o momento e a quantidade das chuvas.

As causas eram difíceis de determinar: na verdade, o sistema para assar porcos era muito complexo. Fora montada uma grande estrutura: havia maquinário diversificado, indivíduos dedicados a acender o fogo e especialistas em ventos – os anemotécnicos. Havia

---

[6] Não conheço a origem dessa fábula caída em domínio público. Há quem diga que o texto original foi publicado em: **Juicio a la Escuela Cirigliano**. Buenos Aires: F. T. Editorial Humanitas, 1976.

um diretor-geral de Assamento e Alimentação Assada, um diretor de Técnicas Ígneas, um administrador-geral de Reflorestamento, uma Comissão de Treinamento Profissional em Porcologia, um Instituto Superior de Cultura e Técnicas Alimentícias e o *Bureau* Orientador de Reforma Igneooperativas.

Eram milhares de pessoas trabalhando na preparação dos bosques, que logo seriam incendiados. Havia especialistas estrangeiros estudando a importação das melhores árvores e sementes, técnicas para gerar fogo mais intenso etc. Havia grandes instalações para manter os porcos antes do incêndio, além de mecanismos para deixá-los sair apenas no momento oportuno.

Um dia, um incendiador qualquer resolveu dizer que o problema era fácil de ser resolvido – bastava, primeiramente, matar o porco escolhido, limpando e cortando adequadamente o animal, colocando-o, então, em uma armação metálica sobre brasas, até que o efeito do calor – e não as chamas – assasse a carne.

Tendo sido informado sobre as ideias do funcionário, o diretor-geral de Assamento mandou chamá-lo ao seu gabinete e disse-lhe:

– Tudo o que o senhor propõe está correto, mas não funciona na prática. O que o senhor faria, por exemplo, com os anemotécnicos, caso viéssemos a aplicar a sua teoria? E com os acendedores de diversas especialidades? E os especialistas em sementes? Em árvores importadas? E os desenhistas de instalações para porcos, com suas máquinas purificadoras de ar? E os conferencistas e estudiosos que, ano após ano, têm trabalhado no Programa de Reforma e Melhoramentos? Que faço com eles se a sua solução resolver tudo, hein?

– Não sei, disse o funcionário, encabulado.

– O senhor percebe agora que a sua ideia não vem ao encontro daquilo que necessitamos? O senhor não vê que, se tudo fosse tão simples, nossos especialistas já teriam encontrado a solução há muito tempo? Que outros países já a teriam adotado? O senhor, com certeza, compreende que eu não posso simplesmente convocar os anemotécnicos e dizer-lhes que tudo se resume a utilizar brasinhas, sem chamas? O que o senhor espera que eu faça com os quilômetros de bosques já preparados, cujas árvores não dão frutos e nem têm folhas para dar sombra? E o que fazer com nossos engenheiros em porcopirotecnia? Vamos, diga-me!

– Não sei, senhor.

– Bem, agora que o senhor conhece as dimensões do problema, não saia dizendo por aí que pode resolver tudo. O problema é bem mais sério do que o senhor imagina. Agora, entre nós, devo recomendar-lhe que não insista nessa sua ideia – isso poderia trazer problemas para o senhor no seu cargo.

3.3 A nova realidade mundial

O mundo de hoje é global e informatizado. As principais modificações nessa nova, e ao mesmo tempo historicamente velha, ordem de organização social e econômica são a crescente concentração e a maior escala operacional das empresas, o deslocamento hegemônico estratégico para o setor financeiro, e o surgimento do conceito da informação total e em tempo real. De acordo com autores como Roxan, Strauss e Stiglitz, o avanço de tecnologias relacionadas ao processamento de dados e à comunicação possibilitaram transações instantâneas entre os países, criando alta mobilidade de capital financeiro ao redor do mundo, impondo novos desafios aos administradores tributários[7].

---

[7] ROXAN, Ian. **Limits to Globalisation**: Some Implications for Taxation, Tax Policy, and the Developing World. LSE Law, Society and Economy Working Papers 3/2012. London School of Economics and Political Science. p. 2. "Globalization has placed new challenges on generating sufficient tax revenue, given the wider scope for evasion and avoidance, as well as greater openness generating forces for tax rates to converge (often downwards)." *Vide* STRAUSS, Ilan. Globalization and Taxation: Trends and Consequences. **Global Labour Column**, n. 98, maio 2012. Corporate Strategy and Industrial Development (CSID). University of the Witwatersrand. "Our multinationals have learned how to exploit

Essas alterações na forma de organização e de comportamento econômico afetaram inúmeros conceitos tidos como verdades absolutas em administração pública, tais como a soberania nacional, a democracia representativa, as políticas de desenvolvimento interno, a distribuição de renda, as origens das vantagens comparativas, o processo inflacionário, os direitos socioeconômico-trabalhistas e os padrões de comércio internacional. Os reflexos dessas mudanças obviamente afetam os conceitos jurídicos, políticos, sociais e culturais em todo o planeta. Nesse texto, abordaremos particularmente os efeitos dessas alterações no campo tributário.

O novo padrão de intensa movimentação de mercadorias e capitais impõe novos parâmetros de comportamento tanto para governos como para empresas. A informatização e as novas formas de gestão aumentaram a produtividade. Os processos de produção e comercialização adquiriram escalas mundiais. A localização territorial perdeu importância na definição de produtos, no planejamento estratégico e nos padrões de compra de insumos e de distribuição de produtos, principalmente nas empresas transnacionais. O mercado financeiro internacional passou a girar grandes volumes de recursos, tornando praticamente impossível a tarefa de acompanhar, controlar e classificar tais fluxos e suas representações materiais para poderem servir de base para um sistema tributário convencional.

O sistema tributário tradicional pressupõe que o contribuinte pessoa jurídica (e o mesmo princípio se aplica à pessoa física) seja uma empresa nuclear produtora de bens tangíveis, com uma ou poucas instalações físicas concentradas em um único Estado nacional (ou território fiscal), e cercada por empresas fornecedoras e

---

globalization in every sense of the term–including exploiting the tax loopholes that allow them to evade their global social responsabilities." *Vide* STIGLITZ, Joseph. Globalisation isn´t just about profits. It´s about taxes too. **The Guardian**, 27 de maio de 2013. Disponível em: <http://www.theguardian.com/commentisfree/2013/may/27/globalisation-is-about-taxes-too>. Acesso em: 27 ago. 2014.

compradoras com as mesmas características. A ilustração 1 resume esta situação.

Ilustração 1
Empresa nuclear tradicional

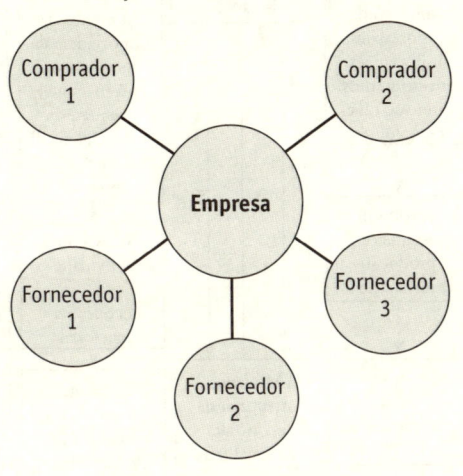

```
      Comprador           Comprador
          1                   2
              \           /
               \         /
                Empresa
               /         \
              /           \
      Fornecedor         Fornecedor
          1                   3
                  |
              Fornecedor
                  2
```

Nesse sistema é simples a avaliação da capacidade contributiva da empresa nuclear, bem como a fiscalização através do cruzamento de informações com as empresas periféricas fornecedoras ou compradoras.

A situação torna-se radicalmente diferente com a organização e as estratégias operacionais das empresas organizadas em redes descentralizadas, espalhadas por vários Estados-nações, e produtoras de bens tangíveis e, crescentemente, de serviços, que por sua natureza são intangíveis e de grande mobilidade e portabilidade através de meios eletrônicos. A ilustração 2 mostra a complexidade operacional dessas empresas, envolvendo variáveis internas e externas, considerações comerciais, interesses societários difusos, estratégias tecnológicas e de *market-shares*, implicando uma sofisticação de conceitos e de operações não contempladas nos modelos tributários convencionais.

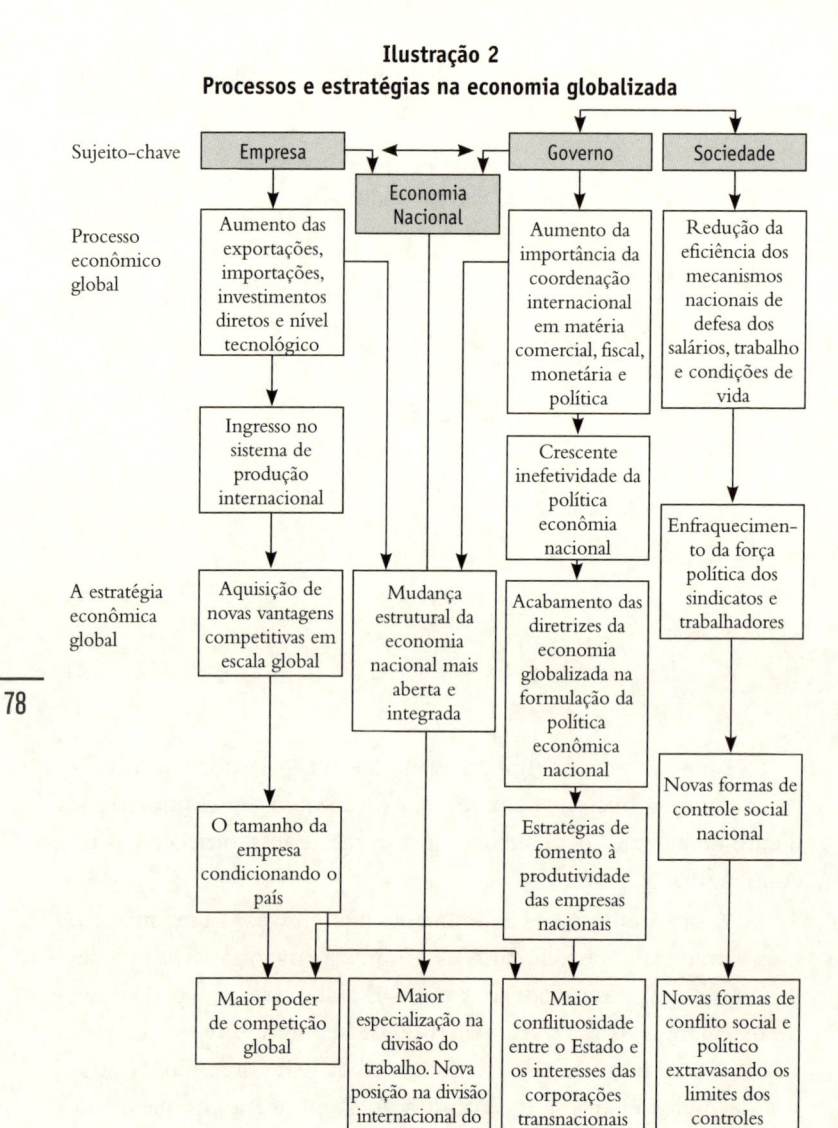

Ilustração 2
Processos e estratégias na economia globalizada

Sujeito-chave	Empresa	Economia Nacional	Governo	Sociedade
Processo econômico global	Aumento das exportações, importações, investimentos diretos e nível tecnológico		Aumento da importância da coordenação internacional em matéria comercial, fiscal, monetária e política	Redução da eficiência dos mecanismos nacionais de defesa dos salários, trabalho e condições de vida
	Ingresso no sistema de produção internacional		Crescente inefetividade da política econômia nacional	
A estratégia econômica global	Aquisição de novas vantagens competitivas em escala global	Mudança estrutural da economia nacional mais aberta e integrada	Acabamento das diretrizes da economia globalizada na formulação da política econômica nacional	Enfraquecimento da força política dos sindicatos e trabalhadores
	O tamanho da empresa condicionando o país		Estratégias de fomento à produtividade das empresas nacionais	Novas formas de controle social nacional
	Maior poder de competição global	Maior especialização na divisão do trabalho. Nova posição na divisão internacional do trabalho	Maior conflituosidade entre o Estado e os interesses das corporações transnacionais	Novas formas de conflito social e político extravasando os limites dos controles nacionais

Fonte: FARIA[8]

---

[8] FARIA, José E. **O direito na economia globalizada**. São Paulo: Malheiros Editores, 1999.

O avanço tecnológico e a revolução da informática afetaram em profundidade as formas como as trocas econômicas se realizam nas economias contemporâneas. A moeda manual vem sendo substituída pela moeda escritural, em suas várias modalidades, como o cheque, o cartão e a moeda eletrônica. Em breve as economias modernas serão totalmente "desmonetizadas".

O termo *cashless society*[9] resume um novo ambiente econômico em gestação no mundo moderno. Alvin Toffler[10] já indica que a produção e as relações comerciais poderão no futuro dispensar a existência de moeda, ocorrendo por meio de processos e sistemas estritamente contábeis. O crescimento desta riqueza não monetária terá implicações profundas, ainda não devidamente avaliadas, por desconhecidas e não mensuradas. Mas já indicam um caminho provável de profundas alterações[11].

Nesse complexo cenário, cabe indagar sobre os impactos gerados na administração tributária. Qual o efeito desse fenômeno sobre os contribuintes?

As bases tributárias convencionais como a renda pessoal, o lucro das empresas, o consumo e o patrimônio deixam de ser as formas predominantes de exação e adquirem características distintas frente a este novo cenário mundial.

---

[9] Dreams of a cashless society. **The Economist**, 3 maio 2001, p. 73-74. *Vide*, também, CINTRA, Marcos. E-money e o imposto único. **Folha de S. Paulo**, 5 jan. 1998.

[10] **Revolutionary wealth**. New York: Alfred A. Knopf Inc., 2006.

[11] O desaparecimento da moeda manual ocorreu precocemente no Brasil, induzido pela inflação crônica entre as décadas de 1960 e meados de 1990. Estimulada pela corrosão do valor da moeda manual, a sociedade brasileira investiu pesadamente no sistema bancário e na criação da moeda indexada, e deixou de usar dinheiro em espécie. O Brasil se antecipou a uma tendência mundial e já opera com cerca de apenas 3% de taxa de monetização (papel-moeda em poder do público em relação ao PIB) uma das mais baixas entre as economias ocidentais.

As pessoas físicas com altos rendimentos passaram a ter uma mobilidade física que jamais tiveram. A territorialidade não mais define a tributação pessoal de rendas. Profissionais, artistas, esportistas, executivos e grandes empresários escolhem seus domicílios fiscais e investem seus rendimentos em países onde a tributação é menor. Tornam-se alvos voláteis e incertos para os fiscos de seus respectivos países.

No caso dos lucros das empresas, a mobilidade é ainda mais acentuada. As grandes firmas multinacionais passam a utilizar preços de transferências em suas relações internas, e a escolha na localização de suas bases de operação passam a ser instrumentos de minimização de suas obrigações tributárias mediante práticas variadas de *profit shifting*.

A facilidade no transporte de pessoas por todo o mundo, o turismo de lazer e de negócios afetam a tributação do consumo. Comerciantes e turistas podem adquirir produtos de elevado valor agregado em países que oferecem preços mais reduzidos. A expansão acelerada do comércio pela internet dificulta a tributação convencional, obscurecendo a identificação dos locais de origem e destino da operação.

Nesse contexto de profundas mudanças de paradigmas comportamentais e administrativos, a eficácia dos sistemas tributários convencionais é desafiada, principalmente com o surgimento de "paraísos fiscais" espalhados em todo o mundo. A engenharia financeira e tributária permite a montagem de complexas operações envolvendo fundações familiares, sociedades de serviços especializados, *trading companies* e fundos de investimentos, colocando em xeque as estruturas tributárias ortodoxas baseadas em impostos tradicionais.

Na economia globalizada, o dinheiro se move de forma instantânea e praticamente anônima entre as fronteiras nacionais. O problema para os governos modernos é que, quando os fluxos financeiros se movimentam, levam receitas tributárias com eles, em geral para paraísos fiscais ou para países de baixa tributação. Estimativas mostram que eles desviam anualmente cerca de US$ 250 bilhões de arrecadação tributária do restante do mundo, sendo US$ 70 bilhões somente da economia norte-americana[12]. Roxan relata essa questão ao afirmar que a elevada mobilidade do capital gera "concorrência fiscal", uma vez que diversos países oferecem taxas efetivas de tributos reduzidas[13].

As atuais estruturas fiscais são enfraquecidas por decisões tomadas por pessoas e empresas em diferentes partes do mundo e sobre as quais os governos nacionais possuem escassa possibilidade de controle. Tal situação leva o poder público a buscar compensação na excessiva tributação de bases menos voláteis e com menor mobilidade, como os assalariados do setor formal e os prestadores de serviços não comercializáveis. Paraísos fiscais "enfraquecem as receitas tributárias de países 'reais', limitando a habilidade desses países de financiar serviços públicos, forçando-os a tributar bases de menor mobilidade, como o trabalho, a propriedade, o consumo" (tradução nossa)[14]. Isso, por sua vez, gera estímulos à evasão e à sonegação. Não obstante tais limitações na capacidade de tributar das economias nacionais, Kumar e Quin mostram que, diferentemente do esperado, não foram identificadas relações estatísticas negativas entre globalização e queda de receitas tributárias do imposto de renda das pessoas jurídicas nos países analisados[15].

---

[12] A place in the sun: a special report on offshore finance. **The Economist**, 24 fev. 2007, p. 4.

[13] *Op. cit.*, p. 2.

[14] Paraísos fiscais "sap tax revenues from 'real' countries, limiting those countries'ability to pay for public services and forcing them to tax less mobile factors, such as labour, housing and consumption". A place in the sun: a special report on offshore finance, *op. cit.*, p. 4.

[15] "Contrary to others, we find in general no negative relationship between the extent of country specific financial integration and corportate tax rates and revenues. Indeed, across some groups of OCDE and non-OCDE countries, an increa-

Ainda que os métodos administrativos de controle e fiscalização do fisco sejam operacionalmente modernizados, as estruturas sobre as quais estão assentados continuam estruturalmente arcaicas, permanecendo em grande parte desajustadas à realidade do novo modo de produção que surge no mundo moderno.

O antigo paradigma "fordista" de produção industrial, territorial e administrativamente concentrado inspirou os modelos tributários convencionais e levou ao desenvolvimento de métodos de arrecadação e controle baseados no sistema "autodeclaratório com auditoria". Essa forma de organização deixa de ser hegemônica. Mas o sistema tributário gerado por esse antigo modo de produção ainda prevalece no pensamento tributário convencional, não obstante o surgimento de evidências avassaladoras acerca de sua crescente dissonância com os ditames do mundo moderno.

Ainda hoje uma garrafa de vinho de Bento Gonçalves, no Rio Grande do Sul, é acompanhada fisicamente pela fiscalização desde o momento em que sai da vinícola, com sua nota fiscal discriminando tipo, peso, embalagem, valor etc., até seu destino final, em uma mesa de restaurante em São Paulo ou em uma reunião familiar em Roraima. Ao chegar em algum distribuidor, transportador, armazenador, intermediário ou supermercado em qualquer ponto do país, o produto é conferido, fiscalizado, e visualmente inspecionado, tendo em vista o atendimento das obrigações tributárias.

Se isso era operacional no passado, quando a abrangência das transações econômicas eram geograficamente restritas às regiões de

---

ses in FG (financial globalization) is highly statistically significantly associated with a subsequent upward movement in corporate tax rates and revenues. At the same time, there is little evidence that overall greater global financial market integration leads to downward pressure on corporate tax rates". *Vide* KUMAR, Manmohan S. and QUINN, Dennis P. **Globalization and corporate taxation**. Working Paper 12/252, Washington, International Monetary Fund, 2012.

operação de produtores e consumidores, tal método tornou-se hoje exasperadamente ineficiente e burocratizado. Não há como aplicá-lo, por exemplo, às centenas de milhões de transações realizadas diariamente em economias modernas como a do Brasil, ou a um consultor que exporta suas recomendações a seu cliente, em outro país, por *e-mail*, de sua residência, ou a serviços de *call centers* estabelecidos em continentes muitas vezes distintos da área de comercialização que atendem.

O fenômeno da globalização e da informatização afeta todas as economias do mundo:

> O verdadeiro problema é que a globalização tornou o atual sistema de tributação das multinacionais arcaico. A tributação baseia-se em fronteiras nacionais, mas as companhias operam entre continentes e podem facilmente transportar dinheiro e bens físicos ao seu redor. Até que os sistemas tributários reflitam essa realidade, as dificuldades persistirão (tradução nossa)[16].

O Brasil precisa adequar seu sistema tributário ao mundo contemporâneo. A informatização dos bancos e a predominância da moeda eletrônica convergem para a adoção de uma nova base tributária e para um sistema de impostos baseado na movimentação financeira.

3.4 O sistema tributário brasileiro

O Brasil possui uma estrutura tributária complexa. São impostos sobre a renda, o patrimônio e a produção, além de taxas de serviços e contribuições sobre o faturamento e a folha de salário das empresas.

---

[16] "*The real problem is that globalization has rendered the current system of taxing multinationals archaic. Taxation is based on national boundaries, but companies operate across continents and can easily shift money and physical assets around. Until tax systems reflect that reality, the difficulties will persist*". A place in the sun: a special report on offshore finance, *op. cit.*, p. 10.

Essa parafernália de tributos extrai cerca de 35% do valor de toda a produção de bens e serviços. Historicamente, a arrecadação de impostos oscilou entre 22% e 25% do PIB até meados da década de 1990, quando, então, passou a absorver fatias crescentes do produto nacional.

A fúria arrecadatória do governo se intensificou com a estabilização da moeda, quando, com o fim do imposto inflacionário, os desequilíbrios orçamentários demandaram ações voltadas à recuperação da capacidade de investimento do poder público. A opção pelo aumento da arrecadação se deu com a criação de novos tributos, aumento de alíquotas e alterações na base de cálculo dos impostos. Muitas dessas medidas foram implementadas de forma administrativa através de portarias e decretos, que gradualmente foram expandindo as receitas públicas. Essas ações pontuais criaram uma colcha de retalhos, aprofundaram as distorções da estrutura produtiva do país.

Para manter sua competitividade, as empresas passaram a ver na sonegação e na evasão de impostos uma forma de sobrevivência. Sonegar é hoje a característica predominante do sistema tributário brasileiro.

A evasão gerou um padrão de incidência tributária sobre a produção tão caótico, imprevisível e devastador a ponto de poder quebrar uma empresa eficiente, que paga seus impostos corretamente, e de fazer sobreviver uma ineficiente, que sonega e saqueia seus concorrentes. A sonegação se tornou um polpudo prêmio à ineficiência e à desonestidade.

O aperfeiçoamento de instrumentos públicos de controle e fiscalização, como o cruzamento entre a declaração de rendimento do contribuinte e sua movimentação bancária, a instalação de modernos e poderosos computadores com gigantesca capacidade de busca, armazenamento e cruzamentos de dados econômicos, bem como o aprimoramento dos mecanismos operacionais dos sistemas de inteligência tributária e policial, devem elevar ainda mais a carga de impostos para muitos contribuintes.

Dessa forma, deve aumentar a carga de tributos incidentes sobre o consumo, que já é alta. Bens duráveis, por exemplo, carregam uma carga de impostos em seus preços entre 40% e 50%, enquanto em outros países os tributos pesam em torno de 6% a 7%. Os alimentos industrializados carregam em seus preços cerca de 1/3 de impostos, enquanto a média internacional é de 7%. Esta situação penaliza, sobretudo, os grupos de baixa renda, que despendem nesse item maior fração de suas rendas do que as camadas de renda mais elevada.

Os tributos incidentes sobre a folha de salário das empresas constituem outro fator que causa anomalias na economia brasileira. O alto custo de contratação e manutenção de funcionários é uma das principais causas do crescimento da economia informal registrada nos últimos anos. Cerca de 43% dos trabalhadores brasileiros não têm carteira assinada, fenômeno que barateia custos para as empresas e desonera os salários recebidos pelos empregados, que, em muitos casos não declaram esses rendimentos.

A sonegação, portanto, é hoje o tumor a ser extirpado do sistema tributário nacional, e deve ser o foco dos esforços em busca de sistemas de arrecadação mais eficientes e mais universais. No rol dos atuais tributos. Apenas a CPMF (extinta em 2007) era capaz de neutralizar parcialmente esta anomalia.

O grande desafio é ampliar a base de contribuintes, fazendo todos pagarem, e, assim, fazer com que os que pagam muito paguem menos, e os que pagam pouco, ou nada, passem a contribuir com o esforço social de financiamento do Estado.

3.5 A escolha da espécie tributária

Em contraposição à tese de que o foco dos esforços de construção de um novo sistema tributário deva ser a busca da universalização da base de contribuintes mediante a eliminação da evasão e da sonegação, há quem acredite que o grande problema a ser superado é a cumulatividade presente no sistema tributário brasileiro. Em outras palavras, a discussão está centrada no debate entre os que defendem a universalidade e os que defendem a não cumulatividade[17].

Setores empresariais aliaram-se à burocracia pública e privada com ligações funcionais com o sistema tributário para se posicionar, de modo quase paranoico, contra a cascata dos tributos cumulativos[18]. Esses grupos convenceram parte da opinião pública que os impostos cumulativos representam o maior problema da atual estrutura tributária brasileira[19].

O debate centrou-se no IPMF/CPMF, instituído como uma usurpação da proposta do Imposto Único pelo governo[20]. Começou com a proposta para substituir os atuais tributos declaratórios por

---

[17] Para uma abrangente discussão acerca dos mais importantes tópicos em debate sobre reforma tributária em todo o mundo, *vide* OWENS, Jeffrey. **Fundamental tax reform**: an international perspective. Paris: Organização para a Cooperação Econômica e Desenvolvimento – OCDE, mimeo, 2005.

[18] Estranhamente, essa campanha coincidiu com o interesse velado dos sonegadores, uma vez que combatia tributos como a CPMF e parte do PIS/Cofins, notadamente os mais difíceis de serem sonegados.

[19] Surpreende o fato de empresários enfatizarem a cumulatividade, ao invés de defenderem a redução do número de tributos e lutarem por alíquotas menores, como lembrado, certa ocasião, por Amir Khair, ao afirmar que o atual debate tributário "corre o risco de deixar para segundo plano a questão mais importante, que é a redução da carga tributária, que asfixia nossas empresas, gera informalidade e tira o poder aquisitivo da classe média e da população de baixa renda". *Vide* KHAIR, Amir. **Reforma ou ilusão tributária**, mimeo, abril de 2007.

[20] Sobre a proposta do Imposto Único, e sobre a polêmica sobre o assunto, com argumentos a favor e contra a proposta, *vide* CINTRA, Marcos (Org.). **Tributação no Brasil e o Imposto Único**. São Paulo: Makron Books, 1994. Para a colocação da proposta *vide*, em especial, CINTRA, Marcos. Por uma revolução tributária. *In*: CINTRA, Marcos (Org.). **Tributação no Brasil e o Imposto Único**. São Paulo: Makron Books, 1994, p. 85-89, e CINTRA, Marcos (Org). O Imposto Único sobre Transações. *In*: CINTRA, Marcos (Org.). **Tributação no Brasil e o Imposto Único**. São Paulo: Makron Books, 1994, p. 203-245.

um único imposto arrecadatório não declaratório sobre movimentação financeira. Mas, ao invés de ser único, transformou-se em um imposto a mais a onerar o setor privado brasileiro.

A CPMF, extinta em 2007, foi o principal alvo da artilharia dos que julgam a cumulatividade como o principal obstáculo a ser enfrentado na reforma tributária. Ao fazerem isto, relegam a sonegação a um plano secundário. A CPMF foi uma espécie tributária de grande eficácia arrecadatória e de baixo custo, tanto para o governo como para o contribuinte. Por ser insonegável, ela incomodava uma minoria que se beneficiava dos sistemas tributários convencionais.

A transação financeira como base de incidência tributária surgiu com a recente supremacia da moeda escritural sobre a moeda manual, e com a intensa informatização das operações bancárias. A convergência entre a busca da unicidade tributária e a solidificação de um sistema baseado na moeda escritural eletrônica deu origem à proposta do Imposto Único no Brasil, que introduziu a movimentação financeira como nova base tributária.

A principal razão de seu ressurgimento no Brasil advém de razões históricas. Ainda que o Imposto Único tenha uma longa e respeitável tradição na evolução do pensamento econômico, ele nunca pôde se materializar, pois em nenhuma circunstância histórica uma sociedade reuniu as duas condições básicas para a efetiva operacionalização do conceito de transação como base tributária. A primeira é a existência de um sistema bancário altamente informatizado, com um sistema nacional em tempo real de compensação de cheques e documentos. A segunda, é a predisposição cultural da sociedade de não usar moeda manual, substituindo-a pelas mais variadas formas de moeda escritural.

Apenas o Brasil preenche plenamente esses dois quesitos. Possui um dos sistemas bancários mais desenvolvidos e informatizados em todo o mundo, com padrões tecnológicos superiores aos encontrados em países desenvolvidos, como os Estados Unidos ou a União Europeia. Em realidade, o "Brasil é referência mundial na tecnologia bancária"[21]. Além disso, o Brasil é uma das economias mais desmonetizadas do mundo, e que, culturalmente, já absorveu a inevitável substituição da moeda metálica manual pela moeda escritural, principalmente pela moeda eletrônica[22].

Em 1993, quando se discutia a criação de um imposto sobre movimentação financeira com o propósito de contribuir para o ajuste das contas públicas (o IPMF instituído naquele ano), e depois para financiar a saúde pública (a CPMF criada em 1996), muitos críticos desse tipo de tributo alardearam que o mesmo seria danoso ao sistema produtivo nacional. Os fatos acabaram desmentindo as profecias catastróficas apregoadas na época[23].

---

[21] *Vide* FONSECA, Carlos Eduardo Corrêa da. Brasil é referência mundial em tecnologia bancária. **Valor Econômico**, 30 abr. 2002. Neste artigo, o diretor de Tecnologia da Federação Brasileira de Bancos (Febraban) reproduz dados de pesquisa realizada pela empresa McKinsey & Company e pela Fundação Getulio Vargas, e afirma que "os bancos são os maiores investidores brasileiros em tecnologia, destinando anualmente 8,5% de seu patrimônio para aprimorar o parque tecnológico instalado, mais do que o dobro da média nacional". O início do funcionamento do Sistema de Pagamentos Brasileiro, SPB, a partir de abril de 2002 atesta o avanço da informatização bancária no Brasil, onde a compensação bancária começa a ser feita em tempo real.

[22] A razão do hiperdesenvolvimento do sistema bancário e da generalizada expulsão da moeda manual como meio de pagamento no país advém do processo hiperinflacionário que durante cerca de 40 anos existiu no país. Naquelas circunstâncias, a moeda manual não indexada foi abandonada pelos agentes econômicos, e a atividade bancária, estimulada pelo elevado *float* bancário, tornou-se tão mais rentável quanto mais rápida fosse a capacidade de captação e aplicação de depósitos junto ao público. Daí a informatização e o hiperdesenvolvimento da atividade bancária entre nós.

[23] Para rebater o argumento dos que acham que a cumulatividade é o mal a ser extirpado do sistema tributário brasileiro, publiquei na *Folha de S. Paulo* artigo no qual defendi a CPMF como uma eficiente espécie tributária, ainda que mal utilizada pelo governo. *Vide* CINTRA, Marcos. O patinho feio tributário. **Folha de S. Paulo**, 22 jan. 2001.

A CPMF foi usada, com sucesso, para atingir múltiplas finalidades: garantir o ajuste fiscal, custear a saúde pública, alimentar o fundo de combate à pobreza, detectar os sonegadores e aumentar o salário mínimo. Mesmo assim, muitos insistem em ignorar suas qualidades, principalmente a de aliviar o contribuinte brasileiro. Afinal, se a CPMF não tivesse existido, os impostos convencionais, quase sempre ineficientes e injustos, necessitariam de alíquotas mais elevadas, onerando ainda mais fortemente os contribuintes indefesos. Ainda que, com certa ligeireza, se lhe atribuam inúmeras distorções econômicas graves, esse tipo de tributo deixa um saldo amplamente favorável quando se pesam suas vantagens e desvantagens.

A objeção mais comum se refere ao impacto prejudicial de sua cumulatividade nos mercados financeiros e no comércio exterior, que será analisada adiante.

O mais importante, contudo, é que um tributo sobre movimentação financeira, como foi a CPMF, tem um mérito inegável, convenientemente ignorado por vários de seus críticos: o de eliminar do atual sistema tributário sua maior aberração, qual seja, as diferenças artificiais de custos de produção causadas pela ampla e generalizada sonegação de impostos no país. A forma pela qual a evasão de impostos distribui a atual carga tributária implica distorção econômica mais grave do que a alegada alteração nos preços-relativos que um *turnover tax*, como a CPMF, poderia causar na economia brasileira, já que, em realidade, ela é uma espécie tributária capaz de atenuar essa distorção, como será visto mais adiante.

Contudo, ela irritava e enfurecia os grandes sonegadores porque eles não podiam evitá-la. Em geral, o custo da evasão acabava superando a própria economia tributária. Esta é a vantagem de um imposto não declaratório, que, por ser insonegável, permite alíquotas baixas, porém universais. Esse tipo de tributação reduz custos, elimina a corrupção, distribui o ônus tributário na exata proporção das operações econômicas realizadas pelos contribuintes, e assim os que pagam muito hoje, como os assalariados, poderão pagar menos, e os que sonegam, pagarão as suas partes.

A questão da cumulatividade, portanto, é uma crítica ao imposto eletrônico facilmente refutável. O verdadeiro, e o maior problema da estrutura tributária brasileira e fonte de profundas distorções na economia do país, é, seguramente, a sonegação e a evasão de impostos, estimuladas pela alta e mal distribuída carga tributária imposta aos contribuintes[24].

3.6 Custo de conformidade

Um aspecto fiscal que tem despertado muita atenção no Brasil é a análise dos custos operacionais tributários. Estudo feito por Aldo Bertolucci supre importante lacuna no estudo dessas questões.

Diz o autor:

> Os custos de conformidade à tributação (*compliance costs of taxation*) correspondem ao custo dos recursos necessários ao cumprimento das determinações legais tributárias pelos contribuintes. Declarações relativas a impostos, informações ao Fisco federal, estadual e municipal, inclusões e exclusões realizadas por determinações das normas tributárias, atendimento a fiscalizações, alterações da legislação, autuações e processos administrativos e judiciais ... [25].

Esses desembolsos representam uma pequena parcela dos custos totais dos tributos por tratarem-se apenas de gastos monetários suportados pelas empresas no atendimento de suas obrigações com o fisco. A eles devem se somar os custos operacionais públicos nos três níveis de governo, bem como os custos temporais e psicológicos impostos ao contribuinte, além dos gastos a serem imputados pelas

---

[24] Nesse sentido, *vide* CINTRA, Marcos. A sonegação é o X do problema. **O Globo**, 14 maio 2001.

[25] BERTOLUCCI, Aldo. **Uma contribuição ao estudo da incidência dos custos de conformidade às leis e disposições tributárias**: um panorama mundial e pesquisa dos custos das companhias de capital aberto no Brasil. Dissertação de Mestrado. São Paulo: Universidade de São Paulo, 2001.

distorções e pela perda de eficiência alocativa e distributiva dos tributos, e pela própria obrigação tributária em si mesma.

Os resultados da pesquisa são dramáticos. O valor total dos custos de conformidade das companhias abertas atinge 0,32% da receita bruta na média das empresas pesquisadas.

Nas empresas menores, com faturamento bruto anual de até R$ 100 milhões, a despesa atinge 1,66%. Calculando-se a incidência desses desembolsos como proporção do PIB, chega-se a 0,75% no total das companhias abertas e 5,82% no caso das empresas abertas de menor porte. Conclui-se que para a esmagadora maioria das empresas brasileiras, cujo faturamento é inferior a R$ 100 milhões anuais, os custos de conformidade deverão ser superiores aos 5,82%[26].

Os elevados custos operacionais tributários são um grande peso morto na economia brasileira. Manter uma estrutura tributária baseada em impostos declaratórios convencionais, característica contida nas propostas de reforma tributária que o governo tem enviado ao Congresso ao longo dos últimos dez anos, irá perpetuar um sistema complexo e dispendioso. Os custos administrativos tributários, ou seja, os custos públicos para a administração do sistema de arrecadação é, no Brasil, de 1,5% do PIB, ou pouco mais de 4% do valor total arrecadado nos três níveis de governo, segundo Bertolucci. Há poucas estimativas disponíveis em outros países, mas estima-se que na Nicarágua seja de 3,86% do valor arrecadado, 3% no Peru, 1,47% no Reino Unido, 1,18% no Canadá, 0,87% na Colômbia e 0,83% nos EUA[27].

---

[26] O trabalho de Bertolucci mostra que os custos de conformidade empresarial como proporção do PIB em alguns países selecionados vão de 0,7% a 2,5%.

[27] *Vide* GALLAGHER, Mark. **Assessing tax systems using a benchmarking methodology**. U.S. Agency for International Development – USAID. Research Paper on Fiscal Reform in Support of Trade Liberalization Project, janeiro de 2004, p. 9. Disponível em: <http://pdf.usaid.gov/pdf_docs/PNADC940.pdf>. Acesso em: 1º jul. 2007. O estudo mostra ainda a baixa taxa efetiva de arrecadação e a baixa produtividade dos IVAs em vários países latino-americanos. p. 10.

O custo de conformidade é fator determinante na opção da maioria das empresas brasileiras pelo regime de tributação de lucro. Curiosamente, optam por um regime que implica tributação maior, mas que é compensada por custo de conformidade mais baixo. Afirma o ex-Secretário da Receita Federal Everardo Maciel que:

> Tanto no Simples, como no lucro presumido, o pagamento da Cofins é feito de forma cumulativa. Conclui-se, portanto, que opcionalmente o contribuinte brasileiro pessoa jurídica, em 93% dos casos, prefere o regime cumulativo (...). A alíquota efetiva média do lucro presumido é 3,87%. Já o lucro real é 1,22%. Ainda assim, há mais empresas optando pela tributação do presumido, portanto pelo pagamento da Cofins cumulativa. A razão está no chamado custo de conformidade. Os custos no lucro presumido são muito menores e a segurança é muito maior[28].

Vale lembrar que, além das dificuldades e custos implícitos na legislação tributária doméstica, há que considerar os custos ligados à complexa legislação tributária internacional. Segundo Fernando Aurélio Zilveti, Carlos Eduardo Costa Toro, e Bianca Maia de Britto, apenas para evitar dupla tributação, o número de tratados internacionais aumentou 2.000% nos últimos cinquenta anos, "podendo atingir ainda na metade deste século a casa de 16.000, numa projeção bastante otimista"[29].

Importante ressaltar também as crescentes exigências burocráticas e procedimentos de controle que se tornam cada vez mais necessários para evitar o desgaste das bases tributárias convencionais no mundo globalizado. Há propostas em estudo que buscam introduzir procedimentos tributários unificados em diferentes países, além

---

[28] MACIEL, Everardo. Entrevista. **Valor**, 26 fev. 2007, p. A-3.
[29] ZILVETI, Fernando Aurélio; TORO, Carlos Eduardo Costa M. A.; BRITO, Bianca Maia de. Preços de Transferência. In: SANTI, Eurico Marcos Diniz; ZILVETI, Fernando Aurélio (Coords.). **Direito tributário**: tributação internacional. Série GVlaw. São Paulo: Saraiva, 2007.

de intensas e custosas formas padronizadas internacionalmente para contabilização, declaração e discriminação de receitas, lucros e atividades em empresas que operam em vários países. Além do mais, como apontado por Roxan, tais processos de unificação de procedimentos são de difícil implementação e acham-se distantes dos interesses imediatos das economias nacionais[30].

Vale concluir, reproduzindo as palavras de Bertolucci, que:

> Comparando a incidência de custos da Administração Tributária do Brasil com a de outros países, verifica-se que são os mais elevados de todos, exceção feita a Portugal que está tão longe dos outros levantamentos que poderia conter algum erro metodológico. Acrescente-se a isso o fato de que não se conhecem os custos dos tributos e contribuições estaduais e municipais, que podem ser percentualmente superiores aos custos da União. Isso porque estudos levados a cabo no Reino Unido por Sandford et al. (1989, p. 134) mostram que o VAT – Value Added Taxation é o tributo de custo operacional mais elevado ... Do outro lado do espectro de custos, encontram-se Israel, Japão e Noruega, com 0,16%, 0,26% e 0,10%, de incidência de custos de administração sobre a arrecadação, respectivamente. Os Estados Unidos, também, apresentam, nesse sentido, uma incidência bastante reduzida, de 0,44% da arrecadação. Deve-se notar, porém, que essa informação se refere somente à arrecadação dos tributos federais[31].

---

[30] *Vide* MURPHY, Richard. The tax reforms needed if globalisation is to work. Postado em 30-1-2012 no Blog Tax Research UK. Disponível em: <http://www.taxresearch.org.uk/Blog/2012/01/30/the-tax-reforms-needed-if-globalisation-is-to-work>. Acesso em: 20 ago. 2014. "Their use fails to recognise that countries are concerned with their own national interest, not necessarily with a global ideal. Global efficiency may not be in a particular country´s national interest". *Vide* em ROXAN, Ian. **Limits to Globalisation**: some implications for taxation, tax policy, and the developing world. LSE Law, Society and Economy Working Papers 3/2012. London School of Economics and Political Science.

[31] *Op. cit.*, p. 108-110.

Criar um sistema com impostos mais simples e de menor custo são princípios fundamentais que devem reger as discussões em torno da reforma tributária no Brasil. Nesse sentido, um sistema baseado em tributos não declaratórios representa uma alternativa viável para equacionar essa necessidade.

3.7 Salários e Previdência: desoneração da folha de pagamentos

Os custos salariais no Brasil comprometem dramaticamente a competitividade da produção nacional. O grande vilão é o elevado custo dos encargos sociais incidentes sobre a folha salarial, já que a remuneração do trabalhador brasileiro é relativamente baixa.

Os gastos patronais com INSS, FGTS, Salário-Educação, Seguro de Acidentes do Trabalho e o Sistema "S" representam cerca de 36% dos salários pagos aos trabalhadores. A inclusão de custos relacionados ao tempo não trabalhado (férias, 13º salário, aviso prévio etc.) faz a despesa de contratação de um funcionário ultrapassar 100% do salário nominal.

O acirramento da concorrência no comércio internacional foi determinante para que o elevado custo trabalhista no Brasil se tornasse uma questão em evidência. O problema se mostrou dramático em função do grande diferencial existente entre o custo com mão de obra na economia brasileira comparativamente com outros países emergentes, sobretudo quando o referencial é a China, economia onde, segundo a CNI (Confederação Nacional da Indústria), um funcionário custa para as empresas quase a metade do que ocorre no Brasil.

Uma tímida desoneração da folha de salários vem sendo realizada parcialmente desde 2011 no Brasil para atender segmentos industriais com dificuldades frente à concorrência externa. Porém, a substituição do INSS patronal por uma contribuição sobre o faturamento para alguns setores apenas teve alcance limitado. A almejada elevação da competitividade sistêmica não teve resultado satisfatório. Segundo o *International Institute for Management Development* (IMD), de 2010 a 2014 o Brasil caiu no *ranking* da competitividade, passando da 38ª posição para a 54ª posição entre 60 países analisados. Cumpre dizer que essa medida implica em manter uma carga tributária alta sobre a produção e que a Previdência Social segue com uma fonte de recursos muito vulnerável às oscilações da economia.

Há outros fatores que comprometem a competitividade da economia brasileira além do elevado custo trabalhista. No entanto, o ônus com a manutenção de funcionários pelas empresas é tão expressivo no Brasil que apenas a desoneração parcial da folha de pagamentos para alguns setores mostrou reduzido alcance para a melhoria da concorrência da economia como um todo.

Os encargos sociais trabalhistas devem ser custeados por toda a sociedade. Não deveriam ser suportados prioritariamente pelo setor produtivo, como ocorre hoje com as contribuições sobre a folha salarial (e continuaria ocorrendo caso a base fosse substituída para o valor agregado ou o faturamento). Isso porque, em geral, os modelos previdenciários tiveram início como sistemas de capitalização, e, nesse caso, o mecanismo de financiamento apropriado é a incidência sobre folha de salários, recolhida pelos beneficiários assalariados, e pelos empregadores. Contudo, por razões que não cabe discutir no momento, a sociedade brasileira optou por garantir os benefícios da Previdência, até o teto legal, como direito de todos os cidadãos, justificando-se, assim, a evolução do custeio para o sistema de repartição. Nesse caso, o financiamento da Previdência comporta ser feito não apenas com contribuições dos beneficiários, mas também com impostos gerais, incidentes sobre toda a sociedade. A Constituição de 1988 incorporou essa conceituação ao definir, conforme o *caput* do art. 195, que o custeio do sistema previdenciário compete a "toda sociedade, de forma direta e indireta".

Nesse sentido, há que substituir as contribuições incidentes sobre a folha salarial por uma contribuição sobre movimentação financeira, como proposto pela Comissão Ary Osvaldo Mattos Filho em 1991, a pedido do então presidente Fernando Collor de Mello[32]. Essa alternativa simplifica o sistema, combate a sonegação, e reduz o custo empresarial.

Estudo realizado pela Fundação Getulio Vargas[33] simula o impacto da substituição do INSS patronal por um adicional de 0,575% na CPMF para 55 setores produtivos no Brasil. Atividades como serviços prestados às empresas, educação e comércio, por exemplo, teriam redução da carga tributária em relação ao valor agregado de cerca de 1,3%. O PIB poderia ter um crescimento adicional de 0,84% e o nível de emprego de 0,84%.

Em 2011 o Ipea publicou estudo onde avalia a utilização de um Imposto sobre Movimentação Financeira (IMF) como base de um sistema tributário, visando "garantir o mínimo de receita indispensável para o Estado cumprir com suas obrigações, em especial para com o Regime Geral de Previdência Social e a Dívida Pública Mobiliária e Contratual, bem como propiciar o equilíbrio das contas públicas". Dentre vários aspectos, o estudo analisa a adoção desse tributo como substituto de todas as contribuições e impostos incidentes sobre a folha de salários e conclui que a medida reduz custos de produção e a carga tributária, sobretudo nos setores intensivos em mão de obra; estimula a demanda por trabalho, combate o desemprego, estimula a formalização de empregos, reduz encargos sobre os salários e aumenta a competitividade da produção brasileira[34].

---

[32] A Comissão, composta por economistas e tributaristas de renome, foi encarregada de formular proposta de reforma tributária a ser apresentada pelo governo ao Congresso Nacional.

[33] GARCIA, Fernando; SOUZA, Rogério César de; BANDEIRA, Sérgio. **Carga tributária sobre os serviços e os efeitos macroeconômicos da substituição da contribuição patronal ao INSS por uma CMF**, mimeo, Pesquisa GV Consult. Disponível em: <http://marcoscintra.org/mc/wp-content/uploads/2013/08/Garcia_Fernando_Carga_Tributaria_FGVConsult-2005.pdf>.

[34] DA SILVA, Carlos Roberto Paiva; MARQUES, Newton. **Movimentação Financeira**: A base sólida para incidência de um imposto socialmente justo. Texto para Discussão 1649, Ipea, Brasília, agosto 2011.

A proposta de desonerar a folha de pagamentos das empresas mediante a eliminação das contribuições patronais ao INSS foi levantada na Comissão Especial da Reforma Tributária, na Câmara dos Deputados, na legislatura 1999-2003. Propôs-se a introdução de uma Contribuição Social incidente sobre as transações financeiras, capaz de gerar volume de recursos equivalente ao arrecadado pelo INSS sobre a folha de pagamentos das empresas. Uma mera substituição de fontes, é bom observar, em nada mudaria a destinação dos recursos recebidos e não alteraria as receitas e despesas referentes ao salário educação e ao denominado Sistema "S". A vantagem seria reduzir a cunha tributária sobre salários, estimular a formalização dos contratos trabalhistas, incentivar a abertura de novos postos de trabalho, combater a sonegação e minimizar o custo-Brasil.

Cumpre lembrar que nos primeiros trabalhos sobre o Imposto Único tentou-se avaliar o impacto desta nova contribuição social na formação dos preços na economia. Foram utilizadas as matrizes de relações interindustriais do IBGE e suas atualizações, tendo-se chegado à conclusão de que os impostos sobre movimentação financeira (IMF) impactam com menor intensidade os preços na economia do que impostos sobre valor agregado (IVA), já que os primeiros exigem alíquotas nominais sensivelmente mais baixas para uma dada meta de arrecadação.

A simulação apresentada na Tabela 1 compara o impacto nos preços setoriais de um IMF sendo usado como a fonte de financiamento do INSS, relativamente ao atual modelo tributário, mediante a substituição da alíquota básica de 20% da contribuição patronal sobre folha de salários (que é uma contribuição sobre valor agregado). Utilizou-se uma Contribuição sobre a Movimentação Financeira (CMF) com alíquota total de 0,46%, sendo 0,23% no débito e no crédito de cada lançamento na conta corrente bancária.

Vê-se que o desvio nos preços-relativos causados pela CMF foi de 0,25%, ao passo que no caso do modelo convencional atingiu 1,65%[35]. Comprova-se assim a inveracidade da afirmação de que necessariamente os tributos cumulativos geram maiores distorções nos preços-relativos, e que por isso seriam mais ineficientes do ponto de vista alocativo.

Outra constatação importante é a redução significativa da carga tributária setorial resultante da alteração nas fontes de financiamento do INSS. Enquanto no caso convencional o peso das contribuições sociais no preço setorial variava entre 8,93% e 15,37%, no caso da CMF a variação caiu significativamente para entre 0,80% e 1,77%. Percebe-se que houve redução de cerca de 90% da carga tributária setorial vinculada ao custeio do INSS.

Tabela 1
Impacto de uma CMF e do INSS patronal na carga tributária e nos preços-relativos setoriais

N.	Produtos	CMF 0,23%	INSS 20% sobre a folha de pagamentos
1	Arroz em casca	1,36	14,21
2	Milho em grão	1,26	14,71
3	Trigo em grão e outros cereais	1,39	13,65
4	Cana-de-açúcar	1,43	13,99
5	Soja em grão	1,39	14,13
6	Outros produtos e serviços da lavoura	1,21	14,61
7	Mandioca	1,25	14,54
8	Fumo em folha	1,42	13,94
9	Algodão herbáceo	1,35	14,26
10	Frutas cítricas	1,40	14,09

---

[35] Para a metodologia utilizada nas simulações, especialmente o coeficiente de desvio nos preços-relativos, *vide* CINTRA, Marcos. **A verdade sobre o Imposto Único**. São Paulo: Livraria Ciência e Tecnologia Editora Ltda. – LCTE 2003, p. 120-129, e Anexo IV. Também disponível para download em: <http://www.marcoscintra.org/novo/default.asp?idSubSecao=24&idSecao=2>. Acesso em 1º jul. 2007.

11	Café em grão	1,41	14,08
12	Produtos da exploração florestal e da silvicultura	1,23	13,85
13	Bovinos e outros animais vivos	1,49	14,86
14	Leite de vaca e de outros animais	1,50	14,77
15	Suínos vivos	1,52	14,82
16	Aves vivas	1,51	14,91
17	Ovos de galinha e de outras aves	1,25	15,30
18	Pesca e aquicultura	1,49	14,94
19	Petróleo e gás natural	1,26	10,65
20	Minério de ferro	1,56	14,20
21	Carvão mineral	1,42	12,36
22	Minerais metálicos não ferrosos	1,39	12,09
23	Minerais não metálicos	1,34	12,89
24	Abate e preparação de produtos de carne	1,46	14,99
25	Carne de suíno fresca, refrigerada ou congelada	1,52	14,89
26	Carne de aves fresca, refrigerada ou congelada	1,43	15,06
27	Pescado industrializado	1,53	14,88
28	Conservas de frutas, legumes e outros vegetais	1,59	14,71
29	Óleo de soja bruto e tortas, bagaços e farelo de soja	1,68	14,65
30	Outros óleos e gordura vegetal e animal exclusive milho	1,58	14,75
31	Óleo de soja refinado	1,49	14,97
32	Leite resfriado, esterilizado e pasteurizado	1,51	14,95
33	Produtos do laticínio e sorvetes	1,42	15,08
34	Arroz beneficiado e produtos derivados	1,32	15,20
35	Farinha de trigo e derivados	1,64	14,72
36	Farinha de mandioca e outros	1,34	14,94
37	Óleos de milho, amidos e féculas vegetais e rações	1,46	14,97
38	Produtos das usinas e do refino de açúcar	1,62	14,75
39	Café torrado e moído	1,44	15,04
40	Café solúvel	1,58	14,82
41	Outros produtos alimentares	1,43	15,05
42	Bebidas	1,56	14,71
43	Produtos do fumo	1,62	14,16
44	Beneficiamento de algodão e de outros têxteis e fiação	1,35	13,72
45	Tecelagem	1,27	14,01
46	Fabricação outros produtos têxteis	1,31	14,01

47	Artigos do vestuário e acessórios	1,19	15,08
48	Preparação do couro e fabricação de artefatos – exclusive calçados	1,35	14,56
49	Fabricação de calçados	1,33	14,80
50	Produtos de madeira – exclusive móveis	1,39	14,62
51	Celulose e outras pastas para fabricação de papel	1,43	14,17
52	Papel e papelão, embalagens e artefatos	1,30	13,79
53	Jornais, revistas, discos e outros produtos gravados	1,15	14,66
54	Gás liquefeito de petróleo	1,46	12,86
55	Gasolina automotiva	1,77	11,46
56	Gasoálcool	1,42	12,90
57	Óleo combustível	1,61	11,99
58	Óleo diesel	1,48	12,00
59	Outros produtos do refino de petróleo e coque	1,44	10,91
60	Álcool	1,53	14,64
61	Produtos químicos inorgânicos	1,24	11,50
62	Produtos químicos orgânicos	1,17	9,36
63	Fabricação de resina e elastômeros	1,18	9,94
64	Produtos farmacêuticos	1,01	14,25
65	Defensivos agrícolas	1,32	13,25
66	Perfumaria, sabões e artigos de limpeza	1,32	13,82
67	Tintas, vernizes, esmaltes e lacas	1,32	13,50
68	Produtos e preparados químicos diversos	1,24	12,00
69	Artigos de borracha	1,32	12,17
70	Artigos de plástico	1,29	12,19
71	Cimento	1,42	14,20
72	Outros produtos de minerais não metálicos	1,38	13,84
73	Gusa e ferro-ligas	1,51	13,94
74	Semiacabados, laminados planos, longos e tubos de aço	1,39	13,00
75	Produtos da metalurgia de metais não ferrosos	1,40	12,22
76	Fundidos de aço	1,56	13,48
77	Produtos de metal – exclusive máquinas e equipamento	1,32	12,95
78	Máquinas e equipamentos, inclusive manutenção e reparos	1,30	11,62
79	Eletrodomésticos	1,35	13,98
80	Máquinas para escritório e equipamentos de informática	1,26	11,91
81	Máquinas, aparelhos e materiais elétricos	1,28	11,77

82	Material eletrônico e equipamentos de comunicações	1,09	8,93
83	Aparelhos/instrumentos médico-hospitalar, medida e óptico	1,06	13,30
84	Automóveis, camionetas e utilitários	1,52	13,10
85	Caminhões e ônibus	1,45	13,36
86	Peças e acessórios para veículos automotores	1,27	11,73
87	Outros equipamentos de transporte	1,34	12,69
88	Móveis e produtos das indústrias diversas	1,13	14,86
89	Sucatas recicladas	1,50	13,93
90	Eletricidade e gás, água, esgoto e limpeza urbana	1,14	14,13
91	Construção	1,26	14,72
92	Comércio	1,00	14,59
93	Transporte de carga	1,32	14,42
94	Transporte de passageiro	1,17	14,30
95	Correio	1,25	14,49
96	Serviços de informação	1,03	14,33
97	Intermediação financeira e seguros	0,98	15,05
98	Serviços imobiliários e aluguel	0,80	13,52
99	Aluguel imputado	1,58	14,11
100	Serviços de manutenção e reparação	1,03	14,85
101	Serviços de alojamento e alimentação	1,20	15,18
102	Serviços prestados às empresas	0,95	12,96
103	Educação mercantil	0,98	15,37
104	Saúde mercantil	1,56	13,69
105	Serviços prestados às famílias	1,05	15,32
106	Serviços associativos	1,17	15,05
107	Serviços domésticos	1,60	14,06
108	Educação pública	1,58	14,22
109	Saúde pública	1,50	13,77
110	Serviço público e seguridade social	1,50	14,28
	Máximo	**1,77**	**15,37**
	Mínimo	**0,80**	**8,93**
	Desvio	**0,25**	**1,65**

Nota: simulação elaborada com base na matriz insumo-produto do IBGE e detalhada no capítulo 2 de CINTRA, Marcos. **Bank Transactions:** pathway to the single tax ideal. Ed. Rev. São Paulo: Cyan Artes Gráficas e Editora, 2009. Disponível em: <http://mpra.ub.uni-muenchen.de/16710/1/MPRA_paper_16710.pdf>.

Confirma-se assim a possibilidade de que a alteração proposta abrirá espaço para a redução de preços, e, consequentemente, para a ampliação dos salários reais e das margens de contribuição das empresas. Ademais, tornam-se possíveis aumentos nominais de salários, sem impactos negativos no grau de eficiência da economia.

3.8 O resgate da função arrecadatória dos impostos

Uma crítica aos impostos não declaratórios sobre movimentação financeira, e, mais especificamente, ao projeto do Imposto Único, é que, por serem gerais, universais e com estrutura simplificada de alíquotas, o governo perde sua condição de calibrar o sistema de acordo com seus propósitos, além de perder a capacidade de praticar políticas econômicas seletivas.

Mas qual é a função essencial dos impostos?

Ao longo dos tempos os tributos passaram a ter funções extrafiscais. Passou-se a acreditar que a redistribuição de renda e de riqueza, por meio da cobrança punitiva de impostos dos mais eficientes e mais poderosos, seria sua função essencial. O ativismo governamental e a política econômica keynesiana enfatizaram o papel dos impostos, e da isenção deles, como meios para calibrar o desenvolvimento econômico. Ecologistas e sanitaristas passaram a usar o sistema tributário como forma de proteção do meio ambiente, e de punição para infratores; planejadores urbanos e regionais enxergam no sistema tributário mecanismos de indução para alcançar objetivos socialmente desejáveis; agricultores querem a reforma agrária pela tributação dos latifúndios; instituições policiais enxergam nos impostos uma forma de identificar meliantes.

Em suma, todos procuram no sistema tributário a solução para seus problemas. Como afirmou Everardo Maciel, "isso serve apenas para demonstrar que o debate sobre matéria tributária pode tomar rumos imprevisíveis, ditados por razões fortuitas ou motivos insondáveis"[36].

---

[36] O então Secretário da Receita Federal, Everardo Maciel, na apresentação do

A ênfase na extrafiscalidade dos tributos, ainda que legítima, vem se sobrepondo aos objetivos fiscais, tornando o sistema tributário brasileiro complexo e pouco funcional em sua função precípua, além de caro, ineficiente, corrupto, e fortemente indutor das mais variadas formas de evasão.

Nessa corrida entre meios e fins, o sistema tributário acabou perdendo eficácia em sua função essencial: a de arrecadar recursos para financiar as atividades públicas.

O formalismo teórico, típico da burocracia pública e da academia, que busca identificar os impactos alocativos e distributivos dos tributos com milimétrica precisão, revela-se cada vez mais ilusório, dado que construído no campo da alta abstração. Nas palavras de Mangabeira Unger, a visão acadêmica desdobra-se em meio a "ilusões edificantes e tranquilizadoras". Mas "o mundo é selvagem e obscuro"[37]. Não existe o mundo da competição perfeita.

Na mesma linha de raciocínio, Delfim Netto declara que a ciência econômica deixa a impressão de ser "um corpo de conhecimento progressivo, uma 'ciência dura'". Prossegue o autor:

> O que toda essa sofisticação esqueceu é que ela está apoiada em dois postulados implícitos: 1) que não existe sonegação, isto é,

---

texto SECRETARIA DA RECEITA FEDERAL. MINISTÉRIO DA FAZENDA. **Tributação da renda no Brasil pós-Real**. Brasília: SRF, Ministério da Fazenda, 2001, diz que "reforma tributária parece, em certos momentos, um desaguadouro para o qual convergem demandas por simplificação tributária, conflitos interfederativos, propostas de transposição de soluções adotadas em outros países, reclamos por uma mais efetiva justiça distributiva, exercícios de experimentalismo tributário, indignações por assimetria entre o pagamento de impostos e a realização do gasto público, queixas contra o tamanho da carga tributária, dissimuladas tentativas de facilitar a evasão e a elisão fiscal, propósitos sinceros de corrigir desigualdades regionais, de estimular as exportações, de robustecer a competitividade da economia nacional etc. etc. etc".

[37] MANGABEIRA UNGER, Roberto. Impostos e Paradoxos. **Folha de S. Paulo**, 28 abr. 1998.

que todo o cidadão é prisioneiro de normas sociais rígidas, que lançam o opróbio sobre o sonegador, e 2) que o recolhimento desses impostos não tem custo, isto é, eles saem direto do livro texto para a caixa do tesouro... Quando se leva em conta a falsidade desses dois postulados, começa-se a duvidar da qualidade das recomendações sugeridas e a ter mais respeito intelectual pelas propostas dos "impostos não declaratórios"[38].

O resgate da função fiscal do sistema tributário é apoiado também em dois artigos publicados na *Folha de S. Paulo* por Mangabeira Unger.

Em "Impostos e paradoxos"[39], o autor afirma que mesmo impostos indiretos, e porque não cumulativos, podem "gerar muito dinheiro com pouco desarranjo econômico", ao passo que impostos diretos e progressivos, tão caros aos economistas de gabinete, "como o Imposto de Renda sobre a pessoa física, não produz a receita necessária. Nem pode fazê-lo, por enquanto, sem acarretar desincentivos, fugas e evasões devastadoras". Mangabeira Unger vai além, e diz que o essencial é gerar "dinheiro para o Estado investir no social".

Em outro texto de Mangabeira Unger, intitulado "Reforma tributária (1)"[40] o autor confirma a tese dos defensores do Imposto Único de que a redistribuição de renda "se faz mais pelo lado do gasto do que pelo lado da estrutura progressiva da arrecadação", desmistificando assim a tese acadêmica de que a progressividade na arrecadação dos impostos é condição necessária para uma boa reforma tributária.

---

[38] DELFIM NETTO, Antônio. Impostos não declaratórios. **Folha de S. Paulo**, 12 ago. 1992.
[39] MANGABEIRA UNGER, Roberto. Impostos e Paradoxos. **Folha de S. Paulo**, 28 abr. 1998.
[40] MANGABEIRA UNGER, Roberto. Reforma tributária (1). **Folha de S. Paulo**, 21 abr. 1998.

3.9 Equidade

Uma questão frequentemente abordada no debate sobre tributos sobre movimentação financeira diz respeito à progressividade da incidência desse tipo de tributação[41].

Tratando-se de um imposto cumulativo, os produtos cujos métodos de produção sejam *round-about*, e os que agreguem menos valor adicionado em cada uma destas etapas, serão proporcionalmente mais taxados. Isso implica garantir ao sistema tributário uma desejada dose de progressividade, já que os *wage-goods* – produtos de cesta básica que compõem o perfil de demanda das classes de mais baixa renda – terão uma carga tributária relativamente menor do que os produtos mais sofisticados. Espera-se que isto garanta uma progressividade natural nos tributos sobre movimentação financeira.

Outra característica interessante destes tributos é passar a tributar menos as atividades vinculadas à geração de riqueza, e mais

---

[41] Do ponto de vista de políticas públicas, a questão da equidade e da redistribuição de renda deve ser analisada levando-se em conta a política fiscal como um todo, ou seja, analisando-se os efeitos do sistema tributário na totalidade dos tributos utilizados conjuntamente com os efeitos redistributivos do padrão de gastos do governo. Ou seja, cumpre analisar conjuntamente os efeitos das receitas e dos gastos públicos. Mesmo assim, há quem insista, equivocadamente, em avaliar os efeitos redistributivos de certos tributos isoladamente. *Vide*, a esse respeito, BIRD, Richard M.; GENDRON, Pierre-Pascal. **VAT revisited**: a new look at the value added tax in developing and transitional countries. U.S. Agency for International Development – USAID, outubro de 2005. Disponível em: <http://pdf.usaid.gov/pdf_docs/PNADH103.pdf>. Acesso em: 1º jul. 2007, onde na página 45 afirma-se que "from the perspective of social and economic inequality, what matters in the end is surely the overall impact of the budgetary system on the distribution of wealth and income, rather than the details of particular fiscal instruments...". Os autores sugerem que se evite uma análise *tax-by-tax* da questão. Tradução nossa: "pela perspectiva da desigualdade econômica e social, ao final, é certamente mais importante o impacto geral do sistema orçamentário na distribuição da riqueza e da renda do que os detalhes de instrumentos fiscais particulares".

pesadamente aquelas que impliquem mera transferência de ativos, que hoje são notoriamente subtributadas, tais como as transações patrimoniais de bens físicos.

Maria da Conceição Tavares efetuou simulações para avaliar a suposta regressividade de impostos sobre transações financeiras considerando sua incidência discriminada por faixas de renda[42]. A autora afirma que "este é um imposto que penaliza sobretudo as pessoas que fazem da circulação financeira de suas aplicações uma fonte extra e muitas vezes considerável de renda". E prossegue afirmando que:

> As transações financeiras constituem uma das poucas bases potenciais de arrecadação futura na qual é possível ancorar o aumento da receita pública sem penalizar os setores produtivos e os segmentos sociais que, atualmente, mais contribuem com uma carga tributária globalmente baixa, mas socialmente injusta.

A simulação de Conceição Tavares mostra, na verdade, que o imposto eletrônico é um tributo proporcional, ou ligeiramente progressivo. Onera mais quem dispõe de somas maiores de recursos. Quanto ao impacto do tributo sobre os preços, Tavares conclui que não deve ser significativo, e que não irá provocar (como não provocou) desintermediação financeira. Além disso, alcança o setor informal e minimiza a sonegação. O imposto pune mais pesadamente os "rentistas", sejam eles "formais" ou "informais". A autora conclui afirmando que "a circulação financeira é uma base de futuro, já que, além de sua contínua expansão, permite controles eletrônicos e deverá permitir, portanto, uma menor sonegação do que os atuais impostos".

---

[42] TAVARES, Maria Conceição. Imposto sobre circulação financeira. **Folha de S. Paulo**, 24 set. 1995.

3.10 A defesa da movimentação financeira

A movimentação financeira revelou ser uma base com grande poder arrecadatório. Mostrou ser superior quando comparada com as formas convencionais de incidência tributária, tendo sido adotada por diversos países.

As experiências com a tributação sobre a movimentação financeira nos bancos em algumas economias, como a CPMF no Brasil, foram analisadas por técnicos do Fundo Monetário Internacional (FMI), que, mesmo apresentando objeções a essa forma de exação, concluíram tratar-se de um tributo recomendado em situações de debilidade institucional ou erosão das estruturas convencionais de impostos. Segundo a entidade, essa base é conveniente e eficaz num contexto de fraca gestão fiscal e de dificuldades relacionadas à geração de receita[43].

Mesmo com a experiência positiva da CPMF, tornou-se moda acusá-la de uma série de defeitos que não poderiam, por lógica ou por justiça, ser atribuídos a ela, ou apenas a ela.

Impostos sobre movimentação financeira possuem qualidades. Apesar das usuais acusações de cumulatividade, impossibilidade de desoneração nas exportações, regressividade e outras distorções, a CPMF se firmou como um tributo confiável, robusto e, sobretudo justo, por ser insonegável[44]. Portanto, já é hora de questionar muitas das alegações que vêm sendo feitas sobre a CPMF antes que se tornem universalmente aceitas como verdadeiras.

A primeira crítica afirma que a CPMF, por ser um tributo cumulativo, é um imposto pouco inteligente e disfuncional.

---

[43] COELHO, Isaias; EBRILL, Liam P.; SUMMERS, Victoria P. **Bank debit taxes in Latin America**: an analysis of recent trends, Working Paper 01/67, Washington, International Monetary Fund, 2001.

[44] Como disse Mário Henrique Simonsen, "imposto justo é o que se consegue cobrar". *Vide* SIMONSEN, Mário Henrique. Imposto justo é o que se consegue cobrar. **Exame**, 26 jun. 1991.

Impostos em cascata não são necessariamente ruins. As recentes teorias da tributação ótima, juntamente com postulados da teoria do *second best*, de safra mais antiga, já deveriam ter convencido os economistas de que nada se pode concluir *a priori*, como será comprovado mais adiante[45].

Um tributo em cascata com alíquotas baixas pode ser melhor, do ponto de vista alocativo, que tributos sobre valor agregado com alíquotas altas[46]. E sabe-se que no Brasil foi gerado um círculo vicioso: o governo aumenta alíquotas para compensar a enorme evasão tributária. Isso, contudo, estimula ainda mais a evasão e suscita novas rodadas de aumentos de impostos.

Uma segunda crítica é factual. Afirma que a cumulatividade magnifica os impactos do imposto nos preços, e que cadeias longas poderão implicar cargas tributárias elevadas.

Trata-se em geral de um equívoco numérico. O conceito de número finito de etapas de produção é destituído de sentido. O processo de produção é circular. O número de etapas é infinito para qualquer produto. Ademais, como será demonstrado nas simulações abaixo, a cumulatividade não implica maior carga tributária setorial em comparação com tributos convencionais em simulações que mantêm a arrecadação constante.

Uma terceira crítica se refere ao efeito que a CPMF tinha sobre o comércio exterior: dificuldades de desoneração das exportações que acumulavam o tributo ao longo do processo produtivo.

---

[45] O teorema do *second best* afirma que, se uma das condições para obtenção de um Ótimo de Pareto não for satisfeita, a melhor situação possível (*second best*), em geral, apenas poderá ser atingida com o relaxamento de todas as demais condições paretianas. *Vide* LIPSEY, Richard G.; LANCASTER, Kelvin. The General Theory of Second Best. **Review of Economic Studies**, 24, 1956, p. 11-32.

[46] Sobre a questão do nível das alíquotas de impostos sobre movimentação financeira e dos seus efeitos em um ambiente de inflação baixa, *vide* CINTRA, Marcos. A marcha do Imposto Único. **Cadernos de Direito Tributário e Finanças Públicas**, ano 3, n. 9, out.-dez., 1994, p. 85-89.

Ora, para desonerar a exportação basta conceder rebates fiscais, como na devolução do ICMS cobrado nas fases intermediárias da produção de exportados. Por exemplo, na legislação vigente, no caso da exportação de tratores, a montadora recebe créditos de 5,2% por conta de ICMS acumulado na aquisição de insumos, além da isenção de exportador. Bastaria fazer o mesmo para um tributo como a CPMF em todos os setores, com auxílio da matriz interindustrial brasileira.

A quarta crítica afirma que a alíquota do imposto sobre movimentação financeira pode começar baixa, porém tenderia a ser elevada ao longo do tempo.

Tal crítica, em realidade, não deve ser atribuída a este ou àquele tributo, mas aos mecanismos de controle social exercidos pelos cidadãos. A crítica deveria ser dirigida aos governantes, que aumentam as alíquotas, e à própria sociedade, que aceita a situação. Aliás, se houvesse imposto único, os olhos da sociedade estariam mais bem focados no controle social de sua única alíquota. Hoje, a babel tributária impede que efetivos mecanismos de controle sejam exercidos pela sociedade.

Por fim, há quem veja no ineditismo da proposta do imposto único sobre movimentação financeira uma demonstração de sua fraqueza, ao invés de uma exaltação da originalidade da situação brasileira, como se apenas fosse bom para o Brasil o que já tivera sido testado em países avançados.

3.11 Tributação do consumo: Imposto sobre Valor Agregado (IVA) e *turnovers*[47]

Nenhum imposto é neutro, seja ele cumulativo ou sobre

---

[47] Esta seção reproduz trechos relacionados com a aritmética de tributos sobre movimentação financeira encontrados em CINTRA, Marcos. **A verdade sobre o Imposto Único**. São Paulo: Livraria Ciência e Tecnologia Editora Ltda. – LCTE, 2003, p. 43-46.

valor agregado. Todos os impostos possuem vantagens e desvantagens[48].

O IVA pode ter vantagens, pois se alega que introduz menos alterações nos preços-relativos dos insumos. Contudo, esta afirmativa se baseia na aceitação da premissa da existência de mercados competitivos perfeitos. Sabe-se, contudo, que essa hipótese tem uma função essencialmente heurística, e que na prática os mercados não satisfazem os quesitos para serem considerados perfeitos. Nessas condições, torna-se impossível fixar um ordenamento confiável de situações alternativas do mercado sem uma análise pontual e específica de cada cenário, o que evidentemente não é feito quando se afirma *a priori* que tributos sobre valor agregado são mais eficientes que os cumulativos.

Ademais, a Teoria do Bem-Estar em economia demonstra que a sociedade poderá não optar por uma situação alocativamente eficiente se, comparada a outra situação, mesmo que ineficiente, puder atingir um ponto superior em sua função de bem-estar social[49].

Por sua vez, os impostos cumulativos também causam distorções nos preços-relativos dos insumos, ainda que seus efeitos sejam mitigados por terem alíquotas marginais baixas relativamente aos IVAs. Os tributos cumulativos são menos transparentes pois se enraízam na produção e tornam-se invisíveis, exceção à última operação, no consumo final, onde sua transparência é maior que a dos IVAs.

No caso das exportações, os tributos cumulativos exigem

---

[48] Para uma abrangente análise sobre o uso dos IVAs em países emergentes, *vide* BIRD, Richard M.; GENDRON, Pierre-Pascal. Dual VATs and cross-border trade: two problems, one solution? **International Tax and Public Finance**, n. 5, 1998, p. 429-442.

[49] Para uma demonstração gráfica desse fenômeno, *vide* CINTRA, Marcos. O Teorema Fundamental do Bem-Estar e a Eficiência Tributária. *In:* CINTRA, Marcos. **A verdade sobre o Imposto Único**. São Paulo: Livraria Ciência e Tecnologia Editora Ltda. – LCTE, 2003, Anexo II, p. 149-157.

métodos mais complexos de desoneração da produção, ainda que este seja um problema técnico perfeitamente contornável.

O importante no caso brasileiro é que, na comparação entre vantagens e desvantagens, os impostos cumulativos apresentam amplo saldo positivo. Não discriminam contra os salários, possuem alíquotas muito mais baixas que os IVAs, e, com isso, desestimulam a sonegação e a corrupção. Ademais, tem custos baixíssimos de operação, quase zero no caso dos impostos eletrônicos, como a CPMF. Portanto, custam menos à sociedade e reduzem significativamente o pesado custo-Brasil.

Um equívoco comum na avaliação de IMFs advém da presunção de que tributos cumulativos acumulam elevadas cargas tributárias geradas por "longas" cadeias de produção.

As cadeias de produção jamais podem ser descritas como "curtas" ou "longas": são sempre infinitas. Em realidade, qualquer produto ou serviço implica a contribuição de todos os demais setores da economia para sua produção. Trata-se de um processo circular e que necessariamente utiliza insumos de vários outros setores que, por sua vez, necessitam de insumos de outros setores, e assim sucessivamente. Portanto, a cadeia de produção é sempre infinita.

O que determina a carga de impostos de um tributo cumulativo é a relação entre insumos e valor agregado em cada estágio no processo de produção. Por exemplo, se um dado setor de produção compra insumos e agrega valor em montante equivalente, a cumulatividade carregada das etapas anteriores de produção encontra-se totalmente embutida no valor dos insumos adquiridos. O valor agregado nesta etapa de produção não sofre qualquer efeito cumulativo nessa mesma etapa, passando a fazê-lo apenas na medida em que a produção se transforma em insumo na etapa posterior de produção[50].

---

[50] Até mesmo especialistas em tributação cometem o erro de avaliar a carga tributária de impostos cumulativos em termos de números de elos nas cadeias de produção. *Vide*, por exemplo, OWENS, Jeffrey. **Fundamental tax reform**: an in-

A Tabela 2 reflete esse fato, supondo-se uma taxa de agregação de valor (VA) equivalente a 100% do valor dos insumos adquiridos. No exemplo, supõe-se que o valor do produto final seja R$ 100, incluído o IMF de 1% no débito e no crédito bancários.

Os dados abaixo mostram que os efeitos da cumulatividade tributária se exaurem rapidamente ao se analisar o imposto carregado das etapas anteriores de produção, seguindo uma progressão geométrica decrescente, cuja razão pode ser vista na tabela abaixo. No exemplo dado, o valor total do imposto acumulado no preço do produto final é de R$ 3,8646 – ou seja a carga tributária equivale a 3,8646% do preço final.

Tabela 2
Impacto da tributação cumulativa por etapa da cadeia produtiva

	Preço final (R$)	Imposto por etapa (R$)	Razão da PG = 1/(1+VA%) (1+IUT)^2	Valor Agregado (R$)	Insumo (R$)
T	100,0000	1,97039506	0,490148	49,0148025	49,01480247
T-1	49,01480247	0,96578525	0,490148	24,0245086	24,02450861
T-2	24,02450861	0,47337773	0,490148	1,7755654	11,77556544
T-3	11,77556544	0,23202516	0,490148	5,7717701	5,77177014
T-4	5,77177014	0,11372667	0,490148	2,8290217	2,82902173
T-5	2,82902173	0,05574290	0,490148	1,3866394	1,38663941
T-6	1,38663941	0,02732227	0,490148	0,6796586	0,67965857
T-7	0,67965857	0,01339196	0,490148	0,3331333	0,33313331
T-8	0,33313331	0,00656404	0,490148	0,1632846	0,16328463
T-9	0,16328463	0,00321735	0,490148	0,0800336	0,08003364
T-10	0,08003364	0,00157698	0,490148	0,0392283	0,03922833
T-11	0,03922833	0,00077295	0,490148	0,0192277	0,01922769
T-12	0,01922769	0,00037886	0,490148	0,0094244	0,00942441
T-13	0,00942441	0,00018570	0,490148	0,0046194	0,00461936

ternational perspective. Paris: Organização para a Cooperação e Desenvolvimento Econômico, OCDE, mimeo, 2005, p. 15.

T-14	0,00461936	0,00009102	0,490148	0,0022642	0,00226417
T-15	0,00226417	0,00004461	0,490148	0,0011098	0,00110978
T-16	0,00110978	0,00002187	0,490148	0,0005440	0,00054396
T-17	0,00054396	0,00001072	0,490148	0,0002666	0,00026662
T-18	0,00026662	0,00000525	0,490148	0,0001307	0,00013068
T-19	0,00013068	0,00000257	0,490148	0,0000641	0,00006405

Nota-se que nas condições especificadas no exemplo a cumulatividade gerada ao longo da cadeia de produção se exaure rapidamente, atingindo valor de apenas cinco centavos de real, R$ 0,05, na etapa t-5, caminhando rapidamente para valores próximos de zero. Percebe-se, assim, que a acumulação de tributos ocorre com intensidade bem menos alarmante do que fazem crer os críticos dos impostos sobre movimentação financeira. Na etapa t-3, o valor do imposto corresponde a pouco mais de 5% da carga tributária total.

O comportamento do imposto para o caso da taxa de agregação de valor de 100% é apresentado no gráfico 1.

Gráfico 1
Imposto gerado por etapa na cadeia produtiva (VA = 100%)

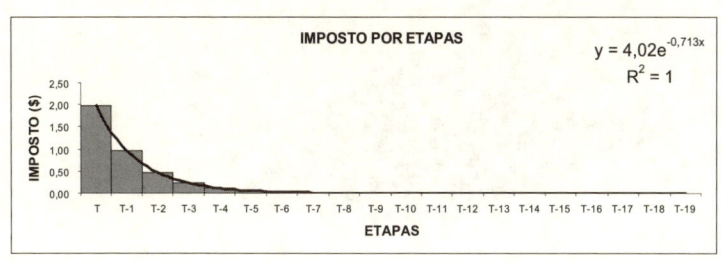

IMPOSTO POR ETAPAS

$y = 4,02e^{-0,713x}$
$R^2 = 1$

Tomando-se um exemplo extremo, no qual o valor agregado em cada etapa é de apenas 10% do valor dos insumos adquiridos, a carga tributária na composição do preço final atinge 18,1066%. Nota-se que mesmo neste caso o imposto carregado de cada etapa anterior da cadeia de produção também cai rapidamente para valores próximos de zero. Na etapa t-6 o valor do imposto corresponde a apenas 5% da carga tributária total. O peso do tributo neste caso é apresentado no gráfico 2.

Gráfico 2
Imposto gerado por etapa na cadeia produtiva (VA = 10%)

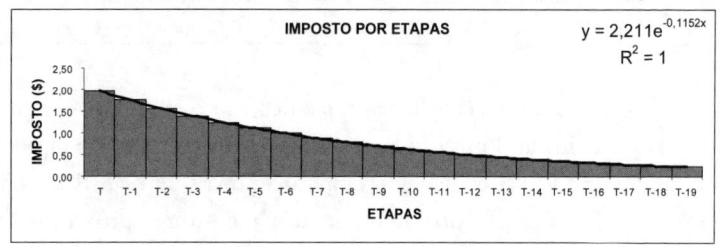

IMPOSTO POR ETAPAS $y = 2{,}211e^{-0{,}1152x}$
$R^2 = 1$

Para ilustrar, o gráfico 3 mostra o impacto da cumulatividade na cadeia de produção para vários níveis de agregação de valor.

Gráfico 3
Carga tributária na cadeia de produção

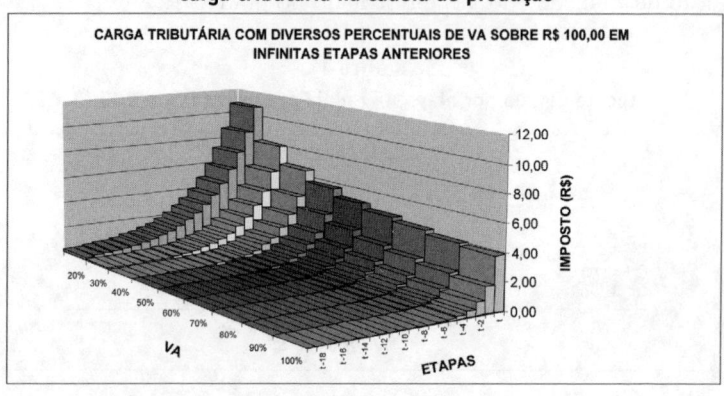

CARGA TRIBUTÁRIA COM DIVERSOS PERCENTUAIS DE VA SOBRE R$ 100,00 EM INFINITAS ETAPAS ANTERIORES

Como se vê, os efeitos da cumulatividade são muito menos alarmantes do que parecem. Não há tributos totalmente neutros, e o que se deve medir é a relação entre efeitos positivos e negativos de cada forma de tributação. E, nessa comparação, tributos sobre movimentação financeira possuem, no mundo moderno, vantagens inequívocas relativamente a tributos sobre valor agregado.

O Banco Mundial produziu estudo para avaliar distorções e outras implicações quantitativas de tributos sobre a movimentação financeira[51]. O resultado contrasta com a literatura e com os argumentos dos críticos desse tipo de imposto. A conclusão é que essa forma de tributação gera menos distorções que tributos convencionais, como os que incidem sobre o consumo, rendimentos do trabalho e de capital. Ademais, como apontado por Roxan, as razões econômicas contrárias à aplicação de impostos sobre movimentação financeira centram-se quase exclusivamente na questão da suposta ineficiência de tributos cumulativos. Contudo, afirma o autor:

> (...) the principle of competitive markets says that a competitive equilibrium can be reached by each of many actors seeking their own self-interest, while the so-called first fundamental theorem of welfare economics says that a competitive equilibrium will be efficient. In other words, in principle the goal of maximising global efficiency is consist with each country seeking its own interest under competitive conditions. What is necessary, however is that countries do this in an institutional context that operates like a competitive market. Otherwise, an individual country can only get a larger piece os the pie at the cost of making the pie smaller. The leaves us with the interesting question of wether we can say that such an institutional context exists, or could be constructed[52].

Como se vê, as críticas aos *turnovers* são baseadas em hipóteses cerebrinas distanciadas da realidade tributária do mundo moderno.

Qualquer tributo introduz distorções econômicas. Contudo, a intensidade com que essas distorções ocorrem depende não apenas do tipo de tributo (cumulativo ou de valor adicionado), mas também do valor das alíquotas aplicadas. Sabidamente os tributos cumulativos são mais simples, menos tecnocráticos, e assim propiciam menos

---

[51] SUESCÚN, Rodrigo. **Raising revenue with transaction taxes in Latin America** – or is it better to tax with the devil you know? Working Paper 3279, World Bank, abril 2004.

[52] *Op. cit.*, p. 6.

sonegação. Além disso, por sua própria natureza, possuem bases de incidência expressivamente mais amplas do que os tributos sobre valor agregado. Por essas razões, para uma dada meta de arrecadação, necessitam de alíquotas significativamente mais reduzidas do que as de valor agregado, e portanto, sob este prisma, tendem a gerar menos distorções no funcionamento da economia.

A Tabela 3, elaborada a partir das matrizes insumo-produto do IBGE, compara as cargas tributárias setoriais dos tributos indiretos declaratórios convencionais (ICMS, IPI, ISS e as contribuições patronais ao INSS) em 2007 com um Imposto sobre Movimentação Financeira (IMF) com alíquota de 1,13% no débito e no crédito dos lançamentos bancários. Em ambos os casos a arrecadação é a mesma, ou seja, 10,9% do PIB.

Tabela 3
Impacto percentual do IMF com alíquota de 1,13%
e do sistema tradicional com ICMS, IPI, INSS patronal e
ISS nos preços-relativos setoriais

N.	Produtos	IMF 1,13%	Sistema tradicional ICMS + IPI + INSS + ISS
1	Arroz em casca	6,74	31,20
2	Milho em grão	6,26	32,46
3	Trigo em grão e outros cereais	6,88	33,89
4	Cana-de-açúcar	7,06	34,51
5	Soja em grão	6,84	34,04
6	Outros produtos e serviços da lavoura	5,99	32,07
7	Mandioca	6,21	32,66
8	Fumo em folha	7,01	52,01
9	Algodão herbáceo	6,67	33,65
10	Frutas cítricas	6,91	34,20
11	Café em grão	6,95	31,66
12	Produtos da exploração florestal e da silvicultura	6,12	32,01
13	Bovinos e outros animais vivos	7,36	34,04
14	Leite de vaca e de outros animais	7,40	28,69

15	Suínos vivos	7,50	34,33
16	Aves vivas	7,44	34,12
17	Ovos de galinha e de outras aves	6,19	29,22
18	Pesca e aquicultura	7,34	28,53
19	Petróleo e gás natural	6,25	30,22
20	Minério de ferro	7,64	35,98
21	Carvão mineral	7,02	32,24
22	Minerais metálicos não ferrosos	6,84	33,91
23	Minerais não metálicos	6,61	33,81
24	Abate e preparação de produtos de carne	7,22	31,73
25	Carne de suíno fresca, refrigerada ou congelada	7,49	32,91
26	Carne de aves fresca, refrigerada ou congelada	7,08	31,51
27	Pescado industrializado	7,55	32,36
28	Conservas de frutas, legumes e outros vegetais	7,83	33,40
29	Óleo de soja bruto e tortas, bagaços e farelo de soja	8,25	33,94
30	Outros óleos e gordura vegetal e animal exclusive milho	7,78	32,86
31	Óleo de soja refinado	7,35	30,75
32	Leite resfriado, esterilizado e pasteurizado	7,42	32,09
33	Produtos do laticínio e sorvetes	7,03	32,02
34	Arroz beneficiado e produtos derivados	6,53	29,13
35	Farinha de trigo e derivados	8,03	33,47
36	Farinha de mandioca e outros	6,63	30,09
37	Óleos de milho, amidos e féculas vegetais e rações	7,23	31,64
38	Produtos das usinas e do refino de açúcar	7,94	33,33
39	Café torrado e moído	7,11	30,30
40	Café solúvel	7,78	32,91
41	Outros produtos alimentares	7,07	31,28
42	Bebidas	7,68	54,82
43	Produtos do fumo	7,93	58,49
44	Beneficiamento de algodão e de outros têxteis e fiação	6,69	35,20
45	Tecelagem	6,31	34,25
46	Fabricação outros produtos têxteis	6,48	34,75
47	Artigos do vestuário e acessórios	5,91	35,06
48	Preparação do couro e fabricação de artefatos – exclusive calçados	6,69	40,37

49	Fabricação de calçados	6,58	36,10
50	Produtos de madeira – exclusive móveis	6,89	39,44
51	Celulose e outras pastas para fabricação de papel	7,06	34,39
52	Papel e papelão, embalagens e artefatos	6,44	37,93
53	Jornais, revistas, discos e outros produtos gravados	5,69	26,25
54	Gás liquefeito de petróleo	7,20	30,31
55	Gasolina automotiva	8,62	35,12
56	Gasoálcool	7,01	30,99
57	Óleo combustível	7,91	31,92
58	Óleo diesel	7,29	29,23
59	Outros produtos do refino de petróleo e coque	7,12	29,71
60	Álcool	7,54	33,27
61	Produtos químicos inorgânicos	6,16	30,36
62	Produtos químicos orgânicos	5,80	27,75
63	Fabricação de resina e elastômeros	5,87	29,67
64	Produtos farmacêuticos	5,03	31,35
65	Defensivos agrícolas	6,53	32,81
66	Perfumaria, sabões e artigos de limpeza	6,52	47,95
67	Tintas, vernizes, esmaltes e lacas	6,50	34,35
68	Produtos e preparados químicos diversos	6,12	38,50
69	Artigos de borracha	6,54	37,21
70	Artigos de plástico	6,37	34,11
71	Cimento	7,01	34,33
72	Outros produtos de minerais não metálicos	6,79	34,82
73	Gusa e ferro-ligas	7,43	38,77
74	Semiacabados, laminados planos, longos e tubos de aço	6,86	36,49
75	Produtos da metalurgia de metais não ferrosos	6,92	32,28
76	Fundidos de aço	7,68	35,85
77	Produtos de metal – exclusive máquinas e equipamento	6,55	37,38
78	Máquinas e equipamentos, inclusive manutenção e reparos	6,44	31,96
79	Eletrodomésticos	6,69	38,15
80	Máquinas para escritório e equipamentos de informática	6,25	35,90
81	Máquinas, aparelhos e materiais elétricos	6,34	35,92

82	Material eletrônico e equipamentos de comunicações	5,41	34,01
83	Aparelhos/instrumentos médico-hospitalar, medida e óptico	5,29	40,94
84	Automóveis, camionetas e utilitários	7,49	35,72
85	Caminhões e ônibus	7,14	38,22
86	Peças e acessórios para veículos automotores	6,27	31,72
87	Outros equipamentos de transporte	6,62	34,39
88	Móveis e produtos das indústrias diversas	5,61	36,08
89	Sucatas recicladas	7,37	39,11
90	Eletricidade e gás, água, esgoto e limpeza urbana	5,66	34,08
91	Construção	6,27	30,35
92	Comércio	4,98	32,58
93	Transporte de carga	6,50	31,32
94	Transporte de passageiro	5,81	30,59
95	Correio	6,17	27,61
96	Serviços de informação	5,12	24,20
97	Intermediação financeira e seguros	4,88	23,31
98	Serviços imobiliários e aluguel	4,01	21,07
99	Aluguel imputado	7,75	27,97
100	Serviços de manutenção e reparo	5,12	26,23
101	Serviços de alojamento e alimentação	5,95	37,73
102	Serviços prestados às empresas	4,73	22,21
103	Educação mercantil	4,85	23,53
104	Saúde mercantil	7,63	30,31
105	Serviços prestados às famílias	5,20	26,94
106	Serviços associativos	5,82	26,19
107	Serviços domésticos	7,84	30,89
108	Educação pública	7,75	29,48
109	Saúde pública	7,34	28,01
110	Serviço público e seguridade social	7,37	26,24
	Máximo	**8,62**	**58,49**
	Mínimo	**4,01**	**21,07**
	Desvio	**1,13**	**5,67**

Nota: simulação elaborada com base na matriz insumo-produto do IBGE e detalhada no capítulo 2 de CINTRA, Marcos. **Bank Transactions:** Pathway to the single tax ideal. Ed. Rev. São Paulo: Cyan Artes Gráficas e Editora, 2009. Disponível em: <http://mpra.ub.uni-muenchen.de/16710/1/MPRA_paper_16710.pdf>.

Nota-se a significativa redução na carga tributária setorial em cerca de 80% com a aplicação de um imposto não declaratório sobre movimentação financeira, ao mesmo tempo que a arrecadação mantém-se constante. Enquanto no sistema tradicional a carga tributária setorial causada pela incidência tributária varia de 21,07% a 58,49%, a introdução de um IMF faz esse impacto cair para uma faixa entre 4,01% e 8,62%. O desvio-padrão em relação aos preços livres de tributos, que mede a alteração nos preços relativos, foi de 5,67% no sistema tradicional e de apenas 1,13% com a adoção de um IMF.

O que os dados da simulação mostram é que um tributo cumulativo com alíquota baixa pode ser preferível a um sistema tradicional onde predominam tributos sobre valor agregado com alíquotas elevadas (no modelo tradicional apenas o ISS é cumulativo). Segundo Martin Feldstein, "são as alíquotas marginais dos tributos que determinam o custo da eficiência – *i.e.* as perdas da carga do sistema tributário"[53]. O estímulo à sonegação diminui e o impacto sobre os preços-relativos da economia é muito menor com um tributo cumulativo sobre as movimentações financeiras comparativamente aos impostos sobre valor agregado. Além disso, a visão de que os tributos cumulativos representam um elevado custo tributário ao final das cadeias produtivas não se sustenta.

No geral, há um grande mito a ser desmascarado: o de que os impostos sobre valor agregado são eficientes, e os cumulativos são sempre ruins e indesejáveis.

Em artigo publicado na *Folha de S. Paulo*[54] afirmei que:

---

[53] "(...) It is the marginal tax rates that determines the efficiency cost – *i.e.* the deadweight of the tax system". *Vide* FELDSTEIN, Martin. **The effect of taxes on efficiency and growth**. Cambdrige, Massachusetts, National Bureau of Economic Research. NBER Working Paper Series n. 12201, maio de 2006.

[54] CINTRA, Marcos. A psicose da cascata. **Folha de S. Paulo**, 24 mar. 2003.

Se a primeira meta de qualquer sistema tributário é arrecadar, decorre ser preciso que todos paguem, ou seja, que a incidência tributária seja universal. É evidente que, satisfeita a primeira condição, a de arrecadar de toda a sociedade, deve-se buscar um sistema tributário mais simples, mais barato, e que tenha um padrão de incidência socialmente aceitável.

Mas, se essa condição (de arrecadar de forma universal) não for satisfeita, a sobrecarga sobre os contribuintes efetivos se tornará insuportável, a evasão será estimulada e a arrecadação será comprometida. É como se um grupo de dez amigos saísse diariamente para almoçar e a conta fosse paga sempre pelos mesmos quatro ou cinco convivas. Sem dividir a conta por todos, a situação fica insustentável; os que pagam a conta passarão a se recusar a arcar com as despesas. Esse é o caminho que será trilhado pelo Brasil se não se reformar o sistema tributário de modo a ampliar o universo de contribuintes.

A questão da cumulatividade tributária foi abordada em importante estudo da Receita Federal[55], de onde foi extraído o trecho abaixo:

A discussão acerca da cumulatividade tem estado presente na mídia nos últimos anos. Em geral, argumenta-se que a cumulatividade traz todos os malefícios possíveis em termos de política tributária: onera preços, reduz a competitividade, impacta negativamente sobre as exportações, incide regressivamente etc.

Entretanto, o que não se percebe, pois matéria tributária não é óbvia, é que isso não é consequência típica da cumulatividade: mesmo um imposto sobre valor agregado, se mal concebido e implementado, pode apresentar tais defeitos, ou até mesmo piores

---

[55] SECRETARIA DA RECEITA FEDERAL. MINISTÉRIO DA FAZENDA. **Condicionantes e perspectivas da tributação no Brasil**. Estudo Tributário n. 7, ago. 2002, disponível em: <http://www.receita.fazenda.gov.br/Publico/estudotributarios/estatisticas/19%20Condicionantes%20e%20Perspectivas%20STB.pdf>.

distorções. Ademais, não se deve apenas olhar para o desenho do sistema de modo a julgar suas qualidades. Um Imposto sobre o Valor Agregado (IVA) pode não ser solução superior a um imposto em cascata se permitir ampla sonegação, admitir quebra de cadeia, possuir alíquotas efetivas distintas entre setores e produtos, e conferir maior complexidade à sua administração.

Feitas essas considerações, que são relevantes e reais em países de fraca tradição tributária, é certo que, teoricamente, um IVA apresenta vantagens em relação à tributação cumulativa. Portanto, é o caminho a ser seguido por uma reforma tributária viável, desde que se tenha muito claro para que tipo de IVA pretende-se migrar.

No entanto, a transição, no caso brasileiro, deve ser lenta e monitorada, pois haverá impactos em vários aspectos econômicos relevantes. O primeiro deles é o impacto sobre a inflação, pois, seguramente, haverá efeitos diferenciados na formação de preços das cadeias produtivas. O problema é que os prejudicados repassarão integralmente para os preços de seus produtos os custos decorrentes desse impacto, mas, provavelmente, os beneficiados aumentarão seus lucros, não rebaixando os preços na medida requerida. O efeito conjunto, portanto, seria uma elevação generalizada de preços.

O segundo é o impacto sobre a regressividade do sistema ou a justiça fiscal. Estudo recente realizado pela SRF mostrou que a tributação cumulativa da Contribuição para o PIS e da Cofins incide proporcionalmente, com leve progressividade nas últimas faixas de renda, contrariamente ao ICMS, que tem comportamento errático entre as faixas, mas com tendência regressiva. Há que se tomar cuidado, assim, com falsos mitos, pois abandonar a cumulatividade em prol do valor agregado não é garantia de melhoria da justiça fiscal do sistema.

Um terceiro aspecto relevante é o investimento em treinamento de pessoal e administração do sistema, pois a tributação cumulativa é indubitavelmente mais simples que a incidente sobre o valor agregado. A migração requererá cautela e monitoramento administrativo, de modo que o sistema mantenha níveis de arrecadação compatíveis com o esperado. Vale notar que a arrecadação da contribuição para o PIS e da Cofins, em 2001, foi de R$ 56,5 bilhões, o equivalente a 20,2% da arrecadação total da União.

É importante, também, mencionar que, no que tange à tributação da renda, a cumulatividade tem sido escolhida, eletivamente, por cerca de 90% dos contribuintes (optantes do Simples e do regime do Lucro Presumido), justamente por se tratar de apuração simplificada de impostos e contribuições. Portanto, é preciso ter claro que a migração para o regime do valor agregado acabará por tornar a apuração dos impostos e das contribuições, necessariamente, mais complexa. Nesse sentido, a apuração por valor agregado deveria atingir, primariamente, os contribuintes do Lucro Real, continuando a ser oferecida aos pequenos e médios contribuintes uma tributação simples e de baixo custo administrativo.

Não obstante tantas evidências a favor de tributos sobre movimentação financeira, há quem acredite que a sua cumulatividade o inviabiliza como uma opção para compor uma reforma tributária, e que, portanto, defenda os impostos sobre valor agregado (IVA) acreditando em sua neutralidade, equidade e eficiência.

Vale repetir que a neutralidade não se encontra em nenhuma espécie de imposto. Todos provocam alterações nos preços-relativos. A alegação de que o IVA provoca menos distorção nos preços-relativos é verdadeira apenas sob rigorosas condições, dentre elas a hipótese de sonegação zero. Ou seja, teoricamente a aplicação do IVA será vantajosa frente a um tributo cumulativo se, *coeteris paribus*, todos os contribuintes recolherem todos os tributos devidos, com absoluta isonomia operacional.

Entretanto, estas hipóteses não são observadas na prática. A sonegação é generalizada, e a aplicação de um sistema de cobrança sobre o valor agregado, ao demandar uma alíquota mais elevada, irá incentivá-la. O valor agregado não representa uma base imponível suficientemente ampla para permitir uma alíquota baixa que desestimule a sonegação e a informalidade. Pelo contrário, mantida a mesma base de incidência, a substituição do ICMS, IPI, PIS/Cofins,

INSS das empresas e ISS por um IVA, como proposto em suas reiteradas propostas de reforma tributária, exigiria uma alíquota em torno de 35%, o que ampliaria a clandestinidade na economia.

A sonegação gera um sistema injusto, com péssimo padrão de incidência, onde quem paga imposto tem de compensar pelos que sonegam, e onde uma empresa eficiente pode não ser competitiva frente a outra com custos mais elevados, mas que sonega.

No tocante às distorções nos preços-relativos, outra simulação prevê o impacto sobre os preços de 110 produtos de um imposto sobre a movimentação financeira (IMF) comparativamente a um sistema com ICMS, IPI, INSS patronal e ISS, utilizando a matriz insumo-produto do IBGE. Vale ressaltar que se está comparando um IMF com alíquota de 5,62%, (que é a alíquota necessária caso houvesse um imposto único no país, e que substituiria quase todos os tributos arrecadatórios nos três níveis de governo, que representam cerca de 70% da atual carga tributária), contra quatro tributos que geram apenas cerca de 10,9% do PIB. Mesmo assim os resultados favorecem a tributação sobre movimentação financeira.

Vale notar que a alíquota usada em todas as simulações foi calculada tendo uma base mais ampla que a da extinta CPMF, uma vez que considera o fim de benefícios fiscais e tributa em dobro os saques e depósitos em dinheiro. Essa base ampla é a que seria aplicável caso o Imposto Único fosse implantado no país, segundo as recomendações originais de seus proponentes, com uma alíquota de 2,81% nos débitos e nos créditos bancários.

Vê-se na Tabela 4 que o impacto de um IMF, com alíquota de 2,81% no débito e no crédito de cada lançamento bancário faz os preços pós-impostos se distanciarem dos preços sem impostos entre 9,87% e 20,35%. Já no sistema tradicional as elevações vão de 21,07% a 58,49%.

Analisando os desvios nos preços-relativos setoriais causados por cada um desses dois modelos, nota-se que foram de 2,38% no caso do IMF e de 5,67% no sistema tradicional.

Tabela 4
Impacto percentual do IMF com alíquota de 2,81% e do sistema tradicional com ICMS, IPI, INSS patronal e ISS nos preços-relativos setoriais

N.	Produtos	IMF 2,81%	Sistema tradicional ICMS + IPI + INSS + ISS
1	Arroz em casca	16,26	31,20
2	Milho em grão	15,21	32,46
3	Trigo em grão e outros cereais	16,59	33,89
4	Cana-de-açúcar	16,97	34,51
5	Soja em grão	16,49	34,04
6	Outros produtos e serviços da lavoura	14,57	32,07
7	Mandioca	15,07	32,66
8	Fumo em folha	16,86	52,01
9	Algodão herbáceo	16,10	33,65
10	Frutas cítricas	16,65	34,20
11	Café em grão	16,74	31,66
12	Produtos da exploração florestal e da silvicultura	14,87	32,01
13	Bovinos e outros animais vivos	17,68	34,04
14	Leite de vaca e de outros animais	17,76	28,69
15	Suínos vivos	17,98	34,33
16	Aves vivas	17,86	34,12
17	Ovos de galinha e de outras aves	15,05	29,22
18	Pesca e aquicultura	17,63	28,53
19	Petróleo e gás natural	15,11	30,22
20	Minério de ferro	18,23	35,98
21	Carvão mineral	16,87	32,24
22	Minerais metálicos não ferrosos	16,49	33,91
23	Minerais não metálicos	15,96	33,81
24	Abate e preparação de produtos de carne	17,38	31,73
25	Carne de suíno fresca, refrigerada ou congelada	17,98	32,91
26	Carne de aves fresca, refrigerada ou congelada	17,07	31,51
27	Pescado industrializado	18,11	32,36
28	Conservas de frutas, legumes e outros vegetais	18,72	33,40
29	Óleo de soja bruto e tortas, bagaços e farelo de soja	19,61	33,94

30	Outros óleos e gordura vegetal e animal exclusive milho	18,61	32,86
31	Óleo de soja refinado	17,67	30,75
32	Leite resfriado, esterilizado e pasteurizado	17,83	32,09
33	Produtos do laticínio e sorvetes	16,95	32,02
34	Arroz beneficiado e produtos derivados	15,84	29,13
35	Farinha de trigo e derivados	19,16	33,47
36	Farinha de mandioca e outros	16,05	30,09
37	Óleos de milho, amidos e féculas vegetais e rações	17,40	31,64
38	Produtos das usinas e do refino de açúcar	18,95	33,33
39	Café torrado e moído	17,13	30,30
40	Café solúvel	18,62	32,91
41	Outros produtos alimentares	17,05	31,28
42	Bebidas	18,38	54,82
43	Produtos do fumo	18,89	58,49
44	Beneficiamento de algodão e de outros têxteis e fiação	16,13	35,20
45	Tecelagem	15,27	34,25
46	Fabricação de outros produtos têxteis	15,66	34,75
47	Artigos do vestuário e acessórios	14,38	35,06
48	Preparação do couro e fabricação de artefatos – exclusive calçados	16,17	40,37
49	Fabricação de calçados	15,91	36,10
50	Produtos de madeira – exclusive móveis	16,60	39,44
51	Celulose e outras pastas para fabricação de papel	16,97	34,39
52	Papel e papelão, embalagens e artefatos	15,58	37,93
53	Jornais, revistas, discos e outros produtos gravados	13,84	26,25
54	Gás liquefeito de petróleo	17,28	30,31
55	Gasolina automotiva	20,35	35,12
56	Gasoálcool	16,87	30,99
57	Óleo combustível	18,83	31,92
58	Óleo diesel	17,49	29,23
59	Outros produtos do refino de petróleo e coque	17,10	29,71
60	Álcool	18,07	33,27
61	Produtos químicos inorgânicos	14,95	30,36
62	Produtos químicos orgânicos	14,13	27,75
63	Fabricação de resina e elastômeros	14,25	29,67
64	Produtos farmacêuticos	12,29	31,35

65	Defensivos agrícolas	15,78	32,81
66	Perfumaria, sabões e artigos de limpeza	15,76	47,95
67	Tintas, vernizes, esmaltes e lacas	15,71	34,35
68	Produtos e preparados químicos diversos	14,83	38,50
69	Artigos de borracha	15,79	37,21
70	Artigos de plástico	15,39	34,11
71	Cimento	16,86	34,33
72	Outros produtos de minerais não metálicos	16,37	34,82
73	Gusa e ferro-ligas	17,80	38,77
74	Semiacabados, laminados planos, longos e tubos de aço	16,53	36,49
75	Produtos da metalurgia de metais não ferrosos	16,65	32,28
76	Fundidos de aço	18,32	35,85
77	Produtos de metal – exclusive máquinas e equipamento	15,83	37,38
78	Máquinas e equipamentos, inclusive manutenção e reparos	15,59	31,96
79	Eletrodomésticos	16,13	38,15
80	Máquinas para escritório e equipamentos de informática	15,09	35,90
81	Máquinas, aparelhos e materiais elétricos	15,36	35,92
82	Material eletrônico e equipamentos de comunicações	13,20	34,01
83	Aparelhos/instrumentos médico-hospitalar, medida e óptico	12,93	40,94
84	Automóveis, camionetas e utilitários	17,90	35,72
85	Caminhões e ônibus	17,13	38,22
86	Peças e acessórios para veículos automotores	15,21	31,72
87	Outros equipamentos de transporte	16,00	34,39
88	Móveis e produtos das indústrias diversas	13,70	36,08
89	Sucatas recicladas	17,65	39,11
90	Eletricidade e gás, água, esgoto e limpeza urbana	13,76	34,08
91	Construção	15,20	30,35
92	Comércio	12,17	32,58
93	Transporte de carga	15,72	31,32
94	Transporte de passageiro	14,15	30,59
95	Correio	14,98	27,61
96	Serviços de informação	12,46	24,20

97	Intermediação financeira e seguros	11,90	23,31
98	Serviços imobiliários e aluguel	9,87	21,07
99	Aluguel imputado	18,42	27,97
100	Serviços de manutenção e reparação	12,53	26,23
101	Serviços de alojamento e alimentação	14,53	37,73
102	Serviços prestados às empresas	11,57	22,21
103	Educação mercantil	11,87	23,53
104	Saúde mercantil	18,15	30,31
105	Serviços prestados às famílias	12,70	26,94
106	Serviços associativos	14,15	26,19
107	Serviços domésticos	18,62	30,89
108	Educação pública	18,42	29,48
109	Saúde pública	17,49	28,01
110	Serviço público e seguridade social	17,53	26,24
	Máximo	**20,35**	**58,49**
	Mínimo	**9,87**	**21,07**
	Desvio	**2,38**	**5,67**

Nota: A metodologia do cálculo e o impacto para cada um dos 110 produtos podem ser consultados no capítulo 2 em CINTRA, Marcos. **Bank Transactions: pathway to the single tax ideal.** Ed Rev. São Paulo: Cyan Artes Gráficas e Editora, 2009. Disponível em: <http://mpra.ub.uni-muenchen.de/16710/1/MPRA_paper_16710.pdf>.

Conclui-se que a cumulatividade não implica introduzir maiores distorções, já que as distorções nos preços-relativos provocadas por um IMF são bem menores que as causadas pelo sistema tradicional. A meta na reforma tributária deve ser o combate à sonegação, a redução do custo operacional e a ampliação da base tributária imponível. Nesse sentido, é preferível um imposto cumulativo a um modelo predominantemente sobre valor agregado, como visto na simulação.

Cumpre lembrar que, operacionalmente, o IVA funciona melhor em países unitários e onde a ética tributária prevaleça. Mas há poucos exemplos, quase todos malsucedidos, de aplicação de IVAs sob responsabilidade de governos subnacionais em países federativos:

> Impostos sobre valor agregado (...) têm natureza nacional, pois a cadeia de débito e crédito faz com que a decisão de um Es-

tado contamine a economia dos outros. Estes impostos devem ser unos, de competência federal, mas no Brasil sua competência foi delegada aos Estados ... guerra fiscal, insegurança jurídica, acumulação de crédito, multiplicidade de regras e "passeio" de notas fiscais são exemplos de distorções decorrentes da equivocada outorga[56].

O Brasil precisa aprender com os erros de economias como a europeia, que procuram soluções para os graves problemas encontrados com seu IVA; e com os Estados Unidos, um país federativo que jamais entrou nessa aventura[57]. Insistir em criar um IVA nacional poderá ser, como alertava o saudoso Roberto Campos, uma frustrante "tentativa de aperfeiçoar o obsoleto".

3.12 O exemplo do PIS/Cofins não cumulativo

A luta contra a cumulatividade originou duas formas de cobrança do PIS/Cofins, uma cumulativa e outra não cumulativa. Tal fato acabou se transformando em um dos mais tumultuados incidentes tributários vistos no país[58].

---

[56] *Vide* PANZARINI, Clóvis. ICMS, um erro genético. **O Estado de S. Paulo**, 3 mar. 2007.

[57] Para uma defesa do uso de IVAs em países federativos, sugere-se a adoção de IVAs duais ou compensatórios, onde um IVA federal absorve as alíquotas não cobradas no comércio interestadual. *Vide* BIRD, Richard.; GENDRON, Pierre-Pascal. Dual VATs and cross-border trade: two problems, one solution? **International tax and public finance**, n. 5, Boston, Kluwer Academic Publishers, 1998, p. 429-442. Tal solução, contudo, implica grande carga burocrática, sólida organização administrativa e ausência de problemas de conformidade tributária, qualidades infelizmente ausentes no Brasil. Os mesmos autores alertam para possíveis problemas e dificuldades do uso de VATs e suas variantes em BIRD, Richard.; GENDRON, Pierre-Pascal. CVAT, VIVAT, e dual VAT: vertical "sharing" and interstate trade. **International tax and public finance**, n. 7, Boston, Kluwer Academic Publishers, 2000, p. 753-761, e ainda em BIRD, Richard; GENDRON, Pierre-Pascal. VATs in federal countries: international experience and emerging possibilities. **International Bureau of Fiscal Documentation**, Bulletin, julho de 2001.

[58] O próprio responsável pela criação do PIS/Cofins não cumulativo, o ex-Secre-

O tempo vem comprovando, até mais rapidamente do que era esperado, a tese que venho defendendo há anos: a de que nas circunstâncias sociais, econômicas e culturais do Brasil, a substituição dos tributos cumulativos por incidências não cumulativas é um equívoco.

O incidente PIS/Cofins levou o jornal *Valor Econômico* a afirmar, em editorial do dia 27-2-2007 que "poucas situações poderiam ser mais emblemáticas de como funciona – mal – o sistema tributário no país: os próprios contribuintes querem voltar ao processo anterior de pagamento da Cofins (cumulativo) porque as medidas que iriam resolver uma distorção acabaram por aumentá-la"[59].

Os defensores da não cumulatividade, profundamente decepcionados com os resultados práticos da adoção das medidas que vinham preconizando há tanto tempo, rapidamente deslocaram o eixo do debate para a questão do exagero na fixação das alíquotas dos novos PIS e Cofins, que multiplicaram as alíquotas cumulativas por um fator igual a 2,53. Pretendem com isto fazer crer que a meta da não cumulatividade é correta, e que o erro se situa na ganância do governo que pretende aumentar sua arrecadação a qualquer custo.

Embora não se possa desqualificar o argumento sobre as intenções da Administração, é preciso esclarecer que as alíquotas não cumulativas atuais são equivalentes às alíquotas cumulativas anteriores, fazendo-se a devida correção para garantir a mesma base de incidência, como demonstrado em estudo da Receita Federal[60]. O

---

tário da Receita Federal Everardo Maciel, formula uma ácida crítica à alteração em entrevista ao *Valor Econômico* em 26 de fevereiro de 2007, p. A-3.

[59] **Valor Econômico**. Editorial, 27 fev. 2007. Infelizmente, contudo, essa observação omite o fato de que tais problemas são inerentes aos tributos convencionais, declaratórios, com base nos quais muitos pretendem construir um novo sistema tributário para o Brasil.

[60] SECRETARIA DA RECEITA FEDERAL. MINISTÉRIO DA FAZENDA. **Nota Copat/Copan n. 88/2003.**

aumento da arrecadação, segundo o documento, ocorreu porque o novo PIS/Pasep passou a gravar as importações, como aliás não poderia deixar de acontecer se aceita a tese de que no comércio internacional a tributação deve ocorrer sempre no destino.

A decisão de tornar parte do PIS/Cofins não cumulativo foi estimulada por uma visão convencional, e no caso brasileiro, equivocada, presente no pensamento empresarial. Trata-se de "psicose anticumulatividade".

Acabar com os tributos em cascata virou palavra de ordem e, como tal, esse conceito perdeu significado concreto. Em entrevista, o então ministro da Fazenda, Antonio Palocci Filho, pregou o fim da cumulatividade tributária, na mesma oportunidade em que defendeu a alteração dos mecanismos de financiamento do regime geral da Previdência mediante uma nova tributação sobre faturamento. A contradição é gritante, pois a tributação sobre faturamento é tão cumulativa quanto a CPMF ou o antigo PIS/Cofins.

Roberto Campos[61] certa vez se referiu à intrigante distinção feita no Brasil entre dois tipos de cascatas. Uma, tida como maligna, incluía os odiados CPMF e parte do PIS/Cofins. Contra eles são disparadas as mais violentas críticas.

Por outro lado, existem tributos cumulativos unanimemente aplaudidos, e tidos como notáveis contribuições brasileiras à ciência tributária. São eles o Simples e o Imposto de Renda das empresas tributadas pela modalidade do lucro presumido, que são impostos em cascata tanto quanto as criticadas CPMF (extinta) e parte do PIS/Cofins. Cumpre observar que nesses dois casos a opção é exclusivamente das empresas, e que ao fazerem esta escolha estão reduzindo suas obrigações tributárias.

Contradições como essas são produto de uma campanha de massificação de mitos patrocinada por grupos de interesses:

---

[61] **Folha de S. Paulo**, abr. 2008.

Preconceitos se difundem por "slogans", pela rotulação que inibe e ilude a opinião pública, confinando-a aos interesses de determinados grupos. O debate sobre a atual reforma tributária está contaminado por preconceitos que escondem conflitos entre *lobbies* de todas as espécies. O imbróglio resultante, não raro, leva seus principais interlocutores a afirmações contraditórias, conforme o momento ou o imposto específico em discussão[62].

De fato, tais contradições podem ser encontradas não apenas nas declarações oficiais de representantes do governo, mas principalmente nas manifestações das principais lideranças empresariais.

Em sua Nota Técnica n. 6/2003, a Federação das Indústrias do Rio de Janeiro descreve o resultado de pesquisa de opinião sobre a reforma tributária realizada entre empresários do setor[63]. Os resultados demonstram que a mais importante fonte de descontentamento em relação ao sistema tributário brasileiro é o grande número de tributos, mencionada por 79,9% dos entrevistados. Em segundo lugar, com 51,8% das opiniões negativas surge a presença de tributos cumulativos/cascata, seguido de tributação sobre folha de salários (45,2%), complexidade do atual sistema (38,8%) e desigualdade na carga tributária entre os vários setores (36,1%), entre outros fatores de menor importância relativa.

Quando questionados acerca dos piores tributos para a empresa, causadores dos maiores transtornos à competitividade, os entrevistados mencionaram em primeiro lugar um tributo não cumulativo, o ICMS, com 71,9% dos registros, seguido das contribuições ao INSS, não cumulativo, (54,8%); Cofins, cumulativo, (42,5%); à extinta CPMF, cumulativo, (32,8%); IPI não cumulativo, (23,1%); IRPJ, não cumulativo, (18,7%); PIS, cumulativo, (13%); e CSLL, não cumulativo, (6,7%).

---

[62] OLIVEIRA, Domério Nassar de. **Preconceito tributário**. mimeo. Disponível em: <http://marcoscintra.org/mc/wp-content/uploads/2013/08/clipping_Domenico-Nassar_Preconceito_Tributario.pdf>.

[63] FEDERAÇÃO DE INDÚSTRIAS DO RIO DE JANEIRO. **Nota técnica n. 6/2003**.

Nota-se, portanto que não prevaleceu a correspondência entre as características formais dos tributos, de serem, ou não, cumulativos, e a ordenação dos piores tributos segundo a avaliação dos empresários.

São duas as principais críticas à cumulatividade que, teoricamente, se tentou corrigir com o novo PIS/Cofins: o estímulo à excessiva verticalização da produção e a impossibilidade de desoneração das exportações e de oneração das importações.

Em artigo publicado na *Gazeta Mercantil*, Luiz Zottmann e eu sugerimos ter sido pouco provável que a cumulatividade do PIS, Cofins, e da extinta CPMF tenha gerado distorções na alocação de recursos, ou que tenha levado as empresas a um processo de verticalização da produção[64]. As evidências empíricas brasileiras desmentem esta possibilidade, principalmente analisando-se a indústria siderúrgica, supostamente a mais fortemente afetada pela cumulatividade do sistema tributário nacional.

Quanto à questão do comércio externo, a eliminação da cumulatividade é apresentada pelo governo como *conditio sine qua non* para desonerar as exportações. Isso não é procedente. As Leis n. 9.363, de 16-12-1996, e 10.276, de 10-9-2001, já vinham desonerando as exportações do PIS e da Cofins.

Em geral, os fatos não comprovaram as previsões de que tributos cumulativos, como o IPMF/CPMF (extintos), teriam efeitos danosos à economia brasileira[65].

---

[64] CINTRA, Marcos; ZOTTMANN, Luiz. O real peso da cumulatividade. **Gazeta Mercantil**, 14 mar. 2002.

[65] Cf. CINTRA, Marcos. O patinho feio tributário. **Folha de S. Paulo**, 22 jan. 2001. Para acompanhar o debate sobre a CPMF ao longo dos últimos 10 anos, recomendo a leitura dos seguintes artigos publicados na imprensa: CINTRA, Marcos. CPMF: um bom imposto em má hora. **Folha de S. Paulo**, 25 set. 1997. CINTRA, Marcos. Imposto Eletrônico. Verdade e Preconceito. **Correio Braziliense**, 14 jul. 1999. CINTRA, Marcos. CPMF: preconceitos desmentidos.

A tese de que um tributo "em cascata" prejudica a competitividade do produto nacional ao "exportar imposto", uma vez que é impossível apurar quanto há de tributo embutido no preço dos produtos exportados, não é verdadeira. É possível desonerar as exportações e onerar as importações para garantir igualdade de condições entre a produção interna e a externa. Os órgãos reguladores do comércio internacional admitem o rebate ou isenção de tributos indiretos nas exportações. Como exemplo, no IVA a China "não insenta de tarifas suas exportações, porém permite o rebate com tarifas fixas em uma base presumível, com diferentes tarifas para diferentes produtos"[66].

Para calcular os rebates fiscais basta que se utilize como mecanismo a matriz insumo-produto calculada pelo IBGE. Uma vez conhecida a carga tributária por setor, bastaria que o governo criasse pautas de rebate fiscal aos exportadores[67].

Gazeta Mercantil, 14 out. 1999. CINTRA, Marcos. CPMF, barbárie tributária. **Correio Braziliense**, 22 maio 2002. CINTRA, Marcos. A Geni e a CPMF. **Folha de S. Paulo**, 6 out. 2003. CINTRA, Marcos. As suspeitas de sonegação da CPMF. **Folha de S. Paulo**, 26 jan. 2004. CINTRA, Marcos. CPMF: vai para o trono ou não vai?. **Folha de S. Paulo**, 16 abr. 2007. CINTRA, Marcos. 95% preferem a CPMF. **Folha de S. Paulo**, 30 abr. 200. CINTRA, Marcos. Sigilo e imposto "dedo-duro". **Folha de S. Paulo**, 14 maio 2007.

[66] "(...) Does not zero rate its exports but rather permit fixed rates of export on a presumptive basis, with different rates for different products." *Vide* BIRD, Richard M.; Gendron, Pierre-Pascal. **VAT revisited**: a new look at the value added tax in developing and transitional countries. U.S. Agency for International Development – USAID, out. 2005, p. 96, disponível em: <http://pdf.usaid.gov/pdf_docs/PNADH103.pdf>.

[67] *Vide* PEREIRA, Thiago Rabelo; IKEDA, Marcelo. Brasília, BNDES. Informe n. 27, jun. 2001, onde os autores propõem o uso das matrizes de insumo produto do IBGE como método para mensurar a incidência da CPMF e do PIS/Cofins nos preços de setoriais da economia. Os autores seguem a metodologia de cálculo utilizada pelos proponentes do Imposto Único, como pode ser aferido em CINTRA, Marcos. **Bank transactions**: pathway to the single tax ideal. Ed. Rev. São

Diz Luis Roberto Ponte que:

Segundo as regras da OMC, os tributos que não podem ser abatidos nas exportações são os chamados impostos diretos, como o Imposto de Renda (IR) e as contribuições ao INSS. Além disso, o IR converte-se em um clássico imposto em cascata, com a mesmíssima base da Cofins, o faturamento, quando calculado sobre o lucro presumido, e, ainda assim, 90% das empresas preferem essa forma de incidência em "cascata", em vez da incidência sobre o lucro real, que, teoricamente, não é cumulativa[68].

Em resumo, o impacto da Lei n. 10.833, de 29-12-2003, que alterou a Cofins tornado-a uma contribuição não cumulativa, foi exaustivamente analisado, e repudiado, por praticamente todos os setores.

O mais surpreendente é que a não cumulatividade da Cofins atendeu a insistentes reivindicações de alguns setores empresariais que instrumentalizaram as outras representações sindicais patronais para conseguirem transferir impostos para os segmentos que mais empregam mão de obra, os prestadores de serviços, que eram tidos, equivocadamente, como beneficiários de uma carga tributária mais leve. Descobre-se, em seguida, que as perdas foram generalizadas, que a vantagem da não cumulatividade é um mito, havendo necessidade de urgentes medidas corretivas[69].

O impacto das alterações que criaram o PIS/Cofins não cumulativo tem sido preocupante. Além da enorme complexidade

---

Paulo: Cyan Artes Gráficas e Editora, 2009. Disponível em: <http://mpra.ub.uni--muenchen.de/16710/1/MPRA_paper_16710.pdf>.

[68] PONTE, Luis Roberto. Imposto em cascata, um clichê tributário. **Folha de S. Paulo**, 23 fev. 2000.

[69] Sobre os efeitos distributivos do PIS/Cofins não cumulativo *vide* CINTRA, Marcos. **As assimetrias distributivas da não cumulatividade**. São Paulo: Escola de Economia de São Paulo da Fundação Getulio Vargas (EESP/FGV). Texto para discussão n. 140, abr. 2004, disponível em: <http://marcoscintra.org/mc/wp-content/uploads/2013/08/Cintra_Marcos_As_Assimetrias-Abr04.pdf>.

legislativa e burocrática do tributo, o que tem levado a grandes esforços de treinamento e capacitação de técnicos públicos e privados para desentranhar as áreas de desentendimentos e contradições da Legislação deste sistema híbrido de tributação, as incertezas jurídicas ainda produziram impactos duradouros e altamente distorcivos em termos de informações e de decisões econômicas.

Após quase uma década de discussões com o Fisco nos tribunais, grandes empresas viram subitamente seus lucros melhorarem em 2006 por força de decisão que reverte provisões que vinham sendo feitas há anos, relacionadas com questionamentos feitos à Lei n. 9.718, de 27-11-1998. O desfecho dos processos ocorreu em 2007, e foi responsável por 11,5% do lucro líquido de 26 companhias abertas que divulgaram seu balanço no primeiro trimestre de 2007. Outros casos certamente ocorrerão e demonstram que a complexidade do atual sistema tributário, além de altos custos de conformidade, ainda podem ser responsáveis por significativas ineficiências econômicas geradas a partir de informações equivocadas da contabilidade fiscal e empresarial das empresas, corrigidas agora por tardias decisões judiciais.

Pateticamente, o governo permitiu que, para atenuar os recém-descobertos males da não cumulatividade, alguns setores de "alto interesse social" pudessem permanecer no sistema cumulativo, que de odiado passa a ser objeto de desejo de vários setores produtivos. Educação, saúde, comunicação, informática, agronegócios, dentre outros, passaram a ter regimes especiais, cheios de exceções e perigosos precedentes. A burocracia se acerca das vítimas com seu abraço de afogado, e promete novas medidas corretivas como a desoneração da folha de salários das empresas para compensá-las por terem de viver em um mundo não cumulativo.

A tão elogiada não cumulatividade tributária não passou de um engodo, a exigir compensações. E o governo é forçado a oferecer como paliativo o que sempre considerou ser o veneno, a opção de continuar com o sistema cumulativo. A ironia dessa situação seria risível, se não fosse trágica em suas danosas consequências sociais e econômicas.

3.13 Algumas simulações e conclusões

A experiência brasileira de tributação da movimentação financeira iniciou-se em 1993, com a criação do Imposto Provisório sobre a Movimentação ou Transmissão de Valores e de Créditos e Direitos de Natureza Financeira (IPMF), que, posteriormente, foi substituído pela Contribuição Provisória sobre a Movimentação ou Transmissão de Valores e de Créditos e Direitos de Natureza Financeira (CPMF – extinta). De início, as críticas ao imposto foram grandes, com a previsão de que seus efeitos seriam deletérios à economia. Falou-se em aumento generalizado de preços, volta da inflação a níveis pré-Plano Real, redução das transações intermediadas por instituições financeiras e dolarização da economia, isso para não mencionar as críticas já conhecidas quanto à tributação cumulativa e toda a celeuma jurídica em torno do sigilo bancário.

Sua implementação, iniciada em 1993, com algumas breves interrupções, comprova que nenhuma das críticas se mostrou verdadeira. A contribuição tornou-se receita relevante para o ajuste fiscal brasileiro, e não gerou qualquer efeito catastrófico sobre a economia. A contribuição apresenta níveis de produtividade elevados, em especial se comparados com outros países que também implementaram imposto semelhante. Quanto a ser um ônus adicional aos custos de transação, isso é tanto verdade para a CPMF quanto para qualquer outro imposto, que sempre irá onerar a transação econômica, e, consequentemente, os preços finais.

Quando analisada sob o enfoque da reforma tributária, nota-se que a CPMF foi instrumento arrecadatório que não deveria ter sido eliminado. Seu benefício, em termos de arrecadação gerada, foi alto frente ao baixo custo de administração, sem mencionar que é imposto não declaratório, sem ônus acessório para os contribuintes. Enquanto instrumento de fiscalização, essa contribuição deveria tornar-se permanente, até porque é o único tributo a captar operações da economia subterrânea e a alcançar operações da nova economia, como aquelas relativas ao comércio eletrônico.

A reforma tributária que a sociedade brasileira almeja deverá manter a carga tributária global constante (ao menos em um primeiro momento) e, ao mesmo tempo, tentar reduzir a carga tributária para os atuais contribuintes, já sufocados pelo peso dos tributos que recolhem. Isso implica identificar um sistema capaz de universalizar a base de contribuintes e, assim, deslocar a atual carga dos atuais pagadores de impostos para onerar os que sonegam e os que se ocultam na informalidade. Isso só será possível mediante uma nova composição tributária que abra maiores espaços aos tributos não declaratórios, como os impostos sobre movimentação financeira.

O estudo da Receita Federal mencionado acima[70] traz valiosa e prudente reflexão acerca dos rumos da reforma tributária no Brasil. Tratando dos modelos alternativos de reforma, afirma o estudo que:

> (...) Não apenas à economia deve um sistema tributário ser adequado, é necessário que ele seja concebido em conformidade com as circunstâncias culturais do país no qual ele for aplicado. Em outras palavras, a mera importação de soluções adotadas internacionalmente não é garantia de medida bem-sucedida. Muito pelo contrário, a probabilidade de um resultado negativo é alta.
>
> Há que se considerar as características culturais da sociedade, isto é, se os contribuintes, de modo geral, preferem soluções mais simples e menos exatas ou mais complexas e calibradas. Esses são *trade-offs*, ou dilemas, a serem escolhidos e que são bem conhecidos na teoria econômica, como a escolha entre eficiência e equidade. É justamente isso que ocorre, continuamente, em tributação. Ademais, é preciso que o desenho do sistema leve em conta à própria atuação da administração tributária e os instrumentos dos quais ela dispõe a seu favor no cumprimento de sua missão.
>
> Assim, há países de forte tradição tributária, onde a consciência social em relação ao pagamento de impostos é alta, onde ser sonegador é sinônimo de vergonha e exclusão social, há educação

---

[70] *Vide* nota de rodapé n. 55.

e cidadania tributária, onde o fisco tem poderes fortíssimos, mas, também, deveres que são monitorados pela sociedade. Por outro lado, há países de fraca tradição tributária, onde o pagamento de impostos se inscreve na lógica da cultura do desrespeito, onde o sonegador é visto como inteligente e esperto, onde a administração tributária é continuamente surpreendida com liminares que geram um clima de insegurança jurídica.

O Brasil é um país de fraca tradição tributária e, portanto, a própria formulação das soluções tributárias deve prevenir, desde sua concepção, a evasão fiscal. Do contrário, a chance de ocorrerem vazamentos tributários aumenta consideravelmente. A construção de uma tradição tributária forte se inscreve no contexto geral de amadurecimento institucional do país e de consolidação de seus valores – algo desejável, mas inexequível a curto prazo. Enquanto isso não acontece, não reconhecer que o País tem fraca tradição é apenas caminhar rápido para a sonegação generalizada, perda de arrecadação e enfraquecimento das instituições tributárias.

Tais considerações são de extrema importância, considerando-se o mimetismo econômico que acomete o pensamento tributário nacional. Em geral, o discurso caminha na direção da desoneração da produção, e no reforço da tributação pessoal. Assume-se, destarte, que essa conformação estrutural torna possível aumentar a progressividade do sistema, reduzir custos, simplificar os mecanismos burocráticos, e combater a evasão. O que muitas vezes não é percebido pelos proponentes destes modelos é que há flagrante inconsistência entre o modelo proposto e as qualidades desejadas do sistema tributário, além da inviabilidade prática da adoção de tais modelos frente à tradição tributária brasileira.

Tais propostas de reforma tributária elogiam e recomendam o *modelo europeu*, baseado em três espécies básicas: um imposto de renda, um imposto sobre valor agregado (IVA), e um imposto sobre ativos. Em geral o primeiro é de alçada nacional, o segundo de alçada regional, e o terceiro de alçada local. Cabe apontar que esse modelo, que recebeu o endosso do Congresso Nacional em sua proposta de reforma fatiada aprovada em 2003, e novamente na proposta apresentada em 2007, não desonera a produção, pois o IVA é um tributo indireto incidente sobre as etapas do processo produtivo; não garante maior progressividade, pois o IVA é um tributo indireto; e não garante mais simplicidade e menor evasão, dada a característica essencialmente declaratória e burocrática dos tributos que o compõem.

O modelo tributário que atinge as metas desejadas nestes discursos não é o *modelo europeu*, mas sim o *modelo americano*, composto por um imposto de renda de âmbito nacional, um tributo sobre vendas ao consumidor final de alçada regional, e um tributo sobre ativos cobrado pelo poder local. Os norte-americanos não possuem IVAs, e, portanto, desoneram por completo a produção.

Curiosamente, não há proposta nessa direção no debate de reforma tributária, a não ser a absurda conjunção dos dois sistemas, no confuso projeto de reforma tributária da Câmara dos Deputados em 2001, que previa a criação de um IVA nacional, que unificaria os atuais ICMS, IPI e ISS, e ainda a introdução de um novo tributo sobre vendas a varejo, IVV, na alçada do poder local. Como se vê, trata-se de um sistema híbrido, sem nitidez de competências, e que introduziria no Brasil dois tributos indiretos: um sobre produção e outro sobre consumo final. Como, no cômputo final, a incidência tributária ocorre sempre na ponta do consumidor, o modelo teria uma espécie de dupla tributação sobre as vendas finais, alocando competências tributárias de difícil operacionalização aos Municípios brasileiros. Em outras palavras, trata-se de proposta divorciada das bases estruturais e culturais da economia brasileira.

Estudo de renomada empresa de consultoria compara o que pode ser chamado de *modelo brasileiro* com sistemas tributários de 34 países em todo o mundo[71]. Os dados mostram com enorme clareza

---

[71] DELOITTE. **Pesquisa internacional sobre tributação**, 2003. Disponível em: <http://www.marcoscintra.org/DOWNLOAD/Estudo%20Deloitte.pdf>. Acesso em: 1º jul. 2007.

que a tributação no Brasil passou por um processo de evolução e de aculturação ambiental típica de países com fraca tradição tributária, e que começa a ser aplicado em vários outros países com condições semelhantes, como a tributação sobre faturamento e sobre movimentação financeira.

Relata o estudo que "... as contribuições sobre receita bruta, tais como o PIS e a Cofins, já possuem seus similares em 35% dos países pesquisados", e que "a CPMF [extinta] já não é mais peculiaridade de alguns países da América Latina. Ela é encontrada em 15% dos países da amostra". Vale acrescentar que a Austrália, país não incluído na amostra, já vem aplicando tributação sobre movimentação financeira há algumas décadas.

Os principais resultados são reproduzidos no Quadro 1, e demonstram que a característica principal do *modelo brasileiro* é a conjugação de forte tributação sobre renda, forte tributação sobre produção e consumo, e com tributos complementares sobre faturamento bruto e movimentação financeira.

Quadro 1
Características tributárias selecionadas no Brasil, em outras regiões e a média mundial

	Brasil	América Latina	América do Norte/ Europa	Ásia	Média Mundial
Alíquota máxima do Imposto de Renda	34,00%	29,65%	30,67%	28,17%	29,50%
Alíquota mínima do IVA	7,00%	10,72%	4,15%	3,88%	6,25%
Alíquota máxima do IVA	29,80%	20,58%	19,36%	7,25%	15,73%
Existe tributação sobre receita bruta/faturamento? Se positivo, qual alíquota?	4,65%	4,17%	–	7,5%	4,59%
Existe tributação sobre movimentação bancária/financeira? Se positivo, qual alíquota?	0,38%	0,57%	2,10%	3,00%	1,79%

Fonte: Deloitte.

Em realidade, há no Brasil um sistema do tipo *modelo europeu* com reforços de tributos cumulativos, cujas características fundamentais se ajustam a economias com fraca tradição tributária, altos coeficientes de informalidade, e baixos níveis de renda.

O que se depreende da análise comparativa é que não há como esperar alta participação da tributação pessoal na carga tributária se a economia tem renda *per capita* baixa e mal distribuída; não há como evitar tributação indireta em economias com forte predisposição à evasão e ao descumprimento da burocracia fiscal exigida pelos impostos declaratórios sobre valor agregado; e não há como evitar que países com fraca tradição tributária, como é o caso de vários dos países da amostra da Deloitte, deixem de lançar mão dos tributos não declaratórios sobre faturamento e movimentação financeira, usados com sucesso na experiência brasileira.

É lamentável que o Brasil retroceda em seu processo de evolução e especialização tributárias tentando defender um discurso formal que aponta para o *modelo americano*, mas adota uma *praxis* típica do *modelo europeu*. Ao mesmo tempo repudia sua bem-sucedida experiência com tributos inovadores como a CPMF (extinta). O resultado inevitável será a frustração com o discurso, e o insucesso com a prática específica que não se coaduna com as tradições culturais e econômicas da economia brasileira.

Como pudemos demonstrar ao longo deste texto, algumas das críticas aos tributos sobre movimentação financeira mostraram-se desprovidas de razão, e outras foram amplamente contestadas pelos fatos. Críticas como risco de "remonetização" da economia, a fuga dos depositantes do sistema bancário, a verticalização da produção, a impossibilidade de desoneração das exportações e a regressividade não foram comprovadas. Ao mesmo tempo, a insonegabilidade de tributos sobre movimentação financeira tornou-se amplamente reconhecida até mesmo pelos adversários de primeira hora.

Delfim Netto reflete essas conclusões em artigo[72] no qual avalia o estudo da Receita Federal surgido em defesa da CPMF (extinta)[73]. Após um breve resumo do que chamou de "**filosofia fazendária do governo**", o articulista afirma ter "**uma certa simpatia com essa posição, apesar de achá-la muito nihilista**". Mas apesar desta concessão, formula uma crítica aos impostos cumulativos como a CPMF, sendo este tema, provavelmente, o derradeiro item da polêmica que ainda não foi devidamente rebatido pelos defensores dos IMFs. Afirma ainda o articulista:

> Esta discussão elide o verdadeiro problema, que é saber qual o papel da política fiscal no processo de desenvolvimento econômico, para prosseguir afirmando que a eficiência produtiva da economia de mercado é tão maior quanto menores forem as distorções introduzidas nos preços-relativos determinados pelo livre funcionamento da oferta e da procura. ... é conhecido que a tributação em "cascata" introduz distorções maiores do que sobre o valor agregado.

Nesse sentido, é importante se tentar avaliar o impacto dos modelos tributários alternativos (cumulativos *versus* IVAs) na formação dos preços-relativos da economia[74].

Nos primeiros trabalhos sobre o Imposto Único[75], tentou-se avaliar o impacto dos impostos cumulativos na formação dos preços

---

[72] NETTO, Antônio Delfim. Mitos tributários? **Carta Capital**, 12 dez. 2001.

[73] SECRETARIA DA RECEITA FEDERAL, MINISTÉRIO DA FAZENDA. **CPMF – mitos e verdades sob as óticas econômica e administrativa**. Texto para discussão n. 15, set. 2001. Disponível em: <http://marcoscintra.org/mc/wp-content/uploads/2013/08/Secretaria_da_Receita_Federal_CPMF_t15-2001.pdf>.

[74] O restante dessa seção reproduz trechos de CINTRA, Marcos. **Bank transactions**: pathway to the Single Tax ideal. Ed. Rev. São Paulo: Cyan Artes Gráficas e Editora, 2009. Disponível em: <http://mpra.ub.uni-muenchen.de/16710/1/MPRA_paper_16710.pdf>.

[75] *Vide*, principalmente, o artigo de CINTRA, Marcos. O Imposto Único sobre Transações. *In*: CINTRA, Marcos. (Org.). **Tributação no Brasil e o Imposto Único**. São Paulo: Makron Books, 1994, p. 203-245.

na economia. Foram utilizadas as matrizes de relações interindustriais do IBGE e suas atualizações, tendo-se chegado à conclusão de que, por exigirem alíquotas nominais sensivelmente mais baixas do que os IVAs e, consequentemente, por desestimularem a sonegação, os IMFs impactariam com menor intensidade os preços na economia em comparação com a situação-limite de ausência de tributação[76].

Cumpre agora avaliar o impacto de tributos cumulativos nos preços-relativos como mencionado por Delfim Netto. As simulações, descritas nas tabelas abaixo, tentam medir este efeito.

Sabidamente, todos os impostos introduzem distorções nos preços-relativos. Contudo, passou-se a acreditar que o efeito cumulativo dos IMFs poderia causar alterações mais intensas. Acreditava-se que os IVAs seriam menos distorcivos, já que a carga tributária na composição final dos preços teoricamente poderia ser controlada pelo formulador da política econômica. O que esses argumentos deixaram de considerar é que a evasão é um fato marcante da realidade tributária brasileira, e que os IVAs estimulam a sonegação por conta de suas altas alíquotas.

Não obstante, a superioridade dos IVAs relativamente aos tributos cumulativos seria parcialmente verdadeira se duas condições fossem satisfeitas. A primeira é a ausência de sonegação, e a segunda, a existência de alíquotas uniformes por todos os setores e produtos. Como sabidamente nenhuma dessas duas hipóteses é verdadeira, a afirmação conclusiva de que os IVAs introduzem menos distorções do que os IMFs não pode ser aceita *a priori*.

Ademais, os impactos nos preços-relativos dependem não apenas do tipo de tributo, mas também da intensidade de seu uso, ou seja de suas respectivas alíquotas. Como, para um dado nível de receita, os IMFs necessitam alíquotas significativamente mais baixas

---

[76] *Vide* CINTRA, Marcos. **Bank transactions**: pathway to the single tax ideal. Ed. Rev. São Paulo: Cyan Artes Gráficas e Editora, 2009. Disponível, no capítulo 2, em: <http://mpra.ub.uni-muenchen.de/16710/1/MPRA_paper_16710.pdf>.

do que os IVAs, percebe-se imediatamente a fragilidade das afirmações de que os tributos cumulativos necessariamente introduzem distorções mais fortes nos preços relativos.

A presença de alíquotas diferenciadas e a existência de sonegação significativamente mais elevada nos IVAs fazem com que os impactos nos preços da economia sejam tão não controláveis, aleatórios, e não intencionais, quanto no caso de IMFs.

Possivelmente as distorções geradas pelos IVAs sejam até mais fortes do que nos IMFs já que a sonegação é fenômeno intensamente volátil, mutável, imprevisível, e camuflado. Nos IMFs a variabilidade de seus impactos nos custos de produção setoriais decorre de alterações nas funções de produção, que ocorrem apenas no médio e no longo prazo. Isso faz com que os IMFs, mesmo tendo padrões de incidência não intencionais e não controláveis, possuam mais estabilidade do que os IVAs. A sonegação é geralmente instável mesmo a curtíssimo prazo, tornando os efeitos alocativos dos IVAs ainda mais mutáveis e imprevisíveis do que nos IMFs.

As simulações apresentadas a seguir tentarão mostrar que:

1. Supondo-se sonegação zero, os IMFs, por terem alíquotas mais baixas, implicarão menores distorções nos preços-relativos do que nos modelos tributários baseados nos IVAs; e
2. Com a possibilidade de maiores taxas de sonegação no uso de IVAs, a incidência desses tributos na formação de preços torna-se ainda mais distorciva, superando em muito as distorções causadas pelos IMFs.

Trata-se de um exercício de estática comparativa na qual os modelos tributários do IMF (cumulativo) e do IVA (valor agregado) serão comparados com uma situação heurística de ausência de tributação, que supostamente deveria ser o preço de equilíbrio competitivo. Nesse sentido, quanto mais os preços setoriais se distanciarem dos preços livres de tributos (que no modelo foram igualados à unidade), maior será o impacto distorcivo que demonstram ter na formação das cargas tributárias setoriais.

A seguir, para cada hipótese de simulação será montada a matriz dos preços-relativos setoriais e a distância de cada preço-relativo do valor unitário medirá a distorção causada pelo respectivo modelo tributário no preço-relativo daquele determinado par de setores. A medida de distorção global é dada pelo desvio-padrão dos preços relativos da matriz em relação à unidade. Em todas as simulações, a base de incidência utilizada é a aplicável à CPMF em 2007 (R$ 9,6 trilhões).

A simulação, cujos resultados estão na Tabela 5, compara o impacto nos preços-relativos de um imposto sobre movimentação financeira – IMF – relativamente com um modelo tributário convencional do tipo IVA, composto pelo ICMS, IPI, e INSS patronal. Em ambos os casos a arrecadação é a mesma, ou seja, 11,4% do PIB em 2006.

A simulação incorpora apenas os tributos indiretos, não incluindo a receita gerada pelos tributos lançados sobre o patrimônio (IPTU, IPVA, ITR etc.), pelo Imposto de Renda, pelos impostos sobre o comércio externo, e por tributos com características de extrafiscalidade[77].

Vê-se que o desvio nos preços-relativos no caso do IMF foi de 2,38%, ao passo que no caso do modelo convencional atingiu 6,39%. Comprova-se assim a inveracidade da afirmação de que necessariamente os tributos cumulativos geram maiores distorções nos preços-relativos. Não se pode afirmar *a priori* que isto ocorra, ou deixe de ocorrer. Contudo, pode-se afirmar que nas circunstâncias da economia brasileira a crítica não se revelou verdadeira.

---

[77] O ideal nesse tipo de simulação seria o uso de modelos de equilíbrio geral, já que eles captariam os efeitos dinâmicos das alterações tributárias. Sobre o uso de modelos de equilíbrio geral computáveis, *vide* DOMINGUES, Edson Paulo; HADDAD, Eduardo. Amaral. **Política tributária e relocalização**, mimeo, onde o modelo é usado para simulações regionais para o estado de São Paulo. Trata-se de campo fértil para pesquisa futura.

Tabela 5
Impacto do IMF com alíquota de 2,81% e do sistema tradicional com tributos sobre valor agregado (ICMS, IPI e INSS patronal)

N.	Produtos	IMF 2,81%	Sistema tradicional ICMS + IPI + INSS
1	Arroz em casca	16,26	30,44
2	Milho em grão	15,21	31,84
3	Trigo em grão e outros cereais	16,59	33,13
4	Cana-de-açúcar	16,97	33,74
5	Soja em grão	16,49	33,30
6	Outros produtos e serviços da lavoura	14,57	31,45
7	Mandioca	15,07	32,01
8	Fumo em folha	16,86	51,47
9	Algodão herbáceo	16,10	32,94
10	Frutas cítricas	16,65	33,45
11	Café em grão	16,74	30,88
12	Produtos da exploração florestal e da silvicultura	14,87	31,36
13	Bovinos e outros animais vivos	17,68	33,36
14	Leite de vaca e de outros animais	17,76	27,93
15	Suínos vivos	17,98	33,63
16	Aves vivas	17,86	33,44
17	Ovos de galinha e de outras aves	15,05	28,64
18	Pesca e aquicultura	17,63	27,79
19	Petróleo e gás natural	15,11	28,59
20	Minério de ferro	18,23	34,32
21	Carvão mineral	16,87	31,14
22	Minerais metálicos não ferrosos	16,49	32,86
23	Minerais não metálicos	15,96	32,86
24	Abate e preparação de produtos de carne	17,38	31,00
25	Carne de suíno fresca, refrigerada ou congelada	17,98	32,16
26	Carne de aves fresca, refrigerada ou congelada	17,07	30,80
27	Pescado industrializado	18,11	31,59
28	Conservas de frutas, legumes e outros vegetais	18,72	32,59
29	Óleo de soja bruto e tortas, bagaços e farelo de soja	19,61	33,09
30	Outros óleos e gordura vegetal e animal exclusive milho	18,61	32,06

31	Óleo de soja refinado	17,67	29,98
32	Leite resfriado, esterilizado e pasteurizado	17,83	31,33
33	Produtos do laticínio e sorvetes	16,95	31,33
34	Arroz beneficiado e produtos derivados	15,84	28,46
35	Farinha de trigo e derivados	19,16	32,64
36	Farinha de mandioca e outros	16,05	29,39
37	Óleos de milho, amidos e féculas vegetais e rações	17,40	30,91
38	Produtos das usinas e do refino de açúcar	18,95	32,51
39	Café torrado e moído	17,13	29,56
40	Café solúvel	18,62	32,11
41	Outros produtos alimentares	17,05	30,57
42	Bebidas	18,38	54,38
43	Produtos do fumo	18,89	57,94
44	Beneficiamento de algodão e de outros têxteis e fiação	16,13	34,42
45	Tecelagem	15,27	33,54
46	Fabricação de outros produtos têxteis	15,66	34,02
47	Artigos do vestuário e acessórios	14,38	34,50
48	Preparação do couro e fabricação de artefatos – exclusive calçados	16,17	39,79
49	Fabricação de calçados	15,91	35,48
50	Produtos de madeira – exclusive móveis	16,60	38,82
51	Celulose e outras pastas para fabricação de papel	16,97	33,53
52	Papel e papelão, embalagens e artefatos	15,58	37,24
53	Jornais, revistas, discos e outros produtos gravados	13,84	25,12
54	Gás liquefeito de petróleo	17,28	28,96
55	Gasolina automotiva	20,35	33,63
56	Gasoálcool	16,87	29,87
57	Óleo combustível	18,83	30,54
58	Óleo diesel	17,49	27,94
59	Outros produtos do refino de petróleo e coque	17,10	28,49
60	Álcool	18,07	32,51
61	Produtos químicos inorgânicos	14,95	29,44
62	Produtos químicos orgânicos	14,13	26,88
63	Fabricação de resina e elastômeros	14,25	28,90
64	Produtos farmacêuticos	12,29	30,40
65	Defensivos agrícolas	15,78	31,90

66	Perfumaria, sabões e artigos de limpeza	15,76	47,36
67	Tintas, vernizes, esmaltes e lacas	15,71	33,47
68	Produtos e preparados químicos diversos	14,83	37,75
69	Artigos de borracha	15,79	36,44
70	Artigos de plástico	15,39	33,34
71	Cimento	16,86	33,17
72	Outros produtos de minerais não metálicos	16,37	33,86
73	Gusa e ferro-ligas	17,80	37,69
74	Semiacabados, laminados planos, longos e tubos de aço	16,53	35,49
75	Produtos da metalurgia de metais não ferrosos	16,65	31,37
76	Fundidos de aço	18,32	34,84
77	Produtos de metal – exclusive máquinas e equipamento	15,83	36,60
78	Máquinas e equipamentos, inclusive manutenção e reparos	15,59	31,00
79	Eletrodomésticos	16,13	37,24
80	Máquinas para escritório e equipamentos de informática	15,09	34,98
81	Máquinas, aparelhos e materiais elétricos	15,36	35,04
82	Material eletrônico e equipamentos de comunicações	13,20	33,22
83	Aparelhos/instrumentos médico-hospitalar, medida e óptico	12,93	40,33
84	Automóveis, camionetas e utilitários	17,90	34,70
85	Caminhões e ônibus	17,13	37,32
86	Peças e acessórios para veículos automotores	15,21	30,92
87	Outros equipamentos de transporte	16,00	33,48
88	Móveis e produtos das indústrias diversas	13,70	35,58
89	Sucatas recicladas	17,65	38,35
90	Eletricidade e gás, água, esgoto e limpeza urbana	13,76	33,11
91	Construção	15,20	27,32
92	Comércio	12,17	31,47
93	Transporte de carga	15,72	30,08
94	Transporte de passageiro	14,15	28,48
95	Correio	14,98	23,98
96	Serviços de informação	12,46	19,01

97	Intermediação financeira e seguros	11,90	18,43
98	Serviços imobiliários e aluguel	9,87	18,04
99	Aluguel imputado	18,42	24,88
100	Serviços de manutenção e reparo	12,53	23,67
101	Serviços de alojamento e alimentação	14,53	35,93
102	Serviços prestados às empresas	11,57	17,45
103	Educação mercantil	11,87	20,51
104	Saúde mercantil	18,15	27,43
105	Serviços prestados às famílias	12,70	23,40
106	Serviços associativos	14,15	24,77
107	Serviços domésticos	18,62	28,88
108	Educação pública	18,42	27,04
109	Saúde pública	17,49	25,18
110	Serviço público e seguridade social	17,53	22,63
	Máximo	**20,35**	**57,94**
	Mínimo	**9,87**	**17,45**
	Desvio	**2,38**	**6,39**

Nota: A metodologia do cálculo e o impacto para cada um dos 110 produtos podem ser consultados no capítulo 2 em CINTRA, Marcos. **Bank Transactions:** pathway to the single tax ideal. Ed Rev. São Paulo: Cyan Artes Gráficas e Editora, 2009. Disponível em: <http://mpra.ub.uni-muenchen.de/16710/1/MPRA_paper_16710.pdf>.

Outra interessante variante das simulações realizadas diz respeito à alternativa proposta pelo IPEA de eliminação das contribuições sociais cumulativas[78]. As alíquotas dos tributos convencionais foram majoradas em 33,56% para montar a receita constante. O resultado das simulações é reproduzido na Tabela 6.

---

[78] VARSANO, Ricardo; PEREIRA, Thiago Rabelo; ARAÚJO, Erica Amorim; SILVA, Napoleão Luiz Costa da; IKEDA, Marcelo. **Substituindo o PIS e a Cofins – e por que não a CPMF? – por uma contribuição não cumulativa**. Rio de Janeiro, IPEA, Texto para discussão n. 832, out. 2001.

Tabela 6
Impacto do IMF de 2,81% e do sistema tradicional com ICMS, IPI e INSS patronal com alíquota majorada para compensar a extinção dos tributos cumulativos nos preços-relativos setoriais

N.	Produtos	IMF 2,81%	Sistema tradicional ICMS + IPI + INSS
1	Arroz em casca	16,26	39,32
2	Milho em grão	15,21	40,93
3	Trigo em grão e outros cereais	16,59	42,62
4	Cana-de-açúcar	16,97	43,32
5	Soja em grão	16,49	42,77
6	Outros produtos e serviços da lavoura	14,57	40,43
7	Mandioca	15,07	41,13
8	Fumo em folha	16,86	65,62
9	Algodão herbáceo	16,10	42,31
10	Frutas cítricas	16,65	42,95
11	Café em grão	16,74	39,87
12	Produtos da exploração florestal e da silvicultura	14,87	40,40
13	Bovinos e outros animais vivos	17,68	42,89
14	Leite de vaca e de outros animais	17,76	36,46
15	Suínos vivos	17,98	43,23
16	Aves vivas	17,86	42,99
17	Ovos de galinha e de outras aves	15,05	37,03
18	Pesca e aquicultura	17,63	36,28
19	Petróleo e gás natural	15,11	37,69
20	Minério de ferro	18,23	45,01
21	Carvão mineral	16,87	40,71
22	Minerais metálicos não ferrosos	16,49	42,83
23	Minerais não metálicos	15,96	42,72
24	Abate e preparação de produtos de carne	17,38	40,44
25	Carne de suíno fresca, refrigerada ou congelada	17,98	41,86
26	Carne de aves fresca, refrigerada ou congelada	17,07	40,17
27	Pescado industrializado	18,11	41,25
28	Conservas de frutas, legumes e outros vegetais	18,72	42,49
29	Óleo de soja bruto e tortas, bagaços e farelo de soja	19,61	43,19

30	Outros óleos e gordura vegetal e animal exclusive milho	18,61	41,88
31	Óleo de soja refinado	17,67	39,31
32	Leite resfriado, esterilizado e pasteurizado	17,83	40,91
33	Produtos do laticínio e sorvetes	16,95	40,78
34	Arroz beneficiado e produtos derivados	15,84	37,25
35	Farinha de trigo e derivados	19,16	42,61
36	Farinha de mandioca e outros	16,05	38,32
37	Óleos de milho, amidos e féculas vegetais e rações	17,40	40,35
38	Produtos das usinas e do refino de açúcar	18,95	42,43
39	Café torrado e moído	17,13	38,74
40	Café solúvel	18,62	41,93
41	Outros produtos alimentares	17,05	39,90
42	Bebidas	18,38	78,64
43	Produtos do fumo	18,89	75,44
44	Beneficiamento de algodão e de outros têxteis e fiação	16,13	44,22
45	Tecelagem	15,27	43,09
46	Fabricação outros produtos têxteis	15,66	43,68
47	Artigos do vestuário e acessórios	14,38	44,09
48	Preparação do couro e fabricação de artefatos – exclusive calçados	16,17	51,15
49	Fabricação de calçados	15,91	45,71
50	Produtos de madeira – exclusive móveis	16,60	49,65
51	Celulose e outras pastas para fabricação de papel	16,97	43,34
52	Papel e papelão, embalagens e artefatos	15,58	48,03
53	Jornais, revistas, discos e outros produtos gravados	13,84	33,17
54	Gás liquefeito de petróleo	17,28	37,88
55	Gasolina automotiva	20,35	44,08
56	Gasoálcool	16,87	38,85
57	Óleo combustível	18,83	39,98
58	Óleo diesel	17,49	36,69
59	Outros produtos do refino de petróleo e coque	17,10	37,38
60	Álcool	18,07	41,92
61	Produtos químicos inorgânicos	14,95	38,43
62	Produtos químicos orgânicos	14,13	35,37
63	Fabricação de resina e elastômeros	14,25	37,83
64	Produtos farmacêuticos	12,29	39,29

65	Defensivos agrícolas	15,78	41,32
66	Perfumaria, sabões e artigos de limpeza	15,76	63,25
67	Tintas, vernizes, esmaltes e lacas	15,71	43,30
68	Produtos e preparados químicos diversos	14,83	49,26
69	Artigos de borracha	15,79	47,24
70	Artigos de plástico	15,39	43,20
71	Cimento	16,86	43,04
72	Outros produtos de minerais não metálicos	16,37	43,76
73	Gusa e ferro-ligas	17,80	48,57
74	Semiacabados, laminados planos, longos e tubos de aço	16,53	45,97
75	Produtos da metalurgia de metais não ferrosos	16,65	40,91
76	Fundidos de aço	18,32	45,20
77	Produtos de metal – exclusive máquinas e equipamento	15,83	47,21
78	Máquinas e equipamentos, inclusive manutenção e reparos	15,59	40,49
79	Eletrodomésticos	16,13	48,09
80	Máquinas para escritório e equipamentos de informática	15,09	45,65
81	Máquinas, aparelhos e materiais elétricos	15,36	45,63
82	Material eletrônico e equipamentos de comunicações	13,20	43,78
83	Aparelhos/instrumentos médico-hospitalar, medida e óptico	12,93	51,90
84	Automóveis, camionetas e utilitários	17,90	45,11
85	Caminhões e ônibus	17,13	48,23
86	Peças e acessórios para veículos automotores	15,21	40,28
87	Outros equipamentos de transporte	16,00	43,47
88	Móveis e produtos das indústrias diversas	13,70	45,59
89	Sucatas recicladas	17,65	49,12
90	Eletricidade e gás, água, esgoto e limpeza urbana	13,76	42,63
91	Construção	15,20	35,89
92	Comércio	12,17	40,62
93	Transporte de carga	15,72	39,09
94	Transporte de passageiro	14,15	37,01
95	Correio	14,98	31,67
96	Serviços de informação	12,46	25,15

97	Intermediação financeira e seguros	11,90	24,21
98	Serviços imobiliários e aluguel	9,87	24,20
99	Aluguel imputado	18,42	33,08
100	Serviços de manutenção e reparação	12,53	31,11
101	Serviços de alojamento e alimentação	14,53	57,19
102	Serviços prestados às empresas	11,57	23,24
103	Educação mercantil	11,87	27,62
104	Saúde mercantil	18,15	37,32
105	Serviços prestados às famílias	12,70	31,61
106	Serviços associativos	14,15	33,59
107	Serviços domésticos	18,62	39,32
108	Educação pública	18,42	35,73
109	Saúde pública	17,49	34,73
110	Serviço público e seguridade social	17,53	30,78
	Máximo	**20,35**	**78,64**
	Mínimo	**9,87**	**23,64**
	Desvio	**2,38**	**7,84**

Nota: A metodologia do cálculo e o impacto para cada um dos 110 produtos podem ser consultados no capítulo 2 em CINTRA, Marcos. **Bank Transactions:** pathway to the single tax ideal. Ed Rev. São Paulo: Cyan Artes Gráficas e Editora, 2009. Disponível em: <http://mpra.ub.uni-muenchen.de/16710/1/MPRA_paper_16710.pdf>.

A eliminação da Cofins e do PIS/Pasep tornaria necessária a elevação das alíquotas dos tributos indiretos atuais (ICMS, IPI, e INSS patronal) em 33,56% relativamente ao seu nível atual para manter a arrecadação constante.

Por si só, essa elevação seria inviável, pois seria fonte de forte estímulo à evasão tributária. Mas supondo-se que isto não ocorra, o que é altamente improvável, os desvios nos preços-relativos se elevariam dos 6,39% verificados na simulação apresentada na Tabela 5 para 7,84%, agravando ainda mais as fortes distorções nos preços-relativos da economia. O desvio nos preços relativos causado pelo IMF seria de 2,38%, ou seja, quase 70% mais baixo do que no caso da eliminação das contribuições sociais dentro de um modelo convencional do tipo IVA. Em ambos os casos, a arrecadação seria a mesma.

A simulação dos efeitos da sonegação e seu impacto nas distorções dos preços-relativos é outro interessante caminho para pesquisa futura. A hipótese é que a sonegação introduz fortes elementos de instabilidade, volatilidade e aleatoriedade nos preços relativos de uma economia.

Na simulação com sonegação foi incluído o ISS, um tributo cumulativo. O objetivo do exercício é comparar o IMF com o atual sistema tributário, que é um misto de cumulativo e não cumulativo.

Na Tabela 7 foram utilizados os mesmos parâmetros da simulação apresentada na Tabela 4, mas com a introdução do elemento "sonegação". Para tanto foram utilizadas as alíquotas dos impostos constantes na simulação sem sonegação, ajustadas pelas estimativas sobre o peso do setor formal nas estatísticas do Valor da Produção do IBGE[79]. Com isso, as alíquotas efetivas foram alteradas relativamente às alíquotas formais de cada setor. Por exemplo, enquanto na indústria do açúcar 100% do setor atua na formalidade, na agricultura 93,1% estão na informalidade. Usando-se estas informações para os 110 produtos usados nas simulações, fizeram-se os ajustamentos equivalentes nas alíquotas tributárias setoriais, com exceção da alíquota do IMF, por ser insonegável mesmo para as empresas que atuam na informalidade.

A expectativa é de que, logicamente, o desvio nos preços-relativos do modelo do IMF se altere em relação ao resultado apresentado na Tabela 4, pois houve alteração de alíquota. Espera-se, pelas razões mencionadas acima, que o desvio do modelo convencional seja mais alto do que o 5,67% verificado na simulação sem sonegação.

De fato, é isso que ocorre. Quanto mais aumenta a sonegação, mais aumentam as alíquotas para compensar a queda da arrecadação. Nesse sentido, introduzem-se modificações na distribuição das alíquotas e nos padrões de incidência tributária causadas pela sonegação,

---

[79] Citadas em PEREIRA, Thiago Rabelo; IKEDA, Marcelo. **Informe BNDES** n. 27, jun. 2001.

mas preserva-se a arrecadação mediante a elevação do nível das alíquotas. Em outras palavras, esse mecanismo faz os bons contribuintes pagarem pelos maus.

Feita essa correção, verificou-se na simulação apresentada na Tabela 7 que o desvio nos preços-relativos do modelo convencional com sonegação ficou ligeiramente superior ao encontrado na simulação da Tabela 4 (5,67% contra 7,72%). Em outras palavras, se confirmou a hipótese de que a sonegação implicaria maiores desvios nos preços-relativos.

Tabela 7
Impacto do IMF com alíquota de 2,81% e do sistema tradicional com ICMS, IPI, INSS patronal e ISS nos preços-relativos setoriais com impacto provocado pela sonegação

N.	Produtos	IMF 2,81%	Sistema tradicional ICMS + IPI + INSS + ISS
1	Arroz em casca	16,26	38,08
2	Milho em grão	15,21	41,72
3	Trigo em grão e outros cereais	16,59	43,23
4	Cana-de-açúcar	16,97	43,88
5	Soja em grão	16,49	43,37
6	Outros produtos e serviços da lavoura	14,57	41,21
7	Mandioca	15,07	41,85
8	Fumo em folha	16,86	82,70
9	Algodão herbáceo	16,10	42,95
10	Frutas cítricas	16,65	43,54
11	Café em grão	16,74	38,60
12	Produtos da exploração florestal e da silvicultura	14,87	41,19
13	Bovinos e outros animais vivos	17,68	43,76
14	Leite de vaca e de outros animais	17,76	33,60
15	Suínos vivos	17,98	44,09
16	Aves vivas	17,86	43,88
17	Ovos de galinha e de outras aves	15,05	36,23
18	Pesca e aquicultura	17,63	33,56

19	Petróleo e gás natural	15,11	32,43
20	Minério de ferro	18,23	39,01
21	Carvão mineral	16,87	34,80
22	Minerais metálicos não ferrosos	16,49	36,51
23	Minerais não metálicos	15,96	36,41
24	Abate e preparação de produtos de carne	17,38	37,35
25	Carne de suíno fresca, refrigerada ou congelada	17,98	38,57
26	Carne de aves fresca, refrigerada ou congelada	17,07	37,02
27	Pescado industrializado	18,11	38,22
28	Conservas de frutas, legumes e outros vegetais	18,72	39,32
29	Óleo de soja bruto e tortas, bagaços e farelo de soja	19,61	40,21
30	Outros óleos e gordura vegetal e animal exclusive milho	18,61	38,89
31	Óleo de soja refinado	17,67	36,54
32	Leite resfriado, esterilizado e pasteurizado	17,83	37,80
33	Produtos do laticínio e sorvetes	16,95	37,37
34	Arroz beneficiado e produtos derivados	15,84	34,33
35	Farinha de trigo e derivados	19,16	39,62
36	Farinha de mandioca e outros	16,05	34,99
37	Óleos de milho, amidos e féculas vegetais e rações	17,40	37,29
38	Produtos das usinas e do refino de açúcar	18,95	39,31
39	Café torrado e moído	17,13	35,94
40	Café solúvel	18,62	38,91
41	Outros produtos alimentares	17,05	36,86
42	Bebidas	18,38	60,81
43	Produtos do fumo	18,89	80,70
44	Beneficiamento de algodão e de outros têxteis e fiação	16,13	38,15
45	Tecelagem	15,27	37,09
46	Fabricação de outros produtos têxteis	15,66	37,64
47	Artigos do vestuário e acessórios	14,38	40,76
48	Preparação do couro e fabricação de artefatos – exclusive calçados	16,17	43,60
49	Fabricação de calçados	15,91	39,35
50	Produtos de madeira – exclusive móveis	16,60	43,76
51	Celulose e outras pastas para fabricação de papel	16,97	38,77

52	Papel e papelão, embalagens e artefatos	15,58	42,28
53	Jornais, revistas, discos e outros produtos gravados	13,84	29,00
54	Gás liquefeito de petróleo	17,28	32,62
55	Gasolina automotiva	20,35	37,46
56	Gasoálcool	16,87	33,11
57	Óleo combustível	18,83	34,23
58	Óleo diesel	17,49	31,48
59	Outros produtos do refino de petróleo e coque	17,10	31,81
60	Álcool	18,07	40,02
61	Produtos químicos inorgânicos	14,95	32,12
62	Produtos químicos orgânicos	14,13	29,37
63	Fabricação de resina e elastômeros	14,25	31,11
64	Produtos farmacêuticos	12,29	33,47
65	Defensivos agrícolas	15,78	35,31
66	Perfumaria, sabões e artigos de limpeza	15,76	50,49
67	Tintas, vernizes, esmaltes e lacas	15,71	36,51
68	Produtos e preparados químicos diversos	14,83	40,53
69	Artigos de borracha	15,79	38,88
70	Artigos de plástico	15,39	35,90
71	Cimento	16,86	37,02
72	Outros produtos de minerais não metálicos	16,37	37,37
73	Gusa e ferro-ligas	17,80	41,02
74	Semiacabados, laminados planos, longos e tubos de aço	16,53	39,59
75	Produtos da metalurgia de metais não ferrosos	16,65	34,30
76	Fundidos de aço	18,32	38,61
77	Produtos de metal – exclusive máquinas e equipamento	15,83	40,51
78	Máquinas e equipamentos, inclusive manutenção e reparos	15,59	34,06
79	Eletrodomésticos	16,13	40,18
80	Máquinas para escritório e equipamentos de informática	15,09	37,46
81	Máquinas, aparelhos e materiais elétricos	15,36	37,63
82	Material eletrônico e equipamentos de comunicações	13,20	35,36

83	Aparelhos/instrumentos médico-hospitalar, medida e óptico	12,93	42,50
84	Automóveis, camionetas e utilitários	17,90	37,74
85	Caminhões e ônibus	17,13	40,01
86	Peças e acessórios para veículos automotores	15,21	33,66
87	Outros equipamentos de transporte	16,00	36,27
88	Móveis e produtos das indústrias diversas	13,70	40,27
89	Sucatas recicladas	17,65	42,27
90	Eletricidade e gás, água, esgoto e limpeza urbana	13,76	35,72
91	Construção	15,20	33,27
92	Comércio	12,17	37,20
93	Transporte de carga	15,72	35,27
94	Transporte de passageiro	14,15	34,67
95	Correio	14,98	29,92
96	Serviços de informação	12,46	26,21
97	Intermediação financeira e seguros	11,90	25,42
98	Serviços imobiliários e aluguel	9,87	24,47
99	Aluguel imputado	18,42	30,96
100	Serviços de manutenção e reparação	12,53	29,00
101	Serviços de alojamento e alimentação	14,53	44,50
102	Serviços prestados às empresas	11,57	25,35
103	Educação mercantil	11,87	25,87
104	Saúde mercantil	18,15	33,33
105	Serviços prestados às famílias	12,70	30,96
106	Serviços associativos	14,15	29,05
107	Serviços domésticos	18,62	34,26
108	Educação pública	18,42	32,53
109	Saúde pública	17,49	31,17
110	Serviço público e seguridade social	17,53	29,09
	Máximo	**20,35**	**82,70**
	Mínimo	**9,87**	**24,47**
	Desvio	**2,38**	**7,72**

Nota: A metodologia do cálculo e o impacto para cada um dos 110 produtos podem ser consultados no capítulo 2 em CINTRA, Marcos. Bank Transactions: Pathway to the single tax ideal. Ed Rev. São Paulo: Cyan Artes Gráficas e Editora, 2009. Disponível em: <http://mpra.ub.uni-muenchen.de/16710/1/MPRA_paper_16710.pdf>.

Pode-se dizer que esses resultados confirmam a inadequação das afirmações peremptórias e incondicionais feitas por vários críticos e estudiosos da cumulatividade acerca de seus efeitos distorcivos nos preços-relativos da economia.

A tributação sobre movimentação financeira se traduz em uma forma superior de extração de receita para o poder público e está alinhada com as necessidades da economia globalizada. Segundo Edgar Feige[80], professor da Universidade de Wisconsin, trata-se de tributação para o século 21. É uma forma de tributação de baixo custo para o contribuinte, compreende uma base de incidência extremamente ampla, é transparente e simples, reduz custos administrativos e de *compliance* e implica em maior eficiência em termos alocativos comparativamente ao sistema tradicional.

REFERÊNCIAS

A place in the sun: a special report on offshore finance. **The Economist**, 24 fev. 2007.

BERTOLUCCI, Aldo. **Uma contribuição ao estudo da incidência dos custos de conformidade às leis e disposições tributárias**: um panorama mundial e pesquisa dos custos das companhias de capital aberto no Brasil. Dissertação de Mestrado. São Paulo: Universidade de São Paulo, 2001.

BIRD, Richard; GENDRON, Pierre-Pascal. Dual VATs and cross-border trade: two problems, one solution?. **International Tax and Public Finance**, n. 5, 1998, p. 429-442.

_____. CVAT, VIVAT, e dual VAT: vertical "sharing" and interstate trade. **International Tax and Public Finance**, n. 7, 2000, p. 753-761.

---

[80] FEIGE, Edgar L. **Taxation for the 21st century**: the automated payment transaction (APT) tax, Economic Policy, Oct. 2000.

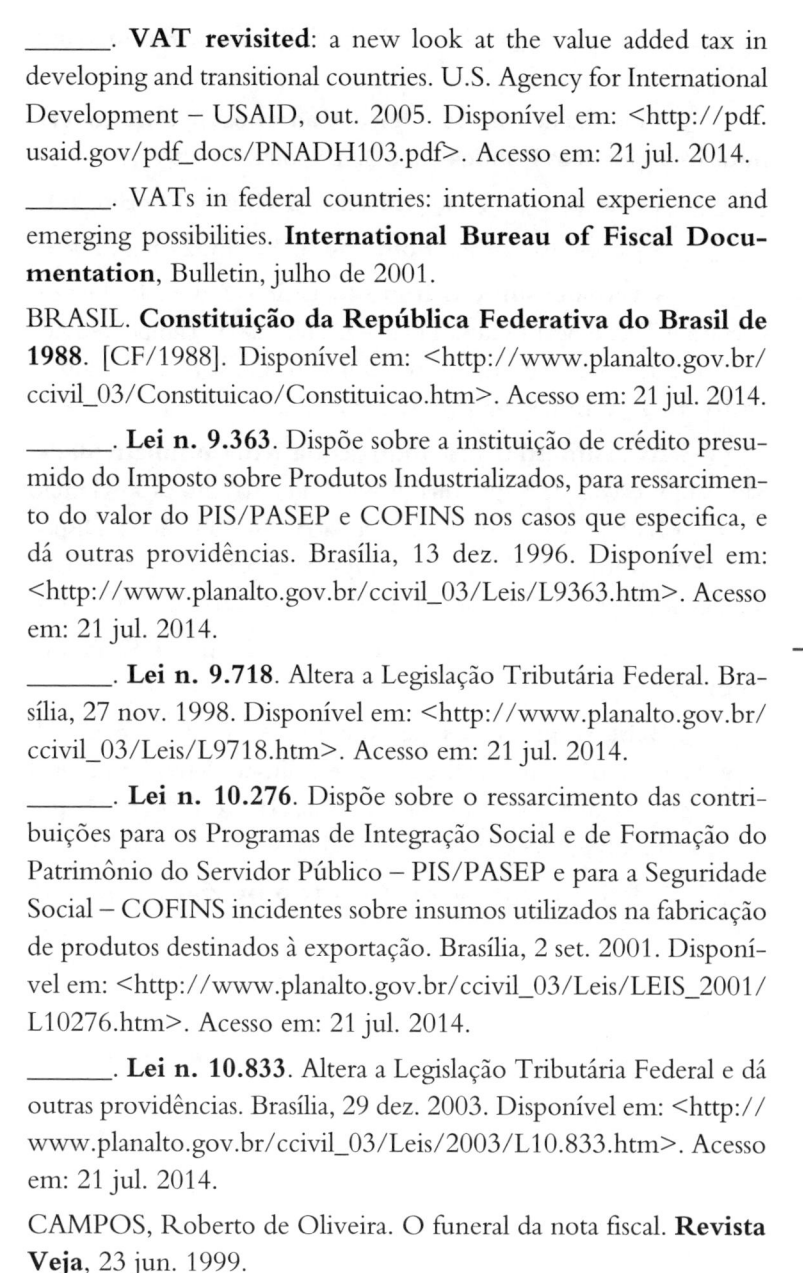

_____. **VAT revisited**: a new look at the value added tax in developing and transitional countries. U.S. Agency for International Development – USAID, out. 2005. Disponível em: <http://pdf.usaid.gov/pdf_docs/PNADH103.pdf>. Acesso em: 21 jul. 2014.

_____. VATs in federal countries: international experience and emerging possibilities. **International Bureau of Fiscal Documentation**, Bulletin, julho de 2001.

BRASIL. **Constituição da República Federativa do Brasil de 1988**. [CF/1988]. Disponível em: <http://www.planalto.gov.br/ccivil_03/Constituicao/Constituicao.htm>. Acesso em: 21 jul. 2014.

_____. **Lei n. 9.363**. Dispõe sobre a instituição de crédito presumido do Imposto sobre Produtos Industrializados, para ressarcimento do valor do PIS/PASEP e COFINS nos casos que especifica, e dá outras providências. Brasília, 13 dez. 1996. Disponível em: <http://www.planalto.gov.br/ccivil_03/Leis/L9363.htm>. Acesso em: 21 jul. 2014.

_____. **Lei n. 9.718**. Altera a Legislação Tributária Federal. Brasília, 27 nov. 1998. Disponível em: <http://www.planalto.gov.br/ccivil_03/Leis/L9718.htm>. Acesso em: 21 jul. 2014.

_____. **Lei n. 10.276**. Dispõe sobre o ressarcimento das contribuições para os Programas de Integração Social e de Formação do Patrimônio do Servidor Público – PIS/PASEP e para a Seguridade Social – COFINS incidentes sobre insumos utilizados na fabricação de produtos destinados à exportação. Brasília, 2 set. 2001. Disponível em: <http://www.planalto.gov.br/ccivil_03/Leis/LEIS_2001/L10276.htm>. Acesso em: 21 jul. 2014.

_____. **Lei n. 10.833**. Altera a Legislação Tributária Federal e dá outras providências. Brasília, 29 dez. 2003. Disponível em: <http://www.planalto.gov.br/ccivil_03/Leis/2003/L10.833.htm>. Acesso em: 21 jul. 2014.

CAMPOS, Roberto de Oliveira. O funeral da nota fiscal. **Revista Veja**, 23 jun. 1999.

CINTRA, Marcos. A Geni e a CPMF. **Folha de S. Paulo**, 6 out. 2003.

_____. A marcha do Imposto Único. **Cadernos de Direito Tributário e Finanças Públicas**, ano 3, n. 9, out.-dez. 1994, p. 85-89.

_____. A sonegação é o X do problema. **O Globo**, 14 maio 2001.

_____. A psicose da cascata. **Folha de S. Paulo**, 24 mar. 2003.

_____. **A verdade sobre o Imposto Único**. São Paulo: Livraria Ciência e Tecnologia Editora Ltda. – LCTE, 2003. Também disponível para *download* em: <http://www.marcoscintra.org/2010/download/livro_A_verdade_sobre_o_IU.pdf>. Acesso em: 21 jul. 2014.

_____. **As assimetrias distributivas da não cumulatividade**. São Paulo: Escola de Economia de São Paulo da Fundação Getulio Vargas (EESP/FGV). Texto para discussão n. 140, abr. 2004. Disponível em: <http://bibliotecadigital.fgv.br/dspace/bitstream/handle/10438/1946/TD140.pdf?sequence=1>. Acesso em: 21 jul. 2014.

_____. As suspeitas de sonegação da CPMF. **Folha de S. Paulo**, 26 jan. 2004.

_____. **Bank transactions**: pathway to the single tax ideal. Ed. Rev. São Paulo: Cyan Artes Gráficas e Editora, 2009. Disponível em: <http://mpra.ub.uni-muenchen.de/16710/1/MPRA_paper_16710.pdf>. Acesso em: 21 jul. 2014.

_____. CPMF, barbárie tributária. **Correio Braziliense**, 22 maio 2002.

_____. CPMF: preconceitos desmentidos. **Gazeta Mercantil**, 14 out. 1999.

_____. CPMF: um bom imposto em má hora. **Folha de S. Paulo**, 25 set. 1997.

_____. CPMF: vai para o trono ou não vai?. **Folha de S. Paulo**, 16 abr. 2007.

_____. E-money e o imposto único. **Folha de S. Paulo**, 5 jan. 1998.

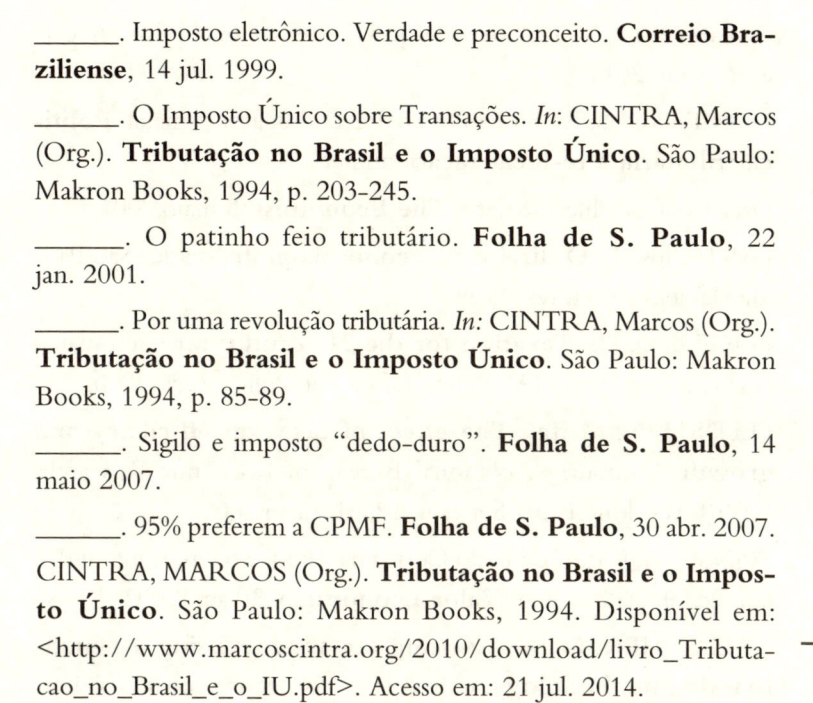

_____. Imposto eletrônico. Verdade e preconceito. **Correio Braziliense**, 14 jul. 1999.

_____. O Imposto Único sobre Transações. *In*: CINTRA, Marcos (Org.). **Tributação no Brasil e o Imposto Único**. São Paulo: Makron Books, 1994, p. 203-245.

_____. O patinho feio tributário. **Folha de S. Paulo**, 22 jan. 2001.

_____. Por uma revolução tributária. *In:* CINTRA, Marcos (Org.). **Tributação no Brasil e o Imposto Único**. São Paulo: Makron Books, 1994, p. 85-89.

_____. Sigilo e imposto "dedo-duro". **Folha de S. Paulo**, 14 maio 2007.

_____. 95% preferem a CPMF. **Folha de S. Paulo**, 30 abr. 2007.

CINTRA, MARCOS (Org.). **Tributação no Brasil e o Imposto Único**. São Paulo: Makron Books, 1994. Disponível em: <http://www.marcoscintra.org/2010/download/livro_Tributacao_no_Brasil_e_o_IU.pdf>. Acesso em: 21 jul. 2014.

CINTRA, Marcos; ZOTTMANN, Luiz. O real peso da cumulatividade. **Gazeta Mercantil**, 14 mar. 2002.

COELHO, Isaias; EBRILL, Liam P.; SUMMERS, Victoria P. **Bank debit taxes in Latin America**: an analysis of recent trends, Working Paper 01/67, Washington, International Monetary Fund, 2001.

DA SILVA, Carlos Roberto Paiva; MARQUES, Newton. **Movimentação Financeira**: A base sólida para incidência de um imposto socialmente justo. Texto para Discussão 1649, Ipea, Brasília, ago. 2011.

DELFIM NETTO, Antônio. Impostos não declaratórios. **Folha de S. Paulo**, 12 ago. 1992.

DELOITTE. **Pesquisa internacional sobre tributação**, 2003. Disponível em: <http://marcoscintra.org/mc/wp-content/

uploads/2013/08/Deloitte_Pesquisa_Internacional.pdf>. Acesso em: 21 jul. 2014.

DOMINGUES, Edson Paulo; HADAD, Eduardo Amaral. **Política tributária e re-localização**, mimeo.

Dreams of a cashless society. **The Economist**, 3 maio 2001.

FARIA, José E. **O direito na economia globalizada**. São Paulo, Malheiros Editores, 1999.

FEIGE, Edgar L. **Taxation for the 21st century:** the automated payment transaction (APT) tax, Economic Policy, Oct. 2000.

FELDSTEIN, Martin. **The effect of taxes on efficiency and growth**. Cambdrige: National Bureau of Economic Research, NBER Working Paper Series n. 12201, maio 2006.

FONSECA, Carlos Eduardo Corrêa da. Brasil é referência mundial em tecnologia bancária. **Valor Econômico**, 30 abr. 2002.

GALLAGHER, Mark. **Assessing tax systems using a benchmarking methodology**. U.S. Agency for International Development – USAID. Research Paper on Fiscal Reform in Support of Trade Liberalization Project, jan. 2004. Disponível em: <http://pdf.usaid.gov/pdf_docs/PNADC940.pdf>. Acesso em: 21 jul. 2014.

GARCIA, Fernando; SOUZA, Rogério César de; BANDEIRA, Sérgio. **Carga tributária sobre os serviços e os efeitos macroeconômicos da substituição da contribuição patronal ao INSS por uma CMF**, mimeo. Pesquisa GV Consult. Disponível em:<http://marcoscintra.org/mc/wp-content/uploads/2013/08/Garcia_Fernando_Carga_Tributaria_FESESP_Consult-2004.pdf>. Acesso em: 21 jul. 2014.

HENN, Markus. Tax Havens and the Taxation of Transnational Corporations. Berlin, Germany. Friedrich Ebert Stiftung. **Dialogue on globalization**, junho de 2013. Disponível em: <http://library.fes.de/pdf-files/iez/global/10082.pdf>. Acesso em: 21 ago. 2014.

Juicio a la Escuela Cirigliano. Buenos Aires: F. T. Editorial Humanitas, 1976.

KHAIR, Amir. **Reforma ou ilusão tributária**, mimeo, abr. 2007.

KUMAR, Manmohan S. and QUINN, Dennis P. **Globalization and corporate taxation**. Working Paper 12/252, Washington, International Monetary Fund, 2012.

LIPSEY, Richard G.; LANCASTER, Kelvin. The general theory of second best. **Review of Economic Studies**, n. 24, 1956, p. 11-32.

MACIEL, Everardo. Entrevista. **Valor**, 26 fev. 2007, p. A-3.

MURPHY, Richard. **The tax reforms needed if globalisation is to work**. Postado em 30/01/2012 no Blog Tax Research UK. Disponível em: <http://www.taxresearch.org.uk/Blog/2012/01/30/the-tax-reforms-needed-if-globalisation-is-to-work>. Acesso em: 20 ago. 2014.

NESE, Luigi. A reforma tributária para o século 21. **Folha de S. Paulo**, 18 set. 1999.

NETTO, Antônio Delfim. Mitos tributários? **Carta Capital**, 12 dez. 2001.

OLIVEIRA, Domério. Nassar de. **Preconceito Tributário**, mimeo. Disponível em: <http://marcoscintra.org/mc/wp-content/uploads/2013/08/clipping_DomenicoNassar_Preconceito_Tributario.pdf>. Acesso em: 21 jul. 2014.

OWENS, Jeffrey. **Fundamental tax reform**: an international perspective. Paris: Organização Para a Cooperação Econômica e Desenvolvimento – OCDE, 2005.

PANZARINI, Clóvis. ICMS, um erro genético. **O Estado de S. Paulo**, 3 mar. 2007.

PEREIRA, Thiago. Rabelo; IKEDA, Marcelo. Informe BNDES n. 27, jun. 2001.

PONTE, Luis Roberto. Imposto em cascata, um clichê tributário. **Folha de S. Paulo**, 23 fev. 2000.

ROXAN, Ian. **Limits to globalisation**: some implications for taxation, tax policy, and the developing world. LSE Law, Society and Economy Working Papers 3/2012. London School of Economics and Political Science.

SECRETARIA DA RECEITA FEDERAL. MINISTÉRIO DA FAZENDA. **CPMF – mitos e verdades sob as óticas econômica e administrativa**. Texto para discussão n. 15, set. 2001. Disponível em: <http://marcoscintra.org/mc/wp-content/uploads/2013/08/Secretaria_da_Receita_Federal_CPMF_t15-2001.pdf>. Acesso em: 21 jul. 2014.

SECRETARIA DA RECEITA FEDERAL. MINISTÉRIO DA FAZENDA. **Condicionantes e perspectivas da tributação no Brasil**. Estudo Tributário n. 7, ago. 2002. Disponível em: <http://marcoscintra.org/mc/wp-content/uploads/2013/08/Secretaria_da_Receita_Federal_Condicionantes_t7-2002.pdf>. Acesso em: 21 jul. 2014.

SECRETARIA DA RECEITA FEDERAL. MINISTÉRIO DA FAZENDA. **Tributação da renda no Brasil pós-Real**, 2001.

SECRETARIA DA RECEITA FEDERAL. MINISTÉRIO DA FAZENDA. **Nota Copat/Copan n. 88/2003**.

SIMONSEN, Mário Henrique. Imposto justo é o que se consegue cobrar. **Exame**, 26 jun. 1991.

STIGLITZ, Joseph. Globalisation isn´t just about profits. It´s about taxes too. **The Guardian**. 27 maio 2013.

STRAUSS, Ilan. Globalization and Taxation: Trends and Consequences. **Global Labour Column**, n. 98, May 2012. Corporate Strategy and Industrial Development (CSDI). University of the Witwatersrand.

SUESCÚN, Rodrigo. **Raising revenue with transaction taxes in Latin America** – or is it better to tax with the devil you know? Working Paper 3279, World Bank, April 2004.

TAVARES, Maria Conceição. Imposto sobre circulação financeira. **Folha de S. Paulo**, 24 set. 1995.

TOFFLER, Alvin; TOFFLER, Heidi. **Revolutionary wealth**. Nova Iorque: Alfred A. Knopf Inc., 2006.

UNGER, Roberto Mangabeira. Impostos e paradoxos. **Folha de S. Paulo**, 28 abr. 1998.

UNGER, Roberto Mangabeira. Reforma tributária (1). **Folha de S. Paulo**, 21 abr. 1998.

Valor Econômico, Editorial, 27 fev. 2007.

VARSANO, Ricardo; PEREIRA, Thiago Rabelo; ARAÚJO, Erika Amorim; SILVA, Napoleão Luiz da Costa da; IKEDA, Marcelo. **Substituindo o PIS e a Cofins – e por que não a CPMF? – por uma contribuição não cumulativa**. Rio de Janeiro: IPEA, Texto para discussão n. 832, out. 2001.

WALLACK, Jessica Seddon; SRINIVASAN, T. N. (Eds.). **Federalism and economic reform**: international perspectives. New York: Cambridge University Press, 2006.

ZILVETI, Fernando Aurélio; TORO, Carlos Eduardo Costa M. A.; BRITO, Bianca Maia de. Preços de Transferência. *In*: SANTI, Eurico Marcos Diniz; ZILVETI, Fernando Aurélio (Coords.). **Direito tributário**: tributação internacional. Série GVlaw. São Paulo: Saraiva, 2007.

4 ADAPTAÇÃO DA POLÍTICA FISCAL EM TEMPO DE ECONOMIA INTERNACIONAL INTEGRADA

Edison Carlos Fernandes

Professor do GVlaw; professor dos cursos de graduação e pós-graduação da Universidade Presbiteriana Mackenzie; professor titular de Direito Tributário da Universidade Ibirapuera; pós-graduado em Direito Tributário pelo Centro de Estudos e Extensão Universitária – CEEU e em Política Internacional pela Fundação Escola de Sociologia e Política de São Paulo; mestre em Direito Político e Econômico pela Universidade Presbiteriana Mackenzie; doutor em Direito das Relações Econômicas Internacionais pela Pontifícia Universidade Católica de São Paulo (PUCSP); advogado militante, sócio do Escritório Fernandes, Figueiredo Advogados.

4.1 Entendimento sobre política fiscal

Entendemos que estudar *política fiscal* implica analisar a situação financeira do Estado, especialmente no que concerne às escolhas para a sua condução no âmbito financeiro. Em outras palavras, seria analisar a autodeterminação do Estado com referência às despesas públicas e às receitas públicas. Sendo assim, convém iniciarmos pela delimitação de nosso campo de estudo, apresentando breves esclarecimentos sobre as despesas e as receitas públicas.

Por *despesas públicas* devemos entender os gastos realizados pelo Estado no cumprimento das suas atribuições, a saber: realização de obras públicas, prestação de serviços públicos, e, relacionada a ambos, a manutenção de uma máquina administrativa (funcionalismo público)[1]. O investimento de recursos financeiros em cada uma dessas atribuições depende da orientação política do governante do momento, como, por exemplo: decisão por gastos maiores em obras de infraestrutura, transferindo a prestação de serviços como de saúde e educação cada vez mais para a iniciativa privada (exercendo o Estado apenas a regulação da atividade e a sua fiscalização); ou, por outro lado, privilegiando a aplicação de recursos públicos no desenvolvimento de atividades consideradas estratégicas (comunicação, energia etc.). Portanto, é a política de gastos públicos – o que significa dizer, as escolhas no campo do financiamento público – fruto

---

[1] Dada a sua importância, e a sua constância, poderíamos incluir entre as atribuições financeiras do Estado o cumprimento dos serviços da dívida pública.

de programas de governo, e este norteia a quantidade e a qualidade das despesas públicas.

Como visto, despesa pública implica investimento de recursos públicos; sendo assim, esses recursos públicos precisam ser gerados (*receitas públicas*). A fonte das receitas públicas pode ser de duas ordens: a atuação direta do Estado na produção da riqueza ou a apropriação de parcela da riqueza gerada por outras pessoas, que não o próprio Estado. No primeiro caso, as receitas são denominadas *originárias*; no segundo, *derivadas*.

Várias são as fontes de receitas originárias. O Estado pode atuar diretamente na economia ou por meio de empresas públicas ou sociedades de economia mista: nessas situações, o Estado é o agente econômico, gerando a sua própria riqueza, ou recebendo os dividendos de empresas que geraram essa riqueza, nas quais o Estado tem participação societária, majoritária ou não. Além disso, fonte de receita originária também é a exploração de bens e direitos públicos, desde a concessão ou a privatização de participação societária em empresas públicas ou sociedades de economia mista, até a alienação de bens imóveis públicos ou a sua concessão mediante outorga (semelhante a aluguel).

Por outro lado, as receitas derivadas (fontes de financiamento da atuação estatal) também apresentam-se de diversas maneiras. A primeira delas, não pecuniária, é a convocação de membros da população para a prestação de serviços públicos (são exemplos o serviço eleitoral, o serviço militar e o desempenho da função de jurados, em tribunais do júri; conquanto sejam outras as motivações para essas convocações, o certo é que, ainda como "efeito colateral", há impacto nas finanças públicas). Depois, existem as maneiras pecuniárias, sendo elas a multa aplicada por infrações cometidas (da mesma forma, nesse caso, a motivação da aplicação de multas não é arrecadar recursos para o Estado, mas encontramos o mesmo "efeito colateral" nas finanças públicas), e a cobrança de tributos (o tributo é a receita derivada por excelência, tanto que está assim definido no art. 9º da Lei n. 4.320, de 1964).

Pensar a política fiscal no âmbito de uma economia internacional integrada significa promover escolhas financeiras (por parte do Estado, ou melhor, do governante) considerando, além das despesas públicas, tanto as receitas originárias quanto as receitas derivadas. Como exemplo do impacto da chamada globalização sobre a administração das receitas públicas originárias, temos o intenso movimento de privatizações vivido pelo Brasil em meados da década de 1990. Devido à forte influência internacional, o Estado brasileiro, naquele momento, optou por alienar parcela do seu patrimônio, com dois objetivos, considerando-se as finanças públicas (e, por decorrência, a política fiscal): a um, a retirada do Estado de atuações que demandariam vultosos investimentos, aumentando, com isso, a necessidade de receitas públicas (por exemplo, os setores de telecomunicações e de comercialização de energia elétrica); a dois, a privatização representou ingresso de receitas públicas originárias, que puderam ser utilizadas para suportar outras despesas públicas.

Quanto às receitas derivadas, em um mundo de economia globalizada, o impacto é ainda mais significativo, tendo em vista a influência da economia internacional sobre a política tributária (parcela importante da política fiscal) de cada Estado do mundo. No presente ensaio sobre política fiscal e economia internacional, vamos concentrar nossa análise, dada a sua importância, no tema da política tributária. Nesse sentido, pretendemos discutir as influências da mencionada globalização sobre o sistema tributário dos países, tanto do ponto de vista da formação de blocos econômicos (inicialmente, regionais) como numa visão mais abrangente, isto é, da integração das diversas economias nacionais.

4.2 Questões prévias relacionadas à análise tributária

Em nossa análise dos aspectos tributários concernentes à economia internacional integrada, destacaremos duas questões prévias, que serão os fundamentos do presente estudo: a flexibilização da soberania fiscal em comparação com a soberania política e a consideração do tributo, exclusivamente, na sua função arrecadadora. Tanto em uma como em outra questão, a formação de blocos econômicos (integração formal e legal) ganha relevo; porém, não pretendemos nos limitar ao estudo de tais blocos. De qualquer forma, convém fazermos uma introdução, ainda que breve, dessas questões prévias.

Se, por um lado, temos visto, recentemente, a alteração do conceito de *soberania política*, cujo principal caso foi a redação da Constituição Europeia (embora não aprovada pelo quórum necessário de países para entrarem em vigor), por outro, no que se refere à *soberania fiscal*, a percepção sobre mudança no seu conceito ou estrutura não tem sido muito percebida. Essa falta de percepção pode estar ocorrendo por diversos fatores, dentre os quais destacamos dois que nos parecem os principais. A seguir os comentamos.

Em primeiro lugar, a alteração do conceito de soberania fiscal pode estar sendo negada, ou, ao menos, minimizada, por razões de ordem teórica: há quem acredite na imutabilidade da soberania fiscal, sob o risco de acabarem os Estados. Assim parece pensar Heleno Taveira Tôrres, para quem não existe limite jurídico internacional à soberania fiscal[2]. Depois, parcialmente em decorrência dessa visão, pode-se argumentar que, mesmo sendo a soberania fiscal passível de alteração do seu conceito, ela sempre existirá, haja vista que os Estados não podem deixar de arrecadar recursos financeiros para cumprir as suas atribuições.

Com esse segundo argumento chegamos à outra questão prévia que influencia nossa análise: a função do tributo. Dissemos que o tributo é a receita pública derivada por excelência, sendo assim, destina-se ele, fundamentalmente, à arrecadação de riqueza para o financiamento da atuação estatal. Trata-se, portanto, da função arrecadatória (ou arrecadadora) do tributo.

---

[2] Cf. TÔRRES, Heleno Taveira. **Pluritributação internacional sobre as rendas das empresas**. 2. ed. São Paulo: Revista dos Tribunais, 2001. p. 68-69.

Ocorre que, por mais importante que seja a função arrecadatória do tributo, ela não é exclusiva. O tributo também pode ser, e é efetivamente, utilizado como instrumento de indução dos agentes econômicos e da economia, de uma forma geral. Trata-se, aqui, da função extrafiscal do tributo, ou função indutora[3].

Por meio de sua função indutora, o tributo pode contribuir para a determinação de escolhas relacionadas à política fiscal, ainda que possa vir a representar, de maneira direta, a redução de arrecadação (contrariando a sua função arrecadatória). Esse ponto merece o detalhamento da explicação por meio de um exemplo: tomemos a Emenda Constitucional n. 45, que permitiu o tratamento diferenciado, inclusive o tributário entre contribuintes, em razão da proteção ambiental (art. 170, VI, da Constituição Federal); à luz desse dispositivo, o Estado poderia determinar redução de imposto para as empresas que adotassem condutas de preservação do meio ambiente, dentro de padrões estabelecidos por lei. Se, por um lado, essa redução tributária significaria a perda de arrecadação, por outro, representaria menor dispêndio de gastos públicos para fiscalização ou implementação de política ambiental; tem-se, assim, uma medida tributária de natureza extrafiscal contribuindo para a adequada administração das finanças públicas.

O impacto do tributo indutor nas operações do Estado relacionadas à economia internacional integrada é ainda mais sentido. Tome-se como exemplo o imposto sobre importação e o imposto sobre exportação que são denominados, inclusive, de impostos regulatórios (ao lado do IPI e do IOF). A extrafiscalidade também é sentida de outra forma na inserção de países na economia internacional, como veremos oportunamente[4].

---

[3] Sobre esse assunto, conferir SCHOUERI, Luís Eduardo. **Normas tributárias indutoras e intervenção econômica**. Rio de Janeiro: Forense, 2005.

[4] Com respeito ao caráter extrafiscal das normas tributárias, no âmbito dos blocos econômicos, conferir FERNANDES, Edison Carlos. Normas tributárias do Mer-

4.3 Influência da economia internacional integrada sobre a soberania fiscal

Ao contrário do entendimento exposto acima sobre a soberania fiscal (*passível à pouca mutabilidade*), entendemos que, conquanto o processo de flexibilização não ocorra como no caso da soberania política, também a soberania fiscal está em processo de mudança, em razão da integração da economia internacional. Sobre isso, posição interessante é a de J. Borges Pinheiro, para quem está havendo uma corrosão da soberania fiscal, menos pelo processo de globalização da economia e mais pela renúncia espontânea da referida soberania ou pela deliberada adesão ao modelo financeiro global[5]. Em verdade, a soberania fiscal não está alheia à mudança de fundamento teórico das relações internacionais, o qual justifica, da mesma forma, as alterações no conceito e na prática da soberania política[6].

O pensamento de Pinheiro exposto acima resume os dois enfoques pelos quais pretendemos apresentar as nossas considerações sobre o tema aqui proposto. De um lado, a "*corrosão formal*" da soberania fiscal, no sentido de os próprios Estados se dedicarem a buscar acordos de comércio que influenciam na condução da política fiscal. Por outro lado, a "*corrosão econômica*" (ou extrafiscal) dessa mesma soberania, tendo em vista a implacável competição internacional causada pela integração da economia mundial.

Como adiantamos, chamamos de influência formal da economia internacional integrada sobre a soberania fiscal a situação de

---

cosul. *In:* MARTINS, Ives Gandra da Silva (Coord.). **O direito tributário no Mercosul**. Rio de Janeiro: Forense, 2000, p. 187-193.

[5] PINHEIRO, J. Borges. **Direito tributário e globalização**. Rio de Janeiro: Renovar, 2001, p. 40-50.

[6] Sobre a mudança de enfoque teórico no estudo das relações internacionais, e sua repercussão no campo tributário, conferir FERNANDES, Edison Carlos. **Paz tributária entre as nações**. São Paulo: MP Editora, 2006, Cap. 1 – Teorias da integração, p. 23-58.

os Estados assinarem, cada vez mais e mais, acordos que têm repercussão na sua política fiscal, especialmente, no viés tributário. E esses acordos não se limitam àqueles referentes, exclusivamente, à matéria tributária, como é o caso das convenções internacionais destinadas a evitar a dupla tributação da renda e a evasão fiscal; nos acordos multilaterais do comércio, que têm se multiplicado, também existem dispositivos essencialmente tributários, o que fortalece a ideia do tributo como instrumento de indução da economia. Dentre os acordos de comércio, têm ainda mais notoriedade os tratados internacionais com o objetivo de criar áreas econômicas integradas (blocos econômicos que inicialmente eram regionais, mas que atualmente não se limitam mais a países vizinhos).

4.3.1 Influência formal

No caso da influência formal que a economia internacional integrada exerce sobre a soberania fiscal, podemos distinguir duas situações, que envolvem assinatura de acordos: a primeira é a formação de blocos econômicos, onde a percepção dessa influência é muito clara; e a segunda, a própria condução do comércio internacional. Em ambos os casos, portanto, a flexibilização da soberania fiscal acontece por deliberada decisão dos Estados. Sendo assim, o impacto dessa decisão deve ser analisado à luz da política fiscal.

4.3.1.1 *Formação de blocos econômicos*

Em se tratando da formação de blocos econômicos, a primeira decisão de política internacional, com influência sobre a política fiscal do Estado, passa pela escolha da etapa de integração que se pretende implantar. São quatro as principais etapas de integração econômica, a saber[7]:

---

[7] Sobre as diversas etapas de integração econômica, inclusive com relação à *zona de preferência tarifária*, conferir FERNANDES, Edison Carlos. **Paz tributária entre**

a) *Zona ou área de livre comércio*: implica a eliminação dos direitos aduaneiros entre os Estados-partes, e se restringe à eliminação desse nível, permitindo o fluxo desimpedido de produtos, mercadorias, serviços e direitos. Não há imposição dos tributos incidentes exclusivamente sobre o comércio exterior, especialmente, o imposto sobre importação.

b) *União aduaneira*: além da eliminação dos direitos aduaneiros (imposto sobre importação) entre eles, os Estados-partes também estabelecem uma prática alfandegária comum em relação a terceiros Estados. Portanto, não há cobrança do imposto sobre importação no comércio intrabloco e esse imposto, com relação ao comércio extrabloco, é idêntico em qualquer Estado-parte que receba o produto, a mercadoria, o serviço ou o direito.

c) *Mercado comum*: soma-se às características das etapas anteriores a livre circulação de pessoas e de capitais, estabelecendo-se um espaço único de trânsito de produtos, mercadorias, serviços, direitos, pessoas e capitais.

d) *União econômica*: o último estágio de integração reúne todas as características anteriores e acrescenta a utilização de um denominador monetário comum, ou seja, o bloco econômico passa a utilizar a mesma moeda.

Cada estágio da integração econômica pode ser caracterizado, pensando-se em política fiscal, pela tributação que concentra a preocupação dos agentes envolvidos nas escolhas públicas. Acrescente-se a isso o grau de aproximação da legislação tributária que cada uma dessas etapas exige. A conclusão determina a condução da mesma política fiscal[8].

---

as nações. São Paulo: MP Editora, 2006, Cap. 2 – Etapas da integração econômica, p. 59-90.

[8] Para um aprofundamento sobre a relação entre etapas de integração econômica, manifestações de riqueza tributadas e níveis de aproximação legislativa, conferir FERNANDES. **Paz tributária entre as nações**. São Paulo: MP Editora, 2006, Cap. 5 – Processos de aproximação tributária, p. 189-174.

Assim, à zona ou área de livre-comércio têm relevância os tributos sobre o comércio exterior, especialmente o imposto sobre importação e o imposto sobre exportação[9]. Esses tributos são integrados na medida em que devem ser eliminados para que o espaço integrado produza os seus efeitos particulares. Na primeira etapa, essa é a única preocupação.

Processo distinto diferente ocorre na união aduaneira, pois, além da eliminação dos tributos alfandegários, o imposto sobre a importação, em relação a terceiros países, deve ser comum a todos os Estados-partes. Exige-se, então, um maior nível de aproximação da legislação tributária, que chega a ser, praticamente, a uniformização da base de cálculo e da alíquota do citado imposto, haja vista que a carga fiscal sobre os produtos de terceiros países deve ser a mesma em qualquer localização do território integrado. Quanto aos demais tributos, somente aqueles incidentes sobre o consumo, e que também gravam as importações, é que ganham um nível maior de preocupação, sem, contudo, ter uma disciplina comum exaustiva.

Já no mercado comum, estes últimos tributos, isto é, os incidentes sobre as operações de consumo, adquirem maior relevância de análise, cuja finalidade é evitar distorções ao comércio que eles possam causar. Ainda que os tributos sobre o consumo não sejam eliminados, as regras gerais são, ao menos, harmonizadas, surgindo, dessa forma, as primeiras linhas de um direito tributário supranacional (ou até comunitário). Além disso, aumenta a preocupação também com a tributação sobre a renda, conquanto ainda incipiente.

Finalmente, chegado o estágio de união econômica, com a adoção de uma mesma moeda para todo o bloco econômico, todos os tributos acabam por merecer nível significativo de aproximação

---

[9] O impacto do imposto sobre exportação nos blocos econômicos está mais bem explicado em FERNANDES, Edison Carlos. Tratamento do imposto sobre exportação nas normas tributárias do Mercado Comum do Sul – Mercosul. **Revista Dialética de Direito Tributário**, São Paulo, v. 70, 2001, p. 34-41.

(com exceção, talvez, dos tributos sobre o patrimônio). A maior novidade dessa etapa da integração com relação à política fiscal é a preocupação com a tributação sobre a renda e os capitais. Isso porque, se a diferença cambial não mais existe, o fluxo de pessoas e capitais resta muito facilitado, implicando a tomada de decisões com base em critérios puramente tributários, sem a variável cambial, como é o caso do impacto do imposto sobre a renda na remuneração das pessoas físicas (salários e lucros) e jurídicas (lucros).

4.3.1.2 Condução do comércio internacional

Outra modalidade de influência formal da economia integrada sobre a soberania fiscal reflete-se pela condução do comércio internacional. Nessa modalidade, não há a decisão política de constituição de blocos econômicos, mas de progressiva eliminação das barreiras alfandegárias em todo o comércio internacional. Trata-se de influência formal porque também são utilizados acordos internacionais nessa condução, porém, não acordos regionais (ou de blocos), e sim de acordos multilaterais de comércio, como é exemplo principal o Acordo Geral sobre Tarifas e Comércio – GATT, hoje incorporado à Organização Mundial do Comércio – OMC[10].

Os acordos multilaterais do comércio têm por escopo fomentar as trocas internacionais entre os Estados signatários. Para tanto, toda e qualquer discussão sobre os termos desses acordos passa, em algum momento, pela tributação dos produtos estrangeiros. Nesse sentido, embora a maior preocupação desses acordos seja o comércio, sempre há ao menos uma cláusula que trate da questão tributária, sendo essa cláusula, normalmente, a previsão da regra de não discriminação tributária[11].

---

[10] Podem ser citados também os acordos no âmbito da Organização para a Cooperação e o Desenvolvimento Econômico – OCDE.

[11] Estudo mais aprofundado sobre a regra de não discriminação tributária pode ser

No âmbito da OMC, por exemplo, a regra de não discriminação tributária é dada pela Cláusula do Tratamento Nacional, discutida e aprovada no GATT/1994. Por essa cláusula, os produtos estrangeiros (oriundos de países signatários) devem ter o mesmo tratamento tributário dado ao produto idêntico ou similar nacional. Com isso, o seu impacto é mais sentido na *tributação indireta*, nos seguintes sentidos: de um lado, os direitos aduaneiros devem ser reduzidos e, se possível, anulados, de forma a não existir tributo que incida somente sobre os produtos estrangeiros; de outro, a carga tributária aplicada ao produto local deve ser estendida ao produto estrangeiro, especialmente no que toca aos impostos sobre o consumo[12].

4.3.2 Influência econômica

Ao contrário da influência formal, que, por requerer deliberado acordo entre os Estados pressupõe a elaboração de normas jurídicas (formalização desse acordo), ainda que de cunho internacional, com relação à influência da economia integrada na soberania fiscal ocorre alheia a qualquer acordo. E, por não pressupor qualquer acordo entre os Estados, a influência econômica tem como resposta também medidas unilaterais dos Estados. Essas medidas podem ser em dois sentidos: ou favorecem os produtos nacionais, de modo a incentivar a sua competitividade internacional; ou tentam criar barreiras, fiscais ou não, com o objetivo de impedir a entrada de produtos estrangeiros no território nacional.

O principal fator da influência econômica, então, é a concorrência internacional. Essa concorrência (ou competitividade) dos produtos nacionais no mercado interno é bastante sensível às escolhas

---

encontrado em FERNANDES, Edison Carlos. **A não discriminação tributária nos acordos multilaterais do comércio**. São Paulo: Quartier Latin, 2006.

[12] Com relação ao ICMS sobre produtos importados de países signatários do GATT, conferir, dentre outros, os seguintes acórdãos do Superior Tribunal de Justiça – STJ: REsp. 666.894; REsp. 649.023; e REsp. 416.077.

dos governantes na área de política fiscal. Daí as expressões atribuídas à situação brasileira, tais como "exportação de tributos" e "custo Brasil".

Vários são os exemplos de condução ou adaptação da política fiscal brasileira influenciada pela concorrência internacional, mas vamos nos ater a dois casos, um em cada sentido comentado acima. Primeiro: durante muito tempo o empresariado brasileiro queixou-se porque, alegava-se, a incidência da Contribuição para o PIS e da COFINS (tributos sobre o faturamento e a receita) gerava discriminação reversa, isto é, o produto nacional, devido à carga tributária representada por essas contribuições, perdia competição interna, haja vista que os produtos importados não sofriam a mesma imposição; a escolha do governante diante dessa influência econômica da economia internacional integrada na política fiscal foi a de instituir a Contribuição para o PIS e a Cofins sobre as importações. Segundo: também com relação às contribuições sociais acima, outra reclamação do empresariado brasileiro foi no sentido de que, mesmo adotando a sistemática da não cumulatividade, a carga tributária referida acabava por ser "exportada", pois os créditos fiscais não eram (e não são) de fácil recuperação; a escolha do governante, dessa vez, foi por criar o conceito de *empresa predominantemente exportadora*, a qual poderia adquirir insumos sem a incidência dos mencionados tributos, e, assim, "realizar" os créditos imediatamente, na forma de desconto por parte dos fornecedores.

Podemos concluir que a carga tributária interna é um fator importantíssimo no que diz respeito à influência econômica (não formal) da economia internacional integrada sobre a política fiscal de determinado Estado. Por força disso, o impacto dessa influência é bastante sentido na *tributação direta*. Não é por acaso que recentemente no Brasil várias medidas foram tomadas no sentido de desonerar o capital estrangeiro (quer como redução ou isenção do imposto sobre a renda, quer da tributação sobre o capital, como é o caso da CPMF).

REFERÊNCIAS

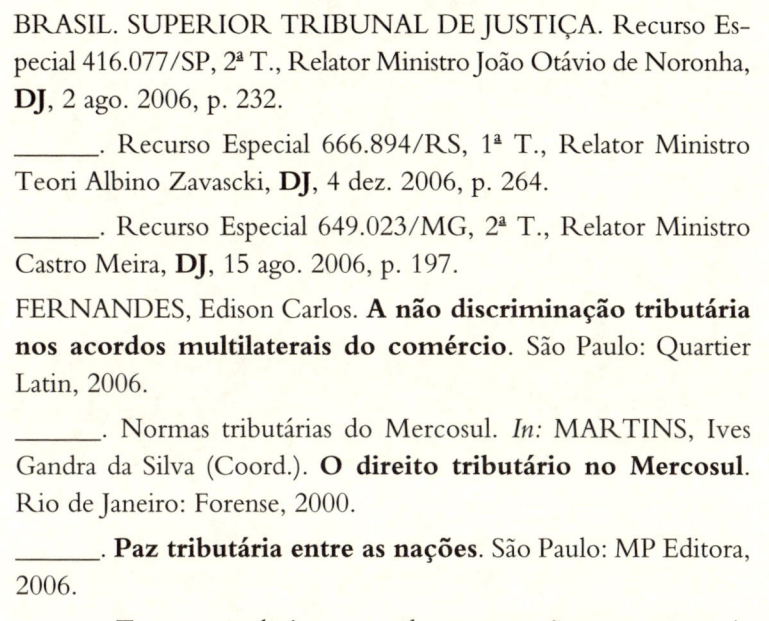

BRASIL. SUPERIOR TRIBUNAL DE JUSTIÇA. Recurso Especial 416.077/SP, 2ª T., Relator Ministro João Otávio de Noronha, **DJ**, 2 ago. 2006, p. 232.

_____. Recurso Especial 666.894/RS, 1ª T., Relator Ministro Teori Albino Zavascki, **DJ**, 4 dez. 2006, p. 264.

_____. Recurso Especial 649.023/MG, 2ª T., Relator Ministro Castro Meira, **DJ**, 15 ago. 2006, p. 197.

FERNANDES, Edison Carlos. **A não discriminação tributária nos acordos multilaterais do comércio**. São Paulo: Quartier Latin, 2006.

_____. Normas tributárias do Mercosul. *In:* MARTINS, Ives Gandra da Silva (Coord.). **O direito tributário no Mercosul**. Rio de Janeiro: Forense, 2000.

_____. **Paz tributária entre as nações**. São Paulo: MP Editora, 2006.

_____. Tratamento do imposto sobre exportação nas normas tributárias do Mercado Comum do Sul – Mercosul. **Revista Dialética de Direito Tributário**, v. 70, 2001, p. 34-41.

PINHEIRO, J. Borges. **Direito tributário e globalização**. Rio de Janeiro: Renovar, 2001.

SCHOUERI, Luís Eduardo. **Normas tributárias indutoras e intervenção econômica**. Rio de Janeiro: Forense, 2005.

TÔRRES, Heleno Taveira. **Pluritributação internacional sobre as rendas das empresas**. 2. ed. São Paulo: Revista dos Tribunais, 2001.

5 ASPECTOS ECONÔMICOS DOS TRATADOS INTERNACIONAIS EM MATÉRIA TRIBUTÁRIA

Roberto França de Vasconcellos

Professor do GVlaw e do Mestrado Profissional na Escola de Direito da Fundação Getulio Vargas de São Paulo (FGV DIREITO SP); professor da Escola de Administração de Empresas de São Paulo da Fundação Getulio Vargas (EAESP); doutor em Direito Econômico e Financeiro pela Universidade de São Paulo; mestre em Direito Tributário Internacional (LL.M.) pela Ludwig Maximilian Universität München, na Alemanha; advogado e sócio do Escritório Vieira, Drigo e Vasconcellos Advogados.

5.1 Introdução

Associa-se o aumento exponencial dos tratados internacionais em matéria tributária à intensificação das relações comerciais internacionais e à interdependência política cada vez mais estreita dos países, fenômeno que costuma ser, sem muita precisão técnica, equiparado ao próprio processo de globalização, partindo-se do pressuposto de que o primeiro fenômeno (crescimento do número de tratados) é uma decorrência natural do segundo (relações comerciais e políticas internacionais), interligando-os numa relação de causa e efeito.

A proposta deste estudo é justamente verificar se a relação, tal como costuma ser apresentada, sobretudo pela doutrina jurídica, é verdadeira. Estaria correto afirmar que o aumento do número de tratados internacionais em matéria tributária é uma consequência, um efeito; ou se justamente o contrário, se referidos tratados são uma das causas do processo de internacionalização econômica e política? Guardando coerência com a proposta, buscaremos delinear neste breve estudo o papel dos tratados internacionais no contexto econômico internacional.

5.2 Tratados internacionais em matéria tributária

Atualmente atribui-se aos tratados internacionais a condição de fonte mais importante do Direito Internacional, por força de sua multiplicidade, pela relevância das matérias que regulam e também pelo fato de definirem o comportamento dos Estados[1] no cenário internacional.

Interessa-nos aqui um tipo específico de tratado internacional que tem sido denominado de forma não uniforme pela doutrina brasileira mediante o emprego de termos como "convenções internacionais contra a pluritributação", "tratados internacionais em matéria tributária" e "acordos de bitributação", entre outros. Assim, Alberto Xavier por vezes utiliza a expressão "convenções contra a dupla tributação"[2] e, em outras ocasiões, o termo "tratados contra a dupla tributação". Luís Eduardo Schoueri, após atribuir ao seu trabalho o título "Tratados e convenções internacionais sobre tributação", passa a falar dos "acordos de bitributação"[3] para se referir aos tratados internacionais que versam sobre matéria tributária, especificamente àqueles que lidam com o fenômeno da bitributação. Heleno Tôrres utiliza as expressões "convenções internacionais em matéria tributária" e "tratados internacionais sobre a renda e o capital"[4].

Esta profusão terminológica pode em parte ser atribuída ao legislador de uma forma geral e especificamente ao legislador constituinte, podendo ser encontrado no texto constitucional "tratados" (art. 102, III, b; art. 105, III, b), "tratados internacionais" (art. 5º, § 2º), "tratados e convenções internacionais" (art. 5º, § 3º), "acordos firmados pela União" (art. 178, caput), "tratados, convenções e atos

---

[1] Cf. MELLO, Celso Albuquerque de. **Direito internacional público**. 11. ed. Rio de Janeiro: Renovar, 1997, v. 1, p. 190.

[2] Cf. XAVIER, Alberto. **Direito tributário internacional do Brasil**. 5. ed. São Paulo: Forense, p. 91-98.

[3] Cf. SCHOUERI, Luis Eduardo. Tratados e convenções internacionais sobre tributação. In: COSTA, Alcides Jorge; SCHOUERI, Luis Eduardo; BONILHA, Paulo Celso B. **Direito tributário atual**. São Paulo: Dialética, n. 17, p. 20.

[4] Cf. TORRES, Heleno. **Pluritributação internacional sobre as rendas de empresas**. 2. ed. São Paulo: Revista dos Tribunais, p. 552-638.

internacionais" (art. 84, VIII), "tratados, acordos ou atos internacionais" (art. 49, I).

O sentido técnico de "tratado" para o Direito Internacional pode ser extraído do art. 2º, *a*, da Convenção de Viena sobre o Direito dos Tratados, a seguir transcrito:

> Tratado significa um acordo internacional celebrado por escrito entre Estados e regido pelo direito internacional, quer conste de um instrumento único, quer de dois ou mais instrumentos conexos, qualquer que seja sua denominação particular[5].

Nos exatos termos do dispositivo acima, "tratado" corresponde ao ato formal celebrado entre sujeitos reconhecidos pelo Direito Internacional Público, visando à produção de efeitos jurídicos específicos[6].

Os acordos de bitributação são tratados[7] internacionais celebrados entre dois ou mais Estados (acordos bilaterais ou multilaterais) para, por meio de concessões mútuas, como a renúncia total ou parcial ao direito de tributar e da colaboração das autoridades dos países signatários, promover o combate à bitributação e à evasão fiscal no âmbito da renda e do patrimônio, além de visar outros objetivos, como a proibição da tributação discriminatória, promoção do desenvolvimento econômico e do comércio internacional, apenas para citar os mais importantes. Sua celebração e seus efeitos seguem as regras da mencionada Convenção de Viena sobre o Direito dos Tratados.

---

[5] Convenção de Viena sobre Direito dos Tratados. Disponível em: <http://www2.mre.gov.br/dai/dtrat.htm>. Acesso em: 4 nov. 2007.

[6] Cf REZEK, Francisco. **Direito internacional público**. 7. ed. São Paulo: Saraiva, p. 14.

[7] A doutrina alemã costuma definir os acordos de bitributação como "contratos internacionais" – Cf. VOGEL, Klaus. **DBA – Doppelbesteuerungsabkommen-Kommentar**. 4. ed. Munique: Editora C.H.Beck, p. 131.

O escopo de um acordo de bitributação acaba, portanto, sendo visto sob dupla perspectiva. As autoridades fiscais veem nele uma importante ferramenta de combate à evasão fiscal, ao passo que, tomando-se a perspectiva do contribuinte, o acordo corresponde a uma proteção contra a bitributação do seu rendimento, o que nos permite afirmar ser o combate à bitributação e à evasão fiscal os fins imediatamente perseguidos pelos referidos acordos internacionais.

A Convenção Modelo da ONU identifica os objetivos perseguidos por meio da celebração de um acordo de bitributação:

> Em caráter amplo, os objetivos gerais dos acordos bilaterais de tributação devem hoje ser interpretados de maneira a incluir a proteção total aos contribuintes contra a bitributação (seja direta ou indireta) e também a prevenção contra o desestímulo que a tributação pode provocar para o fluxo livre de comércio e investimentos internacionais, bem como de transferência de tecnologia. Eles também se destinam a coibir a discriminação entre contribuintes no campo internacional, fornecendo uma estrutura na qual as operações internacionais poderão ser realizadas em um nível razoável de segurança jurídica e fiscal (...) Além disso, os tratados têm por objeto o avanço na cooperação entre as autoridades fiscais no desempenho de suas atividades (tradução nossa)[8].

---

[8] "Broadly, the general objectives of bilateral tax conventions may today **be seen to include the full protection of taxpayers against double taxation** (whether direct or indirect) and the provention of the discouragement which taxation may provide for the **free flow of international trade and investment and the transfer of technology**. They also aim to prevent discrimination between taxpayers in the international field, and to provide a reasonable element of legal and fiscal certainty as a framework within which international operations can be carried on (...) In addition the treaties have **as object the improvement of cooperation between tax authorities** in carrying out their duties." UNITED NATIONS. **United Nations Model Double Taxation between Developed and Developing Countries**. New York: United Nations, 2001, disponível em: <http://daccessdds.un.org/doc/UNDOC/GEN/N00/676/65/PDF/N0067665.pdf?OpenElement>. Acesso em: 4 nov. 2007.

Todavia, a ênfase no combate à bitributação e à evasão fiscal, normalmente apontados como os fatores que justificam a celebração de um acordo de bitributação, acaba por eclipsar outros objetivos importantes, como:

(i) incentivo ao comércio internacional;

(ii) promoção do desenvolvimento econômico dos países signatários;

(iii) harmonização (ainda que precária) dos tributos sobre a renda e o patrimônio;

(iv) eliminação da tributação discriminatória.

No presente estudo nos ocuparemos tão somente dos três primeiros itens acima indicados.

5.3 Incentivo ao comércio internacional

Estudos no campo da Economia destacam a importância do comércio internacional para a maioria dos países, ressalvando que os ganhos dos que se beneficiam com essa atividade superam as perdas dos países que, de alguma forma, são prejudicados pelo comércio internacional[9]. Admitindo ser o comércio internacional um relevante fator para o desenvolvimento econômico dos países, analisaremos a seguir em que medida os acordos de bitributação contribuem para o seu desenvolvimento.

Indiscutivelmente, uma das principais tarefas de um acordo de bitributação é facilitar o comércio e o investimento internacionais, o que se obtém mediante o afastamento da tributação elevada sobre determinadas atividades e negócios, como bem salienta Agostinho Tavolaro, apoiando-se em Sassevile:

> Fazendo uma distinção entre motivação e objetivos dos TDTs (Tratados de Dupla Tributação), afirma Sassevile que o fim último dos TDTs é remover os obstáculos fiscais trans-fronteiras

---

[9] Cf. MANKIW, N. Gregory. **Introdução à economia**. São Paulo: Thompson, p. 175.

para os contribuintes e as autoridades fiscais, assegurando assim uma menor distorção do comércio e investimento em todo o mundo[10].

É interessante notar que antes da Primeira Guerra Mundial não existiam regras claras, admitidas internacionalmente, que servissem como parâmetro para o poder de tributar dos países em relação às situações, pessoas ou objetos que tangenciassem dois ou mais ordenamentos jurídicos. O ainda incipiente fenômeno da bitributação, cuja gênese pode ser, em certa medida, atribuída ao Princípio da Universalidade concebido por Wagner, era precariamente combatido por dispositivos de lei interna e de alguns raros acordos de bitributação, a maioria deles celebrados entre países da Europa Central.

Nos anos imediatamente subsequentes à Primeira Grande Guerra, quando o comércio internacional começava a se intensificar, surgiu a preocupação de que a bitributação viesse a arrefecer o intercâmbito mercantil entre os países. Assim, em 1921, atenta ao fenômeno da bitributação e de seus efeitos negativos sobre o comércio internacional, a Liga das Nações nomeou um grupo de quatro economistas com a tarefa de estabelecer princípios gerais a serem utilizados como base para um tratado internacional para combater a bitributação. O grupo de *experts* elaborou o então denominado "Report on double taxation", documento que ajudou a construir vários dos mais importantes fundamentos do direito tributário internacional.

Deve-se chamar a atenção para esse aspecto, que transcende o mero dado histórico e passa a ser um dos pontos centrais deste estudo: a ideia de elaborar regras de repartição do poder de tributar dos países, posteriormente incorporadas aos acordos para combater a bitributação, surge justamente como um incentivo ao comércio internacional, uma forma de remover os seus obstáculos (bitributa-

---

[10] Cf. TAVOLARO, Agostinho Toffoli. O Brasil ainda precisa de tratados de dupla tributação?. *In*: SHOUERI, Luis Eduardo (Coord.). **Direito tributário – homenagem a Alcides Jorge Costa**. São Paulo: Quartier Latin, v. 2, p. 874.

ção), e não como uma consequência dele, de tal forma que nos remetemos ao início deste estudo, quando questionamos se os tratados internacionais em matéria tributária, abrangidos aí os acordos de bitributação, seriam uma mera consequência da intensificação das relações comerciais internacionais. A análise histórica mostra que não; pelo contrário, foram os acordos internacionais, nos quais podemos encontrar regras de repartição do poder de tributar dos países, que deram fôlego, impulso e estímulo ao comércio internacional. Nessa relação, portanto, os acordos internacionais estão mais para causa do que para efeito das relações comerciais internacionais.

O sistema esboçado pelos economistas tem prevalecido desde então, atribuindo ao país da fonte o direito primordial de tributar a renda ativa, como o lucro das empresas, e ao país da residência a tributação da renda passiva, como os juros e dividendos. Os critérios e valores criados por este grupo de *experts* definiram todo o sistema de repartição do poder de tributar entre os países.

As regras atuais do direito tributário internacional consubstanciam o compromisso entre as nações para a distribuição do poder de tributar a renda derivada de negócios, especialmente do comércio e dos investimentos internacionais. Os conceitos que fundamentam este compromisso podem ser reduzidos à natureza econômica da renda e à conexão territorial entre o país e as atividades econômicas das quais a renda deriva, tendo os países concordado com as relativamente estáveis regras de distribuição do rendimento tributável entre as nações e que podem ser assim sintetizadas;

(i) cada país é legitimado a tributar a renda derivada de uma atividade que ocorra dentro de seu território;

(ii) cada país é legitimado a tributar a renda derivada por uma pessoa física legalmente residente no país, independentemente da origem da renda, valendo o mesmo princípio para as pessoas jurídicas;

(iii) com o fim de evitar a bitributação decorrente da cumulação do primeiro e do segundo itens, o país da fonte deverá restringir a tributação, e o país da residência, admitindo a primazia do país da fonte na tributação de determinados itens do rendimento, deverá conceder crédito do imposto pago no país da fonte. Ainda, poderá o país da residência adotar, como medida de combate à bitributação, a isenção do rendimento auferido no exterior.

A fórmula condensada nos três itens antecedentes foi difundida mundialmente. Nesses termos, o país da fonte limita a sua tributação e o país da residência emprega os recursos necessários para evitar ou atenuar a bitributação. A grande dificuldade dessa técnica é estabelecer os limites adequados à tributação pelo país da fonte. A proposta, originalmente elaborada pelos economistas constituídos pela Liga das Nações, foi a "classificação" e a "atribuição" (*classification and assignment*), vale dizer, classificar a renda de acordo com a natureza de seu caráter econômico e definir a extensão da tributação na fonte segundo a categoria da renda.

A classificação está assentada, fundamentalmente, na distinção feita pelos economistas entre trabalho e capital, os dois fatores de produção na economia clássica. Assim, baseada na classificação aludida, a jurisdição pode ser definida da seguinte forma:

(i) a renda do trabalho ou serviço pode ser tributada no país da fonte onde o serviço ou trabalho é executado. O grau de dependência ou independência resultará numa subclassificação, mas a regra geral não se altera;

(ii) a chamada renda passiva, como aquela que deriva dos investimentos, juros e dividendos, poderá ser tributada no país da fonte (residência do pagador) dentro de um determinado limite. O mesmo ocorre com relação aos *royalties* cujo pagamento deverá ser tributado prioritariamente no país da residência do beneficiário;

(iii) o lucro dos negócios será tributado, prioritariamente, no país da residência, somente admitindo-se a tributação pelo país da fonte, caso nele exista um estabelecimento permanente ao qual o lucro é imputado.

Embora tenham um inestimável valor, as regras concebidas a partir dos estudos do grupo de economistas da Liga das Nações e incorporadas à sistemática dos acordos de bitributação merecem algumas ressalvas: (i) os países economicamente menos desenvolvidos, importadores de tecnologia e capital e que aparecem, como regra, na condição de país da fonte, objetam terem sido prejudicados pela série de restrições que sofrem na tributação de rendimentos como dividendos, juros e *royalties*, o que faz com que percam uma parte expressiva de suas receitas financeiras; e (ii) a despeito da eficiência das regras em questão, na maior parte das vezes não há a eliminação plena da bitributação, que continua a fustigar, sobretudo, as chamadas empresas multinacionais.

5.3.1 Bitributação

Na delimitação do conceito de bitributação é importante distinguir o conceito de bitributação jurídica internacional do de bitributação econômica do investimento internacional (valendo apenas a menção à bitributação virtual). Esta última (bitributação econômica) está intrinsecamente ligada ao próprio objeto, vale dizer, embora a tributação produzida por dois ou mais ordenamentos incida sobre dois contribuintes diferentes, esta acaba por onerar o mesmo objeto. Na literatura tem-se aceito que o fato de incidir sobre contribuintes diversos distingue a bitributação econômica da bitributação jurídica, sendo apenas esta última contemplada nos acordos de bitributação.

A definição clássica de bitributação jurídica foi elaborada por Herbert Dorn nos seguintes termos:

> A dupla-múltipla-tributação se verifica quando vários titulares da soberania tributária independentes – no caso, vários Estados independentes – submetem o mesmo contribuinte, pelo mesmo objeto, contemporaneamente, a um imposto da mesma espécie[11].

---

[11] Cf. DORN, Herbert. Das Recht der Internationalen Doppelbesteurung *apud* BORGES, Antonio de Moura. Convenções sobre dupla tributação internacional entre Estados desenvolvidos e Estados em desenvolvimento. **Revista Dialética de Direito Tributário**, n. 8, maio 1996, p. 22.

O trabalho de Dorn teve influência marcante sobre o Comitê Fiscal da OCDE que, no seu relatório de 1977, acabou por adotar inteiramente a proposição do referido autor nos seguintes termos:

> O fenômeno da dupla tributação jurídica internacional pode definir-se de forma geral como o resultado da percepção de impostos similares em dois – ou mais – Estados sobre um mesmo contribuinte, pela mesma matéria imponível e por idêntico período de tempo.

A bitributação distorce a eficiência e a neutralidade dos sistemas jurídicos dos países engajados no comércio internacional, surgindo como um indesejável produto da aplicação do Princípio da Universalidade aos negócios internacionais, atingindo mais intensamente ainda os países em desenvolvimento, dependentes do capital internacional.

A tributação deve ser neutra e justa entre os agentes do comércio, de tal forma que as decisões a respeito da celebração dos negócios sejam motivadas preponderantemente por fatores diversos do tributário. O princípio da neutralidade está intimamente ligado ao princípio da igualdade, impondo que a carga tributária seja distribuída de forma justa entre os contribuintes em igual situação. Neste sentido, transações equivalentes devem ser igualmente tributadas.

Há um postulado segundo o qual enquanto a tributação da pessoa física deve obedecer ao princípio da capacidade contributiva, no caso da tributação das empresas a diretriz mais importante é a "neutralidade das decisões" ou "neutralidade da conconcorrência" (*Entscheidungs-oder Wettbewerbsneutralität*)[12].

O conceito de neutralidade tributária tem sido tomado como objeto de estudo sobretudo pela doutrina tributária. Do ponto de vista essencialmente econômico, a neutralidade tributária representa a exigência de que decisões de índole econômica sejam tomadas apenas com base nos fatores de mercado, livres portanto da influên-

---

[12] Cf. HEY, Johanna. **Harmonisierung der Unternehmensbesteuerung in Europa**. Colônia: Editora Dr. Otto Schmidt, v. 7, p. 124.

cia estatal presente sobretudo sob a forma de tributação. O Relatório Neumark, de 1962, expressou em poucas palavras o conceito de neutralidade fiscal, como o postulado que se concretiza quando a política tributária afasta todas as violações que prejudicam os mecanismos de concorrência do mercado.

Em relação à neutralidade, deverão ser considerados não apenas os tributos cobrados, mas também o nível dos benefícios ofertados pelo Estado, uma vez que para o investidor esses benefícios são tão importantes quanto os próprios tributos, como é o caso da segurança, estabilidade econômica, infraestrutura, subsídios diretos, saúde pública, educação etc. Assim, se o nível de tributação em dois países for o mesmo, mas o investidor tiver à disposição melhores serviços públicos no primeiro, provavelmente o investimento será feito nesse país.

Não se pode, todavia, ignorar um dos mandamentos básicos de economia, segundo o qual as pessoas reagem a incentivos[13]. É importante ter em vista a influência que os tributos têm sobre todas as formas de negócio, como é o caso do "peso morto" gerado pelos tributos e que faz com que os compradores consumam menos e os vendedores produzam menos, o que acaba redundando na redução do mercado. Além disso, o objetivo de toda empresa é maximizar o lucro. Uma empresa que opera num mercado competitivo procura sempre maximizar o seu lucro, e a apuração da margem de lucro está indissociavelmente ligada à tributação do país.

Neste sentido, a definição de neutralidade tributária constante do Relatório Neumark é quase inatingível, uma vez que todo tributo influi de alguma forma sobre as decisões comerciais e sobre a estrutura das pessoas jurídicas, afirmando Johann Hey que somente se pode falar de uma "relativa neutralidade"[14]. A neutralidade

---

[13] Cf. MANKIW. N. Gregory. **Introdução à economia**. São Paulo: Thompson, p. 163.

[14] Cf. HEY, Johanna. **Harmonisierung der Unternehmensbesteuerung in Europa**. Colônia: Editora Dr. Otto Schmidt, v. 7, p. 124.

tributária atua mais como um vetor, uma orientação para o legislador que deverá preservar as condições de concorrência no mercado, evitando-se assim uma tributação desigual que atinja a capacidade de concorrer de uma empresa ou grupo de empresas no mercado.

A realidade, porém, acaba por distorcer a orientação da neutralidade tributária, sobretudo quando se praticam subvenções e isenções fiscais visando a um objetivo econômico específico, o que acaba, muitas vezes, distorcendo as condições do mercado. Não estamos nos posicionando contra o incentivo fiscal, mas não podemos deixar de observar que as subvenções e benefícios fiscais concedidos sem o adequado planejamento poderão ferir gravemente a neutralidade tributária e as condições de concorrência das empresas.

No que diz respeito à eficiência, a questão já havia sido levantada por Richard Musgrave (*apud* Vogel[15]), para quem se deve distinguir "eficiência econômica" de "igualdade", enquanto Peggy Musgrave sugere que se deva separar a discussão da tributação justa entre os contribuintes da distribuição justa da tributação entre os países, de forma a estabelecer um parâmetro nacional e outro internacional.

O conceito de "eficiência" no contexto da tributação está indissociavelmente ligado às normas de repartição do poder de tributar e com a alocação dos fatores de produção, especialmente do capital. Neste sentido, a eficiência é elevada quando o emprego dos fatores de produção conduz à maior produtividade possível.

5.3.2 Medidas de combate à bitributação

No combate à bitributação foram criados diversos mecanismos, que poderão ser utilizados cumulativamente ou não. Os mais importantes instrumentos de combate à bitributação são:

---

[15] Cf. VOGEL, Klaus. **DBA – Doppelbesteuerungsabkommen-Kommentar.** 4. ed. Munique: Editora C.H. Beck, p. 122.

(i) medidas unilaterais – pelas quais o Estado combate a bitributação por meio de lei interna normalmente sob a forma de um crédito referente ao imposto pago no exterior. Consideram-se as medidas unilaterais menos eficientes do que as bilaterais, na medida em que não se pode exigir do outro Estado medidas recíprocas de combate à bitributação, tal qual sucede nos acordos bilaterais. As medidas unilaterais mais comuns são:

a. isenção do rendimento auferido no exterior, que poderá ser eventualmente considerado para efeitos de determinação da alíquota aplicável;

b. imputação do imposto pago no exterior pelo qual aquele pago no outro país pode ser utilizado como crédito contra o imposto devido internamente; e

c. crédito de imposto fictício pelo qual se concede um crédito sobre um imposto que não chegou a ser efetivamente pago;

(ii) medidas bilaterais – através da celebração de acordos internacionais com o objetivo de combater a bitributação e pelos quais se limita a pretensão tributária dos Estados contratantes. A OCDE apresentou em 1963 um modelo de acordo que ganhou nova versão em 1977. A ONU apresentou em 1980 o seu modelo, mais ajustado aos acordos celebrados entre países desenvolvidos e em desenvolvimento. Vale mencionar também a existência de um modelo elaborado pelos Estados Unidos da América e do modelo do Pacto Andino;

(iii) medidas multilaterais – mediante a celebração de acordos internacionais multilaterais. Cita-se como exemplo o acordo celebrado em 1983 entre Dinamarca, Finlândia, Islândia, Noruega e Suécia.

Há ainda uma quarta modalidade de combate à bitributação: as medidas supranacionais, mencionando-se como exemplo as normas que dispõem sobre a harmonização tributária na União Europeia.

Entretanto, quase todas as iniciativas tomadas para combater a bitributação ocorrem no plano unilateral ou bilateral. Klapdor nos dá notícia de reflexões da doutrina europeia acerca da criação de um acordo multilateral europeu. Assim, informa o autor, uma proposta concreta foi apresentada em 1997 por um grupo de especialistas austríacos não havendo contudo progressos significativos para consolidar o referido acordo multilateral.

A OCDE tem dispensado pouca atenção à celebração de acordos multilaterais contra a bitributação, muito embora reconheça que alguns de seus Estados-membros estejam em condições de celebrar um acordo dessa natureza.

São indicadas as seguintes vantagens de um acordo multilateral contra a bitributação:

(i) interpretação uniforme das normas do acordo;

(ii) cooperação mais estreita entre os Estados signatários;

(iii) a eliminação dos problemas causados pelas relações trilaterais (*triangular cases*).

Schaumburg afirma que para a uniformização das normas tributárias o meio mais apropriado seria um sistema de regras multilaterais, na forma de um acordo de bitributação multilateral. Mas, como observa o próprio autor, um acordo desta natureza teria, no presente, importância bem inferior à dos acordos bilaterais[16].

O argumento mais frequentemente empregado contra o acordo multilateral enfatiza as dificuldades para promover qualquer alteração no seu texto, por mais simples que seja o conteúdo da alteração. Todos, ou pelo menos a maioria dos países, teriam de aceitá-la e, possivelmente, promover a alteração de suas respectivas legislações internas. Logicamente, quanto maior o número de países envolvidos, maiores serão as dificuldades para a implementação de tais medidas.

As resistências ao acordo multilateral foram objeto da análise de Francisco Rezek, que assim se pronunciou sobre a questão:

---

[16] Cf. SCHAUMBURG, Harald. **Internationales Steuerrecht**. 2. ed. Colônia: Editora Dr. Otto Schmidt, p. 751.

O que sucede ao cabo de três milênios de prática convencional, no século XIX, não é uma alteração da contextura do direito dos tratados – sempre costumeira –, mas uma sensível ampliação de seu acervo normativo, por força de quanto o tratado multilateral desafiava – desde a conferência preparatória até o mecanismo de extinção – aquelas regras concebidas para reger acordos meramente bilaterais[17].

Avery Jones, citado por Tavolaro[18], indica as seguintes alternativas à rede de acordos de bitributação:

(i) tratados multilaterais sobre a tributação;

(ii) cláusulas sobre tributação nos tratados multilaterais sobre comércio e investimentos;

(iii) harmonização das leis tributárias nacionais;

(iv) modelo de lei tributária.

O próprio autor cuida de criticar as suas sugestões. Descarta a proposta do item (i) por considerar que os seus resultados serão inferiores aos atingidos atualmente pelos acordos de bitributação. Relativamente ao item (ii) informa o autor que a experiência já foi tentada, por meio do Multilateral Agreement on Investment (MAI)[19], que acabou malogrando. Já a harmonização das leis tributárias nacionais somente seria atingida mediante uma quase insuperável remoção de obstáculos presentes nas negociações dos acordos de bitributação. Por fim, como exemplo de modelo de lei tributária, cita Avery Jones o "Basic World Tax Code", documento pouco

---

[17] Cf. REZEK, Francisco. **Direito internacional público**. 7. ed. São Paulo: Saraiva, p. 12.

[18] Cf. JONES, Avery, *apud* TAVOLARO, Agostinho Toffoli. O Brasil ainda precisa de tratados de dupla tributação?. *In*: SHOUERI, Luis Eduardo (Coord.). **Direito tributário – Homenagem a Alcides Jorge Costa**. São Paulo: Quartier Latin, p. 869.

[19] Cf. OCDE. **The Multilateral Agreement on Investment: draft consolidated text**. Disponível em: <http://www1.oecd.org/daf/mai/pdf/ng/ng987r1e.pdf>. Acesso em: 4 nov. 2007.

conhecido, não sendo possível dizer em que medida poderia substituir os acordos de bitributação.

Seja como for, atualmente, 95% ou mais do fluxo internacional de rendas é regulado de alguma forma pelos acordos de bitributação baseados na Convenção Modelo da OCDE[20].

Assim, dentre os mecanismos criados para debelar a bitributação, os acordos bilaterais ganham destaque, sendo frequentemente citado como o primeiro acordo de bitributação o celebrado entre o Império Austro-Húngaro e a Prússia, em 22 de junho de 1889. De lá para cá os tratados multiplicaram-se, atingindo a marca dos milhares.

A grande maioria dos acordos de bitributação celebrados inspira-se ou na Convenção Modelo da OCDE ou na Convenção Modelo da ONU. A primeira atende melhor aos interesses dos países desenvolvidos por privilegiar a tributação no país da residência, posição normalmente assumida pelos países desenvolvidos exportadores de capital.

Todavia, o modelo proposto pela OCDE, baseado principalmente nos estudos do grupo de economistas da Liga das Nações, tem sido criticado por diversos autores. Nesse sentido, Richard Vann afirma que "a adoção do Modelo OCDE como solução dos problemas de tributação internacional é um conceito cujo tempo chegou e passou"[21]. Também John Avery Jones diverge do modelo adotado sustentando serem os tratados "ruas de mão única", uma vez que eles conduzem apenas à celebração de mais tratados[22].

Às críticas acima mencionadas soma-se aquela segundo a qual não estariam os acordos de bitributação atualizados o suficiente para lidar com as situações decorrentes das modernas relações comerciais internacionais, como o comércio eletrônico e os casos triangulares.

---

[20] Cf. Tavolaro, *op. cit.*, p. 870.
[21] VANN, Richard. *Apud* Tavolaro, *op. cit.*, p. 868.
[22] JONES, Avery. *Apud* Tavolaro, *op. cit.*, p. 868.

Há certa procedência nestas críticas, mas elas não se revelam, por si só, suficientes para caracterizar a ineficiência dos acordos de bitributação. Não há dúvida de que a Convenção Modelo da OCDE foi elaborada por e para países economicamente mais desenvolvidos, privilegiando indiscutivelmente a tributação no país da residência, o que se obtêm muitas vezes à custa do sacrifício do país da fonte, caracteristicamente um país em desenvolvimento, importador de tecnologia e capital como temos reiterado.

Um interessante estudo foi realizado por Tsilly Dagan, que tece duras críticas aos acordos de bitributação e às ideias convencionais que se formaram a seu respeito. Afirma o autor, de maneira bastante cética:

> Eles (tratados sobre tributação) servem muito menos a objetivos heróicos, como facilitar entraves burocráticos e coordenar condições de tributação entre países signatários, produzindo muito mais cínicas consequências, em especial a redistribuição das arrecadações tributárias dos países signatários mais pobres aos mais ricos ... Os tratados não oferecem uma solução "benéfica para todos" em nenhuma circunstância[23].

Para o citado autor, os acordos de bitributação acabam sendo preferidos em relação às medidas unilaterais, principalmente pelos especialistas de países desenvolvidos, na medida em que as medidas unilaterais tendem a beneficiar o país da fonte na tributação da renda enquanto os acordos bilaterais tendem a beneficiar o país da residência. Entretanto, enquanto esta diferença pode se neutralizar quando se trata de dois países desenvolvidos, o mesmo não ocorre quando falamos de uma relação estabelecida entre um país desen-

---

[23] "They (tax treaties) serve much less heroic goals, such as easing bureaucratic hassles and coordinating tax terms between the contracting countries, and may have much more cynical consequences, particularly redistributing tax revenues from the poorer to the richer signatory countries... Treaties do not offer a 'benefit for all' solution under any and all circumstances." DAGAN, Tsilly. The tax treaties myth. **Journal of International Law and Politics**, v. 32, n. 939, 2000.

volvido e outro não, ou seja, segundo a visão de Tsilly Dagan, pelos acordos de bitributação promove-se a transferência da renda de um país não desenvolvido para outro desenvolvido.

Nesse sentido, o autor indaga se, na medida em que as medidas unilaterais sejam suficientes para evitar ou atenuar a bitributação, os acordos de bitributação não teriam função meramente redistributivas (*redistributive*), sugerindo, ao longo do estudo, que os países desenvolvidos seriam os grandes beneficiados pelos acordos. O autor sustenta serem as medidas unilaterais tão eficientes quanto os acordos de bitributação, mas sem o inconveniente de transferir renda aos países mais desenvolvidos.

Além disso, o autor descarta o argumento de que os acordos de bitributação oferecem uma estabilidade maior, ao afirmar que, "sem ofertar nenhum grau significante de estabilidade, os tratados frequentemente apenas replicam o mecanismo utilizado unilateralmente por todos os países para aliviar a bitributação"[24].

Criticando a visão tradicional, segundo a qual, na ausência de acordos de bitributação o fenômeno da bitributação aconteceria em maior escala, o autor se contrapõe afirmando que ele é um falso mito, na medida em que os países dispõem quase todos eles de mecanismos unilaterais para evitar ou atenuar a bitributação tão eficientes quanto aqueles contidos nos acordos bilaterais.

Neste sentido, o autor propõe uma política integrada, composta por medidas unilaterais tanto do país da fonte quando do país da residência para combater a bitributação, afirmando que não há razões para crer que o comércio internacional seria menor na ausência dos acordos de bitributação do que com a sua existência.

---

[24] "*Without offering any significantly greater degree of stability, treaties often just replicate the mechanism that countries unilaterally use to alleviate double taxation.*" DAGAN, Tsilly. The tax treaties myth, **Journal of International Law and Politics**, v. 32, n. 939, 2000.

Somos forçados a concordar que diversos princípios consagrados pelos acordos de bitributação estão desatualizados em relação aos temas comerciais mais recentes, destacando-se aí o comércio eletrônico. Realmente, um dos pilares da Convenção Modelo da OCDE, baseada na sugestão do grupo de economistas da Liga das Nações, era a caracterização do rendimento para que se pudesse determinar a legitimidade de um ou outro país para tributá-lo. Pois esta caracterização do rendimento tornou-se um procedimento ainda mais complexo e polêmico, uma vez que a distinção entre certos tipos de rendimentos como o lucro da empresa pela prestação de serviços e os *royalties*, apenas para dar um exemplo, ficou mais tênue no contexto do comércio eletrônico.

De qualquer forma, acreditamos que, realizados os ajustes adequados, o que pode ser providenciado a partir dos trabalhos e estudos constantemente realizados pelos especialistas da OCDE, com a participação de representantes de países não integrantes da OCDE, e que se traduzem muitas vezes em comentários à Convenção Modelo (sem contar os estudos e debates internacionais promovidos pelas autoridades tributárias dos países, universidades etc.), os acordos continuarão a ser excelentes instrumentos no combate à bitributação.

Além disso, não podemos nos esquecer que os países são extremamente intransigentes em relação à sua soberania tributária. É utópica, no nosso entender, a proposta referente à criação de regras de repartição da competência tributária fora do contexto dos acordos de bitributação e que sejam universalmente aceitas, pois essas regras dificilmente agradarão a todos os países. Ao menos nas negociações que precedem à assinatura de um acordo de bitributação, tem-se a oportunidade de pleitear e negociar as condições mais favoráveis a cada país individualmente.

Por fim, há de se mencionar que, visando a atenuar as distorções decorrentes da aplicação da Convenção Modelo da OCDE quando da celebração de acordos de bitributação entre países desenvolvidos e países em desenvolvimento, a ONU elaborou a sua convenção considerando os seguintes aspectos:

A potencial celebração de um tratado fiscal entre um país desenvolvido e outro não apresenta maior grau de complexidade em comparação com aquele celebrado entre dois países desenvolvidos, bem como apresenta muitas dificuldades que devem ser vencidas.

A principal razão desta situação é que frequentemente **existem interesses econômicos divergentes entre um país desenvolvido e outro não desenvolvido.** Estas dificuldades, por exemplo, são bastante óbvias **quando se considera a tributação dos juros, dividendos, *royalties* ou lucro de transporte de mercadorias.**

Juros de empréstimos comumente apresentam um único fluxo de um país em desenvolvimento para um desenvolvido. Uma questão surge relativa a qual país terá prioridade para taxar tais juros: o país da fonte (país em desenvolvimento) ou o país da residência (onde o credor reside). A resposta afeta, evidentemente, o montante de imposto arrecadado por cada país. **Onde ambos os países são desenvolvidos, pagamentos de juros apresentam um fluxo – embora não necessariamente de igual dimensão – e isto, em geral, não apresenta um problema sério. Geralmente faz pouca diferença a cada país, se o tratado estabelece a prioridade de tributar o dividendo ao país da fonte ou ao da residência.**

A possibilidade de perda ou receita é menor e, em geral, mais aceitável. **Entretanto, no caso de um país em desenvolvimento, o abandono da tributação pelo sistema de fonte representa uma dupla perda: de arrecadação e de transferência ao exterior pela remuneração do empréstimo. Dividendos e *royalties* apresentam problemas similares** (destaques nossos)[25].

A disputa pela tributação entre o país da fonte (onde o rendimento é produzido) e o país da residência (do investidor ou da em-

---

[25] ONU. DEPARTMENT OF ECONOMIC AND SOCIAL AFFAIRS. Guidelines for Tax Treaties Between Developed and Developing Countries. *Apud* ROLIM, João Dácio. Da tributação da renda mundial – princípios jurídicos. **Revista Dialética de Direito Tributário**, n. 4, jan. 1996, p. 49.

presa), espelha os interesses contrapostos dos países em desenvolvimento e os desenvolvidos, àqueles interessando a tributação com base na fonte e a estes últimos, a tributação com base na residência. Jan H. Christiaanse bem identifica essas tendências antagônicas ao afirmar:

> Quando se fala de tendências no direito tributário internacional, pode-se assinalar que os países desenvolvidos deste mundo têm certa preferência, especialmente no que concerne a dividendos, juros e *royalties*, para reconhecer um direito limitado, ou não existente, para cobrar imposto no país da fonte, mas para preservar isto em favor do país da residência. Existe, portanto, certa preferência pelo princípio do país de residência.
>
> Enquanto isso, os países em desenvolvimento têm uma preferência compreensível pelo princípio da origem ou da fonte, sem dúvida se eles tributam apenas a renda derivada de fontes internas, como fazem, por exemplo, muitos países latino-americanos[26].

A despeito de todas as críticas que possam ser feitas aos acordos de bitributação, como a prevalência da tributação pelo país da residência, o anacronismo de algumas de suas regras etc., entendemos ser este ainda o melhor instrumento no combate à bitributação e, ainda, um excelente parâmetro para a elaboração da lei tributária interna dos países.

5.3.3 Mecanismos dos acordos de bitributação

O art. 23 da Convenção Modelo da OCDE fixa os métodos para evitar ou atenuar os efeitos da bitributação jurídica. Estes métodos são os da "isenção" e "imputação". Assim, os países poderão, na celebração de um acordo de bitributação, escolher por um ou outro método e também pela aplicação concomitante de ambos. A

---

[26] CHRISTIAANSE, Jan H. Trad. Machado Brandão. *In*: TAVOLARO, Agostinho Toffoli MACHADO, Brandão; MARTINS, Ives Gandra da Silva. (Coords.). **Princípios tributários no direito brasileiro e comparado**. Estudos em Homenagem a Gilberto Ulhôa Canto. Rio de Janeiro: Forense, 1998, p. 432.

Convenção Modelo dos Estados Unidos, por exemplo, elege como método exclusivo o da "imputação".

Na prática, entretanto, é quase impossível a aplicação exclusiva do método da imputação, pois a grande maioria dos acordos de bitributação hoje existentes prevê regras de repartição do poder de tributar dos países, de forma que alguns rendimentos "somente poderão" ser tributados num dos países (tributação exclusiva por um país – situação típica no caso de tributação dos rendimentos provenientes do transporte internacional aéreo e marítimo), o que conduz à aplicação, ainda que não intencional, do "método da isenção" para o rendimento que somente será tributado num dos países. Vale mencionar ainda que alguns dos acordos de bitributação mais antigos, como o celebrado entre Alemanha e Itália em 1925, estabelecem exclusivamente o método da "isenção".

A tributação segundo o método da "isenção" se dará ao nível do país legitimado a tributar e que poderá ser o país da fonte ou o país da residência. Já o método da "imputação" conduzirá, em princípio, a uma tributação ao nível daquela praticada pelo país da residência, normalmente mais alta do que a do país da fonte (pensando-se numa relação entre país desenvolvido como país da residência e país em desenvolvimento como país da fonte).

Ainda sobre o método da imputação, caso a relação se dê entre países desenvolvidos, poderá acontecer de a tributação no país da fonte ser maior do que aquela praticada pelo país da residência, de tal forma que a carga final será estabelecida pelo país da fonte, situação que mereceu o comentário de Vogel no sentido de que, neste ponto, os métodos da isenção e da imputação não se diferenciam no resultado (**insoweit unterscheiden sich die Freistellungs–und die Anrechnungsmethode im Ergebnis nicht**)[27]. Portanto, pela perspectiva do contribuinte, não se pode *a priori* dizer qual o melhor método, o da "isenção" ou o da "imputação", pois isso dependerá da tributação praticada pelos países envolvidos.

---

[27] Cf. VOGEL, Claus, *op. cit.*, p. 1659.

Do ponto de vista econômico, o método da isenção conduz a uma justa concorrência entre os investidores, nacionais e estrangeiros, no país da fonte ("neutralidade fiscal à importação"). Por outro lado, o método da imputação conduz ao tratamento equitativo dos investidores no país da residência e que produzem rendimentos no país ou fora dele, ou ainda, exclusivamente fora dele ("neutralidade fiscal à exportação"). Não há dúvida, contudo, de que o método da imputação acaba por beneficiar o país de tributação mais elevada. Isso porque a tributação limitada do país da fonte não se reverterá a favor do investidor contribuinte, mas sim aos cofres do país de alta tributação que pratica o método da imputação, pois, tendo sido limitada a tributação no país da fonte, o crédito que poderia ser utilizado pelo contribuinte para reduzir a tributação no seu país de residência será também menor, elevando-se com isso o valor do imposto a ser pago neste país (de residência).

Isso acaba por prejudicar diretamente os países em desenvolvimento que restringem a tributação de uma série de rendimentos para promover o ingresso do investimento estrangeiro, vantagem que será aproveitada tão somente pelo Fisco do país de residência do investidor. E a desvantagem do país da fonte fica ainda mais acentuada quando o país da residência, além de praticar uma tributação mais elevada do que a do país da fonte, não permite que o prejuízo apurado nesse país seja considerado para fins de cálculo do imposto devido no país da residência.

Ocorre, todavia, que além do método da imputação conduzir no mais das vezes a uma política prejudicial ao país da fonte – que terá os benefícios que concede anulados pela alta tributação do país da residência –, o sistema de imputação acaba por prejudicar as empresas do próprio país da residência, pois ao serem fortemente tributadas terão a sua capacidade de concorrer no mercado internacional atingida. Justamente por isso, como nos dá notícia Vogel[28], o parlamento

---

[28] Cf. VOGEL, Claus, *op. cit.*, p. 1659.

alemão, assim como as maiores autoridades econômicas daquele país se pronunciaram expressamente a favor da aplicação do método da "isenção" nos acordos de bitributação celebrados pela Alemanha.

Uma forma de corrigir as distorções apontadas anteriormente é a aplicação do *matching credit* e do *tax sparing credit*. A ideia comum a estes dois conceitos é permitir ao contribuinte um crédito no seu país de residência como se o país da fonte não tivesse reduzido ou oferecido vantagem tributária alguma para atrair o investimento deste contribuinte. Ou seja, seria uma "imputação de imposto fictício" (*Anrechnung der fiktiver Steuern*).

Esta é uma prática consagrada pela Alemanha nos seus acordos de bitributação com países em desenvolvimento e aparece essencialmente sob duas formas: (i) crédito presumido (*matching credit*) e crédito fictício (*tax sparing*).

Pela aplicação do *matching credit* atribui-se um crédito mais elevado do que aquele que hipoteticamente resultaria da aplicação de uma alíquota normal ou usualmente praticada pelo país da fonte. Assim, não obstante o país da fonte tribute determinado rendimento à uma alíquota de 10%, o país da residência concederá um crédito que será apurado mediante a aplicação de uma alíquota de 25%.

Por outro lado, o *tax sparing* vale para as situações em que o país da fonte determina medidas que exoneram de tributação o investimento estrangeiro, justamente para atraí-lo, de tal forma que se concede, no país de residência, um crédito de imposto fictício calculado com base em alíquotas que seriam praticadas não fossem as referidas medidas de exoneração.

Para Vogel, o *matching credit* corresponde a uma modalidade especial de isenção (*modifizierte Freistellung*), pois o país da residência continua a tributar a renda mundial, mas não mais integralmente, apenas uma parte dela (*Teil-Freistellung*)[29]. Caso o imposto fictício a

---

[29] Cf. VOGEL, Claus, *op. cit.*, p. 1774.

ser utilizado como crédito seja tão alto quanto ou até mesmo superior ao imposto cobrado pelo país da residência, então haverá uma isenção total e não apenas parcial.

A grande crítica a este sistema de imposto fictício, que visa atenuar as distorções do método da imputação, sustenta serem o *tax sparing credit* e o *matching credit* formas de subvenção oficial das empresas. Vogel rebate esta crítica afirmando que a "filosofia" desses métodos não é o de subvencionar as empresas, mas sim o de preservar os sacrifícios tributários praticados sobretudo por países em desenvolvimento na sua busca pelo investimento estrangeiro.

Do nosso ponto de vista ambos os argumentos têm suas razões. Não há dúvida de que o país da residência, que pratica uma tributação mais elevada do que o país da fonte (nos casos de relação estabelecida entre países desenvolvidos e países em desenvolvimento), ao utilizar o método da imputação acaba se aproveitando dos benefícios fiscais praticados pelo país da fonte, prejudicando assim tanto o próprio país da fonte como as empresas que, por força da elevada tributação, terão a sua capacidade de concorrer no mercado internacional atingida.

Por outro lado, ao aplicar o *matching credit* ou o *tax sparing credit*, concedendo crédito sobre um imposto fictício, não há dúvida de que o país estará de certa forma praticando um ato de renúncia, pois a sua tributação será minimizada através da aplicação de um crédito em montante mais elevado do que aquele que foi efetivamente pago (se é que foi pago) no país da fonte, prática que irá, inquestionavelmente, beneficiar as empresas do país da residência (e não o Fisco). Estamos, portanto, diante de uma renúncia fiscal que beneficia economicamente as empresas.

5.4 Promoção do desenvolvimento econômico dos países envolvidos

A Economia nos ensina que o padrão de vida de uma sociedade depende de sua capacidade de produzir bens e serviços e, ainda, que há uma dependência da produtividade em relação a fatores como capital físico, capital humano, recursos naturais e conhecimento tecnológico.

Dentre as possíveis formas de um país obter investimentos destacam-se a poupança dos seus residentes e o investimento estrangeiro.

Como exemplifica Mankiw, o investimento de capital possuído e operado por uma entidade estrangeira recebe a denominação de Investimento Estrangeiro Direto (IDE), como se dá no caso da construção de uma fábrica de carros de uma empresa americana no Brasil. Há também o investimento financiado por estrangeiros, mas operado por residentes e que recebe o nome de Investimento Estrangeiro de Portfólio, como ocorre na hipótese do investidor inglês que compra ações de uma empresa brasileira, que poderá empregar os recursos provenientes do investidor inglês para construir uma fábrica no Brasil[30].

Os dois mais importantes critérios de aferição da prosperidade econômica, o Produto Interno Bruto (PIB) e o Produto Nacional Bruto (PNB), são fortemente afetados pelo investimento estrangeiro. O primeiro critério – PIB – corresponde à renda obtida dentro de um país tanto por residentes quanto por não residentes, ao passo que o PNB resulta da renda obtida pelos residentes de um país tanto interna como externamente. Assim, seguindo as lições de Mankiw, quando a empresa americana abre sua fábrica no Brasil, parte da renda gerada tem por destino pessoas não residentes no Brasil, de tal forma que o investimento estrangeiro no Brasil aumenta a renda dos brasileiros (medida pelo PNB) em menor medida do que aumenta a produção do Brasil (medida pelo PIB).

De toda sorte, admite-se na Economia a ideia de ser o investimento estrangeiro uma forma de impulsionar o crescimento dos países, ainda que parte dos benefícios desse investimento retorne ao

---

[30] Cf. MANKIW, N. Gregori, *op. cit.*, p. 371.

investidor estrangeiro, ideia esta baseada na constatação de que o investimento estrangeiro aumenta o estoque de capital da economia, gerando maior produtividade e maiores salários. Este tipo de investimento é particularmente desejado por aqueles países menos desenvolvidos e que poderão assimilar novas tecnologias, mais avançadas do que as suas próprias[31].

Isso justifica em parte a política adotada por diversos países em desenvolvimento, que proporcionam uma série de incentivos ao investimento estrangeiro, muitas vezes por meio da remoção de restrições à propriedade estrangeira do capital e, sobretudo, por meio de limitações ao próprio poder de tributar, prática consolidada por medidas unilaterais ou por meio dos acordos de bitributação.

É ideia assente a de que o fenômeno que se convencionou chamar de globalização restringiu a soberania tributária dos países, assim entendida como o poder de um país escolher e implementar a política tributária que julgar mais adequada livre de influências externas. Merece, todavia, destaque a abordagem de Charles McLure[32], para quem a soberania pode, entre outros motivos, ser limitada pelas pressões do mercado (**market-induced limitations on sovereignty**) de forma que os países, para se manterem atrativos ao investimento estrangeiro, terão de estabelecer uma carga tributária em níveis semelhantes às praticadas pelos seus "concorrentes" (outros países).

Embora reconheça McLure que uma soberania tributária plena é praticamente impossível, pondera que num ambiente onde o capital é altamente móvel, as forças de mercado podem limitar as opções de um país na condução de sua política tributária. Assim, ressalta o autor que, por força destas pressões de natureza econômi-

---

[31] Cf. MANKIW, N. Gregori, *op. cit.*, p. 372.
[32] Cf. MCLURE Jr., Charles. Globalization, Tax Rules and National Sovereignty. **Bulletin of International Bureau of Fiscal Documentation**, ago. 2001, p. 328.

ca, o país acaba por adotar medidas tributárias que não adotaria na sua ausência.

Confirmando o que foi sustentado por McLure, citamos as limitações que são impostas aos países da fonte (onde o rendimento tem a sua origem econômica), que muitas vezes têm de limitar a sua própria tributação para com isso conseguir atrair o investimento estrangeiro, o que se costuma fazer por meio de lei interna ou através de acordos de bitributação (autolimitação). Essa limitação da tributação pelo país da fonte certamente não ocorreria se não houvesse a pressão dos investidores estrangeiros que buscam maiores margens de lucro, fato agravado pela concorrência de países também interessados em atrair o investimento estrangeiro.

A atividade econômica poderá ser fortemente restringida por uma alta tributação, e não nos referimos apenas à atividade produtiva, mas também à financeira, de tal forma que uma elevada tributação na fonte sobre os juros, acima daquela praticada por outros países, fará com que o país deixe de ser um local atrativo para investir.

McLure observa que esta é uma corrida para o fundo do poço (*race to the bottom*) que, se levada ao extremo, poderia implicar eliminação da tributação da renda proveniente do capital.

Quando um país mantém elevada a sua tributação, a tendência das grandes organizações internacionais é, por meio de adequado planejamento, alocar a renda tributável fora desse país e trazer para dentro dele, obviamente, na medida do possível, os custos e despesas dedutíveis, prática que tem sido combatida por meio das regras de preços de transferência e de *thin capitalization*.

Argumenta-se não haver necessidade absoluta de acordos de bitributação para conseguir atrair o investimento estrangeiro, que poderia ser obtido por meio de dispositivos de lei interna com alíquotas de retenção de imposto e normas mais consistentes com a prática internacional, preferencialmente em sintonia com as regras da Convenção Modelo da OCDE. A proposta, em poucas palavras, seria a "nacionalização" das regras da Convenção Modelo da OCDE.

Nessa linha de raciocínio, a eliminação ou redução da tributação pelo país da fonte do rendimento teria por objetivo principal o incentivo ao comércio e ao investimento internacionais e não necessariamente a eliminação ou atenuação da bitributação. Isso poderia ser obtido meramente por lei interna, mediante a isenção de determinados tipos de rendimento, tributação limitada de outros e a concessão de crédito relativo ao imposto pago no exterior, medidas que dispensariam a existência de um acordo de bitributação.

Nesses termos, tem-se observado a tendência, por parte de alguns países, de, unilateralmente, limitar as alíquotas de retenção na fonte ou até mesmo a sua eliminação por completo, como se dá mais comumente no caso de dividendos. Avi Yonah identifica essa tendência das pequenas economias abertas no sentido de evitar a tributação na fonte da renda proveniente do capital[33].

Não há dúvida de que a "concorrência" estabelecida entre os países acaba por restringir, ou pelo menos influenciar de forma indelével, as suas respectivas soberanias. Jan H. Christiaanse associa fortemente o conceito de Direito Tributário Internacional à ideia de limitação da soberania dos Estados, afirmando:

> Em minha opinião, há muito para dizer, quando se cuida do direito tributário internacional de modo amplo, e para defini-lo como o direito que se concentra na delimitação da soberania tributária entre Estados[34].

Afirma-se que o país que adotar a iniciativa de, unilateralmente, reduzir as alíquotas de suas retenções na fonte, nos mesmos patamares dos acordos de bitributação, tal como fez o Chile na

---

[33] *Apud* TAVOLARO, Agostinho Toffoli, *op. cit.*, p. 874.
[34] Cf. CHRISTIAANSE, Jan H. Recentes progressos no direito tributário internacional. Trad. Machado Brandão. *In*: TAVOLARO, Agostinho Toffoli; MACHADO, Brandão; MARTINS, Ives Gandra da Silva (Coords). **Princípios tributários no direito brasileiro e comparado**. Estudos jurídicos em homenagem a Gilberto Ulhôa Canto. Rio de Janeiro: Forense, 1988, p. 430.

década de 1990, adotando, ainda, as mesmas regras que versam sobre o estabelecimento permanente, poderiam atrair não apenas o investimento daqueles países com os quais já tem acordo de bitributação celebrado, mas também com todos os outros países.

Considerando que as forças de mercado são determinantes sobre a soberania tributária dos países, principalmente dos menos desenvolvidos economicamente, não há dúvida de que a manutenção de uma tributação elevada desestimulará o recebimento do investimento estrangeiro. Assim, impõe-se, seja por meio de acordos de bitributação de medidas de lei interna, uma limitação à tributação na fonte, sob pena de isolamento econômico do país tal como se deu com vários dos países que compunham o Pacto Andino.

É importante lembrar que o Pacto Andino teve sua origem na Zona de Livre Comércio da América Latina através da Declaração de Bogotá em 1966. Foi composto originariamente por Chile, Colômbia, Equador, Peru e Venezuela. Posteriormente, a Bolívia veio a integrar o grupo. A proposta do Pacto Andino era a utilização rigorosa do princípio da territorialidade. Assim, nos termos do art. 4º do Modelo do Pacto Andino, a renda de uma pessoa física ou jurídica, independentemente da sua nacionalidade ou residência, seria tributada exclusivamente no país onde foi gerada.

Através da Decisão n. 40 do Pacto Andino fixou-se o princípio da territorialidade como fundamento da tributação, com as seguintes peculiaridades:

(i) com relação à tributação do lucro das empresas abdicou-se completamente do conceito de estabelecimento permanente. Assim, a tributação caberia ao País onde a renda foi gerada, independentemente da existência de um estabelecimento permanente no território daquele;

(ii) a tributação dos *royalties* pela utilização de patentes, marcas e *know-how* aconteceria no país onde eles fossem efetivamente utilizados;

(iii) os dividendos seriam tributados apenas onde a empresa está localizada.

Ao refutar as limitações impostas ao país da fonte pela aplicação do conceito de estabelecimento permanente, segundo o qual o país da fonte somente poderá tributar o lucro de uma empresa quando ela atuar neste país por meio de um estabelecimento permanente, como uma fábrica, um escritório etc., ao não aceitar limitações que são praticadas internacionalmente com relação à tributação dos *royalties* e dividendos, os países que compunham o Pacto Andino acabaram por afugentar o investimento estrangeiro. A experiência do Pacto Andino, embora conceitualmente correta, mostrou-se um desastre do ponto de vista econômico.

A despeito de uma série de medidas que podem ser implementadas de forma unilateral, não podemos perder de vista o caráter contratual que marca os acordos de bitributação. Inicialmente, o acordo de bitributação sinaliza ao investidor estrangeiro a intenção do país em receber o seu capital, mas, principalmente, deve-se ter em conta que um acordo de bitributação é, na essência, um contrato firmado entre dois países, sendo comum na literatura especializada alemã a referência aos acordos de bitributação como "Vertrag"[35] ("contrato").

Philip Baker aponta para a dupla natureza dos acordos de bitributação. Por um lado eles são acordos internacionais celebrados entre Estados para alocação da jurisdição fiscal (*allocation of fiscal jurisdiction*). Por outro, eles se tornam parte da lei tributária de cada Estado contratante[36]. Decorre desta dupla natureza uma diversidade de percepção da função do tratado.

Sob a perspectiva dos países signatários, o acordo de bitributação funciona como um instrumento para limitar o exercício da jurisdição tributária de cada país. Já pela perspectiva do contribuin-

---

[35] Cf. REITH, Thomas. **Internationales Steuerrecht**. Munique: Vahlen, 2004, p. 109.

[36] Cf. BAKER, Philip. **Double taxation conventions and international tax law**. 2. ed. Londres: Sweet & Maxwell, 1994, p. 5.

te, o acordo costuma ser encarado como a descrição de um sistema com o qual ele se defrontará ao investir ou trabalhar em outro Estado ou ao mudar temporariamente para ele. Todavia, como adverte Baker, esta visão do contribuinte é imprecisa na medida em que o acordo não descreve o sistema atual, mas sim os limites que este deve obedecer, como, por exemplo, a alíquota máxima de tributação na fonte sobre o pagamento de juros.

Ilustrativo o exemplo de Vogel, citado por Schoueri, comparando um acordo de bitributação a uma máscara, colocada sobre o direito interno e tapando determinadas partes dele. Os dispositivos do direito interno que continuarem visíveis (por corresponderem aos buracos recortados no cartão da máscara) são aplicáveis, e os demais, não[37]. Fica claro, portanto, caber razão a Baker quando afirma que um acordo de bitributação não descreve o sistema como um todo.

É muito mais fácil providenciar a alteração ou revogação da medida unilateral, de direito interno, do que modificar um acordo de bitributação celebrado entre dois países. Essa dificuldade na alteração das regras se traduz, em última instância, em segurança para o investidor estrangeiro.

Embora seja possível, e aconteça eventualmente a prática do *treaty override*, segundo a qual dispositivos de lei interna acabam por solapar regras e benefícios reconhecidos nos acordos de bitributação, esse é um procedimento vedado pela prática internacional e que pode ser questionado pelo investidor prejudicado até perante o Judiciário do país que pratica a infração. Já as medidas de incentivo concedidas unilateralmente podem ser revogadas sem consulta a qualquer outro país e sem que, pelo menos em princípio, o investidor estrangeiro tenha condições de questionar juridicamente a revogação da regra ou benefício.

---

[37] Cf. SCHOUERI, Luis Eduardo. **Preços de transferência no direito tributário brasileiro**. 2. ed. São Paulo: Dialética, 2006, p. 168.

Pela perspectiva do país exportador de capital, que não é tão suscetível ao investimento estrangeiro, a proliferação dos acordos de bitributação se dá por razão diversa – não para atrair o investimento estrangeiro, mas pelas pressões de suas empresas com atuação internacional, que reivindicam garantias para investir num outro país, o que acentua o caráter contratual e segurança dos acordos de bitributação. Não podemos nos esquecer que a bitributação enfraquece o poder competitivo das empresas, interessando aos países desenvolvidos a celebração de acordos de bitributação para com isso minimizar o impacto negativo sobre as suas empresas que atuam em outros países.

Na literatura econômica o tema é polêmico. O aumento exponencial do Investimento Direto Estrangeiro ("IDE") na década de 1990 no Brasil alimentou em muitos economistas a ideia de ser este o instrumento por excelência para a retomada de uma nova fase de crescimento econômico e também como um instrumento de modernização da estrutura empresarial brasileira, imaginando-se que as empresas estrangeiras protagonizariam uma nova modalidade de crescimento baseado nas exportações suportadas por bases produtivas mais especializadas e com maior ênfase na tecnologia[38].

Contrários a essa tese, Fernando Sarti e Mariano F. Laplane sustentam que o poder do IDE sobre o crescimento econômico é mínimo, uma vez que os investimentos produtivos estrangeiros apresentam baixos coeficientes de capital e emprego, sustentando, ainda, que o maior fator de atração do IDE é a expansão do mercado interno, afirmando, por fim, que, "contrariamente aos que sustentavam que o IDE reduziria a restrição externa ao crescimento, nossa hipótese mais realista era que contribuiria para seu agravamento"[39].

---

[38] Cf. SARTI, Fernando; LAPLANE, Mariano F. O Investimento Direto Estrangeiro e a internacionalização da economia brasileira nos anos 90. *In*: LAPLANE, Mariano; COUTINHO, Luciano; HIRATUKA, Célio (Orgs.). **Internacionalização e desenvolvimento da indústria no Brasil**. São Paulo: Unesp, 2004, p. 11.

[39] Cf. SARTI, Fernando; LAPLANE, Mariano, *op. cit.*, p. 12.

Embora reconheçam os autores que o IDE promove uma inquestionável elevação da eficiência e da competitividade em segmentos deficitários em relação aos padrões internacionais, isso seria atingido mediante a importação maciça de componentes, máquinas e tecnologia, sem que haja a esperada contrapartida sob a forma de aumento de exportações.

A consequência direta da situação descrita nos parágrafos anteriores é paradoxal, pois ao promover o incremento da eficiência no plano micro provocou-se um indesejado reflexo macroeconômico sob a forma do agravamento do déficit comercial, de serviços e de renda (juros, lucros e *royalties*). Sentenciam os autores que o fluxo de investimentos estrangeiros gerou, no médio e longo prazo, o agravamento e não a redução da restrição de divisas, justamente por haver uma forte assimetria entre o aumento da parcela de produção exportada (baixa) e o aumento do conteúdo importado (alto)[40].

Celso Albuquerque de Melo em obra escrita anos atrás já identificava esse fenômeno:

> Podemos acrescentar ainda que vários países e podemos citar os da América, como Brasil, Argentina, Chile e México, já enviaram ao exterior sob a forma de juros e remessa de lucros mais do que eles receberam como assistência externa ou como investimento estrangeiro[41].

Francisco Dornelles, em uníssono com diversos peritos provenientes de países em desenvolvimento, critica a estrutura da convenção modelo da OCDE pelo fato de conferir ao Estado da residência do investidor o direito de tributar e apenas no plano secundário garantir ao país da fonte o direito à tributação. Afirma o autor que na relação entre países desenvolvidos e países em desen-

---

[40] Cf. SARTI, Fernando; LAPLANE, Mariano, *op. cit.*, p. 12.

[41] MELLO, Celso Albuquerque de. **Direito internacional econômico**. Rio de Janeiro: Renovar, 1993, p. 56.

volvimento a ausência de um fluxo bilateral de investimentos leva à perda de arrecadação pelo país em desenvolvimento,

> pois, não lhe sendo reconhecido poder de tributar os rendimentos obtidos em seu território por domiciliados no exterior, não tem como compensar essa falta pela tributação dos rendimentos que seus residentes recebam no exterior, de vez que esses residentes não possuem condições de investir no exterior[42].

Por fim, Dornelles aponta alguns aspectos que deverão ser considerados quando da celebração de um acordo de bitributação entre países desenvolvidos e países em desenvolvimento:

> (i) promover um fluxo de investimentos e tecnologia dos países desenvolvidos para os países em desenvolvimento;
>
> (ii) fazer com que o sacrifício fiscal decorrente da utilização de qualquer método para eliminar a dupla tributação seja suportado pelo país desenvolvido;
>
> (iii) permitir que o poder tributário do país em desenvolvimento possa, em decorrência do indicado no item (ii), ser exercido em toda a sua plenitude, tanto quanto possível;
>
> (iv) garantir que as vantagens fiscais concedidas pelos países em desenvolvimento para atrair investimento de residentes no exterior não sejam anuladas ou eliminadas pela legislação fiscal do país de domicílio do investidor.

A despeito de suas boas intenções, alguns reparos devem ser feitos às sugestões de Dornelles. Primeiramente, deve-se observar que o fluxo de investimento e tecnologia para países em desenvolvimento somente poderá ser garantido se for assegurada uma margem de lucro satisfatória para as empresas e investidores, sendo que a

---

[42] Cf. DORNELLES, Francisco. O modelo da ONU para eliminar a dupla tributação da renda, e os países em desenvolvimento. *In*: TAVOLARO, Agostinho Toffoli; MACHADO, Brandão; MARTINS, Ives Gandra da Silva (Coords.). **Princípios tributários no direito brasileiro e comparado – estudos jurídicos em homenagem a Gilberto Ulhôa Canto.** Rio de Janeiro: Forense, 1988, p. 197.

referida margem de lucro será afetada pela tributação do país que pretende receber referida tecnologia e investimento, que terá então de restringir a sua tributação em virtude daquilo que McLure chama de "limitação da soberania pelas forças de mercado"[43].

Um aspecto com o qual não podemos concordar é o levantado no item (ii). Ora, pretender que o país exportador da tecnologia e capital suporte todo o sacrifício fiscal é uma ideia completamente utópica, bem longe da realidade. De plano, pode-se dizer que nenhum país desenvolvido seria altruísta a esse ponto. Depois, não podemos nos esquecer que os acordos de bitributação pressupõem concessões recíprocas dos países signatários, de tal forma que relegar a um país, ainda que seja o desenvolvido, todo o sacrifício, seria negar a própria natureza dos acordos de bitributação.

Com relação aos itens (iii) e (iv), estamos de pleno acordo com Dornelles.

Retomando a questão do investimento estrangeiro, citamos o México, onde o IDE teve grande influência no setor produtivo. Todavia, diversamente do que ocorreu no Brasil, parte significativa da produção das empresas no México tem por destino a exportação aos Estados Unidos, de forma que a relação estabelecida entre a importação de tecnologia e equipamentos e o volume de exportações acabou por beneficiar a economia daquele país.

Deve-se ter em conta que o maior volume de importações das empresas estrangeiras envolve bens de capital, decorrentes de novos investimentos, ou ainda bens intermediários, por força de sua relação com os fornecedores globais da corporação. Acreditamos que a importação de bens dessa natureza, sobretudo os que de alguma forma incorporam tecnologia não disponível no Brasil e contribuem para o nosso desenvolvimento.

Muitas vezes, o capital produtivo estrangeiro ingressa sob a forma de filiais. Ainda assim, o problema apresentado anteriormen-

---

[43] Cf. MCLURE JR., Charles, *op cit.*, p. 329.

te permanece, uma vez que as filiais de empresas estrangeiras importam maciçamente tecnologia e apresentam uma menor propensão à exportação do que as empresas nacionais, ao contrário, por exemplo, do que sucede na China, onde as filiais de empresas estrangeiras têm forte vocação para as exportações.

Sustentava-se a ideia de que grande parte das empresas privadas de capital nacional não sobreviveria e não conseguiria se expandir num contexto de abertura não inflacionária e sem os subsídios do período anterior, cabendo assim às filiais das empresas estrangeiras o papel de agente modernizador da economia[44].

Embora tenham realmente as filiais de empresas estrangeiras provocado um aumento da eficiência da integração da rede corporativa, com maior especialização e complementariedade na divisão internacional, isso se deu de forma restrita e, para a maioria das filiais, a prioridade foi a venda para o mercado interno e não as exportações.

Atualmente, cerca de metade dos fluxos comerciais do país encontra-se vinculada ao desempenho das empresas multinacionais, destacando-se que as referidas empresas estão mais bem integradas ao comércio mundial pelas demais filiais, atingindo um mercado maior do que as empresas nacionais, e, além disso, as filiais atingem uma maior especialização e obtêm acesso a tecnologias novas e crédito a custos mais baixos.

No caso brasileiro, especificamente, a internacionalização produtiva da economia teve por caráter mais marcante a internacionalização do sistema empresarial, por meio do processo de "desnacionalização", mediante a aquisição de empresas nacionais por estrangeiros, o que superou amplamente a aquisição por brasileiros de

---

[44] Cf. HIRATUKA, Celso. Padrões de integração comercial das filiais de empresas transnacionais, p. 202. O investimento direto estrangeiro e a internacionalização da economia brasileira nos anos 90. *In*: LAPLANE, Mariano; COUTINHO, Luciano; HIRATUKA, Célio (Orgs.). **Internacionalização e desenvolvimento da indústria no Brasil**. São Paulo: Unesp, 2004.

ativos produtivos situados no exterior. Um critério que deixa bem evidente a assertiva anterior pode ser encontrado na relação entre o estoque de IDE e o Produto Interno Bruto (PIB) – o indicador quadruplicou entre 1990 e 2001, patamar elevadíssimo mesmo para os países em desenvolvimento. A área mais atingida pela participação crescente do capital estrangeiro foi a de serviços, principalmente em função do processo de privatizações pelo qual passou o país.

Concluem Sarti e Laplane o seu excelente estudo afirmando que a internacionalização provocou, no plano patrimonial, a transferência da propriedade de empresas nacionais a investidores estrangeiros sem que houvesse a contrapartida proporcional de empresas brasileiras no exterior. Além disso, a internacionalização intensificou a participação estrangeira na indústria brasileira provocando a desnacionalização do setor de serviços. Por fim, pontificam que o aumento da competitividade não provocou o incremento das exportações proporcionalmente ao aumento das importações e do passivo externo da economia[45].

Não se pode negar serem ainda tímidos os investimentos promovidos por empresas nacionais no exterior, fenômeno que pode ser explicado pela política que promoveu a substituição de importações, o crescimento de firmas locais e o desenvolvimento de empresas estatais até os anos 80[46].

Ainda que incipiente, iniciou-se a partir da década de 1970 o processo de internacionalização de algumas empresas e bancos de capital nacional, as primeiras buscando os mercados onde o Brasil já possuía forte presença comercial e os segundos dirigindo-se a países desenvolvidos e aos paraísos fiscais atrás de recursos financeiros no

---

[45] Cf. SARTI, Fernando; LAPLANE, Mariano, *op. cit.*, p. 49.
[46] Cf. SILVA, Maria Lussieu. A inserção nacional das grandes empresas. *In*: LAPLANE, Mariano; COUTINHO, Luciano; HIRATUKA, Célio (Orgs.). **Internacionalização e desenvolvimento da indústria no Brasil**. São Paulo: Unesp, 2004, p. 148.

mercado internacional. Esse processo teve seguimento na década de 1980, mais concentrado no setor de engenharia e construção civil, principalmente em países em desenvolvimento. Na década de 1990, buscando alcançar maior competitividade em relação aos padrões internacionais, as empresas relegaram ao segundo plano os investimentos no exterior, mas, a exemplo do que ocorreu na década de 1980, na década de 1990 as empresas que decidiram instalar unidades produtivas no exterior fizeram-no demovidas pela necessidade de ampliar as suas exportações[47].

Estudo do BNDES realizado em 2002 identifica como principais fatores para o investimento de empresas nacionais no exterior:

(i) o estabelecimento de subsidiárias no exterior é realizado como complemento das atividades de exportações dessas empresas;

(ii) o investimento direto muitas vezes ocorre por meio de compras ou associações com grupos locais;

(iii) o processo de internacionalização está sendo perseguido em vários setores da economia, com heterogeneidade da natureza da atividade desenvolvida no exterior (unidades comerciais e/ou unidades produtivas);

(iv) as principais razões para enveredar por esse caminho dizem respeito ao fortalecimento do poder de competição em razão da proximidade do mercado consumidor, ao abastecimento do mercado regional, inclusivo pelo aproveitamento de oportunidades surgidas pelo processo de integração regional, e ao desenvolvimento de alianças estratégicas com empresas locais[48].

A concentração do investimento de empresas brasileiras no exterior ocorre nos Estados Unidos e na Argentina, sendo investimento realizado frequentemente (85%) para atividades comerciais e distribuição de produtos, restando para o setor produtivo apenas 12%, principalmente nas áreas têxtil, químico e metalurgia.

---

[47] Cf. SILVA, Maria Lussieu, *op. cit.*, p. 149.
[48] Cf. SILVA, Maria Lussieu da, *op. cit.*, p. 150.

Seja para atrair a tecnologia e o investimento estrangeiros, seja para aumentar a capacidade das empresas brasileiras de concorrer no exterior, os acordos de bitributação aparecem como uma excelente opção, sugestão corroborada pelo alto número de acordos desta natureza celebrados por países economicamente desenvolvidos.

Conclusões

A bitributação atinge negativamente o processo de desenvolvimento do comércio internacional, desestimula o investimento em países de menor tributação, normalmente países em fase de desenvolvimento, além de distorcer a eficiência e a neutralidade dos sistemas jurídicos dos países.

Dentre as possíveis medidas de combate à bitributação, como as medidas unilaterais e multilaterais, destacam-se as medidas bilaterais tomadas sob a forma de acordos de bitributação, instrumentos através dos quais os países pactuam concessões mútuas para promover o combate à bitributação e à evasão fiscal e, ainda, incentivar o comércio internacional, promover o desenvolvimento econômico dos países, atenuar as assimetrias dos ordenamentos jurídicos relativamente à tributação da renda e do patrimônio e eliminar a tributação discriminatória.

Neste sentido, entendemos que os acordos de bitributação são uma das causas do fenômeno da intensificação das relações econômicas e comerciais entre os países, e não um mero efeito desse fenômeno, servindo tanto aos países que buscam promover o fortalecimento de suas empresas com atuação internacional quanto aos países dependentes do capital estrangeiro.

Muito embora se argumente não ser imprescindível a celebração de acordos de bitributação para atrair o capital estrangeiro, não se pode negar que referidos acordos internacionais sinalizam ao investidor estrangeiro a intenção do país em receber o seu capital, servindo como um verdadeiro "contrato" entre países, o que acaba por conferir maior segurança ao próprio investidor, ao contrário do que sucede com as medidas unilaterais.

REFERÊNCIAS

BAKER, Philip. **Double taxation conventions and international tax law**. 2. ed., Londres: Sweet & Maxwell, 1994.

BORGES, Antonio de Moura. Convenções sobre dupla tributação internacional entre Estados desenvolvidos e Estados em desenvolvimento. **Revista Dialética de Direito Tributário**, n. 8, maio 1996.

CHRISTIAANSE, Jan H. Recentes progressos no direito tributário internacional. Trad. MACHADO, Brandão. *In*: TAVOLARO, Toffoli; MACHADO, Brandão; MARTINS, Ives Gandra da Silva (Coords.). **Princípios tributários no direito brasileiro e comparado**. Estudos Jurídicos em Homenagem a Gilberto Ulhôa Canto. Rio de Janeiro: Forense, 1988.

DAGAN, Tsilly. The tax treaties myth. **Jornal of International Law and Politics**, v. 32, n. 939, 2000.

DORNELLES, Francisco. O modelo da ONU para eliminar a dupla tributação da renda, e os países em desenvolvimento. *In*: TAVOLARO, Toffoli; MACHADO, Brandão; MARTINS, Ives Gandra da Silva (Coords.). **Princípios tributários no direito brasileiro e comparado – estudos jurídicos em homenagem a Gilberto Ulhôa Canto**. Rio de Janeiro: Forense, 1988.

HEY, Johanna. **Harmonisierung der Unternehmensbesteuerung in Europa**. Colônia: Editora Dr. Otto Schmidt, v. 7.

HIRATUKA, Celso. Padrões de integração comercial das filiais de empresas transnacionais. O investimento direto estrangeiro e a internacionalização da economia brasileira nos anos 90. *In*: LAPLANE, Mariano; COUTINHO, Luciano; HIRATUKA, Célio (Orgs.). **Internacionalização e desenvolvimento da indústria no Brasil**. São Paulo: Unesp, 2004, p. 202.

MCLURE JR., Charles. Globalization, tax rules, and national sovereignty. **Bulletin of International Bureau of Fiscal Documentation**, ago. 2001, p. 328.

MANKIW, N. Gregory. **Introdução à economia**. São Paulo: Thompson.

MELLO, Celso Albuquerque de. **Direito internacional econômico**. Rio de Janeiro: Renovar, 1993, p. 56.

_____. **Direito internacional público**. 11. ed. Rio de Janeiro: Renovar, 1997, v. 1.

REITH, Thomas. **Internationales Steuerrecht**. Munique: Vahlen, 2004, p. 109.

REZEK, Francisco. **Direito internacional público**. 7. ed. São Paulo: Saraiva.

SARTI, Fernando; LAPLANE, Mariano F. O investimento direto estrangeiro e a internacionalização da economia brasileira nos anos 90. *In*: LAPLANE, Mariano; COUTINHO, Luciano; HIRATUKA, Célio (Orgs.). **Internacionalização e desenvolvimento da indústria no Brasil**. São Paulo: Unesp, 2004.

SCHAUMBURG, Harald. **Internationales Steuerrecht**. 2. ed. Colônia: Editora Dr. Otto Schmidt.

SCHOUERI, Luis Eduardo. **Preços de transferência no direito tributário brasileiro**. 2. ed. São Paulo: Dialética, 2006.

SCHOUERI, Luis Eduardo. Tratados e convenções internacionais sobre tributação. *In*: COSTA, Alcides Jorge; SCHOUERI, Luis Eduardo; BONILHA, Paulo Celso B. **Direito tributário atual**. São Paulo: Dialética, n. 17, p. 20.

SILVA, Maria Lussieu. A inserção nacional das grandes empresas. *In*: LAPLANE, Mariano; COUTINHO, Luciano; HIRATUKA, Célio (Orgs.). **Internacionalização e desenvolvimento da indústria no Brasil**. São Paulo: Unesp, 2004.

TAVOLARO, Agostinho Toffoli. O Brasil ainda precisa de tratados de dupla tributação?. *In*: SHOUERI, Luis Eduardo (Coord.). **Direito tributário – homenagem a Alcides Jorge Costa. São Paulo: Quartier Latin, v. 2, p. 874.

TORRES, Heleno. **Pluritributação internacional sobre as rendas de empresas**. 2. ed. São Paulo: Revista dos Tribunais, p. 552-638.

VOGEL, Klaus. **DBA – Doppelbesteuerungsabkommen-Kommentar**. 4. ed. Munique: Editora C.H.Beck.

XAVIER, Alberto. **Direito tributário internacional do Brasil**. 5. ed. São Paulo: Editora Forense, p. 91-98.

OCDE. **The Multilateral Agreement on Investment: Draft consolidated text**. Disponível em: <http://www1.oecd.org/daf/mai/pdf/ng/ng987r1e.pdf>. Acesso em: 4 nov. 2007.

UNITED NATIONS ORGANIZATION. **Convenção de Viena sobre Direito dos Tratados**. Disponível em: <http://www2.mre.gov.br/dai/dtrat.htm>. Acesso em: 4 nov. 2007.

_____. Department of Economic and Social Affairs. Guidelines for Tax Treaties Between Developed and Developing Countries. *Apud* ROLIM, João Dácio. Da tributação da renda mundial – princípios jurídicos. **Revista Dialética de Direito Tributário**, n. 4, jan. 1996, p. 49.

_____. **United Nations model double taxation between developed and developing countries**. New York, 2001. Disponível em: <http://daccessdds.un.org/doc/UNDOC/GEN/N00/676/65/PDF/N0067665.pdf?OpenElement>. Acesso em: 4 nov. 2007.

6 A REPARTIÇÃO DE COMPETÊNCIAS TRIBUTÁRIAS NO BRASIL SOB A ÓTICA DA TEORIA NORMATIVA DO FEDERALISMO FISCAL

Flávio Rubinstein

Professor da Escola de Direito de São Paulo da Fundação Getulio Vargas
– FGV DIREITO SP e do GVlaw; professor do Global Program da
FGV DIREITO SP; professor do MBA em Planejamento Tributário e
Gestão de Tributos da FGV; professor da Faculdade de Direito da
Universidade São Judas Tadeu; doutor e mestre em Direito Econômico,
Financeiro e Tributário pela Faculdade de Direito da USP; mestre em
Direito (LL.M.) pela Harvard Law School (EUA); Senior Fellow e
professor do Mestrado da University of Melbourne Law School (Austrália)
em 2014; membro do Comitê de Redação da Rivista Diritto e Pratica
Tributaria Internazionale (Itália); editor para o Brasil da revista Derivatives
& Financial Instruments (Holanda); advogado em São Paulo.

6.1 Introdução

O sistema federal, na clássica lição de Alexis de Toqueville, reproduzida por Oates, teria sido criado com a intenção de combinar as diferentes vantagens que resultam da magnitude e da pequenez das nações. Para que essas vantagens sejam compreendidas, é imprescindível determinar quais funções e instrumentos fiscais devem ser centralizados e quais devem ser alocados às esferas subnacionais de governo[1].

Em uma perspectiva histórica, nota-se que a problemática da repartição dos instrumentos fiscais não é recente, já podendo ser verificada, por exemplo, no Estado Otomano, o qual em meados do século XVI havia constituído um vasto império que cobria partes significativas do Oriente Médio, do norte da África e do leste da Europa. Dentre outras fontes, as receitas desse império provinham de um sofisticado sistema de arrecadação tributária, cujos recursos eram distribuídos entre os governos central, provincial e distrital[2].

---

[1] Essa determinação é, em síntese, a essência do federalismo fiscal, que examina a estrutura vertical do setor público. Cf. OATES, Wallace, E. An essay on fiscal federalism in readings. *In:* BAGCHI, Amaresh (Org.). **Public Finance**. New Delhi: Oxford, 2005, p. 394.

[2] Cf. COSGEL, Metin M.; MICELI, Thomas J. Risk, Transaction Costs, and Tax Assignment: government finance in the Ottoman Empire, **The Journal of Economic History**, v. 65, n. 3, 2005, p. 814 e s.

Nas federações primitivas, a atribuição de competências tributárias foi realizada irrestritamente e de modo uniforme por todo o corpo político. Prevalecia, nesse cenário, o contexto de pluralismo territorial, mediante o qual, não havendo demarcação de competência material, todos os entes exerciam simultaneamente seus poderes[3].

Essa "indiscriminação de rendas privativas", como afirma Sampaio Dória, estava fadada a revelar sérias consequências econômico-financeiras, não previstas pelo tratamento prevalentemente político da questão[4].

O sistema federal não pressupõe, necessariamente, uma discriminação de competências tributárias[5]. O que se exige para a verificação de tal sistema é uma adequada repartição de atribuições materiais e receitas financeiras entre os entes que o compõem[6].

---

[3] A limitação residia apenas em reservar ao governo central competência exclusiva para a tributação aduaneira, de modo a garantir o poder regulatório deste governo sobre o comércio internacional. Cf. SAMPAIO DÓRIA, Antônio Roberto. **Discriminação de rendas tributárias**. São Paulo: José Bushatsky, 1972, p. 13.

[4] Cf. SAMPAIO DÓRIA, Antônio Roberto, *op. cit.*, p. 13.

[5] Cf. SCHOUERI, Luís Eduardo. **Normas tributárias indutoras e intervenção econômica**. Rio de Janeiro: Forense, 2005, p. 343; SAMPAIO DÓRIA, Antônio Roberto, *op. cit.*, p. 15.

[6] Em alguns sistemas federais, as finanças públicas funcionam de modo adequado com a ausência de competências tributárias atribuídas aos entes regionais e locais, que têm a autonomia garantida por mecanismos de transferências intergovernamentais. Cf. OATES, Wallace E. Property taxation and local finance: an overview and some reflections. *In*: OATES, Wallace E. (Org.). **Property taxation and local government finance**. Cambridge: Lincoln Institute of Land Policy, 2001, p. 25; NABAIS, José Casalta. O Regime das Finanças Locais em Portugal. *In*: TÔRRES, Heleno Taveira (Org.) **Tratado de direito constitucional tributário – estudos em homenagem a Paulo de Barros Carvalho**. São Paulo: Saraiva, 2005, p. 567-568; HORTA, Raul Machado. **Direito constitucional**. 4. ed. Belo Horizonte: Del Rey, 2003, p. 305 e s.; e MCLURE JR., Charles E. Tax Assignment and Subnational Fiscal Autonomy. **Bulletin for International Taxation**, n. 12, 2000, p. 627.

Os métodos de alocação de receitas aos governos subnacionais diferem na autonomia fiscal que proporcionam, no grau de facilidade na conformidade e administração tributárias, no atendimento aos critérios de justiça e eficiência e nos patamares de redistribuição inter-regional de renda que podem acomodar[7].

Dentre outros métodos possíveis, destaca-se o de atribuição de competências tributárias – exclusivas ou compartilhadas – a todos os entes da Federação. Para o adequado funcionamento deste mecanismo, faz-se necessário compreender quais deles se revelam idealmente centralizados e quais outros podem ser alocados com maiores ganhos nas esferas de governos subnacionais.

A efetiva distribuição vertical da estrutura tributária (*tax assignment problem*) – que busca determinar quem deve tributar, quando e como deve tributar e o que deve ser tributado – representa um dos problemas centrais do federalismo fiscal[8].

Naturalmente, nenhuma repartição de competências tributárias pode ignorar os princípios econômicos elementares que informam os sistemas tributários modernos, tais como neutralidade, simplicidade, equidade, flexibilidade, eficiência etc.

Tomando por base esse conjunto de critérios, a teoria do federalismo fiscal foi elaborando recomendações normativas e desenhando as bases para uma distribuição "ótima" das competências tributárias entre os entes da Federação.

A teoria da tributação ótima supõe que o objetivo da sociedade é o bem-estar de seus cidadãos. Nesse passo, a distribuição de

---

[7] Cf. MCLURE JR., Charles E. Tax Assignment and Subnational Fiscal Autonomy. **Bulletin for International Taxation**, n. 12, 2000, p. 627.

[8] Cf. OATES, Wallace E. An Essay on Fiscal Federalism in Readings. *In:* BAGCHI, Amaresh (Org.). **Public finance**. New Delhi: Oxford, 2005, p. 400; e MCLURE JR., Charles E. The Tax Assignment Problem: Ruminations on how Theory and Practice depend on History. **National Tax Journal**, v. 54, n. 2, 2001, p. 339.

competências tributárias entre os entes da Federação deve ser feita de tal modo que o bem-estar da sociedade como um todo (i. e., no conjunto de entes que formam o Estado Federal) seja maximizado[9].

Trata-se de uma das faces, ao lado da alocação de competências materiais, da chamada "teoria normativa" do federalismo fiscal, que busca desenhar o modelo ótimo de tributário federal, em contraposição à "teoria positiva", que analisa os fatos verificados nos sistemas existentes.

A teoria normativa do federalismo fiscal adota determinadas hipóteses implícitas, como o modelo de estrutura governamental tripartida com perfeitas limitações de competências[10], a ausência de algumas "falhas de mercado"[11] e a suficiência de recursos públicos para os diferentes níveis de governo.

---

[9] Eventual arranjo institucional que permitisse a cada nível de governo escolher livremente seus tributos não seria a solução adequada, porquanto daria margem a uma série de efeitos indesejados de incidências tributárias ineficientes e iníquas, redundando em perda de bem-estar para a coletividade. Cf. BARBOSA, Fernando de Holanda; BARBOSA, Ana Luiza Neves de Holanda. O Sistema Tributário no Brasil: reformas e mudanças. *In*: BIDERMAN, Ciro; ARVATE, Paulo (Orgs.). **Economia do setor público no Brasil**. Rio de Janeiro: Elsevier, 2004, p. 293.

[10] Esse modelo, designado *layer cake* ("modelo do bolo de camadas"), parece ser uma opção pouco realista para as Federações modernas. Na atualidade, o setor público do Estado Federal compõe-se de múltiplos centros de decisão e atuação que se cruzam com diferentes intensidades em todas as direções, motivo pelo qual o modelo que melhor reflete a dinâmica deste Estado é o do *marble cake* ("bolo marmorizado"). Cf. MONTERO, Antonio Giménez. **Federalismo fiscal**: teoría y práctica, 2. ed. Valencia: Tirant lo Blanch, 2003, p. 32.

[11] Exemplos de falhas de mercado desconsideradas pela teoria normativa são os altos custos de coordenação – que geram prejuízos para a execução de políticas que tipicamente exigem a participação de diversos níveis de governo, como é o caso da descentralização – e os custos de coordenação das burocracias do governo central e dos governos subnacionais, custos estes que, se forem elevados, implicarão falhas no mecanismo concorrencial embutido na descentralização.

De outra parte, na análise de um dado sistema constitucional de repartição de competências tributárias, como o brasileiro, também parecer ser necessário temperar as diretrizes da teoria normativa com os valores inerentes ao princípio de justiça.

Com efeito, a abordagem tradicional pressupõe que toda a problemática do federalismo fiscal tem como epicentro questões econômicas[12]. Embora essas questões sejam amplamente relevantes, não se pode deixar de considerar que os governos são, essencialmente, corpos políticos, regidos por normas jurídicas. Como tais, seus objetivos e condutas muitas vezes distanciam-se dos paradigmas da teoria econômica pura.

Na excelente síntese do sociólogo jurídico francês Leroy, mais do que uma simples mecânica de divisão das finanças públicas, a problemática do federalismo fiscal envolve a lógica dos atores institucionais no jogo do poder financeiro. Esse jogo é estruturado por variáveis econômicas (globais ou adstritas a um dos entes federativos), técnico-jurídicas e políticas, que implicam complexas negociações entre os entes da Federação[13].

Os vetores de autonomia financeira dos entes da Federação hão de ser concretizados por normas jurídicas, para que possam alcançar o objetivo da justa repartição dos recursos públicos pelo Estado e a necessária correção de desigualdades[14].

As enumerações tributárias adotadas por diversas constituições de estados federativos, segundo a lição de Tipke, não podem ser vistas como tabus. A multiplicidade de tributos deve ser cuidadosa-

---

[12] A abordagem da teoria normativa parte do princípio de que os tributos causam ampla ineficiência na economia. Assim, as distorções geradas pelos tributos seriam tão relevantes que o principal critério de política tributária deveria ser a mitigação de tais distorções.

[13] Cf. LEROY, Marc. **La sociologie de l'impôt**. Paris: Presse Universitaires de France, 2002, p. 26.

[14] NABAIS, José Casalta, *op. cit.*, p. 569.

mente examinada sob a ótica do princípio da igualdade, já que, em regra, o constituinte apenas procura distribuir as receitas tributárias existentes, não se preocupando em verificar se os tributos abrangidos são justos[15].

Indo além da análise a respeito da justiça ou injustiça dos tributos em si, pode-se refletir sobre a compatibilidade entre a própria repartição de competências tributárias na Federação e o princípio de justiça.

Como bem aponta Leroy, o federalismo fiscal demanda um sistema de distribuição de recursos que visa à diminuição das iniquidades entre os entes que compõem o Estado federal[16].

Para que o sistema de repartição de receitas tributárias possa ser justo e apropriado à mitigação das desigualdades na Federação, parece correto reconhecer a necessidade de tal sistema prover os entes federados com recursos suficientes para a concretização das respectivas competências materiais.

Nesse contexto, Neumark, refletindo sobre os estudos de Wagner, alega que o sistema tributário deve ser pautado, dentre outros princípios, pela suficiência das respectivas receitas em relação aos gastos públicos desejáveis ou necessários que não sejam financiados por outras formas de receitas[17].

---

[15] Para TIPKE, a ordem jurídica deve formar uma unidade, alcançada quando os princípios de justiça são seguidos à risca, propiciando um sistema jurídico consistente e harmônico, livre de contradições axiológicas. Estas contradições devem ser evitadas porque conduzem a indesejáveis infrações ao princípio da igualdade, e *a observância da igualdade*, como afirma o autor alemão, *é uma característica essencial da justiça*. Cf. TIPKE, K.; trad. port. de Luís Eduardo Schoueri. Sobre a unidade da ordem jurídica tributária. *In*: SCHOUERI, Luís Eduardo; ZILVETI, Fernando Aurélio (Orgs). **Direito tributário** – estudos em homenagem a Brandão Machado. São Paulo: Dialética, 1998, p. 60 e 62.

[16] LEROY, Marc, *op. cit.*, p. 25.

[17] Cf. NEUMARK, Fritz; trad. de José Zamit Ferrer. **Principios de la imposición**. Madrid: Instituto de Estúdios Fiscales, 1974, p. 79-81.

O referido princípio da suficiência poderia ser aplicado separadamente para cada um dos níveis de governo de um Estado federal, de modo que as receitas tributárias tanto do governo central como dos governos regionais e locais bastem para financiar a respectiva soma de despesas públicas não coberta por outras receitas[18].

Cabe ponderar, contudo, que modernamente a suficiência dos tributos também sofre limitações macroeconômicas relativas à sustentação do equilíbrio fiscal do Estado, demandando esforços cada vez maiores para aumentar a eficiência da administração pública mantendo a carga tributária global nos padrões exigidos pela competição internacional entre países por investimentos[19].

Em suma, a teoria normativa oferece parâmetros de tributação ótima para a estruturação dos sistemas tributários dos Estados federais. Esses parâmetros devem, contudo, ser avaliados em conjunto com os valores do princípio de justiça, bem como considerar a necessidade de suficiência de recursos para os entes da Federação.

Nesse passo, a análise que se seguirá intenta confrontar a teoria positiva da repartição de competências tributárias ante os entes da Federação brasileira com as lições da teoria normativa do federalismo fiscal, sem descuidar da compatibilidade com os valores intrínsecos ao princípio da justiça e ao princípio da suficiência de recursos.

Não se procederá a uma análise detalhada das estruturas dos tributos previstos no ordenamento jurídico pátrio, senão de maneira incidental e com o intuito de trazer luz à compreensão do tema ora tratado.

---

[18] Cf. NEUMARK, Fritz, *op. cit.*, p. 84-85.

[19] Cf. REZENDE, Fernando. Globalização, federalismo e tributação. **Planejamento e políticas públicas**, n. 20, 1999, p. 16.

6.2 Custos e benefícios da atribuição de competências tributárias aos governos subnacionais

6.2.1 Autonomia financeira subnacional

Ainda que não seja um pressuposto do Estado Federal, a atribuição de competências tributárias aos governos subnacionais traz a desejável consequência de facilitar e intensificar a autonomia financeira desses governos.

Com efeito, a atribuição de competências tributárias pode ajudar a proporcionar, a cada nível de governo, considerável controle sobre seu destino fiscal. Em particular, tal atribuição possibilitaria uma relativa determinação dos patamares adequados de gasto público imputáveis aos governos subnacionais[20].

Por meio da obtenção de receitas próprias (ainda que combinadas com receitas marginais transferidas), permite-se que as decisões dos governos subnacionais acerca da extensão ou contração dos serviços públicos sejam fundamentalmente baseadas em avaliações dos respectivos custos e benefícios[21].

---

[20] Cf. MCLURE JR., Charles E. **The tax assignment problem**: conceptual and administrative considerations in achieving subnational fiscal autonomy (Paper presented at the Intergovernmental Fiscal Relations and Local Financial Management Course), Vienna, OECD Multilateral Tax Centre, 1998. Disponível em: <http://www.federativo.bndes.gov.br/destaques/estudos/taxassig.exe>. Acesso em: 20 maio 2006, p. 8.

[21] Evidências empíricas coletadas por especialistas em finanças públicas norte-americanos revelam que os governos subnacionais tendem a gastar quantias muito maiores quando obtêm suas receitas em transferências intergovernamentais do que quando as arrecadam por conta própria, promovendo o desperdício de recursos representado pelo chamado "efeito *flypaper*". Cf. OATES, Wallace E. Property Taxation and Local Finance: an overview and some reflections. *In*: OATES, Wallace E. (Org.). **Property taxation and local government finance**. Cambridge: Lincoln Institute of Land Policy, 2001, p. 25 e 27-28.

Ademais, a obtenção de receitas próprias também permite a estruturação de orçamentos subnacionais com o desejável controle da dimensão e da composição do gasto público, atendendo às necessidades públicas de modo adequado[22].

Para que a alocação de competências tributárias aos entes subnacionais seja eficaz na promoção dos referidos efeitos benéficos da autonomia financeira, tal atribuição deve ser razoável, atendendo a diversos critérios, consoante se exporá a seguir.

Primeiramente, os governos subnacionais devem ter receitas "próprias" suficientes para financiar os serviços por eles providos. Diversos são os sistemas que asseguram a titularidade de tais governos sobre as receitas, variando de transferências intergovernamentais à atribuição de competências tributárias exclusivas.

A maior parte desses mecanismos sujeita-se a incertezas práticas, já que dependem de transferências de recursos por parte do governo central. Colocam-se como exceções os mecanismos de atribuição de competências tributárias – compartilhadas ou exclusivas – aos governos subnacionais.

De fato, se um governo subnacional legisla sobre seus tributos e arrecada-os por conta própria, sob a proteção de salvaguardas constitucionais eficazes, ele poderá contar com uma fonte previsível de receitas próprias[23].

---

[22] Cf. NABAIS, José Casalta, *op. cit.*, p. 27.

[23] A alocação racional de competências tributárias é necessária, mas não suficiente, para que os governos subnacionais sejam dotados de autonomia financeira. Para tanto, é preciso haver também um certo grau de certeza na previsão de arrecadação tributária, bem como a garantia de que tais governos podem eleger suas prioridades de gasto público sem a ingerência do governo central. Cf. MCLURE JR., Charles E. **The tax assignment problem**: conceptual and administrative considerations in achieving subnational fiscal autonomy (Paper presented at the Intergovernmental Fiscal Relations and Local Financial Management Course), Vienna, OECD Multilateral Tax Centre, 1998. Disponível em: <http://www.federativo.bndes.gov.br/destaques/estudos/taxassig.exe>. Acesso em: 20 maio 2006, p. 8.

6.2.2 Concorrência intergovernamental

A concorrência entre governos, pela localização de residências e indústrias, pode ao mesmo tempo aumentar ou reduzir a eficiência econômica.

Na medida em que os governos subnacionais são forçados a atuar de modo mais eficiente na provisão de serviços públicos para manter a arrecadação tributária e satisfazer as demandas dos residentes, a concorrência intergovernamental deve ser vista como um fenômeno benéfico[24].

Ademais, a concorrência intergovernamental pode impor barreiras importantes às ações dos legisladores subnacionais, reforçando os esforços do eleitorado em fazê-los responsáveis em relação aos tributos arrecadados e aos serviços prestados[25].

Tais esforços partiriam do pressuposto de que governantes não benevolentes tendem a gerar um setor público excessivamente grande. A concorrência entre os governos subnacionais, nesse passo, poderia ser vista como um instrumento para conter o mencionado crescimento exagerado do setor público.

A concorrência intergovernamental benéfica pode tomar diversas formas. Em sua versão mais efetiva, indivíduos residentes com alta renda ameaçam partir de jurisdições[26] em que a carga tributária excede o valor dos benefícios das despesas públicas, e investidores controladores do capital necessário ao desenvolvimento econômico local recusam-se a investir em tais jurisdições[27].

---

[24] Cf. ULBRICH, Holley. **Public finance in theory and practice**. Mason: Thomson/South-Western, 2003, p. 196.

[25] Cf. *idem, ibidem*, p. 196.

[26] O termo "jurisdição" é usado no presente trabalho como sinônimo de governo, significando uma área geográfica, dotada de uma autoridade governamental de instituições políticas próprias, na qual indivíduos fazem escolhas coletivas relativas às funções e aos serviços públicos.

[27] Cf . MCLURE JR., Charles, E. **The tax assignment problem**: conceptual and administrative considerations in achieving subnational fiscal autonomy (Paper

Os efeitos dessas considerações foram demonstradas pelo célebre modelo econômico de Tiebout, para quem a competição horizontal (entre governos regionais e locais) travada em virtude da descentralização traria benefícios à população, pressionando os governos a adotar padrões de gasto público com composição e montante adequados[28].

No modelo de Tiebout, as finanças públicas dos governos regionais e locais assumiriam feições de mercado. As jurisdições ofereceriam pacotes de serviços públicos a custos determinados, e cada família poderia individualmente "votar com os pés", escolhendo a sua jurisdição preferida para fixar residência, de acordo com a relação custo-benefício de serviços públicos que considerasse apropriada[29].

A concorrência intergovernamental pode também levar os governos subnacionais a adotar níveis de tributação e gasto público distintos dos padrões considerados ótimos, em uma tentativa de

---

presented at the Intergovernmental Fiscal Relations and Local Financial Management Course), Vienna, OECD Multilateral Tax Centre, 1998. Disponível em: <http://www.federativo.bndes.gov.br/destaques/estudos/taxassig.exe>. Acesso em: 20 maio 2006, p. 10.

[28] Cf. BUCHANAN, James M; GOETZ, Charles J. Efficiency Limits of Fiscal Mobility: an assessment of the Tiebout Model, **The collected works of James M. Buchanan**, v. 18 (Federalism, Liberty and the Law), Indianapolis: Liberty Fund, 2001, p. 44-64; e HYMAN, David N. **Public finance**: a contemporary application of theory to policy. 6. ed. Forth Worth: Dryden, 1999, p. 635-636.

[29] Em que pese o fato de tal modelo apoiar-se em presunções econômicas e comportamentais bastante restritivas (como a hipotética viabilidade dos "votos com os pés", quando, na prática, diversos outros fatores distintos da carga tributária afetam as decisões de residência dos cidadãos), ele oferece uma interessante visão de alguns dos problemas inerentes às relações entre gastos e receitas dos governos subnacionais. Cf. OATES, Wallace E. Property taxation and local finance: an overview and some reflections. *In*: OATES, Wallace E. (Org.). **Property taxation and local government finance**. Cambridge: Lincoln Institute of Land Policy, 2001, p. 25; e HYMAN, David. N., *op. cit.*, p. 638.

oferta de condições favoráveis à atração de novos indivíduos residentes e empresas[30].

Com efeito, o fato de os governos subnacionais gozarem de autonomia financeira não significa, necessariamente, que ela seja acompanhada da requerida responsabilidade fiscal em seu exercício (*accountability*)[31].

O uso abusivo de mecanismos de incentivo fiscal levaria à chamada "competição predatória" entre governos locais (*harmful intergovernmental competition*), trazendo como resultado um setor público inadequado para a maximização do bem-estar da população.

Os incentivos fiscais deslocam o ônus da tributação para grupos – empresariais ou de residentes – distintos daqueles que os governos buscam atrair. Uma parte do ônus pode recair sobre a indústria existente na jurisdição, incluindo empresas comerciais e de prestação de serviços. Frequentemente, o ônus é deslocado de forma mais intensa para os indivíduos residentes com menor poder de mobilidade, que tendem a ser classes de baixa ou média renda[32].

Outrossim, a qualidade dos serviços públicos pode declinar, uma vez que o aumento de indivíduos residentes e empresas para atendimento por serviços públicos acaba não sendo acompanhado por um incremento na arrecadação de recursos para custear os ser-

---

[30] Cf. ULBRICH, Holley, *op. cit.*, p. 198.

[31] Em governos subnacionais com baixo grau de representatividade da população, dificilmente os políticos serão responsabilizados por desmandos no exercício da autonomia financeira. Mesmo em governos amplamente democráticos, as forças políticas que pregam tal responsabilidade podem encontrar obstáculos em políticos com interesses próprios e burocracias enraizadas. Cf. MCLURE JR., Charles E. **The tax assignment problem**: conceptual and administrative considerations in achieving subnational fiscal autonomy (Paper presented at the Intergovernmental Fiscal Relations and Local Financial Management Course), Vienna, OECD Multilateral Tax Centre, 1998. Disponível em: <http://www.federativo.bndes.gov.br/destaques/estudos/taxassig.exe>. Acesso em: 20 maio 2006, p. 9.

[32] Cf. *idem, ibidem*, p. 196-197.

viços adicionais. Nessa hipótese, o ônus dos incentivos fiscais recairá sobre a população existente como um todo, tanto em relação aos indivíduos quanto às empresas[33].

A competição desarrazoada e excessiva entre governos subnacionais que, ávidos para atrair novos investimentos e postos de trabalho, tendem a instituir bases tributárias abaixo dos níveis mínimos de eficiência, poderia levar a uma "corrida para o fundo do poço" (*race to the bottom*) representada pela perda global de arrecadação[34].

Quando se reconhece que a competição entre governos subnacionais também gera resultados positivos, resta saber se a "competição predatória" representa um mero desvio em relação à eficiência máxima ou gera perdas significativas a ponto de anular as vantagens da concorrência.

Os adeptos da "teoria da escolha pública" (*public choice theory*) consideram que há uma tendência natural do setor público a expandir-se, e acreditam que a competição – ainda que predatória – seria eficiente para conter essa expansão[35].

Modernamente, a doutrina tem procurado estabelecer condições sob as quais um governo federativo protege a economia de mercado e impede que o setor público cresça excessivamente, ab-

---

[33] Cf. *idem, ibidem,* p. 198.

[34] Esse argumento, contudo, não pode ser tomado como uma evidência de que a atribuição de competências tributárias a entes subnacionais é prejudicial ao funcionamento da Federação, pois há insuficiência de dados empíricos para sustentar tal temor. Cf. OATES, Wallace E. Property taxation and local finance: an overview and some reflections. *In*: OATES, Wallace E. (Org.). **Property taxation and local government finance**. Cambridge: Lincoln Institute of Land Policy, 2001, p. 25.

[35] Cf. BUCHANAN, James M. Public Finance and Public Choice. **The collected works of James M. Buchanan**, v. 14 (Debt and taxes), Indianapolis. Liberty Fund, 2001, p. 4-24.

sorvendo recursos que deveriam estar disponíveis para financiar o crescimento da economia privada (*market preserving federalism*)[36].

Para que a competição entre governos subnacionais não degenere em uma concorrência predatória, pode-se afirmar que os seguintes pressupostos devem ser observados: (i) o governo central deve ser encarregado de impedir que os governos locais estabeleçam reservas de mercado e dificultem o livre trânsito de bens e fatores de produção dentro do território nacional; (ii) os governos subnacionais devem ter instrumentos transparentes para competir entre si; e (iii) cada governo deve poder decidir a quantidade e a espécie de investimento que deseja atrair.

6.2.3 Externalidades intergovernamentais

Em sistemas de federalismo fiscal descentralizado, considerando-se a ampla mobilidade de fatores de produção e de indivíduos, cada comunidade não leva em conta os efeitos negativos e positivos de suas decisões finais sobre o bem-estar dos residentes de outras comunidades[37].

Surgem, nesse cenário, as chamadas "externalidades intergovernamentais", caracterizadas como custos (externalidades negativas) ou benefícios (externalidades positivas) de bens e serviços públicos de uma jurisdição imputados a indivíduos que vivem em outras jurisdições[38].

Essas externalidades criam problemas para a operação eficiente de um sistema federal de governo, porquanto implicam benefícios

---

[36] Cf. OATES, Wallace E. An essay on fiscal federalism in readings. *In:* BAGCHI, Amaresh (Org.). **Public finance**. New Delhi: Oxford, 2005, p. 420.

[37] Cf. MENDES, Marcos. Federalismo fiscal *In:* BIDERMAN, Ciro Biderman; ARVATE (Orgs.). **Economia do setor público no Brasil**. Rio de Janeiro: Elsevier, 2004, p. 428.

[38] Cf. HYMAN, David N., *op. cit.*, p. 638; e OATES, Wallace E. An essay on fiscal federalism in readings. *In:* BAGCHI, Amaresh (Org.). **Public finance**. New Delhi: Oxford, 2005, p. 401.

ou custos que se espalham além dos limites geográficos dos governos subnacionais.

A primeira externalidade que deve ser identificada é a exportação de tributos, fenômeno no qual determinado tributo instituído por um governo subnacional pode incidir sobre os não residentes, conforme se explanará adiante.

Ademais, quando os insumos utilizados pelo governo na geração dos serviços públicos também forem tributados, possivelmente um aumento da carga tributária em uma jurisdição elevará o custo de produção de bens públicos em outras jurisdições, fato que não será considerado pela primeira jurisdição[39].

Outrossim, haverá externalidades positivas se o governo subnacional ignorar os benefícios que suas políticas públicas proporcionam aos não residentes, decidindo isoladamente sobre a alocação dos recursos públicos[40].

Também quando um governo subnacional deixa de prover (ou passa a prover em menor quantidade) um serviço público, por já gozar de benefícios proporcionados pelos serviços prestados por governos vizinhos, identificar-se-á a externalidade conhecida como "comportamento carona" (*free rider*)[41].

Por fim, cada comunidade procura se livrar de atividades econômicas ou serviços públicos que, embora gerem benefícios à

---

[39] Cf. GORDON, Roger H. An optimal approach to fiscal federalism. **Quarterly Journal of Economics**, n. 4, 1983, p. 577 e s.; e MENDES, Marcos, *op. cit.*, p. 429.

[40] Tendem a provocar externalidades positivas, por exemplo, as ações de proteção ambiental e prevenção de doenças em uma jurisdição. Cf. GORDON, Roger H., *op. cit.*, p. 577 e s.; e MENDES, Marcos, *op. cit.*, p. 428.

[41] Cf. GORDON, Roger. H., *op. cit.*, p. 577 e s.; e MENDES, Marcos, *op. cit.*, p. 429. A título de exemplo, municípios pequenos situados no entorno de metrópoles tendem, em lugar de construir hospitais próximos, a oferecer ambulâncias para levar seus residentes doentes para o sistema de saúde vizinho, economizando recursos à custa da sobrecarga dos serviços públicos custeados pelos contribuintes da outra jurisdição.

sociedade, também produzem externalidades negativas locais. Esse fenômeno, conhecido na literatura como *not in my backyard* ("no meu quintal, não!"), pode levar a uma excessiva tributação sobre a instalação de atividades indesejáveis na comunidade, como usinas nucleares, depósitos de lixo e penitenciárias[42].

6.3 Critérios para a atribuição ótima de competências tributárias na Federação

6.3.1 Exportação de tributos

Alguns tributos cobrados por governos subnacionais (e, por vezes, até nacionais) são "exportados", isto é, são suportados por pessoas que residem em outras jurisdições.

Conforme aponta Ulbrich, os governos regionais e locais estão sempre atentos a oportunidades de deslocar o ônus tributário para não residentes, sob a justificativa teórica de que essas pessoas beneficiam-se dos serviços providos por tais governos, mas não contribuem para o respectivo custeio[43].

A justificativa pragmática para a exportação de tributos seria o fato de que não residentes não votam na jurisdição exportadora, ao passo que o eleitorado (i. e., a população residente) não suportará a integridade do ônus tributário, tendendo a apresentar maiores índices de aprovação do respectivo governante[44].

A exportação de tributos é um jogo em que emergem ganhadores e perdedores. Alguns governos subnacionais são fortes exportadores de tributos, enquanto outros não conseguem evitar intensos fluxos de importação de tributos alheios[45].

---

[42] Cf. MENDES, Marcos, *op. cit.*, p. 428.
[43] Cf. ULBRICH, Holley, *op. cit.*, p. 198.
[44] Cf. ULBRICH, Holley, *op. cit.*, p. 198.
[45] Cf. HYMAN, David N., *op. cit.*, p. 643.

Diversas são as formas pelas quais os tributos podem ser exportados. Frequentemente, os governos subnacionais, ao tributar bens e serviços que são consumidos por não residentes, fazem com que parte dos respectivos ônus tributários seja suportada por essas pessoas.

Alguns tributos proporcionam compensações pelos custos imputados aos respectivos governos subnacionais (ou a seus cidadãos). Em tais situações, a exportação dos tributos não é inapropriada, mas consistente com os critérios de equidade e neutralidade econômica[46].

Tributos que tendem a ser exportados com facilidade não devem ser alocados a governos subnacionais[47], porquanto a exportação de tributos é injusta e encoraja a expansão do setor público subnacional à custa de não residentes.

6.3.2 Mobilidade da base tributária

Em um contexto de descentralização fiscal, agentes econômicos, bens e recursos são dotados de significativa mobilidade através das fronteiras das jurisdições, em uma relação direta de intensidade quanto menor o nível de governo[48].

---

[46] Cf. MCLURE JR., Charles E. **The tax assignment problem**: conceptual and administrative considerations in achieving subnational fiscal autonomy (Paper presented at the Intergovernmental Fiscal Relations and Local Financial Management Course), Vienna, OECD Multilateral Tax Centre, 1998. Disponível em: <http://www.federativo.bndes.gov.br/destaques/estudos/taxassig.exe>. Acesso em: 20 maio 2006, p. 12. Assim, jurisdições regionais ou locais que atraem um grande número de turistas, por exemplo, incorrem em elevados custos de manutenção da infraestrutura adicional, de proteção policial e de bombeiros e da coleta de lixo requeridas por tal população sazonal. Estas jurisdições podem fazer uso justificado de variadas taxas (e.g., hoteleiras ou de turismo) para custear os mencionados serviços.

[47] Cf. BOSI, Paolo. **Corso di scienza delle finanze**. 3. ed. Bologna: Il Mulino, 2003, p. 212-213.

[48] Para propósitos de análise, pode-se considerar que os governos subnacionais (principalmente os locais) operam em um cenário no qual as unidades econômicas podem se mover sem custos. Cf. OATES, Wallace. An essay on fiscal federalism

A habilidade de bases tributárias de migrar parcialmente de uma jurisdição para outra cria problemas que restringem as capacidades de arrecadação de governos subnacionais, notadamente os locais[49].

Os tributos, como se apontou acima, podem ser a fonte de distorções na alocação de recursos econômicos, uma vez que os consumidores tendem a deslocar suas compras para bens e serviços com menor tributação.

Em um contexto espacial, essas distorções tomam a forma de ineficiências locacionais, pois as bases tributadas (ou, mais propriamente, os proprietários das bases tributadas) procuram jurisdições nas quais seja possível obter tratamentos tributários relativamente favoráveis[50].

Nesse diapasão, deve-se evitar que as unidades econômicas dotadas de alta mobilidade (sejam elas lares, capital ou bens acabados) sejam tributadas por governos subnacionais mediante o uso de tributos que não sejam baseados no princípio do benefício, conforme adverte Oates. Com efeito, as unidades móveis devem pagar pelos benefícios recebidos na prestação de serviços públicos por governos subnacionais[51].

Já as bases tributárias que tenham uma reduzida mobilidade interterritorial, conforme apontam Richard Musgrave e Peggy Musgrave, devem ser idealmente tributadas pelos governos regionais e, especialmente, locais[52].

---

in readings. *In:* BAGCHI, Amaresh (Org.). **Public finance**. New Delhi: Oxford, 2005, p. 400.

[49] Cf. HYMAN, David N., *op. cit.*, p. 639.

[50] Elevados impostos seletivos sobre bebidas alcoólicas, por exemplo, podem levar consumidores a suportar custos de viagem improdutivos com o objetivo de comprá-las em jurisdições com menor carga tributária. Cf. OATES, Wallace E. An essay on fiscal federalism in readings. *In:* BAGCHI, Amaresh (Org.). **Public Finance**. New Delhi: Oxford, 2005, p. 400-401.

[51] Cf. *idem, ibidem,* p. 400.

[52] Cf. MUSGRAVE, Richard A.; MUSGRAVE, Peggy B. **Public finance in**

6.3.3 Eficiência na promoção das funções do Estado

Outro critério que deve ser considerado na atribuição de competências tributárias é a necessidade de uma promoção eficiente das funções do Estado.

Tradicionalmente, a doutrina de finanças públicas aponta três funções principais do Estado: estabilização macroeconômica, redistribuição de renda e alocação de recursos[53]. Os governos subnacionais tendem a não ser eficientes nos esforços de implementação das duas primeiras funções.

De fato, a maior parte dos efeitos de ações de estabilização macroeconômica subnacional é sentida além dos limites da jurisdição regional ou local. Ademais, a inabilidade de recorrer ao uso de políticas monetárias prejudica os esforços de contenção de déficits públicos[54].

Em uma federação na qual não houvesse o uso de um único padrão monetário, os governos locais tenderiam a criar papel-moeda para comprar bens e serviços em todo a nação, tornando mais interessante financiar o gasto público pela emissão de moeda do que pela instituição e arrecadação de tributos. Os resultados seriam nefastos para a estabilização macroeconômica nacional, dando margem a um amplo descontrole da inflação[55].

Mesmo que não se atribuísse aos governos subnacionais o controle sobre a política monetária, eles teriam enorme dificulda-

---

theory and practice. 5. ed. New York: McGraw-Hill, 1989, p. 445 e p. 470-471. No mesmo sentido, BOSI, Paolo, *op. cit.*, p. 212-213.

[53] Cf. MUSGRAVE, Richard A.; MUSGRAVE, Peggy B., *op. cit.*, p. 446.

[54] MCLURE JR., Tax assignment and subnational fiscal autonomy. **Bulletin for International Taxation**, n. 12, 2000, p. 626; e OATES, Wallace E. An essay on fiscal federalism in readings. *In:* BAGCHI, Amaresh (Org.). **Public Finance**. New Delhi: Oxford, 2005, p. 401.

[55] Cf. MENDES, Marcos, *op. cit.*, p. 425.

de para realizar outras políticas macroeconômicas (e. g., de expansão do gasto público para estimular o crescimento econômico), já que os efeitos positivos dessas políticas afetariam outras jurisdições vizinhas[56].

Ademais, tendo em vista que a mobilidade dos indivíduos tende a estar diretamente relacionada à riqueza, a tendência dos governos subnacionais é estabelecer estruturas tributárias e perfis de gastos públicos regressivos[57].

Assim, os tributos utilizados para fins de política estabilizadora devem, definitivamente, ser de competência do governo central[58].

Analogamente ao que ocorre com a estabilização macroeconômica, tentativas subnacionais de redistribuição de renda tendem a ser contraproducentes, afugentando investimentos e indivíduos com alta renda[59].

Considerando-se a ampla mobilidade de indivíduos, que podem decidir onde morar, caso um governo subnacional decidisse adotar medidas para aumentar a tributação dos ricos e transferir recursos aos pobres, haveria a atração de pobres de outras jurisdições (nas quais as políticas públicas não lhes fossem tão favoráveis) e o estímulo à saída dos mais ricos. Ao final, a melhoria na distribuição da renda da jurisdição nacional seria obtida, mas à custa de uma indesejável redução da renda *per capita* local[60].

---

[56] Nesse cenário, cada governo subnacional evitaria financiar políticas macroeconômicas, esperando que os governos vizinhos o fizessem, para, como isso, gozar dos benefícios sem ter de arcar com os custos, no clássico "comportamento carona" (*free rider*). Cf. MENDES, Marcos, *op. cit.*, p. 426-427.

[57] Cf. MENDES, *op. cit.*, p. 429.

[58] Cf. MUSGRAVE, Richard A.; MUSGRAVE, Peggy B., *op. cit.*, p. 470.

[59] MCLURE JR., Charles E. Tax assignment and subnational fiscal autonomy. **Bulletin for International Taxation**, n. 12, 2000, p. 626.

[60] Cf. MENDES, Marcos, *op. cit.*, p. 427.

Essas considerações sugerem que os governos subnacionais devem evitar fazer uso de tributos apropriados para políticas de redistribuição de renda[61].

Ainda, a teoria econômica ensina que sob determinadas circunstâncias os mercados atingem uma alocação eficiente de recursos. A mesma lógica sugere que em certas situações a alocação de recursos pelo governo será otimizada se for pautada por princípios de mercado[62].

Conforme ressaltam Richard Musgrave e Peggy Musgrave a definição das estruturas fiscais federais deve idealmente permitir que os membros de cada jurisdição paguem pelos serviços que ela fornece (princípio do benefício), o que permitiria uma alocação eficiente dos recursos e evitaria demandas excessivas por tais serviços[63].

A partir dessas considerações, constata-se que a questão da alocação de competências tributárias relaciona-se de forma inexorável ao problema da alocação de gastos públicos. O governo que presta determinado serviço deve receber as remunerações pela sua utilização.

Essa lógica exigiria a instituição de tributos nacionais para o financiamento de serviços abrangentes (como defesa nacional) e de tributos regionais ou locais para o financiamento dos serviços providos pelas jurisdições subnacionais (como coleta de lixo).

Se a premissa em tela for desconsiderada, as pessoas que residem na jurisdição que fornece o serviço (mas não é remunerada por tal fornecimento) vão desejar uma quantidade de tal serviço maior do que aquela considerada "ótima", e a referida jurisdição relutará em prover a quantia "ótima" para o financiamento do serviço[64].

---

[61] MCLURE JR., Charles E. Tax assignment and subnational fiscal autonomy. **Bulletin for International Taxation**, n. 12, 2000, p. 626.

[62] Cf. MCLURE JR., Charles E. The Brazilian tax assignment problem: ends, means and constraints. *In*: MCLURE JR., Charles E. **A reforma fiscal no Brasil**. São Paulo: Fundação Instituto de Pesquisas Econômicas, 1993, p. 3.

[63] Cf. MUSGRAVE, Richard A.; MUSGRAVE, Peggy, *op. cit.*, p. 455.

[64] The Brazilian tax assignment problem: ends, means and constraints. *In:* MCLU-

Nesse passo, os tributos baseados no princípio do benefício (notadamente as taxas, como se verá adiante) são apropriados para qualquer nível de governo, desde que respeitada a premissa de compatibilidade entre o financiamento e o provimento dos respectivos serviços públicos[65].

6.3.4 Eficiência econômica

O principal desdobramento do presente critério exige que se evitem as distorções na localização geográfica da atividade econômica.

Determinados tributos, como aqueles incidentes sobre as operações financeiras ou comerciais, quando alocados a governos subnacionais, podem apresentar consequências inaceitáveis na economia nacional, prejudicando o comércio internacional da Federação e interferindo no funcionamento do mercado interno[66].

Para Buchanan, configuraria uma anomalia forçar constitucionalmente os governos subnacionais a remanescerem partes integrantes de uma economia nacional e, ao mesmo tempo, conferir-lhes completa independência econômica em suas operações fiscais[67].

Deve-se notar que a concorrência fiscal intergovernamental e a necessidade de evitarem-se distorções na localização geográfica da atividade econômica são verso e anverso da mesma moeda: a

---

RE JR., Charles E. **A reforma fiscal no Brasil**. São Paulo: Fundação Instituto de Pesquisas Econômicas, 1993, p. 3.

[65] Cf. MUSGRAVE, Richard A.; MUSGRAVE, Peggy, *op. cit.*, p. 446-447.

[66] Cf. MCLURE JR., Charles E. **The tax assignment problem**: conceptual and administrative considerations in achieving subnational fiscal autonomy (Paper presented at the Intergovernmental Fiscal Relations and Local Financial Management Course), Vienna, OECD Multilateral Tax Centre, 1998. Disponível em: <http://www.federativo.bndes.gov.br/destaques/estudos/taxassig.exe>. Acesso em: 20 maio 2006, p. 14.

[67] BUCHANAN, James M., *op. cit.*, p. 11.

concorrência fiscal somente é eficaz quando há o risco da referida distorção[68].

Cumpre ressaltar, por fim, que os tributos com fundamento no princípio do benefício adotados pelos governos subnacionais não provocam distorções na localização geográfica da atividade econômica; pelo contrário, tais tributos contribuem para a adequada alocação econômica dos recursos públicos[69].

6.3.5 Economias de escala e viabilidade na administração tributária

O critério sob análise pressupõe que seja viável a implementação dos tributos atribuídos aos governos subnacionais, sem que esta implementação exija custos excessivos de conformidade e administração tributárias[70].

Via de regra, é mais barato — em termos de custos de arrecadação — administrar um tributo centralizadamente do que de forma subnacional, já que a segunda alternativa exige a estruturação e a manutenção de inúmeros fiscos locais.

Uma economia substancial de escala na administração tributária pode ser atingida pela implementação de convênios na arrecadação de tributos: os entes federais maiores recolhem tributos de

---

[68] Cf. MCLURE JR., Charles E. **The tax assignment problem**: conceptual and administrative considerations in achieving subnational fiscal autonomy (Paper presented at the Intergovernmental Fiscal Relations and Local Financial Management Course), Vienna, OECD Multilateral Tax Centre, 1998. Disponível em: <http://www.federativo.bndes.gov.br/destaques/estudos/taxassig.exe>. Acesso em: 20 maio 2006, p. 14.

[69] *Idem, Ibidem,* p. 14.

[70] Cf. MONTERO, Giménez Antonio. *Ibidem,* nota de rodapé n. 10, p. 34; MCLURE JR., Charles E. Tax assignment and subnational fiscal autonomy. **Bulletin for International Taxation**, n. 12, 2000, p. 627.

competência dos entes menores e repassam-lhes as receitas[71]. Tal mecanismo, em princípio, não traz maiores implicações para o estudo da atribuição ótima de competências tributárias, já que a alteração faz-se basicamente no agente arrecadador, sem atingir a estrutura do sistema tributário.

De outra parte, a eventual atribuição de competências tributárias compartilhadas, isto é, comuns a mais de um nível de governo, apesar de propiciar uma economia de escala na arrecadação, afeta diretamente a análise de atribuição ótima de competências tributárias[72].

O uso múltiplo de competências tributárias, desde que propriamente coordenado, pode simplificar a administração e reduz os custos de conformidade e fiscalização, permitindo uma considerável economia de escala[73].

Já em relação aos tributos que podem ser atribuídos a mais de um nível de governo – quando tal atribuição não implicar efeitos indesejáveis, como ineficiências econômicas – pode-se invocar o princípio da subsidiariedade para eleger o nível mais adequado para receber a respectiva competência tributária.

---

[71] Cf. ULBRICH, Holley, *op. cit.*, p. 191.

[72] Como já se anteviu, nada impede que um sistema federal abra mão de conceder competências tributárias exclusivas a cada um dos níveis de governo que o compõe, valendo-se da atribuição de competências compartilhadas. Note-se, contudo, que a atribuição de competências tributárias exclusivas pode ser relevante, sob o critério de justiça, para algumas espécies tributárias, notadamente os impostos. A propósito, cf. SCHOUERI, Luis Eduardo. **Normas tributárias indutoras e intervenção econômica**. Rio de Janeiro: Forense, 2005, p. 344-345.

[73] Cf. MCLURE JR., Charles E. **The tax assignment problem**: conceptual and administrative considerations in achieving subnational fiscal autonomy (Paper presented at the Intergovernmental Fiscal Relations and Local Financial Management Course), Vienna, OECD Multilateral Tax Centre, 1998. Disponível em: <http://www.federativo.bndes.gov.br/destaques/estudos/taxassig.exe>. Acesso em: 20 maio 2006, p. 14.

Em conformidade com o princípio da subsidiariedade, o tributo deve ser atribuído ao menor nível de governo capaz de implementá-lo. Este princípio apresenta aplicação extremamente relevante para o estudo da atribuição ótima de competências tributárias, já que praticamente todos os tributos poderiam ser instituídos pelo governo central[74].

Parece ser necessário, nesse passo, proceder a um raciocínio de sopesamento entre os valores do princípio da subsidiariedade e da economia de escala na administração tributária, para que se chegue a um patamar ótimo de atribuição de competências tributárias compartilhadas.

6.4 Atribuição de competências tributárias na Federação brasileira

6.4.1 Federalismo cooperativo e Sistema Tributário no Brasil

Nos moldes da Constituição Federal promulgada em 1988 (CF/88), a Federação brasileira compreende três níveis de governo, todos eles dotados de competências tributárias próprias, quais sejam: (i) a União, (ii) 26 Estados-Membros e o Distrito Federal e (iii) 5.565 Municípios[75].

---

[74] Cf. MCLURE JR., Charles E. **The tax assignment problem**: conceptual and administrative considerations in achieving subnational fiscal autonomy (Paper presented at the Intergovernmental Fiscal Relations and Local Financial Management Course), Vienna, OECD Multilateral Tax Centre, 1998. Disponível em: <http://www.federativo.bndes.gov.br/destaques/estudos/taxassig.exe>. Acesso em: 20 maio 2006, p. 9.

[75] Essa estrutura de Estado Federal, composta pelo governo central (União) e por governos regionais (Estados-Membros) e locais (Municípios), é semelhante aos desenhos federativos institucionais verificados nos EUA, no Canadá, na Alemanha e na Austrália. Para uma análise das estruturas fiscais adotadas por diversos Estados, cf. MUSGRAVE, Richard A.; MUSGRAVE, Peggy, *op. cit.*, p. 445.

As unidades parciais da federação brasileira apresentam uma ampla diversidade regional que evidencia heterogeneidades sociais, fiscais e econômicas, historicamente enraizadas e exacerbadas pelo modelo de federalismo fiscal adotado.

Em relação às heterogeneidades fiscais, pode-se afirmar que as amplas variações horizontais relativas à capacidade de arrecadação de receitas tributárias próprias e à necessidade de gastos públicos dos entes subnacionais afetam de forma significativa os custos e a qualidade da prestação de serviços públicos estaduais e municipais.

Embora essas variações possam ser vistas como inerentes à estrutura federativa de um país com território tão vasto como o Brasil, causa preocupação o fato de que elas refletem e perpetuam os níveis duradouros das profundas disparidades sociais e econômicas inter-regionais e intrarregionais[76].

Os elevados níveis de desigualdades na federação resultam, em grande parte, da capacidade desigual dos governos subnacionais de prestar serviços sociais, como discutido anteriormente, configurando uma realidade histórica que o processo de descentralização previsto na Constituição de 1988 – desprovido de consenso e planejamento racional – não conseguiu resolver[77].

---

[76] Cf. TER-MINASSIAN, Teresa. Brazil. *In:* TER-MINASSIAN, Teresa (Coord.). **Fiscal federalism in theory and practice**. Washington: International Monetary Fund, 1997, p. 455.

[77] Essa conclusão é coerente com a análise comparativa de Anwar Shah, o qual argumenta que as desigualdades fiscais nos países em desenvolvimento tendem a ser maiores e mais sérias do que os desequilíbrios fiscais verticais (i. e. descompassos entre as atribuições de competências materiais e tributárias. Cf. SHAH, Anwar. **The reform of intergovernmental fiscal relations in developing and emerging market economies**. World Bank, **Policy and Research Series**. Paper n. 23, 1994, p. 61; ALENCAR, André Amorim; GOBETTI, Sérgio Wulff. **Justiça fiscal na federação brasileira**: uma análise do sistema de transferências intergovernamentais entre 2000 e 2007, p. 50. Disponível em: <http://www3.tesouro.fazenda.gov.br/Premio_TN/XIIIpremio/financas/1tefpXIIIPTN/Justica_Fiscal_Federacao_Brasileira.pdf>. Acesso em: 12 fev. 2014.

Diante desse cenário, o constituinte de 1988 dispôs, no inciso III do art. 3º, que são objetivos fundamentais da República Federativa a erradicação da pobreza e da marginalização e a redução das desigualdades sociais e regionais. Assim, a Constituição Federal de 1988 adota uma concepção solidária de justiça social, demandando de todos os níveis de governo a adoção de políticas para atenuar as desigualdades sociais e econômicas[78].

A redução das disparidades existentes na federação, como valor protegido por este princípio, deve ser sopesada com os demais valores presentes na formulação e implantação das políticas públicas de todos os níveis de governo.

Para que essa meta seja alcançada, parece claro que uma forte cooperação entre as unidades federadas faz-se necessária[79]. Aliás, como bem ressalta Fernando Rezende, as próprias limitações à autonomia financeira dos entes da Federação evidenciam a necessidade de estreitamento dos laços de cooperação entre tais entes[80].

---

[78] Trata-se de princípio constitucional plenamente eficaz, como se passa, de resto, com todos os demais preceitos constitucionais. A propósito, como ensina Regis Fernandes de Oliveira, "sabidamente não há mais as denominadas normas meramente programáticas", porquanto "todas têm um mínimo de eficácia, seja ao menos de impedir que se criem normas em descompasso com os direitos encampados no ordenamento". Cf. OLIVEIRA, Regis Fernandes de. **Gastos públicos**. São Paulo: Revista dos Tribunais, 2012, p. 144.

[79] Cf. FERRAZ JR., Tércio Sampaio. Guerra fiscal, fomento e incentivo na Constituição Federal. *In*: SCHOUERI, Luís Eduardo; ZILVETI, Fernando Aurélio (Coords.). **Direito tributário**: estudos em homenagem a Brandão Machado. São Paulo: Dialética, 1998, p. 277-278. Como ressalta o autor, o processo histórico de federalização no Brasil é marcado por uma passagem progressiva de uma tônica segregacionista – na qual se insistia na autonomia das unidades parciais – para um federalismo orgânico, com a tônica da cooperação.

[80] REZENDE, Fernando, *op. cit.*, p. 18. Como Torsten Persson e Guido Tabellini afirmam em seu estudo sobre os determinantes políticos e econômicos regionais de transferências públicas, "a descentralização politicamente viável tem de ser acompanhada por um sistema de redistribuição regional, caso contrário as regiões mais

Nesse contexto, as variações entre os entes federados brasileiros quanto à capacidade de arrecadar receitas próprias para o adequado financiamento das necessidades públicas de seus respectivos residentes resulta em disparidades fiscais inter-regionais[81].

As disparidades fiscais subnacionais são um fenômeno comum nas federações[82] e costumam ser mitigadas por meio da adoção de

---

pobres passariam a perder muito". Cf. PERSSON, Torsten; TABELLINI, Guido. Federal Fiscal Constitutions: Risk Sharing and Redistribution. *In*: **The Journal of Political Economy**, v. 104, n. 5, 1996, p. 982.

[81] A medição das disparidades entre regiões é uma tarefa árdua e delicada, que pode contar com vários métodos diferentes, ainda que nenhuma medida estatística seja capaz de capturar com precisão a multiplicidade das dimensões apresentadas por tais fenômenos. Outra dificuldade advém do fato de que a maioria das medidas são "estáticas", concentrando-se em um horizonte de tempo específico. Para analisar as tendências das desigualdades inter-regionais e intrarregionais e, especialmente, as perspectivas das políticas públicas para enfrentá-las ao longo do tempo, pode-se fazer um melhor uso de medidas "dinâmicas". Esta abordagem utiliza um perfil de tempo das medidas estáticas e determina se, por meio destas medidas, aumentam ou diminuem as disparidades ao longo de um determinado prazo. Cf. SHAH, Anwar; SHANKAR, Raja. Regional Income Disparities and Convergence: Measurement and Policy Impact Evaluation. *In*: SHAH, Anwar (Coord.). **Macro Federalism and Local Finance**. Washington: World Bank, 2008, p. 143-147.

[82] Em países unitários, os residentes são teoricamente tratados de modo equitativo pelo governo, submetendo-se à mesma pressão fiscal e recebendo os mesmos níveis de serviços públicos. Nas federações, de outra parte, a descentralização fiscal expõe os residentes às diferenças dos regimes fiscais dos entes federados, porquanto a cobrança de receitas públicas subnacionais e a prestação de serviços públicos regionais e locais podem variar entre as jurisdições. Ainda que um equilíbrio inicial seja atingido nas alocações de competências de arrecadação de receitas e responsabilidades de gastos em todos os níveis de governo da federação, equilíbrio semelhante pode não ser extensível individualmente a todos os entes de cada um destes níveis. Na prática, mesmo os melhores sistemas de federalismo fiscal não conseguirão evitar que alguns governos regionais ou locais tenham bases amplas de receitas e baixas necessidades de gastos, ao passo em que outros tenham bases reduzidas de receitas e altas necessidades de gastos. Ademais, as competências descentralizadas

um sistema de "equalização fiscal"[83], que consiste em um sistema de transferências, predominantemente incondicionadas, entre os diferentes níveis de governo de uma federação[84].

Essas transferências, como observa Stark, podem ser vistas como uma tentativa de conseguir o melhor dos dois mundos, i.e., um esforço para manter os benefícios do federalismo (principalmente decisões políticas descentralizadas) ao mesmo tempo em que se minimizam os efeitos fiscais adversos associados à decisão de dividir o país em unidades federadas[85].

---

podem sofrer modificações no decurso do tempo, em razão de mudanças nas preferências de prestação de serviços subnacionais, bem como de tecnologia nesta prestação. Há ampla evidência de que as receitas tributárias próprias dos governos regionais e locais não seguem o mesmo caminho. Cf. WILSON, Leonard S. Macro Formulas for Equalization. *In*: BOADWAY, Robin; SHAH, Anwar (Coords.). **Intergovernmental fiscal transfers**: principles and practice. Washington: World Bank, 2007, p. 340; e DAFFLON, Bernard. Fiscal Capacity Equalization in Horizontal Fiscal Equalization Programs. In: BOADWAY, Robin; SHAH, Anwar (Coords.). **Intergovernmental fiscal transfers**: principles and practice. Washington: World Bank, p. 363.

[83] Entre outras federações, as seguintes podem ser mencionadas como exemplos: Austrália, Canadá, China, Dinamarca, Alemanha, Indonésia, Letônia, Lituânia, Filipinas, Polônia, Federação Russa, Suécia, Suíça, Tailândia, Ucrânia e Vietnã. Cf., e.g., GUERRA, Susana Cordeira; HOFMAN, Bert. **Ensuring Inter-Regional Equity and Poverty Reduction**. Working Paper 04-11. Georgia State University – Andrew Young School of Policy Studies, 2004, p. 6; e **A Practitioner's Guide to Intergovernmental Fiscal Transfers**. Policy Research Working Paper n. 4039. Washington: World Bank, 2006, p. 32.

[84] Cf. EICHHORST, Anja. Evaluating the need assessment in fiscal equalization schemes at the local government level. **The Journal of Socio-Economics**, n. 36, 2007, p. 747.

[85] Cf. STARK, Kirk J. **Rich States, Poor States** (versão preliminar), p. 10 e 11. Disponível em: <http://cdn.law.ucla.edu/SiteCollectionDocuments/centers%20and%20programs/business%20law%20and%20policy%20program/stark,%20rich%20states,%20poor%20states.pdf>. Acesso em: 11 fev. 2014.

A principal fundamentação para os regimes de equalização fiscal repousa em argumentos de equidade[86], relacionados à determinação de "quem ganha" e "quem perde" na federação, de quem deve arcar com os custos das políticas públicas e de quem deve colher os benefícios destas[87].

As preocupações de equalização fiscal e os instrumentos para implantá-la variam amplamente entre as federações, dependendo de aspectos políticos, históricos e culturais, bem como dos princípios econômicos e jurídicos subjacentes.

No caso brasileiro, as amplas disparidades fiscais inter-regionais e intrarregionais parecem justificar a adoção de políticas de equalização fiscal, por meio de transferências intergovernamentais. Curiosamente, contudo, na Federação brasileira não se adotam programas específicos e explícitos de equalização fiscal para corrigir as disparidades entre os Estados e Municípios[88]. Os objetivos da equalização são implícita e indiretamente promovidos através das transferências intergovernamentais obrigatórias[89], as quais são pri-

---

[86] Cf. OATES, Wallace E. An essay on fiscal federalism, 37(3) **Journal of Economic Literature**, 1999, p. 1128. BOADWAY, Robin. The imperative of fiscal sharing transfers. 167 **International Social Science Journal**, 2001, p. 105.

[87] Cf. DAFFLON, Bernard. Fiscal Capacity Equalization in Horizontal Fiscal Equalization Programs. *In*: BOADWAY, Robin; SHAH, Anwar (Coords.). **Intergovernmental fiscal transfers**: principles and practice. Washington: World Bank, p. 366.

[88] As políticas públicas brasileiras que mais se assemelham a programas de equalização fiscal são as transferências obrigatórias para o FUNDEB e para o Fundo Nacional de Saúde, que procuram, em certa medida, corrigir as disparidades nas necessidades de gastos dos entes subnacionais, respectivamente nas áreas de educação básica e saúde. Contudo, considerando o escopo limitado destes fundos e a ausência de critérios que permitam a mensuração da capacidade fiscal de tais entes, parece correto afirmar que o SUS e FUNDEB não seriam, propriamente, programas de equalização fiscal.

[89] Cf. SHAH, Anwar. **A Practitioner's Guide to Intergovernmental Fiscal Transfers**. Policy Research Working Paper n. 4039. Washington: World Bank, 2006, p. 35.

mordialmente estruturadas para a consecução de outras finalidades diversas da referida equalização[90], conforme se explicará adiante no item. 6.5.

6.4.2 Visão panorâmica do Sistema de Repartição de Competências Tributárias Brasileiro

No Brasil, a opção por uma rígida repartição de competências tributárias é matéria que acompanhou todos os textos constitucionais a partir de 1891, desde o surgimento da Federação[91].

Como afirma Schoueri, a adoção desse regime foi a solução encontrada para garantir a cada pessoa jurídica de direito público o montante de ingressos necessário à manutenção de sua independência assegurada, de resto, pelo sistema federativo[92].

A CF/88 manteve, na temática da distribuição de competências tributárias, a tradição daquelas que a precederam, prevendo elencos rígidos para cada ente federado[93].

---

[90] A promoção indireta e implícita da equalização fiscal por meio de transferências intergovernamentais dotadas de outros objetivos também pode ser verificada na maioria dos países emergentes organizados como federação (com a notável exceção da Indonésia, que conta com um programa de equalização fiscal explícito). A propósito, podem ser mencionados os sistemas de federalismo fiscal da Argentina, da Colômbia, da Índia, da Nigéria, do México, do Paquistão. Cf. AHMAD, Ehtisham; CRAIG, Jon. Intergovernmental Transfers. In: TER-MINASSIAN, Teresa (Coord.). **Fiscal federalism in theory and practice**. Washington: International Monetary Fund, 1997, p. 76; e SHAH, Anwar, *op. cit.*, p. 35.

[91] Cf. SCHOUERI, Luis Eduardo. **Normas tributárias indutoras e intervenção econômica**. Rio de Janeiro: Forense, 2005, p. 343.

[92] Cf. SCHOUERI, Luís Eduardo. Discriminação de competências e competência residual. *In:* SCHOUERI, Luís Eduardo; ZILVETI, Fernando (Orgs.). **Direito tributário**: estudos em homenagem a Brandão Machado. São Paulo: Dialética, 1998, p. 82.

[93] *Ibid.*, p. 88.

As inovações trazidas pelo novo texto constitucional não foram numerosas, conforme se pode inferir a partir de uma breve análise das atribuições de competências para cada espécie tributária[94].

A repartição de competências dos impostos faz-se a partir de grandezas econômicas, reveladoras de capacidade contributiva, apontadas nos arts. 153, 155 e 156 e singularmente distribuídas à União, aos Estados e Distrito Federal[95] e aos Municípios[96].

Em relação a essa espécie tributária, pode-se afirmar que o constituinte preocupou-se em redistribuir impostos preexistentes, fundindo alguns deles e eliminando outros[97]. Extinguiram-se então os três impostos únicos (sobre combustíveis, energia elétrica e minerais) previstos nas constituições anteriores como sendo de competência da União.

Conforme dispõe o art. 153 da Constituição Federal, a União é atualmente dotada de competência para instituir impostos sobre: (i) importação de produtos estrangeiros; (ii) exportação de produtos nacionais ou nacionalizados; (iii) renda e proventos de qualquer natureza; (iv) produtos industrializados; (v) operações de crédito,

---

[94] Para uma análise detalhada acerca das espécies tributárias, em que se aponta a causa (justificação) da tributação como elemento para diferenciá-las, cf. SCHOUERI, Luís Eduardo, **Normas tributárias indutoras e intervenção econômica**. Rio de Janeiro: Forense, 2005, p. 155-203.

[95] Consoante dispõe o art. 32 da CF/88, ao Distrito Federal são atribuídas as competências legislativas reservadas aos Estados e Municípios. Especificamente em relação às competências tributárias, o art. 147 determina que ao Distrito Federal cabem os impostos municipais.

[96] A competência conferida pela CF/88 aos Municípios para que eles possam instituir e arrecadar tributos é fundamentada pelo princípio da autonomia municipal, expresso no art. 30 da Constituição Federal.

[97] Cf. SCHOUERI, Luís Eduardo. Discriminação de competências e competência residual. *In:* SCHOUERI, Luís Eduardo; ZILVETI, Fernando (Orgs.). **Direito tributário**: estudos em homenagem a Brandão Machado. São Paulo: Dialética, 1998, p. 88.

câmbio e seguro, ou relativas a títulos ou valores mobiliários; (vi) propriedade territorial rural; (vii) grandes fortunas.

No art. 154, admite-se que a União venha a instituir outros impostos, não previstos no texto constitucional. Essa "competência residual da União", contudo, depende da edição de uma lei complementar e não pode invadir competência reservada a outro ente federal. O mesmo dispositivo permite que a União também institua impostos extraordinários no caso de guerra externa ou sua iminência.

Aos Estados-Membros e ao Distrito Federal, o art. 155 da CF/88 confere competência para a instituição (i) do imposto de transmissão *causa mortis* e doação, de quaisquer bens ou direitos – ITCMD; (ii) do imposto sobre operações relativas à circulação de mercadorias e sobre a prestação de serviços de transporte interestadual e intermunicipal e de comunicação – ICMS[98]; e (iii) do imposto sobre a propriedade de veículos automotores – IPVA.

Como se depreende da leitura do precitado art. 156, no caso dos Municípios (e também do Distrito Federal, conforme deixa claro o já referido art. 147) mantiveram-se as competências para a instituição do Imposto Sobre Serviços – ISS e do Imposto sobre a Propriedade Predial e Territorial Urbana – IPTU, acrescendo-se a competência sobre o Imposto sobre a Transmissão de Bens Imóveis *inter-vivos* – ITBI[99].

O inciso II do art. 145 da CF/88 confere a todos os entes tributantes competência para a instituição de taxas. Considerando-se

---

[98] As bases dos antigos impostos sobre serviços de comunicação e de transporte interestadual e intermunicipal foram integradas ao antigo ICM, dando origem ao ICMS.

[99] O ITBI, anteriormente à CF/88, era de competência dos Estados-Membros, e metade do valor arrecadado era transferida aos Municípios. Vale ressaltar, ainda, que o texto original da CF/88 atribuiu aos Municípios o *Imposto sobre a Venda a Varejo de Combustíveis Líquidos e Gasosos, exceto o Óleo Diesel* (IVVC). Contudo, com o advento da Emenda Constitucional n. 3, de 1993, este imposto foi extinto em 1º de janeiro de 1996.

que esta espécie tributária vincula-se à atuação estatal (de exercício de poder de polícia ou de prestação de serviços públicos específicos e divisíveis), a competência tributária torna-se anexa à competência material para a prestação do Estado tomada como fato gerador[100].

O inciso III desse mesmo artigo atribui, também a todos os entes da Federação, competência comum para a instituição de contribuição de melhoria, decorrente de obras públicas, a qual, seguindo lógica análoga à das taxas, somente pode ser instituída pelo ente federado responsável pela obra que a motivou.

A espécie tributária dos empréstimos compulsórios (os quais podem ser instituídos nos casos de investimento público de caráter urgente e relevante interesse nacional ou de despesas extraordinárias em situação de calamidade pública ou de guerra ou iminência desta), de acordo com o art. 148 da CF/88, é de competência exclusiva da União.

O art. 149 da CF/88, que disciplina a espécie tributária das contribuições sociais[101], estabelece que a competência para instituí--las é de regra reservada para a União, embora o mesmo dispositivo assegure a possibilidade de outros entes federais instituírem tais contribuições, nesse caso cobradas apenas de seus servidores e para o custeio – em benefício destes – e regime previdenciário próprio.

Antes do advento da CF/88 as contribuições sociais constituíam um instrumento peculiar e específico de financiamento de

---

[100] Cf. SCHOUERI, Luís Eduardo. **Normas tributárias indutoras e intervenção econômica**. Rio de Janeiro: Forense, 2005, p. 343.

[101] Dentre as principais contribuições sociais instituídas pela União destacam-se a Contribuição para o Financiamento da Seguridade Social – COFINS, a Contribuição para o Programa de Integração Social e para o Programa de Formação do Patrimônio do Servidor Público – PIS/PASEP, a Contribuição Social sobre o Lucro Líquido das Pessoas Jurídicas – CSLL, a Contribuição Provisória sobre Movimentação Financeira – CPMF e a Contribuição para o Seguro Social incidente sobre folha de pagamento e sobre o trabalho autônomo.

alguns gastos sociais. O novo texto constitucional ampliou consideravelmente o papel dessas contribuições, abandonando a folha salarial como sua base de incidência exclusiva, passando a prever as incidências sobre o lucro e o faturamento[102].

O mesmo art. 149 trata das contribuições especiais, que são aquelas de intervenção no domínio econômico (as chamadas "CIDEs") e as de interesse de categorias profissionais ou econômicas.

Ainda, cite-se o art. 149-A da CF/88 (introduzido pela Emenda Constitucional n. 39, de 2002), o qual, embora pretendendo tratar de uma espécie de contribuição, versa sobre um tributo de competência municipal ou distrital cuja receita fica vinculada ao custeio do serviço de iluminação pública.

Por fim, cabe notar que a federação brasileira utiliza intensamente o mecanismo de transferências financeiras intergovernamentais, classificadas pela Secretaria do Tesouro Nacional como "constitucionais e legais" (obrigatórias, portanto) e "voluntárias" (que resultam da celebração de convênios entre os entes da Federação[103].

A participação sobre a arrecadação de impostos alheios (que consiste em um sistema de repartição das receitas tributárias) é o principal mecanismo de transferências financeiras intergovernamentais. Trata-se de instrumento financeiro que cria para os entes políticos menores o direito a uma parcela da arrecadação do ente maior[104]. No item 6.6 adiante serão apresentadas maiores considerações sobre tais transferências intergovernamentais.

---

[102] Cf. AFONSO, José Roberto Rodrigues; ARAUJO, Érika Amorim. Contribuições sociais, mas antieconômicas. In: BIDERMAN, Ciro; ARVATE, Paulo (Orgs.). **Economia do setor público no Brasil**. Rio de Janeiro: Elsevier, 2004, p. 271 e s. Os autores narram o interessante embate entre as comissões da Assembleia Constituinte que deliberaram acerca do sistema tributário e da ordem social.

[103] Cf. MENDES, Marcos, op. cit., p. 441.

[104] As participações podem ser diretas (entregues diretamente aos entes menores ou por eles apropriadas mediante mera transferência orçamentária) ou indiretas

6.4.3 Tributos atribuídos à União

A União, no papel de governo central da Federação brasileira, tem maior capacidade para lidar com as externalidades, a mobilidade da base tributária e as economias de escala envolvida na arrecadação tributária.

Nesse passo, a União está apta a utilizar impostos progressivos com maior eficiência e efetividade do que os governos subnacionais, porquanto a atribuição destes impostos à primeira mitiga o risco de as pessoas – por meio de uma simples mudança de jurisdição – evitarem-nos com facilidade[105].

A tributação progressiva da renda fundamenta-se na ideia de que a progressividade atende ao critério da equidade, sendo um adequado mecanismo para a redistribuição de renda. Como tal, deve ficar adstrita ao governo central[106].

Embora parte da doutrina admita a instituição de impostos de renda não progressivos por parte dos governos subnacionais[107], parece correto afirmar que, mesmo destituídos de características progressivas, esses impostos continuam tendo por objeto bases dotadas de ampla mobilidade, motivo pelo qual seriam adequados exclusivamente para a competência tributária do governo central.

Ademais, caso a tributação sobre a renda fosse de competência dos governos subnacionais, haveria enorme distorção na alocação de recursos econômicos, principalmente no que diz respeito aos lucros das empresas, bem como um estímulo à informalidade[108].

(realizadas através de fundos). Para considerações detalhadas acerca do tema, cf. CONTI, José Maurício. **Federalismo fiscal e fundos de participação**. São Paulo: Juarez de Oliveira, 2001, p. 61-91.

[105] Cf. OATES, Wallace E. Property taxation and local finance: an overview and some reflections. *In*: OATES, Wallace E. (Org.). **Property taxation and local government finance**. Cambridge: Lincoln Institute of Land Policy, p. 26, 2001.

[106] Cf. MUSGRAVE, Richard A.; MUSGRAVE, Peggy B., *op. cit.*, p. 470.

[107] Nesse sentido, *idem, ibidem*, p. 470.

[108] Cf. NORREGAARD, John. Tax assignment. *In*: TER-MINASSIAN, Teresa

Outro argumento que atesta a adequação da atribuição da competência do imposto de renda à União refere-se às economias de escala na administração da arrecadação e fiscalização. Considerando-se que indivíduos e empresas podem auferir rendimentos em diversas localidades, seria muito complexo e custoso a um governo subnacional obter informações sobre o montante total a ser tributado, o que geraria baixa eficiência tributária[109].

Adequada, portanto, a atribuição à União de competência para instituir o imposto sobre renda e proventos de qualquer natureza, o qual se vale de uma estrutura de alíquotas progressivas, atendendo ao mandamento do art. 153, § 2º, I, da CF/88.

Os impostos aduaneiros (imposto de importação e imposto de exportação), parece claro afirmar, também foram corretamente atribuídos à União pela CF/88, em consonância com a teoria normativa do federalismo fiscal.

De fato, esses impostos configuram instrumentos de estabilização macroeconômica, função que, como se anteviu, deve competir somente ao governo central. Reduze-se, assim, a possibilidade de introdução de grandes distorções na alocação de recursos econômicos entre as várias regiões do País[110].

De modo semelhante, sob o ponto de vista da teoria normativa do federalismo fiscal, a alocação do IPI e do IOF à União é adequada, uma vez que representam instrumentos de política econômica, campo de atuação que, como já se disse, deve ficar adstrito ao governo central.

Ressalte-se que tanto os impostos aduaneiros quanto o IPI e o IOF são veículos adequados para a introdução de normas indutoras do comportamento dos agentes econômicos, cumprindo impor-

---

(Org.) **Fiscal federalism in theory and practice**. Washington: International Monetary Fund, 1997, p. 66.
[109] Cf. MENDES, Marcos, *op. cit.*, p. 431.
[110] Cf. NORREGAARD, John, *op. cit.*, p. 69.

tante papel de meios de concretização das políticas econômicas do País, elaboradas, coordenadas e implementadas pela União.

O constituinte de 1988 continuou acertando ao atribuir à União os impostos excepcionais em caso de guerra, destinados a prover-lhe recursos adicionais para a condução das políticas de guerra e dos respectivos esforços econômicos nacionais exigidos por tal conjuntura.

Já o ITR, como imposto que incide sobre base de baixa mobilidade (propriedade territorial rural[111]), poderia ter sido atribuído aos Municípios, e não à União, conforme o receituário da teoria normativa do federalismo fiscal[112]. No caso brasileiro, contudo, parece ter prevalecido a lógica de utilização deste imposto como instrumento de implementação de uma política nacional de reforma agrária, ainda que a eficácia prática desta opção ainda não tenha se mostrado significativa.

Não obstante, o constituinte considerou a dificuldade prática os altos custos de arrecadação e fiscalização deste tributo, adotando uma solução intermediária: 50% do valor arrecadado com o ITR deve ser destinado para os Municípios em que se localizem as propriedades tributadas, valor que passa a ser de 100% no caso de celebração de convênio para que a arrecadação torne-se municipal.

---

[111] Como se anteviu, enquanto à União compete instituir o ITR, é dos Municípios a competência para exigir o IPTU. O Código Tributário Nacional (Lei n. 5.172, de 25-10-1966) esclarece, no § 1º de seu art. 32, o que se considera zona urbana, dispondo o *caput* deste mesmo artigo que só está sujeito ao IPTU o imóvel ali localizado, enquanto o art. 29 reserva à tributação pelo ITR os imóveis localizados *fora da zona urbana do Município*.

[112] Cf. MENDES, Marcos, *op. cit.*, p. 446. Como se verá adiante, o constituinte parece ter considerado a dificuldade prática dos altos custos de arrecadação e fiscalização deste tributo, optando por uma solução intermediária: de acordo com o art. 158, II, 50% do valor arrecadado com o ITR deve ser destinado para os Municípios em que se localizem as propriedades tributadas, valor que passa a ser de 100% no caso de celebração de convênio para que a arrecadação torne-se municipal.

Quanto às contribuições sociais, note-se que os recursos arrecadados com elas são voltados à atuação da União na área social, atuação esta que se encontra disciplinada a partir do art. 193 da CF/88 (que versa sobre a "ordem social"). Natural, portanto, que a competência para instituir tais contribuições tenha sido atribuída para a própria União[113].

De modo análogo às contribuições sociais, as contribuições especiais justificam-se por sua finalidade, qual seja, a de prover recursos para a atuação da União nas respectivas áreas: no caso das CIDES, intervenção sobre o Domínio Econômico, e no caso das contribuições de interesse de categoria profissional ou econômica, atuação no interesse de tais categorias.

Tendo em vista a racionalidade dessas contribuições especiais, revelada pela finalidade de provimento de recursos para atuações determinadas da União, resta evidente que tais tributos não poderiam ser alocados a qualquer outro ente federado, sob pena de provocar-se uma dissociação entre a pessoa jurídica de direito público receptora dos recursos arrecadados e aquela responsável pelas mencionadas competências materiais (e pelos respectivos gastos públicos).

No que diz respeito às taxas, cuja racionalidade está na equivalência (princípio do benefício), consoante se disse, faz sentido que à União seja atribuída competência tributária para instituir as taxas relativas a atividades federais de exercício de poder de polícia ou de prestação de serviços públicos específicos e divisíveis, permitindo que tais competências materiais sejam financiadas por essa espécie tributária.

---

[113] Especificamente em relação às contribuições sociais incidentes sobre as folhas de salários das empresas, a eventual atribuição de competência destas aos governos subnacionais introduziria distorções indesejáveis na alocação de mão de obra, além de ser dificultada pela realidade dos trabalhadores que residem em uma jurisdição e trabalham em outra Cf. BIRD, Richard M. **Rethinking subnational taxes**: a new look at tax assignment. Working Paper of the International Monetary Fund n. 99/165, 1999, p. 14.

Parece correto admitir que o mesmo raciocínio baseado na equivalência pode ser aplicado ao caso das contribuições de melhoria instituídas em razão de obras realizadas pelo Poder Público federal, justificando-se também a alocação desses tributos à União.

Os empréstimos compulsórios, por seu turno, encontram sua justificação na necessidade de a União ser provida de recursos específicos para o atendimento de reclamos previstos pelo próprio texto constitucional (calamidade pública, guerra externa ou sua iminência ou, ainda, investimento público de caráter urgente e de relevante interesse nacional) e dela exigidos.

Conclui-se que as competências tributárias atribuídas à União são pertinentes e compatíveis com as diretrizes da teoria normativa do federalismo fiscal. Não causa surpresa esta compatibilidade, já que, sob a ótica de tal teoria, praticamente todo tributo pode, em tese, ser alocado para o governo central sem grande perda de eficiência.

6.4.4 Tributos atribuídos aos Estados-Membros e ao Distrito Federal

Diferentemente do que ocorre com o governo central, no que concerne aos níveis regionais (intermediários) de governo – tais como os Estados-membros brasileiros – a teoria normativa tradicional defende uma atribuição restrita de competências tributárias.

Nesse cenário, duas das sugestões da referida teoria são a atribuição de competência para a instituição de tributos singulares relativos a determinadas operações (*excise taxes*) – incidentes, por exemplo, sobre bebidas alcoólicas, tabaco e combustíveis[114] – e a

---

[114] Os *excise taxes* são politicamente aceitáveis e facilmente administráveis, além de apresentarem poucos efeitos econômicos indesejáveis quando alocados a governos regionais. Tais tributos, contudo, apresentariam baixo potencial arrecadatório, porquanto eles incidiriam em fontes restritas e pouco elásticas. Cf. BIRD, Richard M., *op. cit.*, p. 5 e 13-15.

introdução de incidências adicionais (*piggy-back surcharges*), pelos governos subnacionais, nos tributos nacionais, notadamente o imposto de renda[115].

Outra alternativa, apropriada para a realidade norte-americana, mas de difícil aplicação prática para as demais federações, é a atribuição aos governos regionais de competência para instituir um imposto exclusivamente incidente sobre as vendas de varejo (*retail sales tax*), cobrado diretamente dos consumidores finais[116].

A sistemática de cobrança desse imposto, caracterizado como monofásico e incidente somente nas vendas finais, adota o princípio do destino (cobrança na jurisdição do consumo) e busca mitigar a exportação tributária da tributação sobre o consumo. Ademais, supõe-se que as vendas de varejo sejam de pequeno ou médio valor e as alíquotas do imposto reduzidas, restringindo os estímulos econômicos à mobilidade de consumidores para jurisdições vizinhas em busca de menores preços[117].

Como se viu, os tributos que incidem sobre bases dotadas de ampla mobilidade não são adequados para a competência tributária dos governos regionais.

De fato, a delegação desses tributos a governos regionais estimularia a concorrência predatória intergovernamental, por meio da qual cada jurisdição, com o objetivo de atrair investimentos, procuraria cobrar o mínimo possível de tal imposto. Além disso, a

---

[115] Tal sistema de sobretributação, que consiste na aplicação – pelos governos subnacionais – de uma alíquota extra ao tributo instituído e fiscalizado pelo governo central, poderia ser usado no Brasil como uma alternativa viável. Depende, contudo, de forte cooperação efetiva entre os entes federados, algo que parece um tanto distante da nossa realidade federativa. Cf. MCLURE JR., Charles E. Tax assignment and subnational fiscal autonomy. **Bulletin for International Taxation**, n. 12, 2000, p. 627; e BIRD, Richard M., *op. cit.*, p. 5.

[116] Cf. NORREGAARD, John, *op. cit.*, p. 64.

[117] Cf. MENDES, Marcos, *op. cit.*, p. 431.

arrecadação dos referidos tributos e a fiscalização dos respectivos contribuintes pressupõem estruturas administrativas complexas e caras, capazes de obter informações globais (i. e. em outros governos regionais) sobre o montante tributável, dando margem à sonegação e à baixa eficiência tributária[118].

Contrariando frontalmente as lições da teoria normativa do federalismo fiscal, os Estados-membros brasileiros são dotados de competência para instituir o ICMS, permitindo-lhes tributar as diversas etapas das cadeias de operações de circulação de mercadorias, as quais perfazem uma base tributária extremamente móvel.

Esse imposto apresenta a nefasta característica de cobrança "na origem" (localidade em que o bem é produzido), contrariando a boa técnica tributária moderna, o que deu origem a uma predatória guerra fiscal entre os Estados-membros da Federação brasileira, responsável por constantes distorções da alocação espacial de recursos econômicos e por transferências interestaduais de ônus nas decisões de concessão de incentivos fiscais para a atividade produtiva[119].

A cobrança do ICMS "na origem" faz com que o consumidor deste bem em outra jurisdição financie o governo da primeira jurisdição, uma vez que o valor do imposto é embutido no preço da venda[120].

Como bem aponta Schoueri, apoiado na lição de Alcides Jorge Costa, é desaconselhável a atribuição, a governos subnacionais, de tributos com efeito econômico no âmbito nacional, sob pena de submissão a muitas políticas tributárias diferentes e conflitantes entre

---

[118] Cf. MENDES, Marcos, *op. cit.*, p. 431.

[119] Cf. BARBOSA, Fernando de Holanda; BARBOSA, Ana Luiza Neves de, *op. cit.*, p. 314.

[120] Cf. OATES, Wallace E. An essay on fiscal federalism in readings. *In:* BAGCHI, Amaresh (Org.). **Public finance**. New Delhi: Oxford, 2005, p. 402; MENDES, Marcos, *op. cit.*, p. 430.

si, levando a guerras fiscais permanentes e colocando em xeque a unidade econômica do País[121].

As constantes discussões de uma eventual reforma do ICMS oscilam entre o ideal e possível, porquanto representam inevitáveis e vultosas perdas para alguns atores do jogo político-financeiro da Federação e ganhos para outros[122], especialmente se tratando do tributo que responde atualmente pela maior arrecadação do País, representando 20,93% da carga tributária nacional em 2013 (percentual que correspondeu a cerca de R$ 364 bilhões)[123].

A fórmula mais simples para solucionar os problemas apresentados pelo ICMS, a federalização deste tributo, é paradoxalmente a mais difícil de ser implementada, já que reduziria drasticamente as receitas tributárias próprias dos Estados-membros, o que restringe o apoio político necessário para tal reforma[124].

Mesmo que com a federalização do ICMS a União passasse a transferir parte da receita do novo imposto aos Estados-membros, diversos pontos do debate político-financeiro continuariam pendentes. De fato, seria muito difícil chegar a um consenso quanto aos critérios de partilha, e os governos estaduais

---

[121] Cf. SCHOUERI, Luís Eduardo. **Normas tributárias indutoras de intervenção econômica**. Rio de Janeiro: Forense, 2005, p. 345-346.

[122] Dentre outras propostas a respeito desse tema, podem ser apontadas a PEC (Proposta de Emenda Constitucional) n. 74/2003 e a PEC n. 31/2007.

[123] Cf. RECEITA FEDERAL DO BRASIL. **Carga tributária no Brasil 2013** – Análise por tributos e bases de incidência, 2014, p. 13. Disponível em: <http://idg.receita.fazenda.gov.br/dados/receitadata/estudos-e-tributarios-e-aduaneiros/estudos-e-estatisticas/carga-tributaria-no-brasil/carga-tributaria-2013.pdf>. Acesso em: 29 dez. 2014.

[124] Cf. MENDES, Marcos, op. cit., p. 441. O ICMS responde atualmente pela maior arrecadação individual dentre os tributos do País, representando cerca de 21% da arrecadação nacional, percentual que correspondeu a cerca de R$ 155 bilhões em 2005. Cf. SECRETARIA DA RECEITA FEDERAL. COORDENAÇÃO GERAL DE POLÍTICA TRIBUTÁRIA, op. cit., p. 14.

não gostariam de perder grande parcela do poder para realizar políticas fiscais regionais[125].

Outra alternativa, politicamente mais palatável, seria a manutenção do ICMS como um imposto de competência estadual, mas com sistemática de cobrança orientada pelo princípio do destino.

Essa mudança de paradigma traz a dificuldade intrínseca de que o princípio do destino pressupõe uma estrutura de administração tributária mais complexa e custosa, já que incontáveis estabelecimentos comerciais terão de ser fiscalizados, bem como terão de ser instituídos controles alfandegários entre jurisdições regionais[126].

Assim, em uma primeira análise poderia se entender que a instituição de impostos regionais sobre o consumo baseados no princípio do destino seria de difícil implementação no Brasil, uma vez que exigiria administrações tributárias dotadas de amplos orçamentos, o que não se verifica na maior parte de nossos Estados-Membros.

Porém, os recentes avanços tecnológicos da escrituração fiscal digital (como o Sistema Público de Escrituração Digital – SPED) e da emissão de notas fiscais eletrônicas, aliadas a investimentos em sistemas de TI por parte das administrações tributárias e a inovações de fiscalização (como a Nota Fiscal Paulista e outros programas similares, que incentivam os consumidores a atuar como auxiliares do Fisco na exigência de emissão de notas fiscais por parte dos estabelecimentos), podem colocar em xeque aquela dificuldade.

Assim, tendo em vista que no Brasil já se avançou muito no controle fiscal das transações, a desejável cobrança no destino é amplamente viável e não deve ser temida, como bem ensina Coelho. Ainda conforme as lições deste especialista, com a co-

---

[125] Cf. MENDES, Marcos, *op. cit.*, p. 441.
[126] Cf. MENDES, Marcos, *op. cit.*, p. 430.

brança no destino poder-se-ia proporcionar melhor convivência federativa, maior autonomia e responsabilidade financeira dos Estados, com controle social mais ativo e benefícios para a governança pública[127].

Em complemento à cobrança no destino, outros pontos de reformas do ICMS merecem ser destacados, com especial atenção para a devolução ágil dos credores, a cobertura ampla do consumo de bens e serviços, a concessão de créditos financeiros (e não físicos), a desoneração de bens de capital, a supressão dos mecanismos de substituição tributária, a coordenação desse imposto com os demais tributos sobre o consumo, a simplificação do cálculo do imposto e a melhor harmonização das legislações estaduais[128].

Além da competência para a instituição do ICMS, consoante se afirmou acima, os Estados-membros brasileiros também contam com outros dois tributos, de potencial arrecadatório muito menor, quais sejam, o IPVA e o ITCMD.

O IPVA é um imposto de cobrança simples, não havendo grande dificuldade em atribuir os respectivos valores dos veículos automotores a sofrerem a incidência tributária, tornando-o bastante apropriado para governos subnacionais[129].

A doutrina costuma apontar, ainda, que a alocação da respectiva competência para os Estados-membros justifica-se ao considerar-se que se o IPVA fosse um tributo municipal haveria maior estí-

---

[127] Cf. COELHO, Isaías. Um novo ICMS – princípios para reforma da tributação do consumo. *Revista Brasileira de Comércio Exterior*, n. 120, 2014, p. 33.

[128] Cf. COELHO, *op. cit.*, p. 33 e s.

[129] Embora o IPVA tenha adquirido importância crescente para as receitas estaduais, representando atualmente a segunda maior fonte de receita para os Estados-Membros, a arrecadação nacional combinada deste imposto representa somente cerca de 0,60% do PIB brasileiro. Cf. RECEITA FEDERAL DO BRASIL, *op. cit.*, p. 13.

mulo para os contribuintes registrarem seus veículos em Municípios vizinhos, caso estes cobrassem o imposto a alíquotas menores[130].

No caso pátrio, a eventual prática de guerra fiscal em relação ao IPVA é claramente coibida pelo ordenamento jurídico.

A Emenda Constitucional n. 42/2003 estabeleceu que o IPVA terá alíquotas mínimas estabelecidas pelo Senado Federal. Ademais, o art. 120 do Código de Trânsito Brasileiro (Lei n. 9.503, de 23-9-1997) exige que o licenciamento do veículo seja efetuado na localidade de domicílio ou residência do proprietário, o que em tese minimiza a possibilidade de competição predatória entre Estados-membros com o intuito de levar a um maior número de veículos neles licenciados.

Quanto ao ITCMD, considerando-se que ele apresenta administração bastante simples[131] e incide sobre bases tributárias pouco sujeitas a distorções alocativas, parece correto afirmar que acertou o contribuinte ao atribuí-lo aos Estados-Membros[132].

De modo análogo ao que se constatou para a União, é plenamente justificada e adequada à teoria normativa do federalismo fiscal a atribuição de competência anexa aos Estados-membros para que eles instituam taxas.

Também é pertinente a atribuição, aos Estados-membros, de competência tributária para a instituição de contribuições sociais destinadas ao custeio de regimes previdenciários dos funcionários públicos estaduais. Esta atribuição permite que o mesmo ente seja responsável pelo gasto público (manutenção de tais regimes previdenciários) e pelo financiamento desse gasto.

---

[130] Cf. MENDES, Marcos, *op. cit.*, p. 431.

[131] Cf. KAHIR, Amir Antônio; MELO, Luciane, *op. cit.*, p. 262.

[132] Trata-se, contudo, de receita de importância diminuta para os Estados-membros que o instituíram, sendo o segundo imposto de menor arrecadação no País e representando não mais de 0,4% da arrecadação tributária estadual. Cf. KAHIR, Amir Antônio; MELO, Luciane, *op. cit.*, p. 260.

6.4.5 Tributos atribuídos aos Municípios

Como se anteviu, a atribuição ótima de competências tributárias aos governos locais (Municípios), à semelhança do que ocorre com os governos regionais (Estados-Membros), reveste-se de dificuldades consideráveis, já que poucos são os tributos que não provocam distorções indesejáveis quando instituídos e cobrados por tais governos.

Cabe, nesse passo, propor uma indagação preliminar e fundamental: há sentido em insistir no financiamento dos governos locais por meio de tributos próprios?

Segundo afirma Oates, a resposta a essa questão deve ser afirmativa. O argumento básico parte de um elo essencial entre as decisões de tributação e de gasto público. Para que um governo local tome as decisões corretas na gestão financeira, ele deve sopesar os benefícios das políticas públicas propostas em face dos custos que estas políticas importam[133].

Adotando-se como premissa a conveniência de atribuírem-se competências tributárias próprias aos governos locais, resta examinar quais tributos devem compor um padrão ótimo para tal atribuição.

À parte de outras sugestões menos difundidas[134], a teoria normativa do federalismo fiscal aponta que os níveis locais de governo

---

[133] Se o financiamento das políticas públicas propostas vier de outros entes da Federação (e.g., por meio de transferências intergovernamentais), o mencionado elo será quebrado: a escolha dos programas públicos não mais se fundamentará em seu custo verdadeiro, passando a ser o resultado de negociações entre o governo local e o regional ou central Cf. OATES, Wallace E. Property taxation and local finance: an overview and some reflections. *In:* OATES, Wallace E. (Org.). **Property taxation and local government finance**. Cambridge: Lincoln Institut of Land Policy, 2001, p. 26.

[134] Por exemplo, parte da doutrina sugere que os governos locais tributem os recursos naturais de alto valor, tais como petróleo e recursos minerais. Contudo, essa atribuição de competência tributária pode gerar problemas, apresentando efeitos

devem, na medida do possível, restringir-se à utilização de tributos incidentes sobre propriedades – preferencialmente as de bens imóveis – e de taxas cobradas segundo o princípio do benefício.

Tradicionalmente, os tributos incidentes sobre a propriedade têm sido apontados pela doutrina como aqueles que mais facilmente podem ser alocados às jurisdições locais, pois tal alocação não apresenta uma aparente ausência de obstáculos consideráveis e parece permitir uma aproximação de padrões ótimos de eficiência[135].

De fato, os benefícios das políticas públicas do governo local e os custos tributários que elas implicam tendem a ser capitalizados nos valores individuais das propriedades situadas na respectiva jurisdição. Tal capitalização levaria à promoção de decisões fiscais coerentes e à alocação sensata e equitativa de sujeições tributárias entre as jurisdições[136].

Especificamente, a tributação sobre a propriedade de bens imóveis seria a candidata mais forte para ser atribuída aos governos

---

econômicos indesejáveis. Os recursos naturais de alto valor geralmente se encontram localizados em áreas geográficas concentradas, fazendo com que algumas jurisdições ("abençoadas" por contarem com tais recursos) tornem-se muito mais ricas do que as demais, reduzindo a tributação sobre outras bases tributárias ou elevando o volume de serviços públicos. Como resultado último, haveria uma indução à migração de famílias e empresas em direção a essas jurisdições mais ricas, afetando a eficiência alocativa de recursos econômicos. Cf. MENDES, Marcos, *op. cit.*, p. 431.

[135] Cf., dentre outros, TANZI, Vito. **On fiscal federalism**: issues to worry about (Conference on Fiscal Federalism). Washington: International Monetary Fund, 2000. Disponível em: <http://www.imf.org/external/pubs/ft/seminar/2000/fiscal/tanzi.pdf>. Acesso em: 10 maio 2006, p. 8; OATES, Wallace E. **Property taxation and local finance: an overview and some reflections**. *In*: OATES, Wallace E. (Org.). **Property taxation and local government finance**. Cambridge: Lincoln Institute of Land Policy, 2001, p. 29; e BOSI, Paolo. *Op. cit.*, p. 212-213.

[136] Cf. OATES, Wallace E. Property taxation and local finance: an overview and some reflections. *In*: OATES, Wallace E. (Org.**). Property taxation and local government finance**. Cambridge: Lincoln Institut of Land Policy, 2001, p. 30.

locais. Isso se explica pela virtual imobilidade da respectiva base tributária: os proprietários destes bens não podem reagir a aumentos de carga tributária transportando-os para outras jurisdições[137].

Todavia, até mesmo a tributação de bens imóveis não escapa de problemas. Conquanto um imóvel não possa ser mudado de jurisdição em caso de aumento da tributação, novas edificações deixarão de ser construídas em localidades com elevados tributos sobre a propriedade[138].

Indivíduos e empresas também podem ser estimulados a migrar de Município, na hipótese de haver diferenças significativas de alíquotas na tributação da propriedade, desde que os custos de locomoção revelem-se inferiores à vantagem gerada pela menor incidência tributária[139].

Outro problema que deve ser contornado refere-se à extensão e à diversidade de limitações e exclusões na incidência dos tributos sobre a propriedade adotadas por governos locais em diversos países, o que reduz sensivelmente o papel de tais tributos como fontes relevantes de receita própria local[140].

Sobretudo, a administração do sistema de avaliação das propriedades continua a ser tecnicamente complexa e dispendiosa, mesmo com o advento de recentes inovações tecnológicas, o que pode resultar em baixa viabilidade da instituição de tributação sobre bens imóveis em localidades menores[141].

---

[137] Cf. MENDES, Marcos, *op. cit.*, p. 431.

[138] Cf. BIRD, Richard M. **Rethinking subnational taxes**: a new look at tax assignment. Working Paper of the International Monetary Fund. n. 99/165, 1999, p. 13; e MENDES, Marcos, *op. cit.*, p. 431.

[139] Cf. KAHIR, Amir Antônio; MELO, Luciane, *op. cit.*, p. 256.

[140] Cf. OATES, Wallace E. Property taxation and local finance: an overview and some reflections. *In:* OATES, Wallace E.(Org.). **Property taxation and local government finance**. Cambridge: Lincoln Institute of Land Policy, 2001, p. 25.

[141] Cf. BIRD, Richard M. **Rethinking subnational taxes**: a new look at tax

A tributação incidente sobre propriedades imóveis tem como problema inerente a dificuldade de conseguir por parte dos contribuintes uma revelação (*disclosure*) completa de todos os bens de sua propriedade, bem como de uma avaliação correta e atualizada destes bens[142].

Com efeito, a tributação em tela demanda a identificação, por parte das administrações tributárias, de montantes imputáveis às bases de cálculo dos tributos sobre a propriedade.

Tendo em vista que essas bases de cálculo são, tradicionalmente, compostas pelos valores das propriedades, uma primeira alternativa colocada para as administrações tributárias é o cadastramento atualizado e confiável de valores das propriedades individuais.

No Brasil, a elaboração de cadastros municipais detalhados e atualizados para fins de lançamentos dos impostos sobre o patrimônio recebeu grande incentivo após a promulgação da CF/88, quando a competência para a instituição do ITBI, como se anteviu, foi transferida aos Municípios[143].

Não obstante, o esforço de elaboração de cadastros de valores das propriedades individuais continua revelando-se demasiadamente custoso e complexo para os governos locais dos países em desenvolvimento.

De fato, a administração do sistema de avaliação das propriedades é tecnicamente complexa e dispendiosa, o que pode resultar em baixa viabilidade da instituição de tributação sobre bens imóveis em localidades menos abastadas[144].

---

assignment. Working Paper of the International Monetary Fund n. 99/165, Washington, IMF, 1999, p. 13; e MENDES, Marcos, *op. cit.*, p. 431; e KAHIR, Amir Antônio; MELO, Luciane, *op. cit.*, p. 256.

[142] Cf. TILBERY, Henry. Reflexões sobre a tributação do patrimônio. **Imposto de Renda – estudos**, n. 4, 1987, p. 327.

[143] KAHIR, Amir Antonio, MELO, Luciane, *op. cit.*, p. 258.

[144] Cf. BIRD, Richard M. **Rethinking subnational taxes**: a new look at tax

Várias soluções têm sido apontadas ao longo dos anos para viabilizar a tributação do patrimônio pelos governos locais de países em desenvolvimento, mas nenhuma delas parece permitir uma implementação fácil ou pouco custosa[145].

Não causa surpresa, portanto, que os tributos sobre a propriedade imóvel exerçam um papel arrecadatório importante apenas em países nos quais os governos locais funcionam relativamente bem[146].

De outra parte, no que diz respeito a países em que os governos locais apresentam problemas estruturais administrativos e carência de recursos, a tributação sobre o patrimônio torna-se uma tarefa permeada de desafios, conforme se alegou acima.

No caso brasileiro, o IPTU e o ITBI são os dois impostos sobre o patrimônio cujas competências foram atribuídas pela CF/88 aos Municípios, conforme se infere da leitura do já mencionado art. 156.

---

assignment. Working Paper of the International Monetary Fund. n. 99/165, Washington, IMF, 1999, p. 13; e MENDES, Marcos, *op. cit.*, p. 431.

[145] A solução mais difundida é aquela que prevê a determinação dos respectivos valores de mercado das propriedades tributadas pelo governo local; contudo, a avaliação de mercado é extremamente difícil em locais nos quais as transações de propriedades ocorrem com menor frequência ou são dotadas de transparência questionável. Uma segunda sugestão interessante foi elaborada há quatro décadas pelo Prêmio Nobel Maurice Allais, conforme relato de Vito Tanzi, e consiste na possibilidade de os indivíduos estimarem por conta própria os valores de suas propriedades e torná-los públicos; caso qualquer pessoa desejasse comprar uma propriedade por um valor acima do estimado e tivesse sua proposta recusada, o valor da referida oferta passaria a ser a base de cálculo para o tributo sobre a respectiva propriedade. Cf. TANZI, Vito. **On fiscal federalism**: issues to worry about (Conference on Fiscal Federalism). Washington: International Monetary Fund, 2000. Disponível em: <http://www.imf.org/external/pubs/ft/seminar/2000/fiscal/tanzi.pdf>. Acesso em: 10 maio 2006, p. 8.

[146] Cf. TANZI, Vito, *op. cit.*, p. 8.

O critério quantitativo dos fatos geradores dos IPTUs costuma prever a aplicação de alíquotas baixas (normalmente inferiores a 1%) ao valor de mercado dos imóveis, o que leva a impactos extremamente reduzidos sobre a alocação de recursos econômicos. Situação semelhante ocorre com o ITBI, uma vez que as respectivas alíquotas nominais costumam ser de 2% ou 3%, e apenas há incidência desse imposto quando se efetivam transações imobiliárias[147].

Essas constatações reforçam a ideia de que a tributação da propriedade imóvel pelos Municípios brasileiros não causa distorções significativas na alocação de recursos econômicos, coadunando-se com a teoria normativa do federalismo fiscal.

Contudo, o IPTU e o ITBI são fontes rentáveis de receita somente em cidades de médio ou grande porte, principalmente aquelas situadas na região Sudeste, as quais têm ampla base tributável de imóveis, economias de escala na arrecadação e recursos suficientes para constantemente atualizar a planta de valores[148].

Ainda, deve-se considerar que a parcela majoritária dos Municípios brasileiros tem sua base econômica ligada ao meio rural e possui aglomerações urbanas de pouca expressão, inviabilizando arrecadações expressivas dos impostos municipais sobre o patrimônio.

Essas dificuldades reafirmam as lições da experiência internacional, que ressaltam o alto custo e a complexidade da administração tributária dos impostos sobre a propriedade, bem como o baixo grau de adequação desses impostos a países com restrita taxa de urbanização.

---

[147] KAHIR, Amir Antônio; MELO, Luciane, *op. cit.*, p. 258-259.

[148] De modo geral, ambos são tributos de baixo potencial arrecadatório para a maior parte dos Municípios brasileiros, o que é facilmente verificado a partir de uma análise empírica: o montante recolhido aos cofres públicos municipais a título de IPTU representou menos de 0,5% do PIB nacional, e, a título de ITBI, cerca de 0,21%. Cf. RECEITA FEDERAL DO BRASIL, *op. cit.*, p. 13.

No Brasil, o ISS é o principal tributo municipal em termos de volume de arrecadação, representando quase metade do montante da receita tributária própria dos Municípios brasileiros, o que no ano de 2013 correspondeu a cerca de R$ 48 bilhões[149].

O ISS apresenta um histórico de prática de guerra fiscal por parte de diversos Municípios, na busca por atrair investimentos ou, meramente, visando ao aumento da arrecadação tributária. Como resultado, verifica-se uma queda global de arrecadação (no já referido fenômeno "*race to the bottom*") e a perda de eficiência econômica[150].

Considerando-se a mobilidade da base tributária da prestação de serviços, não causa espanto que a alocação aos Municípios da competência para tributá-la tenha provocado tais efeitos negativos. As lições da teoria normativa do federalismo fiscal, examinadas acima, já alertavam para a inadequação de semelhante atribuição de competência tributária.

Chegou-se, durante as discussões da Assembleia Constituinte de 1988, a discutir a fusão do ISS ao antigo ICM para a criação de um único imposto sobre valor agregado, mas essa intenção encontrou forte resistência dos Municípios, que se consideravam com "direitos históricos" em relação à tributação sobre serviços[151].

A Emenda Constitucional n. 37/2002 foi promulgada com o claro intuito de reduzir sensivelmente a guerra fiscal declarada

---

[149] Cf. SECRETARIA DA RECEITA FEDERAL. COORDENAÇÃO GERAL DE POLÍTICA TRIBUTÁRIA, *op. cit.*, p. 14.

[150] Cf. GOLDBERG, Daniel K. Entendendo o federalismo fiscal: uma moldura teórica multidisciplinar. *In:* CONTI, José Maurício (Org.). **Federalismo fiscal**. Barueri: Manole, 2004, p. 25.

[151] Cf. SCHOUERI, Luís Eduardo. Discriminação de Competências e Competência Residual. *In:* SCHOUERI, Luís Eduardo; ZILVETI, Fernando Aurélio (Orgs.). **Direito tributário**: estudos em homenagem a Brandão Machado. São Paulo: Dialética, 1998, p. 88.

pelos Municípios, especialmente aqueles situados nas regiões metropolitanas[152].

Quanto à arrecadação, de modo análogo ao que ocorre com os impostos sobre a propriedade (IPTU e ITBI), o ISS apenas apresenta bons resultados em Municípios altamente urbanizados, com um amplo setor de serviços[153].

À semelhança do que se disse em relação aos Estados-membros, também são justificadas e adequadas à teoria normativa do federalismo fiscal a atribuição de competências para que os Estados-membros instituam taxas, contribuições de melhoria e contribuições sociais destinadas ao custeio de regimes previdenciários dos funcionários públicos municipais.

O mérito dessas três atribuições de competências tributárias é, novamente, fazer com que o mesmo ente seja responsável pelos respectivos gastos públicos e pelo financiamento desses gastos.

Não obstante, os recursos propiciados com as taxas, as contribuições de melhoria e as contribuições sociais municipais[154] representam parcelas restritas no montante global da arrecadação tributária dos governos locais brasileiros[155].

---

[152] Esta emenda alterou o inciso III do art. 156 da CF/88 para conferir à lei complementar a função de fixar as alíquotas máximas e mínimas do ISS, assim como introduziu o art. 88 ao Ato das Disposições Constitucionais Transitórias, estatuindo que, enquanto uma lei complementar não disciplinar as alíquotas mínimas do ISS, estas serão de 2%.

[153] Cf. BREMAEKER, François E. J. de, op. cit., p. 20.

[154] Cf. RECEITA FEDERAL DO BRASIL, op. cit., p. 13.

[155] As taxas e contribuições de melhoria municipais somaram 0,22% do PIB em 2013 (0,62% da carga tributária nacional). As contribuições sociais municipais (para financiamento de regime próprio dos servidores municipais) somaram 0,16% do PIB (0,44% da carga tributária nacional) no mesmo ano. Cf. RECEITA FEDERAL DO BRASIL, op. cit., p. 13.

6.5 Transferências intergovernamentais para repartição de receitas tributárias

Como se mencionou anteriormente, a federação brasileira utiliza intensamente o mecanismo de transferências financeiras intergovernamentais, por meio das quais os recursos arrecadados por um dado ente da federação são transferidos a outros entes.

Essas transferências podem ser constitucionais (exigidas por disposição constitucional, com destaque para o Fundo de Participação dos Estados e o Fundo de Participação dos Municípios), legais (determinadas por leis infraconstitucionais, podendo-se citar como exemplo os repasses da União para os Estados previstos pela Lei Complementar n. 87/96 – Lei Kandir) e voluntárias (definidas pelo art. 25 da Lei Complementar n. 101/2000 como as entregas de recursos correntes ou de capital a outro ente da federação, a título de cooperação, auxílio ou assistência financeira, desde que não decorram de determinação constitucional ou legal, tampouco sejam destinados ao Sistema Único de Saúde).

O principal mecanismo de transferências financeiras intergovernamentais são os instrumentos de repartição de receitas tributárias entre níveis de governo, consagrados de forma expressa na CF/88[156].

---

[156] A opção brasileira por enraizar o seu sistema de transferências intergovernamentais no texto constitucional não pode ser entendida como meramente formal, uma vez que tem implicações relevantes. Analogamente ao que Boadway e Flatters observam no contexto canadense, no Brasil os contornos atuais do sistema de transferências intergovernamentais tornaram-se uma espécie de dogma nos círculos políticos, virtualmente imunizado de objeções levantadas por especialistas em finanças públicas. No Canadá a equalização fiscal é consagrada como princípio na Lei Constitucional de 1982, em sua Seção 36 (2), destinada a assegurar que as capacidades fiscais de cada província sejam, no mínimo, equivalentes à média nacional. Esta prática permite que as províncias, se assim quiserem, financiem níveis médios de despesa com níveis médios de carga tributária própria. Cf. BOADWAY, Robin; FLATTERS, Frank. Efficiency, Equity and the Allocation of Resource Rents. *In*: MCLURE JR., Charles E.; MIESZKOWSKI, Peter. **Fiscal federation**

Essas participações sobre a arrecadação de impostos alheios podem ser diretas, quando entregues diretamente aos entes menores ou por eles apropriadas mediante mera transferência orçamentária[157], ou indiretas, quando realizadas através de fundos de participação ou de destinação[158]. Ambas as técnicas se caracterizam como instrumentos financeiros que criam para os entes políticos menores o direito a uma parcela da arrecadação do ente maior.

Como se verá nos subitens seguintes, as transferências para participação sobre a arrecadação de impostos alheios – tanto diretas quanto indiretas – são verticais, "de cima para baixo" (do ente maior para o ente menor). Assim, receitas de tributos do Governo Federal são repartidas com Estados e Municípios, assim como receitas de tributos dos Estados são repartidas com Municípios. Não há, no modelo de federalismo fiscal brasileiro, instrumentos de repartição horizontal de receitas tributárias, entre entes do mesmo nível de governo (de um Estado para outro ou de um Município para outro), tampouco transferências obrigatórias de entes menores para entes maiores (como de um Município para um Estado).

6.5.1 Instrumentos de repartição de receitas tributárias da União

6.5.1.1 *Participações diretas*

O primeiro caso de participação direta verifica-se no art. 157, I, e II, em relação ao produto da arrecadação do imposto de renda incidente na fonte sobre rendimentos pagos, a qualquer título,

---

and the taxation of natural resources. Massachusetts/Toronto: Lexington Books, 1983, p. 1 e 4.

[157] Os mecanismos de participação direta estão previstos nos arts. 153, § 5º, 157, 158 e 159, II, da CF/88.

[158] Os mecanismos de participação indireta estão previstos no art. 159 da CF/88.

por Estados, pelo Distrito Federal e por Municípios, assim como por autarquias e fundações instituídas e mantidas por tais entes. Estas receitas do imposto de renda, que é de tributo de competência da União, são diretamente apropriadas pelos entes subnacionais referidos.

Já o art. 159, II, da CF/88 determina que cabem aos Estados e ao DF 10% do IPI, proporcionalmente ao valor das respectivas exportações de produtos industrializados[159]. Deste montante, conforme dispõe o § 3º do mesmo dispositivo, os Estados deverão entregar 25% aos seus Municípios.

Também pertencem aos Estados e ao Distrito Federal 20% do produto da arrecadação de imposto que a União vier a instituir no exercício de sua competência residual, nos termos do art. 157, II, da CF/88[160].

Ainda, como já se anteviu, o inciso II do art. 158 da CF/88 assegura aos Municípios o direito de receber 50% das receitas do ITR. Especificamente, as transferências beneficiam os Municípios nos quais se localizam as propriedades rurais alcançadas pela incidência daquele imposto. O mesmo dispositivo prevê que caberá a integralidade da receita do ITR aos Municípios que, de acordo com o inciso III do § 4º do art. 153 e, na forma da lei, optarem por celebrar convênio com a União para a fiscalização e a cobrança do imposto. Esse arranjo constitucional reflete a origem histórica municipal do ITR, que, até a 10ª Emenda à Constituição de 1964, era de competência dos Municípios.

---

[159] Como dispõe o § 2º do art. 159 da CF/88, a nenhuma unidade federada poderá ser destinada parcela superior a 20% do mencionado montante, devendo o eventual excedente ser distribuído entre os demais participantes, mantido, em relação a esses, o critério de partilha nele estabelecido.

[160] A competência residual, vale lembrar, é atribuída à União pelo art. 154, I, da CF/88.

Ademais, conforme preveem os incisos I e II do § 5º do art. 153 da CF/88, as receitas do IOF incidente sobre o ouro, quando definido em lei como ativo financeiro ou instrumento cambial, devem ser repartidas com os entes subnacionais, na proporção de 30% para o Estado (ou o Distrito Federal), conforme a origem, e 70% para o Município de origem.

Finalmente, o inciso III do art. 159 da CF/88 determina que 29% das receitas da CIDE-Combustíveis[161] deverão ser distribuídas aos Estados e ao Distrito Federal, na forma da legislação ordinária específica. Do montante de recursos que couber a cada Estado, 25% serão destinados aos seus Municípios, também na forma da lei, conforme dispõe o § 4º do mesmo artigo.

6.5.1.2 Participações indiretas

Os principais instrumentos de repartição de receitas tributárias da União são o Fundo de Participação dos Estados (*Fundo de Participação dos Estados*, "FPE") e o Fundo de Participação dos Municípios (*Fundo de Participação dos Municípios*, "FPM").

O FPE e o FPM permanecem como importante fonte de receitas para os entes subnacionais, ainda que nos últimos anos as receitas destes fundos tenham sofrido impactos negativos da política fiscal da União, a qual tem privilegiado as contribuições sociais em detrimento dos impostos e promovido amplas desonerações de IPI.

De acordo com o que dispõe o art. 161, II, da Constituição Federal de 1988, os fundos de participação devem ter seus respectivos recursos distribuídos, nos termos de lei complementar, de forma a "promover o equilíbrio socioeconômico entre Estados".

---

[161] Trata-se da contribuição de intervenção sobre o domínio econômico relativa às atividades de importação ou comercialização de petróleo e seus derivados, gás natural e seus derivados e álcool combustível, prevista no § 4º do art. 177 da CF/88 e instituída pela Lei n. 10.336/2000.

Este dispositivo deve ser lido em conjunto com o art. 3º, II, da Constituição Federal de 1988, segundo o qual a redução das desigualdades sociais e regionais consiste em um dos objetivos fundamentais da República Federativa do Brasil.

As transferências do FPE e do FPM são predominantemente incondicionadas, com exceção de partes constitucionalmente vinculadas ao financiamento subnacional de serviços de saúde (art. 198, § 2º, da CF/88) e educação (art. 212 da CF/88).

O FPE e o FPM contam com parcelas fixas obrigatórias[162] da arrecadação líquida do Imposto sobre Produtos Industrializados (IPI) e do Imposto sobre a Renda (IR)[163], na proporção de 21% para o FPE e 24,5% para o FPM[164]. Tais receitas são arrecadadas pela Receita Federal do Brasil, contabilizadas pela Secretaria do Tesouro Nacional e repassadas aos governos subnacionais pelo Banco do Brasil, mediante determinação e supervisão desta última secretaria[165].

---

[162] Cf. art. 159, I, *a*, *b*, *d* e *e*, da CF/88.

[163] A arrecadação líquida corresponde à arrecadação bruta após a dedução dos incentivos fiscais e das restituições. Conforme determina o parágrafo único da Lei Complementar n. 62/89, integrarão a base de cálculo das transferências, além do montante dos impostos referidos, inclusive os extintos por compensação ou dação, os respectivos adicionais, juros e multa moratória, cobrados administrativa ou judicialmente, com a correspondente atualização monetária paga.

[164] A Emenda Constitucional n. 84, de 2 de dezembro de 2014, acrescentou a alínea *e* ao inciso I do art. 159 da CF/88, de modo a aumentar de 23,5% para 24,5% a parcela das receitas de IR e IPI destinadas ao FPM. De acordo com o art. 2º da emenda constitucional, tal aumento deve ser de 0,5% em 2015 e de 1% a partir de 2016.

[165] A arrecadação bruta do IR e do IPI é apurada decendialmente pela Receita Federal do Brasil, que deduz as restituições e os incentivos fiscais (relativos ao mesmo período) e comunica o montante da arrecadação líquida resultante à Secretaria do Tesouro Nacional. Esta secretaria, então, contabiliza tal arrecadação no Sistema Integrado de Administração Financeira do Governo Federal (Siafi) e informa ao Banco do Brasil o montante a ser transferido (aos Estados, no caso do FPE, e aos Municípios, no caso do FPM). O Tribunal de Contas da União efetua

O FPE é disciplinado pela Lei Complementar n. 62/89, a qual enumera em seu Anexo Único coeficientes individuais fixos para cada Estado, os quais variam de 0,6902 (Distrito Federal) a 9,3962 (Bahia), usados como critério para o cálculo do valor das cotas específicas de cada ente[166].

Conforme determinou o § 3º do art. 2º da mencionada lei complementar, esses coeficientes permaneceriam vigentes até que fossem definidos em lei específica[167] os critérios de rateio do FPE, com base em informações do censo do IBGE. Como esta lei específica acabou não sendo promulgada, aqueles coeficientes foram perpetuados, como se infere das sucessivas decisões normativas publicadas anualmente pelo Tribunal de Contas da União para disciplinar a distribuição de recursos dos fundos de participação das cotas do FPE[168].

Mais de duas décadas depois do início da vigência da Lei Complementar n. 62/89, a manutenção dos mesmos coeficientes implicaria a desconsideração das alterações populacionais e das variações da renda *per capita* dos Estados verificadas desde aquela época[169].

---

o cálculo das quotas referentes aos fundos de participação e acompanha a classificação das receitas que lhes dão origem.

[166] O valor a ser distribuído a cada ente federado deveria ser calculado pela multiplicação do montante de receitas do fundo pelos respectivos coeficientes individuais.

[167] Embora o texto da norma sob análise faça menção genérica a uma "lei específica", os critérios de rateio do FPE devem ser estabelecidos por lei complementar, de acordo com o que determina o já comentado inciso II do art. 161 da CF/88.

[168] Para o exercício social de 2010, tal disciplina pode ser encontrada na Decisão Normativa n. 101, de 18 de novembro de 2009. No Anexo II desta decisão normativa consta tabela reproduzindo os coeficientes do FPE fixados na Lei Complementar n. 62/89.

[169] Cf. FARAGE, Edna; et. al. Equalização Fiscal. *In*: REZENDE, Fernando (Coord.). **Cadernos Fórum Fiscal**, n. 1, p. 70.

Essa manutenção anacrônica dos coeficientes do FPE, fixados pela Lei Complementar n. 61/89 sem qualquer fundamentação aparente, motivou diversos questionamentos judiciais, sob o argumento de que tais coeficientes, desatualizados em relação aos dados de população e renda dos Estados, estariam ferindo a exigência constitucional de promoção do equilíbrio socioeconômico das unidades federativas[170].

Nesse contexto, o Supremo Tribunal Federal (STF), em 24-2-2010, julgou procedentes as ações diretas de inconstitucionalidade n. 875/DF, n. 1.987/DF, n. 2.727/DF e n. 3.243/DF, as quais questionavam o cumprimento do art. 161, II, da CF, pela LC n. 62/89. Como se viu acima, este dispositivo constitucional determina que os critérios de rateio do Fundo de Participação dos Estados (FPE) sejam estabelecidos por lei complementar, a fim de promover o equilíbrio socioeconômico entre os entes federativos.

Tendo em vista que a LC n. 62/89 fixou coeficientes de distribuição sem critérios objetivos, e apenas para os exercícios de 1990 e 1991, o STF declarou a inconstitucionalidade, sem a pronúncia da nulidade, do art. 2º, I e II, §§ 1º, 2º e 3º, e do Anexo Único desta, assegurada a sua aplicação até 31 de dezembro de 2012, conclamando o Congresso Nacional a legislar sobre o tema. Após longos debates no Congresso, no dia 28 de julho de 2013 foi sancionada a Lei Complementar n. 143[171], que altera os arts. 1º e 2º da Lei Complementar n. 62/89. A Lei Complementar n. 143/2013 prorrogou até 31 de dezembro de 2015 a vigência da sistemática original de distribuição de recursos do FPE com base nos coeficientes individuais previstos no Anexo Único da Lei Complementar n. 62/89, sistemática esta já explicada acima.

---

[170] A propósito, merecem destaque as seguintes ações diretas de inconstitucionalidade (ADIs): n. 875, n. 1.987, n. 2.727 e n. 3.243.

[171] A constitucionalidade da Lei Complementar n. 143/2013 foi questionada pela ADI n. 5.069, proposta pelo Governador de Alagoas, Teotônio Vilela Filho, em agosto de 2013.

Já a partir de 1º de janeiro de 2016, de acordo com a nova redação do inciso II do art. 2º da Lei Complementar n. 62/89 (dada pela Lei Complementar n. 143/2013), cada ente receberá valor igual ao que foi distribuído no correspondente decêndio do exercício de 2015, corrigido pela variação acumulada do IPCA (Índice Nacional de Preços ao Consumidor Amplo) e pelo percentual equivalente a 75% da variação real do PIB nacional do ano anterior ao ano considerado para a base de cálculo. Os coeficientes do Anexo Único da LC n. 62/89 tornam-se, portanto, pisos para os repasses a serem realizados a partir de 2016.

Ademais, de acordo com o inciso III do mesmo dispositivo e também a partir de 1º de janeiro de 2016, a parcela do montante repassado ao FPE que exceder os valores distribuídos na forma descrita acima deverá ser proporcionalmente distribuída a todos os entes, a partir da aplicação de coeficientes individuais de participação, conforme combinação de fatores representativos de população[172] e do inverso da renda familiar *per capita*[173] do ente.

Quanto ao FPM, a legislação federal determina que 10% dessas receitas sejam atribuídas às capitais estaduais. Os Municípios do "interior" têm direito a receber os outros 90% das receitas do fundo, que são transferidas para Estados e, em seguida, distribuídas aos seus respectivos Municípios. Essa distribuição é feita da seguinte forma: 86,4% para todos os Municípios deste grupo e 3,6% para um fundo especial de reserva, que beneficia somente Municípios

---

[172] Conforme dispõe a alínea *a* do inciso III do art. 2º da lei complementar, o fator representativo da população corresponderá à participação relativa da população da entidade beneficiária na população do País, observados os limites superior e inferior de, respectivamente, 0,07 e 0,012, que incidirão uma única vez nos cálculos requeridos.

[173] Conforme dispõe a alínea *b* do inciso III do art. 2º da lei complementar, o fator representativo do inverso da renda domiciliar *per capita* corresponderá à participação relativa do inverso da renda domiciliar *per capita* da entidade beneficiária na soma dos inversos da renda domiciliar *per capita* de todas as entidades.

com menos de 142.633 habitantes[174]. Conforme determina o § 1º do art. 91 do Código Tributário Nacional, a parcela de 10% das receitas do FPM atribuída às capitais estaduais é repartida proporcionalmente a um coeficiente individual de participação, resultante do produto (i) do fator representativo da população e (ii) do fator representativo do inverso da renda *per capita* do respectivo Estado[175]. O primeiro fator é calculado como uma proporção entre a população da capital examinada e a população agrupada de todas as capitais dos Estados brasileiros, e varia de 2,00 a 5,00. O inverso da renda *per capita* de cada Estado resulta do cálculo da relação entre a renda *per capita* de cada ente e a renda *per capita* do País; a partir do inverso deste valor calculado, expresso em percentual, chega-se ao fator correspondente, que varia de 0,4 a 2,5. A distribuição da parcela referente aos 90% das receitas do FPE destinados aos Municípios do interior, de acordo com o § 2º do mencionado art. 91, deve ser feita a partir da atribuição de coeficientes individuais de participação, os quais dependerão das respectivas populações municipais. Esses coeficientes, que variam de 0,6 (para Municípios com menos de 10.188 habitantes) a 4,0 (para Municípios com mais de 152.216 habitantes), são disciplinados pelo Decreto-lei n. 1.881/81 e fixados anualmente pelo Tribunal de Contas da União[176]. Ainda, de acordo

---

[174] Cf. art. 91 do Código Tributário Nacional, Decreto-lei n. 1.881/81 e Lei Complementar n. 91/97.

[175] Os dados que embasam o cálculo desses fatores são fornecidos ao Tribunal de Contas da União pelo IBGE (Instituto Brasileiro de Geografia e Estatística), com data de referência de 1º de julho de cada ano, consoante dispõe a Lei n. 8.443/92.

[176] Esses dados são informados pelo IBGE (Instituto Brasileiro de Geografia e Estatística). Para a finalidade de determinação dos coeficientes de participação, o IBGE publica no *Diário Oficial da União*, até o dia 31 de agosto de cada ano, a relação das populações por Estados e Municípios. Conforme esclarece a cartilha do TCU acerca das transferências constitucionais e legais, os interessados, dentro do prazo de 20 dias da referida publicação, sob o risco de preclusão administrativa, podem apresentar reclamações fundamentadas ao próprio IBGE, o qual decidirá sobre os

com a Resolução n. 242/90 do TCU, cada Estado tem direito a uma participação diferenciada na distribuição das receitas do FPM. Por este motivo, dois ou mais Municípios de Estados distintos situados na mesma faixa populacional podem, eventualmente, possuir o mesmo coeficiente populacional e, não obstante, receber transferências em montantes diversos. Esta resolução, que regulamenta o art. 5º da Lei Complementar n. 62/89, traz uma tabela com as porcentagens de cada Estado em relação ao total a distribuir, variando de 0,0851% (Roraima) a 14,1846% (Minas Gerais).

Finalmente, deve-se ressaltar que os Municípios beneficiados pelo fundo de reserva, quais sejam, aqueles com população inferior a 142.633 habitantes[177], participam tanto da distribuição genérica de recursos para o grupo do interior, conforme explicado acima, quanto da distribuição dos valores atrelados a este fundo específico (4% da parcela destinada aos Municípios do interior, que corresponde a 3,6% do total das receitas do FPM).

A distribuição dos recursos desse fundo especial de reserva é determinada por coeficientes calculados a partir da população de cada Município participante e da renda *per capita* do respectivo Estado[178], seguindo basicamente a mesma metodologia aplicada para as capitais (uma vez que os critérios de cálculo são iguais).

Com base nessas considerações acima, parece correto afirmar que o Fundo Especial, ao espelhar os critérios de repartição de receitas do FPE e do FPM, potencialmente gera os mesmos efeitos

---

recursos de maneira conclusiva (conforme dispõe o art. 102 da Lei n. 8.443/92). A relação final com o número de habitantes, depois de apreciados os recursos eventualmente apresentados pelos Municípios, deve ser enviada ao TCU até 31 de outubro. Cf. Cartilha do TCU, p. 13.

[177] Esses são os Municípios enquadrados nos coeficientes 3,8 e 4,0 da tabela de faixas de habitantes do Decreto-lei n. 1.881/81.

[178] Cf. art. 91 do Código Tributário Nacional e Decreto-lei n. 1.881/81. As mencionadas informações também são prestadas pelo IBGE.

distributivos destes fundos de participação para os entes federativos pátrios.

Em que pese a complexidade inerente a qualquer análise quantitativa sobre o impacto da redistribuição das transferências dos fundos de participação (principalmente devido aos efeitos colaterais e à ausência de dados adequados), evidências empíricas mostram que as transferências do FPE e do FPM não apresentam uma correlação clara com o nível de desenvolvimento de cada um dos governos subnacionais[179].

Na verdade, as discrepâncias na alocação de receitas desses fundos na Federação do Brasil são significativas. Jurisdições mais pobres, que incidentalmente também tendem a apresentar um menor grau de capacidade fiscal, não são aquelas que mais se beneficiam de tais transferências[180].

Até certo ponto, os recursos dos fundos de participação têm algum impacto redistributivo entre as macrorregiões no Brasil, já que estes recursos deslocam cerca de 8% das receitas *per capita* das regiões mais ricas, Sul e Sudeste, para as mais pobres, Norte (2%) e Nordeste (6%). No entanto, essa distribuição limitada é praticamente ineficaz na redução das disparidades horizontais, em níveis inter-regionais e intrarregionais, apesar do fato de que a direção geral de tais transferências dilui as receitas entre macrorregiões[181]. Compro-

---

[179] Cf. TER-MINASSIAN, Teresa. Brazil. *In*: TER-MINASSIAN, Teresa (Coord.). **Fiscal federalism in theory and practice**. Washington: International Monetary Fund, 1997, p. 410.

[180] Cf. ALENCAR, André Amorim; GOBETTI, Sérgio Wulff. **Justiça fiscal na federação brasileira**: uma análise do sistema de transferências intergovernamentais entre 2000 e 2007, p. 25. Disponível em: <www.tesouro.fazenda.gov.br/premio_TN/XIIIpremio/financas/1tefpXIIIPTN/Justica_Fiscal_Federacao_Brasileira.pdf>. Acesso em: 16 ago. 2012.

[181] Cf. PRADO, Sergio. **Transferências fiscais e financiamento municipal no Brasil** (versão preliminar). Ebap-Fundação Konrad Adenauer, 2001, p. 48-49.

vando essa alegação, os Estados com desenvolvimento social e econômico equivalente muitas vezes recebem parcelas muito diferentes de recursos, com variações de até 400%[182].

Para que a discussão seja aprofundada, parece conveniente, nesse ponto, apresentar observações específicas para o Fundo de Participação dos Estados e para o Fundo de Participação dos Municípios.

Primeiro, o Fundo de Participação dos Estados, cujos critérios originais de distribuição de recursos não beneficiavam claramente os Estados menos desenvolvidos em suas alocações de receitas[183]. Apesar de ser expressivo o montante de receitas alocadas, essas transferências federais para os governos dos Estados não têm sido capazes de efetivamente reduzir as disparidades inter-regionais[184].

Ainda, a combinação de diversos objetivos implícitos e a ausência de critérios claros de equalização impossibilitam a consistência na transferência de recursos, fazendo com que Estados com capacidade fiscal similar recebam parcelas muito diferentes[185].

As inovações trazidas pela Lei Complementar n. 143/2013 tampouco parecem adequadas para imprimir ao FPE eficácia na

---

Disponível em: <http://www.cepam.sp.gov.br/arquivos/artigos/Transferencias Fiscais&FinancMunicipal.pdf>. Acesso em: 12 fev. 2014, p. 48-49. Na região Norte, por exemplo, a carga tributária *per capita* antes das transferências corresponde a 55% da média nacional, relação esta que pouco se altera com as transferências. Já na região Nordeste, a carga *per capita* antes das transferências é de 42,2% da média nacional e, após estas, de 68,7% da mesma média.

[182] Cf. *ibidem*, p. 48-49.

[183] Cf. *ibidem*, p. 56.

[184] Cf. CAMILLO, Ronaldo; PIANCASTELLI, Marcelo. **Redistribuição do gasto público em democracias federativas**: análise do caso brasileiro. Paper n. 1001-2003. Rio de Janeiro: Instituto de Pesquisa Econômica Aplicada – IPEA, 2003, p. 22.

[185] Cf. SHAH, Anwar. **The reform of intergovernmental fiscal relations in developing and emerging market economies**. World Bank, Policy and Research Series Paper n. 23, 1994, p. 51.

promoção da equalização fiscal. De fato, como se anteviu, inicialmente se mantém os mesmos coeficientes arbitrários originalmente previstos na Lei Complementar n. 62/89, e depois estes coeficientes passam – a partir de 2016 – a ser considerados como pisos para ajustes em função de variações no PIB. Nem mesmo a previsão de que a parcela excedente do montante repassado ao FPE deverá ser proporcionalmente distribuída a todos os entes reflete critérios de equalização fiscal, uma vez que tal proporção se calcula a partir da combinação de fatores representativos de população e do inverso da renda familiar *per capita*, fatores estes que não se correlacionam diretamente com a capacidade fiscal dos entes.

O Fundo de Participação Municipal apresenta efeitos ainda piores e é dificilmente justificável em razão da distribuição. As transferências do FPM, como se explicou anteriormente, são determinadas principalmente com base na renda *per capita* e nas populações municipais, favorecendo os Municípios de menor porte, os quais não necessariamente são aqueles com menor capacidade fiscal. Estes critérios, que não passam de substitutos rústicos e imperfeitos da necessidade de gastos públicos e da capacidade de arrecadação de receitas tributárias próprias, respectivamente, são exógenos ao contexto do federalismo fiscal e, como tal, incapazes de promover a equalização fiscal de forma satisfatória[186].

Como uma ilustração do grau em que as jurisdições menores são favorecidas pelos resultados do procedimento de distribuição do FPM (tal como avaliado pelo Banco Mundial), aponte-se que um Município com uma população de 156.000 habitantes recebe "apenas 6,6 vezes mais do que um Município com apenas 10.000, apesar de sua população ser 15 vezes maior"[187].

---

[186] Cf. PRADO, Sergio. **Transferências fiscais e financiamento municipal no Brasil** (versão preliminar). Ebap-Fundação Konrad Adenauer, 2001, p. 78; e MELLO JR., Luiz R., *op. cit.*, p. 148.

[187] Cf. WORLD BANK. **Brazil: issues in fiscal federalism**. Working Paper n. 22523-BR. Washington: World Bank, 2002, p. 38.

Ironicamente, os Estados do Sul, Sudeste e Centro-Oeste são privilegiados, devido ao fato de que eles concentram a maior parte dos Municípios pequenos, os quais são fortemente favorecidos pela fórmula do fundo, como discutido acima[188].

Ambos os fundos, portanto, parecem falhar na promoção efetiva da equalização fiscal, já que não adotam critérios adequados para tanto, na contramão do que o art. 3º, II, e o art. 161, II, ambos da Constituição Federal de 1988, preconizam. Além disso, esses fundos combinam objetivos diversos e conflitantes na mesma fórmula, deixando de prever a equalização como objetivo explícito[189]. Como resultado, o FPE e o FPM, nos modelos atuais, não se mostraram capazes de reduzir as disparidades fiscais entres os entes federados.

As fórmulas de distribuição de recursos adotadas por ambos os fundos parecem ter sido motivadas por barganhas políticas, e não por razões técnicas, relacionando-se de forma tortuosa e pouco sistemática com as capacidades de arrecadação, os esforços fiscais e as necessidades de gastos dos entes federados[190].

---

[188] Cf. GASPARINI, Carlos Eduardo; MIRANDA, Rogério Boueri. **Evolução dos aspectos legais e dos montantes de transferências realizadas pelo fundo de participação dos municípios.** Paper n. 1243, 2006. Rio de Janeiro: Instituto de Pesquisa Econômica Aplicada – IPEA, 2006, p. 34-35.

[189] Cf. SHAH, Anwar. **Fiscal federalism and macroeconomic governance**: for better or for worse? Fiscal Decentralization in Emerging Economies: Governance Issues. FUKUSAKU, Kiichiro; MELLO JR., Luiz R. de (eds.). Paris, OECD, 1997, p. 49.

[190] Cf. TER-MINASSIAN, Teresa. Brazil. *In*: TER-MINASSIAN, Teresa (Coord.). **Fiscal federalism in theory and practice**. Washington: International Monetary Fund, 1997, p. 450. Como evidência dessas barganhas, merece destaque a promulgação, motivada por intensa pressão dos governos municipais, da Emenda Constitucional n. 55/2007, a qual determina a destinação adicional ao FPM, no primeiro decêndio do mês de dezembro de cada ano, de 1% da arrecadação líquida do IPI e do IR. A propósito, na literatura de finanças públicas, podem ser encontradas advertências relativas à possibilidade de o impacto das transferências in-

Em outras palavras, a distribuição dos recursos dos fundos de participação não é baseada em critérios claramente especificados e transparentes, ligados às capacidades tributárias, aos esforços fiscais e às despesas necessárias, e como consequência não se presta a garantir que governos subnacionais possam fornecer um nível adequado de serviços com um grau adequado de pressão fiscal[191].

Seria essencial para a promoção da equalização fiscal, portanto, que os fundos de participação adotassem um conjunto de critérios bem definidos e adequados para tal finalidade[192].

6.5.2 Instrumentos de repartição de receitas tributárias dos Estados e do Distrito Federal

De acordo com o inciso IV do art. 158 da CF/88, cada Estado deverá repartir com os seus Municípios 25% das receitas arrecadadas com o ICMS.

Em razão da alta arrecadação de ICMS, as transferências de receitas deste imposto costumam ser importante fonte de financiamento para os Municípios, ainda que os volumes de tais transferências variem conforme se trate de Estados com economias mais fortes e dinâmicas nos setores da indústria (portanto com maior arrecadação e respectiva repartição de ICMS) ou de Estados com menor atividade industrial (em que as receitas de ICMS serão menores)[193].

---

tergovernamentais, mesmo quando baseadas em fórmulas predeterminadas, ser alterado por fatores políticos, gerando considerável incerteza e confusão, bem como prejudicando a responsabilidade subnacional. Cf. KHEMANI, Stuti. **The political economy of equalization transfers**. Georgia State University's Andrew Young School of Policy Studies, Working Paper n. 04-13, 2004, p. 4 e 5. Este autor cita evidências da Índia e da Nigéria.

[191] Cf. TER-MINASSIAN, Teresa, *op. cit.*, p. 455.

[192] Cf. FARAGE, Edna, et. al. Equalização Fiscal. *In*: REZENDE, Fernando (Coord.). **Cadernos Fórum Fiscal**, n. 1, p. 72.

[193] Cf. World Bank, **Brazil: issues in fiscal federalism** (Report n. 22523-BR, 2002), p. 38 e 41.

Do montante de 25% das receitas de ICMS que devem ser repartidos com os Municípios, como dispõe o parágrafo único do art. 158, no mínimo 3/4 precisam ser distribuídos na proporção do valor adicionado nas operações relativas à circulação de mercadorias e nas prestações de serviços, realizadas nos territórios dos respectivos Municípios[194], e até 1/4 de acordo com o que dispuser a lei estadual. Ainda que cada legislação estadual estabeleça critérios próprios para a distribuição deste último quarto das receitas de ICMS, de modo geral costumam ser definidas fórmulas redistributivas, que buscam implicitamente atingir algum grau de equalização fiscal entre os Municípios[195].

O impacto redistributivo das transferências de ICMS na federação, contudo, é amplamente neutralizado e contido pela sistemática de incidência do imposto ser predominantemente baseada no critério da origem, o que implica uma concentração de arrecadação nos Estados mais industrializados e desenvolvidos, que tendem a ser aqueles das regiões Sul e Sudeste[196].

Ademais, os Estados também devem repartir com seus Municípios 50% da receita arrecadada com o IPVA, conforme dispõe o inciso III do art. 158 da CF/88. Esta atribuição obedece ao critério de local de licenciamento do veículo cuja propriedade é tributada.

---

[194] Valor das mercadorias saídas, acrescido das prestações de serviço, deduzido o das mercadorias entradas, em cada ano civil.

[195] Cf. CAVALCANTI, Carlos E.; W. Quadros, **Partilha de recursos na federação brasileira** (São Paulo: FAPESP, IPEA e FUNDAP, 2003), p. 46.

[196] Cf. World Bank, **Brazil: issues in fiscal federalism** (Report n. 22523-BR, 2002), p. 41. A concentração de arrecadação nos Estados mais desenvolvidos é mitigada, mas não eliminada, pelo sistema de alíquotas interestaduais diferenciadas para as operações com adquirentes que sejam contribuintes do ICMS. Tais alíquotas foram determinadas pelo Senado Federal (na Resolução n. 22/89) em 7% e 12%, de acordo com os Estados para os quais cada operação seja destinada.

6.6 Carga tributária por nível de governo

Para que se meça o quanto o federalismo fiscal brasileiro é concretamente descentralizado na vertente da receita, é necessário examinar os dados existentes sobre a divisão federativa da arrecadação tributária.

A arrecadação de receitas tributárias no Brasil tem crescido de forma constante desde meados da década de 1960, com curtos intervalos de estagnação ou ligeira redução, atingindo a marca de 35,95% do PIB no ano de 2013. Trata-se de carga tributária compatível com a de países desenvolvidos e ligeiramente superior à média da OCDE, mas substancialmente superior à dos demais países emergentes[197].

A carga tributária brasileira concentra-se sobremaneira em tributos sobre bens e serviços (51,28% do total arrecadado), com participações menores de tributos sobre a folha de salários, a (24,98%), a renda (18,10%), a propriedade (3,93%) e as transações financeiras (1,67%)[198].

A proporção média da divisão federativa da arrecadação direta, qual seja, daquela arrecadação oriunda de competências tributárias próprias diretamente realizada por esfera de governo, foi de 68,92% para a União, 25,29% para os Estados-membros e 5,79% para os Municípios[199].

Quando as transferências intergovernamentais de receitas de impostos alheios passam a ser consideradas, a divisão federativa da carga tributária nacional altera-se substancialmente, revelando uma acentuada redistribuição de recursos em favor dos Municípios[200].

---

[197] Cf. RECEITA FEDERAL DO BRASIL, *op. cit.*, p. 5; 10.
[198] Cf. RECEITA FEDERAL DO BRASIL, *op. cit.*, p. 11; 22.
[199] Cf. RECEITA FEDERAL DO BRASIL, *op. cit.*, p. 13.
[200] Cf. BNDES. Informe-se: tributação – carga tributária global – estimativa para 2002, n. 54, abril de 2003, p. 1. Cf. Dados do portal da Transparência do Gover-

Cerca de 70% dos Municípios brasileiros têm nas transferências financeiras intergovernamentais (recebidas da União e dos Estados-membros) ao menos 85% de suas receitas correntes[201].

Esses dados corroboram o processo de descentralização fiscal em favor dos governos subnacionais que vem ocorrendo desde a promulgação da CF/88. Especificamente, resta claro que são os Municípios os entes beneficiados em maior grau por tal processo.

Os dados também revelam que o Brasil, a exemplo de diversos outros Estados federais, vale-se de sua complexa estrutura de transferências intergovernamentais de receitas tributárias para reduzir o descompasso entre as responsabilidades de gasto e as receitas próprias subnacionais[202].

Não se pode deixar de mencionar que as principais transferências intergovernamentais, quais sejam, as relativas a impostos da União, têm perdido importância nos últimos anos, em consequência da prática adotada pelo governo federal de privilegiar as contribuições em detrimento dos impostos na composição da carga tributária[203].

Parece assentado admitir que as alterações do sistema de repartição de competências tributárias promovidas pela CF/88 foram

---

no Federal – CGU; AFONSO, José Roberto Rodrigues, Federalismo e Reforma Tributária: na Visão do Economista. **Direito Público**, n. 8, 2005, p. 168. Disponível em: <http://www.direitopublico.idp.edu.br/index.php/direitopublico/article/viewFile/457/870>. Acesso em: 3 jan. 2015.

[201] Cf. MENDES, Marcos, *op. cit.* p. 447.

[202] Cf. MENDES, Marcos, *op. cit.*, p. 447; e BIRD, Richard M. **Rethinking subnational taxes**: a new look at tax assignment. Working Paper of the International Monetary Fund n. 99/165, Washington, IMF, 1999, p. 5.

[203] A expansão da arrecadação de contribuições, as quais, diferentemente dos impostos, não têm receita repartida com os governos subnacionais (à exceção da CIDE do petróleo), é estimulada pelas sucessivas prorrogações da Desvinculação das Receitas da União – DRU. Cf. AFONSO, José Roberto Rodrigues; ARAUJO, Érika Amorim, *op. cit.*, p. 273.

motivadas por uma nítida tentativa de descentralizar a receita disponível do setor público[204].

Essa descentralização dos recursos tributários caracterizou-se, preponderantemente, como um movimento de municipalização das receitas públicas. Tal movimento, ainda que de forma pouco planejada, foi acompanhado por um processo desordenado de descentralização de encargos.

6.7 Considerações finais

A discriminação de competências tributárias adotada pela CF/88 não parece ter decorrido de uma análise racional da realidade econômica, consistindo em uma mera repartição baseada em aspectos históricos e políticos[205].

De fato, o Brasil adota um dos sistemas mais incomuns de alocação de competências tributárias entre os diversos níveis de governo[206], afastando-se em diversos aspectos das recomendações tradicionais da literatura do federalismo fiscal[207].

---

[204] Intensificou-se, assim, a descentralização do federalismo fiscal brasileiro, movimento iniciado desde o início da década de 1980 como reação à centralização fiscal promovida a partir de 1964. Cf. BARBOSA, Fernando de Holanda; BARBOSA, Ana Luiza Neves de Holanda, *op. cit.*, p. 300.

[205] Cf. SCHOUERI, Luís Eduardo. Discriminação de Competências e Competência Residual. *In:* SCHOUERI, Luís Eduardo; ZILVETI, Fernando Aurélio (Orgs.). **Direito tributário**: estudos em homenagem a Brandão Machado. São Paulo: Dialética, 1998, p. 88.

[206] Cf. MCLURE JR., Charles E. The Brazilian tax assignment problem: ends, means and constraints. **A reforma fiscal no Brasil**. São Paulo, Fundação Instituto de Pesquisas Econômicas, 1993, p. 1.

[207] Cf. TER-MINASSIAN, Teresa. Brazil. *In:* TER-MINASSIAN, Teresa (Org.). **Fiscal federalism in theory and practice**. Washington: International Monetary Fund, 1997, p. 443.

O sistema brasileiro atribui tributos sobre bases móveis, como o ICMS e o ISS, a entes subnacionais, estimulando a guerra fiscal intergovernamental predatória e impondo enormes barreiras ao desenvolvimento econômico nacional.

Ademais, o sistema atual é amplamente confuso, levando a custos significativos de administração tributária e de conformidade por parte dos contribuintes, bem como a ineficiências na alocação de recursos econômicos[208].

A experiência internacional sugere que os governos subnacionais com competência constitucional para o atendimento de necessidades públicas relevantes, como é o caso dos Estados-membros e Municípios brasileiros, são mais propensos a cumprir de modo responsável seu papel quando devem arrecadar por conta própria as respectivas receitas.

Desejável seria, sem dúvida, que todos os entes da Federação brasileira pudessem financiar suas políticas públicas por meio de receitas tributárias próprias, o que permitiria a estruturação de orçamentos subnacionais com o controle da dimensão e da composição do gasto público, privilegiando a autonomia, a eficiência e a responsabilidade fiscal de tais entes.

Contudo, a distribuição de competências tributárias entre os entes da Federação brasileira nunca foi capaz de prover recursos suficientes para atender às respectivas competências materiais dos Estados-membros e dos Municípios[209].

Eventual aplicação pura da teoria normativa à alocação de tributos para os governos subnacionais brasileiros não traria resultados muito distintos, implicando a perpetuação da insuficiência

---

[208] Cf. BARBOSA, Fernando de Holanda; BARBOSA, Ana Luiza Neves de, *op. cit.*, p. 314; e MCLURE JR., Charles E. The Brazilian tax assignment problem: ends, means and constraints. **A reforma fiscal no Brasil**. São Paulo, Fundação Instituto de Pesquisas Econômicas, 1993, p. 2.

[209] *Idem, ibidem*, p. 301.

de receitas para o custeio dos gastos públicos regionais e locais[210] e dificultando o uso adequado das capacidades decisórias de tais governos[211].

Esse resultado, em verdade, é um paradoxo inerente à própria teoria normativa do federalismo fiscal, já que o critério de eficiência pressupõe que a maior parcela das atribuições de competências materiais sejam descentralizadas para os governos subnacionais, mas permite uma alocação de competências tributárias muito restrita para financiar os respectivos gastos[212].

De qualquer modo, a insuficiência de recursos dos governos subnacionais pátrios deve, então, ser equalizada por meio de mecanismos auxiliares de alocação de receitas para os governos locais, como as transferências intergovernamentais.

Não obstante as críticas da teoria normativa às transferências financeiras intergovernamentais, consideradas instrumentos de desestímulo à contenção do setor público e à responsabilidade fiscal, parece correto admitir que no Brasil essas transferências são fundamentais quando vistas sob a ótica dos valores de justiça existentes no nosso federalismo cooperativo.

Com efeito, as transferências tributárias intergovernamentais exercem importante papel de redução das amplas desigualdades inter-regionais, uma vez que a maior parte dos Estados-membros e dos Municípios brasileiros não é capaz de arrecadar por si mesmo a maior parcela de seus recursos orçamentários.

---

[210] Cf. MENDES, Marcos, *op. cit.*, p. 434.

[211] Considerando-se a inadequação da maior parte dos tributos, até mesmo os governos regionais de países desenvolvidos passaram a sofrer uma carência de competências tributárias significativas. Cf. BIRD, RICHARD M. **Rethinking subnational taxes**: a new look at tax assignment. Working Paper of the International Monetary Fund n. 99/165, Washington, IMF, 1999, p. 5; e cf. MONTERO, Antonio Giménez, *op. cit.*, p. 33.

[212] Cf. GOLDBERG, Daniel K., *op. cit.*, p. 25.

O sistema brasileiro de transferências intergovernamentais para participação em receitas tributárias alheias, contudo, não se mostra eficaz para promover a equalização fiscal entre os entes da federação. A distribuição dos recursos destas transferências em geral, e dos fundos de participação em especial, não é baseada em critérios claramente especificados e transparentes, ligados às capacidades tributárias, aos esforços fiscais e às despesas necessárias, e como consequência não se presta a garantir que governos subnacionais possam fornecer um nível adequado de serviços com um grau adequado de pressão fiscal[213].

A promoção da equalização fiscal exigiria que as transferências intergovernamentais para participação em receitas tributárias adotassem um conjunto de critérios bem definidos e adequados para tal finalidade, aptos a mensurar as capacidades fiscais e as necessidades de gastos – de cada ente federativo – para o atendimento de necessidades públicas de acordo com padrões nacionais para federação. Há, em síntese, fortes razões para a revisão do sistema de repartição de competências tributárias e do sistema de transferências intergovernamentais adotados pela Federação brasileira, buscando um novo arranjo que mitigue as presentes ineficiências econômicas e, concomitantemente, permita um melhor financiamento dos entes subnacionais, bem como promova a equalização fiscal entre tais entes.

O federalismo fiscal cooperativo pátrio exige um marco tributário que combine a separação e atribuição exclusiva de competências tributárias com variados mecanismos de concorrência, participação, corresponsabilidade fiscal e distribuição do produto da arrecadação, além de uma boa coordenação da gestão tributária entre os diversos entes da Federação[214].

Qualquer sistema federativo deve ser um compromisso contínuo entre poderes, que nunca "se fecha" de forma definitiva, e cujas

---

[213] Cf. TER-MINASSIAN, Teresa, *op. cit.*, p. 455.
[214] Cf. MONTERO, Antonio Giménez, *op. cit.*, p. 32.

características mais valiosas são a flexibilidade para adaptar-se às mudanças sociais e a capacidade de integrar pacificamente a unidade e a diversidade dentro de um modelo democrático de governo[215].

REFERÊNCIAS

AFONSO, José Roberto Rodrigues *et al.* Municípios, arrecadação e administração tributária: quebrando tabus. **Revista do BNDES**, n. 10, 1998, p. 3-36.

_____.Federalismo e Reforma Tributária: na Visão do Economista. **Direito Público**, n. 8, 2005, p. 163-172. Disponível em: <http://www.direitopublico.idp.edu.br/index.php/direitopublico/article/viewFile/457/870>. Acesso em: 3 jan. 2015.

AFONSO, José Roberto Rodrigues; ARAUJO, Érika Amorim. Contribuições sociais, mas antieconômicas. *In*: BIDERMAN, Ciro; ARVATE, Paulo (Orgs.). **Economia do setor público no Brasil**. Rio de Janeiro: Elsevier, 2004, p. 270-289.

AFONSO, José Roberto Rodrigues; MELLO JR., L. R. de Mello Jr. **Brazil** – an evolving federation seminar on decentralization, 2000. Disponível em: <http://www.imf.org/external/pubs/ft/seminar/2000/fiscal/afonso.pdf>. Acesso em: 10 dez. 2014.

AFONSO, José Roberto Rodrigues; SERRA, José. Federalismo fiscal à brasileira: algumas reflexões. **Revista do BNDES**, n. 12, 1999, p. 3-30.

AHMAD, Ehtisham; VEHORN, Charles L. Tax Administration. *In*: TER-MINASSIAN (Org.). **Fiscal federalism in theory and practice**. Washington, D.C.: International Monetary Fund, 1997, p. 108-134.

---

[215] Cf. *idem, ibidem*, p. 35.

ALENCAR, André Amorim; GOBETTI, Sérgio Wulff. **Justiça fiscal na federação brasileira**: uma análise do sistema de transferências intergovernamentais entre 2000 e 2007. Disponível em: <http://www3.tesouro.fazenda.gov.br/Premio_TN/XIIIpremio/financas/1tefpXIIIPTN/Justica_Fiscal_Federacao_Brasileira.pdf>. Acesso em: 12 fev. 2014.

AMATUCCI, Andrea. **L'ordinamento giuridico finanziario**. 6. ed. Napoli: Jovene, 1999, 527 p.

BALEEIRO, Aliomar. **Uma introdução à ciência das finanças**. 16. ed. Rio de Janeiro: Forense, 2004.

BIDERMAN, Ciro. Políticas Públicas Locais no Brasil. In: BIDERMAN, Ciro; ARVATE, Paulo (Orgs.). **Economia do setor público no Brasil**. Rio de Janeiro: Elsevier, 2004, p. 462-492.

BIRD, Richard M. Fiscal decentralization in developing countries: an overview. In: BIRD, Richard M.; VAILLANCOURT, François (Orgs.). **Fiscal decentralization in developing countries**. Cambridge: Cambridge University Press, 1999, p. 1-48.

_____. **Rethinking subnational taxes: a new look at tax assignment** (Working paper n. 99/165), Washington, D.C.: International Monetary Fund, 1999, 54 p.

BIRD, Richard M.; GENDRON, Pierre-Pascal. VATs in federal countries: international experience and emerging possibilities. **Bulletin for International Taxation**, n. 7, 2001, p. 293-309.

BIRD, Richard M.; SLACK, Enid. **Taxing land and property in emerging economies: raising revenue... and more?**. University of Toronto, International Tax Program, Working paper n. 605, 44 p. Disponível em: <http://www.rotman.utoronto.ca/iib/ITP0605.pdf>. Acesso em: 20 fev. 2006.

BNDES. Tributação – carga tributária global – estimativa para 2002. **Informe-se**, n. 54, abril de 2003, 8 p.

BOADWAY, Robin; FLATTERS, Frank. Efficiency, Equity and the Allocation of Resource Rents. In: MCLURE JR., Charles E.; MIESZ-

KOWSKI, Peter. **Fiscal federation and the taxation of natural resources**. Massachusetts/Toronto: Lexington Books, 1983, p. 99-123.

BOADWAY, Robin; ROBERTS, Sandra; SHAH, Anwar. **Fiscal federalism dimensions of tax reform in developing countries**. World Bank Policy Research Working paper n. 1.385. Washington, D. C. International Fund, 1994, 29 p. Disponível em: <http://www-wds.worldbank.org/servlet/WDSContentServer/WDSP/IB/2000/03/08/000009265_3980313132204/Rendered/PDF/multi_page.pdf>. Acesso em: 5 jan. 2015.

BOADWAY, Robin; SHAH, Anwar (Coords.). **Intergovernmental fiscal transfers**: principles and practice. Washington: World Bank, 2007, 624 p.

BOSI, Paolo. **Corso di scienza delle finanze**. 3. ed. Bologna: Il Mulino, 2003, 442 p.

BRASIL. Lei n. 5.172. **Código Tributário Nacional** [CTN]. Brasília, 25 out. 1966. Disponível em: <http://www.planalto.gov.br/ccivil_03/Leis/L5172.htm>. Acesso em: 14 jan. 2015.

_____. **Decreto-lei n. 1.881, de 27 de agosto de 1981**. Disponível em: <http://www.planalto.gov.br/ccivil_03/decreto-lei/1965-1988/Del1881.htm>. Acesso em: 14 jan. 2015.

_____. **Constituição da República Federativa do Brasil de 1988** [CF/1988]. Disponível em: <http://www.planalto.gov.br/ccivil_03/Constituicao/Constituicao.htm>. Acesso em: 14 jan. 2015.

_____. **Lei n. 8.443, de 16 de julho de 1992**. Disponível em: <http://www.planalto.gov.br/ccivil_03/leis/l8443.htm>. Acesso em: 14 jan. 2015.

_____. Lei n. 9.503. **Código de Trânsito Brasileiro** [CTB]. Brasília, 23 set. 1997. Disponível em: <http://www.planalto.gov.br/ccivil_03/Leis/L9503.htm>. Acesso em: 14 jan. 2015.

_____. **Lei n. 10.336, de 19 de dezembro de 2001**. Disponível em: <http://www.planalto.gov.br/ccivil_03/leis/leis_2001/l10336.htm>. Acesso em: 14 jan. 2015.

_____. **Proposta de Emenda Constitucional n. 74 de 2003** [PEC n. 74/2003]. Altera o Sistema Tributário Nacional e dá outras providências. Brasília, 25 set. 2003.

_____. **Proposta de Emenda Constitucional n. 31-A de 2007** [PEC n. 31-A/2007]. Altera o Sistema Tributário Nacional, unifica a legislação do Imposto sobre Operações Relativas à Circulação de Mercadorias e sobre Prestações de Serviços de Transporte Interestadual e Intermunicipal e de Comunicação, dentre outras providências.

BREMAEKER, François E. J. de. A receita tributária dos municípios brasileiros em 2001. **Série Estudos Especiais**, n. 50, Instituto Brasileiro de Administração Municipal – IBAM, 2003, 28 p. Disponível em: <http://www.ibam.org.br/publique/media/esp050p.pdf>. Acesso em: 1º fev. 2007.

BUCHANAN, James M. Federalism and fiscal equity. *In*: BUCHANAN, James M. **The collected works of James M. Buchanan**. Indianapolis: Liberty Fund, 2001, p. 3-23, v. 18 (Federalism, liberty, and the law).

_____. Public Finance and Public Choice. *In*: BUCHANAN, James M. **The collected works of James M. Buchanan**. Indianapolis: Liberty Fund, 2001, p. 4-24, v. 14 (Debt and taxes).

BUCHANAN, James M.; FLOWERS, Marylin R. **The public finances – an introductory textbook**. 5. ed. Georgetown: Irwin, 1980, 536 p.

BUCHANAN, James M.; GOETZ, Charles J. Efficiency limits of fiscal mobility: an assessment of the tiebout model. *In*: **The collected works of James M. Buchanan**. Indianapolis: Liberty Fund, 2001, p. 44-64, v. 18 (Federalism, liberty and the law).

CAMILLO, Ronaldo; PIANCASTELLI, Marcelo. **Redistribuição do gasto público em democracias federativas**: análise do caso brasileiro. Paper n. 1001-2003. Rio de Janeiro: Instituto de Pesquisa Econômica Aplicada – IPEA, 2003, 24 p.

CAVALCANTI, Carlos E. e W. Quadros. **Partilha de recursos na federação brasileira** (São Paulo: FAPESP, IPEA e FUNDAP, 2003).

COELHO, Isaías. Um novo ICMS – princípios para reforma da tributação do consumo. **Revista Brasileira de Comércio Exterior**, n. 120, 2014, p. 30-49.

CONTI, José Maurício. **Federalismo fiscal e fundos de participação**. São Paulo: Juarez de Oliveira, 2001, 140 p.

COSGEL, Metin M.; MICELI, Thomas J. Risk, transaction costs, and tax assignment: government finance in the Ottoman Empire. **The Journal of Economic History**, v. 65, n. 3, 2005, p. 806-821.

DAFFLON, Bernard. Fiscal Capacity Equalization in Horizontal Fiscal Equalization Programs. *In*: BOADWAY, Robin; SHAH, Anwar (Coords.). **Intergovernmental fiscal transfers**: principles and practice. Washington: World Bank, p. 361-393.

FARAGE, Edna *et. al*. Equalização Fiscal. *In*: REZENDE, Fernando (Coord.). **Cadernos Fórum Fiscal**, n. 1.

FERRAZ JR., Tércio Sampaio. Guerra fiscal, fomento e incentivo na Constituição Federal. *In*: SCHOUERI, Luís Eduardo; ZILGASPARINI, Carlos Eduardo; MIRANDA, Rogério Boueri. **Evolução dos aspectos legais e dos montantes de transferências realizadas pelo fundo de participação dos municípios**. Paper n. 1243-2006. Rio de Janeiro: Instituto de Pesquisa Econômica Aplicada – IPEA, 2006, p. 34-35.

GOLDBERG, Daniel K. Entendendo o federalismo fiscal: uma moldura teórica multidisciplinar. *In*: CONTI, José Maurício (Org.). **Federalismo fiscal**. Barueri: Manole, 2004, p. 16-31.

GOODSPEED, Timothy J. Tax structure in a federation. **Journal of Public Economics**, 75, 2000, p. 493-506.

GORDON, Roger H. An optimal approach to fiscal federalism. **Quarterly Journal of Economics**, n. 4, 1983, p. 567-586.

GUERRA, Susana Cordeira; HOFMAN, Bert. **Ensuring Inter--Regional Equity and Poverty Reduction**. Working Paper 04-11. Georgia State University – Andrew Young School of Policy Studies, 2004, 29 p.

HOLANDA BARBOSA, Fernando de; HOLANDA BARBOSA, Ana Luiza Neves de. O sistema tributário no Brasil: reformas e mudanças. *In*: BIDERMAN, Ciro; ARVATE, Paulo (Orgs.). **Economia do setor público no Brasil**. Rio de Janeiro: Elsevier, 2004, p. 290-318.

HORTA, Raul Machado. **Direito constitucional**. 4. ed. Belo Horizonte: Del Rey, 2003, 734 p.

HYMAN, David N. **Public finance**: a contemporary application of theory to policy. 6. ed. Forth Worth: Dryden, 1999, 682 p.

INMAN, Robert P.; RUBINFELD, Daniel L. Designing tax policy in federalist economies: an overview. **Journal of Public Economics**, n. 60, 1996, p. 307-334.

JARACH, Dino. **Finanzas públicas y derecho tributario**. 3. ed. Buenos Aires: Abeledo-Perrot, 2003.

KAHIR, Amir Antônio; MELO, Luciane. O sistema tributário e os impostos sobre o patrimônio. *In*: BIDERMAN, Ciro; ARVATE, Paulo (Orgs.). **Economia do setor público no Brasil**. Rio de Janeiro: Elsevier, 2004, p. 252-269.

LEROY, Marc. **La sociologie de l'impôt**. Paris: Presses Universitaires de France, 2002, 125 p.

LOBO, Rogério Leite. **Federalismo fiscal brasileiro**: discriminação de rendas tributárias e centralidade normativa. Rio de Janeiro: Lumen Juris, 2006, 201 p.

MARCHI, Eduardo César Silveira Vita. **Guia de metodologia jurídica (teses, monografias e artigos)**. Lecce: Grifo, 2002.

MCLURE JR., Charles E. Tax assignment and subnational fiscal autonomy. **Bulletin for International Taxation**, n. 12, 2000, p. 626-635.

_____. The Brazilian tax assignment problem: ends, means and constraints. *In*: Fundação Instituto de Pesquisas Econômicas. **A reforma fiscal no Brasil**: subsídios do Simpósio Internacional sobre Reforma Fiscal. São Paulo: FIPE, 1993, p. 45-71.

_____. **The tax assignment problem**: conceptual and administrative considerations in achieving subnational fiscal autonomy (Paper presented at the Intergovernmental Fiscal Relations and Local Financial Management Course). Vienna, OECD Multilateral Tax Centre, 1998, 47 p. Disponível em: <http://www.federativo.bndes.gov.br/destaques/estudos/taxassig.exe>. Acesso em: 20 maio 2006.

_____. The tax assignment problem: ruminations on how theory and practice depend on history. **National Tax Journal**, v. 54, n. 2, 2001, p. 339-364.

MENDES, Marcos. Federalismo Fiscal. *In*: BIDERMAN, Ciro; ARVATE, Paulo. (Orgs.) **Economia do Setor Público no Brasil**. Rio de Janeiro: Elsevier, 2004, p. 421-460.

MESSERE, Ken. Evaluating the tax powers of sub-central governments. **Bulletin for International Taxation**, n. 3, 2000, p. 133-145.

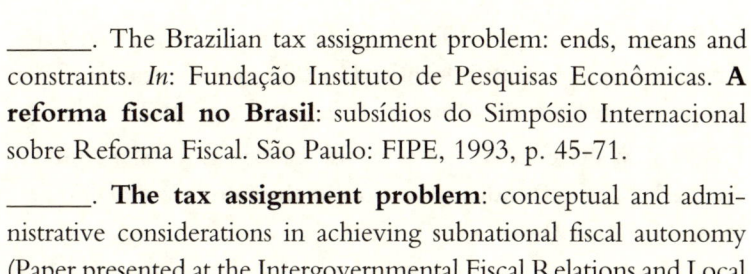

MONTERO, Antonio Giménez. **Federalismo fiscal**: teoría y práctica. 2. ed. Valencia: Tirant Lo Blanch, 2003, 454 p.

MONTORO FILHO, André Franco. Federalismo e reforma fiscal. **Revista de Economia Política**, n. 55, 1994, p. 20 e s.

MUSGRAVE, Richard A.; MUSGRAVE, Peggy B. **Public finance in theory and practice**. 5. ed. New York: McGraw-Hill, 1989, 627 p.

NABAIS, José Casalta. O regime das finanças locais em Portugal. *In*: TÔRRES, Heleno Taveira (Org.). **Tratado de direito constitucional tributário**: estudos em homenagem a Paulo de Barros Carvalho. São Paulo: Saraiva, 2005, p. 559-595.

NEUMARK, Fritz. Trad. FERRER, Jose Zamit. **Principios de la imposición**. Madrid: Instituto de Estudios Fiscales, 1974, 475 p.

NORREGAARD, John. Tax assignment. *In*: TER-MINASSIAN, Theresa (Org.). **Fiscal federalism in theory and practice**. Washington: International Monetary Fund, 1997, p. 49-72.

OATES, Wallace E. An essay on fiscal federalism. *In*: BAGCHI, Amaresh (Org.). **Readings in public finance**. New Delhi: Oxford, 2005, p. 393-436.

_____. Property taxation and local finance: an overview and some reflections. *In*: OATES, Wallace E. (Org.). **Property taxation and local government finance**. Cambridge: Lincoln Institute of Land Policy, 2001, p. 21-31.

OECD. **Fiscal design surveys across levels of government**. Paris, 2002, 63 p.

_____. **Taxing powers of state and local government**. Paris, 1999, 85 p.

OLIVEIRA, Regis Fernandes de. **Gastos públicos**. São Paulo: Revista dos Tribunais, 2012, 194 p.

PERSSON, Torsten; TABELLINI, Guido. Federal Fiscal Constitutions: Risk Sharing and Redistribution. *In*: **The Journal of Political Economy**, v. 104, n. 5, 1996, p. 979-1009.

PRADO, Sergio. **Transferências fiscais e financiamento municipal no Brasil** (versão preliminar). Ebap-Fundação Konrad Adenauer, 2001, p. 48-49. Disponível em: <http://www.cepam.sp.gov.br/arquivos/artigos/TransferenciasFiscais&FinancMunicipal.pdf>. Acesso em: 5 jan. 2015.

RECEITA FEDERAL DO BRASIL. **Carga tributária no Brasil 2013** – Análise por tributos e bases de incidência, 2014. Disponível em: <http://idg.receita.fazenda.gov.br/dados/receitadata/estudos-e-tributarios-e-aduaneiros/estudos-e-estatisticas/carga-tributaria-no-brasil/carga-tributaria-2013.pdf>. Acesso em: 29 dez. 2014.

REZENDE, Fernando. Globalização, federalismo e tributação. *In*: **Planejamento e políticas públicas**, n. 20, 1999, p. 3-18.

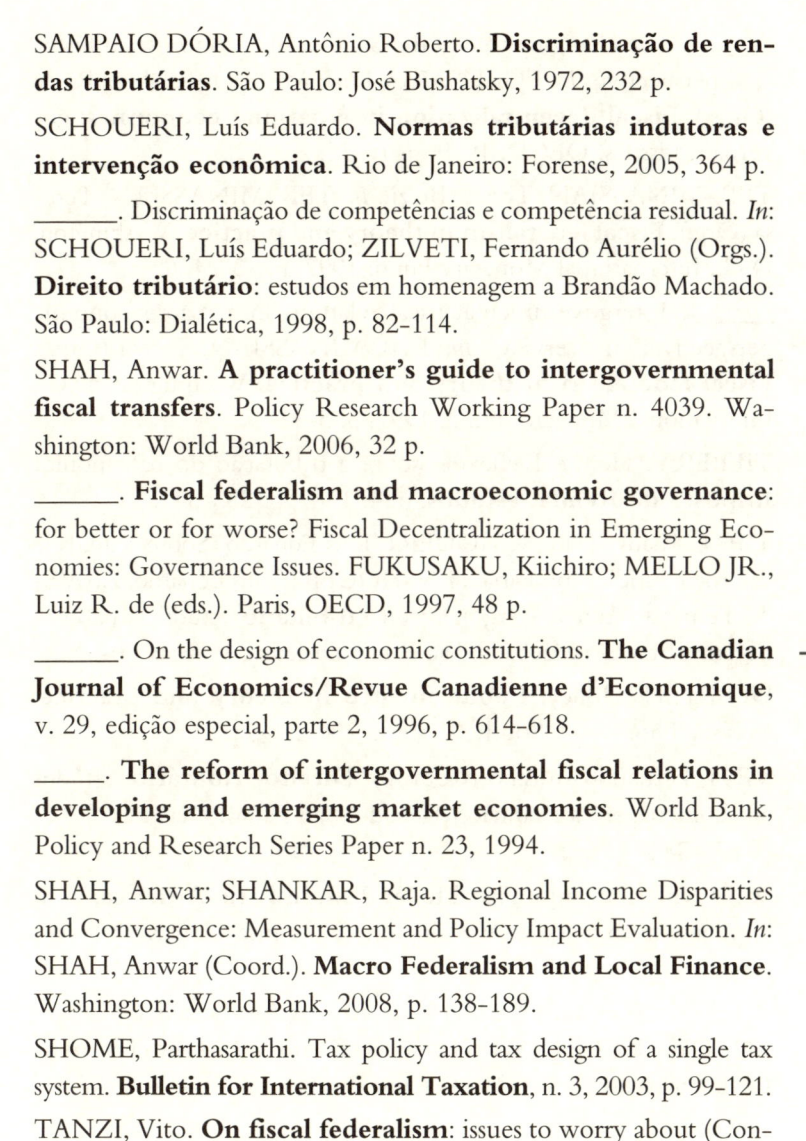

SAMPAIO DÓRIA, Antônio Roberto. **Discriminação de rendas tributárias**. São Paulo: José Bushatsky, 1972, 232 p.

SCHOUERI, Luís Eduardo. **Normas tributárias indutoras e intervenção econômica**. Rio de Janeiro: Forense, 2005, 364 p.

_____. Discriminação de competências e competência residual. *In*: SCHOUERI, Luís Eduardo; ZILVETI, Fernando Aurélio (Orgs.). **Direito tributário**: estudos em homenagem a Brandão Machado. São Paulo: Dialética, 1998, p. 82-114.

SHAH, Anwar. **A practitioner's guide to intergovernmental fiscal transfers**. Policy Research Working Paper n. 4039. Washington: World Bank, 2006, 32 p.

_____. **Fiscal federalism and macroeconomic governance**: for better or for worse? Fiscal Decentralization in Emerging Economies: Governance Issues. FUKUSAKU, Kiichiro; MELLO JR., Luiz R. de (eds.). Paris, OECD, 1997, 48 p.

_____. On the design of economic constitutions. **The Canadian Journal of Economics/Revue Canadienne d'Economique**, v. 29, edição especial, parte 2, 1996, p. 614-618.

_____. **The reform of intergovernmental fiscal relations in developing and emerging market economies**. World Bank, Policy and Research Series Paper n. 23, 1994.

SHAH, Anwar; SHANKAR, Raja. Regional Income Disparities and Convergence: Measurement and Policy Impact Evaluation. *In*: SHAH, Anwar (Coord.). **Macro Federalism and Local Finance**. Washington: World Bank, 2008, p. 138-189.

SHOME, Parthasarathi. Tax policy and tax design of a single tax system. **Bulletin for International Taxation**, n. 3, 2003, p. 99-121.

TANZI, Vito. **On fiscal federalism**: issues to worry about (Conference on Fiscal Federalism). Washington, D.C.: International Monetary Fund, 2000, 15 p. Disponível em: <http://www.imf.org/external/pubs/ft/seminar/2000/fiscal/tanzi.pdf>. Acesso em: 10 maio 2006.

_____. The changing role of the State in the economy: an historical perspective. *In*: FUKUSAKU, Luiz; MELLO JR., Luiz R. de (Orgs.). **Fiscal decentralization in emerging economies**: governance issues. OECD, 1999, p. 17-36.

TER-MINASSIAN, Teresa. Brazil. *In*: TER-MINASSIAN, Teresa (Org.). **Fiscal federalism in theory and practice**. Washington, D.C.: International Monetary Fund, 1997, p. 438-456.

_____. Intergovernmental fiscal relations in a macroeconomic perspective: an overview. *In*: TER-MINASSIAN, Teresa (Org.). **Fiscal federalism in theory and practice**. Washington, D.C.: International Monetary Fund, 1997, p. 3-24.

TILBERY, Henry. Reflexões sobre a tributação do patrimônio. **Imposto de Renda: estudos,** n. 4, 1987, p. 283-347.

TIPKE, Klaus. Trad. SCHOUERI, Luís Eduardo. Sobre a unidade da ordem jurídica tributária. *In*: SCHOUERI, Luís Eduardo; ZILVETI, Fernando Aurélio (Orgs.). **Direito tributário**: estudos em homenagem a Brandão Machado. São Paulo: Dialética, 1998, p. 60-81.

ULBRICH, Holley. **Public finance in theory and practice**. Mason: Thomson – South-Western, 2003, 445 p.

VETI, Fernando Aurélio (Coords.). **Direito tributário**: estudos em homenagem a Brandão Machado. São Paulo: Dialética, 1998, p. 275-284.

WIESNER, Eduardo. **Fiscal federalism in Latin America**: from entitlements to markets. Washington, D.C.: Inter-American Development Bank, 2003, 144 p.

WILSON, Leonard S. Macro Formulas for Equalization. *In*: BOADWAY, Robin; SHAH, Anwar (Coords.). **Intergovernmental fiscal transfers**: principles and practice. Washington: World Bank, 2007.

WORLD BANK. **Brazil: issues in fiscal federalism**. Working Paper n. 22523-BR. Washington: World Bank, 2002, 66 p.

7 DIREITO TRIBUTÁRIO E DIREITO FINANCEIRO: RECONSTRUINDO O CONCEITO DE TRIBUTO E RESGATANDO O CONTROLE DA DESTINAÇÃO

Eurico Marcos Diniz de Santi
Professor da FGV DIREITO SP; mestre e doutor em Direito Tributário pela Pontifícia Universidade Católica de São Paulo (PUCSP).

Vanessa Rahal Canado
Professora da FGV DIREITO SP; mestre e doutora em Direito Tributário pela Pontifícia Universidade Católica de São Paulo (PUCSP); advogada em São Paulo.

7.1 Introdução

Trata-se de proposta para o estudo da destinação das contribuições previstas no art. 149 da CF/1988, doravante denominadas somente "contribuições"[1]. O objetivo deste artigo é responder três perguntas:

1. Existe autonomia entre o direito tributário e o direito financeiro?
2. A destinação é relevante na classificação das espécies tributárias?
3. O critério da destinação é relevante no controle da competência tributária das contribuições?

7.2 O aumento da carga tributária e as contribuições: renovação do debate entre o "direito tributário" e o "direito financeiro"

O estudo do direito tributário foi muito aprimorado durante os últimos anos. Dos "ramos"[2] do estudo do direito positivo foi um

---

[1] Partimos da premissa de que essas contribuições têm natureza jurídica tributária. Outrossim, concordando com Sacha Calmon Navarro Coelho, acreditamos que a determinação da natureza jurídica das contribuições perde relevância ao admitirmos que expressamente a Constituição outorgou-as o regime jurídico tributário, ao menos para o exercício da competência pela União. Se a natureza jurídica é determinante para a aplicação do regime jurídico pertinente e este já está expressamente posto, não há muito por que insistir em argumentações dogmáticas. Cf. COELHO, Sacha Calmon Navarro. **O controle da constitucionalidade das leis**. São Paulo: Del Rey, 1992, p. 265.

[2] Utilizamos "ramos" entre aspas para não denotar a ideia de que o direito possa ser *cindido* em diferentes formas de atuação (civil, tributária, penal etc.). Na verdade

dos que mais se desenvolveu em termos teóricos, apresentando alta precisão conceptual e sofisticado controle argumentativo do seu discurso dogmático. Nessa linha, o estudo do Direito Tributário se formou em torno da incidência tributária (da produção das normas gerais e abstratas instituidoras de tributos às normas individuais e concretas documentadas no lançamento) e seus conceitos correlatos da teoria geral do direito (sistema do direito, fontes do direito, norma jurídica, interpretação etc.), deixando de lado as demais relações que se instauram após a extinção da obrigação tributária, como aquela que decorre da destinação do produto da arrecadação dos tributos[3].

Tal estilo propiciou o desenvolvimento de importantes instrumentos de controle da atividade estatal, seja com a valorização dos princípios nas teorias de Geraldo Ataliba, Sacha Calmon Navarro Coelho, Mizabel Derzi e Roque Carrazza, seja com a construção da "Regra-Matriz de Incidência Tributária" preconizada por Paulo de Barros Carvalho, que delineia os elementos necessários para a cobrança e fundamentação dos tributos, tornando mais transparente a implementação da estrita legalidade.

Com essa pretensão, a Ciência do Direito Tributário delimitou seu objeto em torno do estudo das normas jurídicas que dizem res-

---

aqui nos referimos apenas ao corte metodológico promovido pela Ciência do Direito Tributário, para delimitação de seu objeto de estudo: a cisão do direito em ramos é apenas recurso didático-metodológico. Cf. CARVALHO, Paulo de Barros. **Curso de direito tributário**. 16. ed. São Paulo: Saraiva, 2004, p. 13-15.

[3] Cf. ATALIBA, Geraldo. **Hipótese de incidência tributária**. 5. ed. São Paulo: Malheiros, 1998, p. 140: "A relação tributária é regida pelo direito tributário; a destinação dos dinheiros é questão não tributária, mas constitucional-financeira, de direito orçamentário. Assim, não tem cabimento – no trato jurídico do tema – incluir na definição do tributo a destinação do seu produto (...). É correta sob a perspectiva da ciência das finanças, mas totalmente errada para o direito, a definição de imposto que assinala a circunstância de corresponder às despesas gerais e indetermináveis do poder público, ou que afirma ser taxa o tributo cujo produto da arrecadação custeia um serviço público".

peito à instituição, arrecadação e extinção da relação jurídico-tributária. Esse recorte também se verifica no direito tributário positivo, mais especificamente nas normas gerais do CTN, que tratam da incidência tributária, da definição de fato gerador, dos elementos da obrigação tributária, das formas de constituição e dos prazos para cobrança do crédito tributário, da extinção da relação jurídico-tributária e das normas que determinam a vinculação da Administração na cobrança do crédito tributário, sem se preocupar com o destino do quanto arrecadado, conforme refletido na estrutura abaixo:

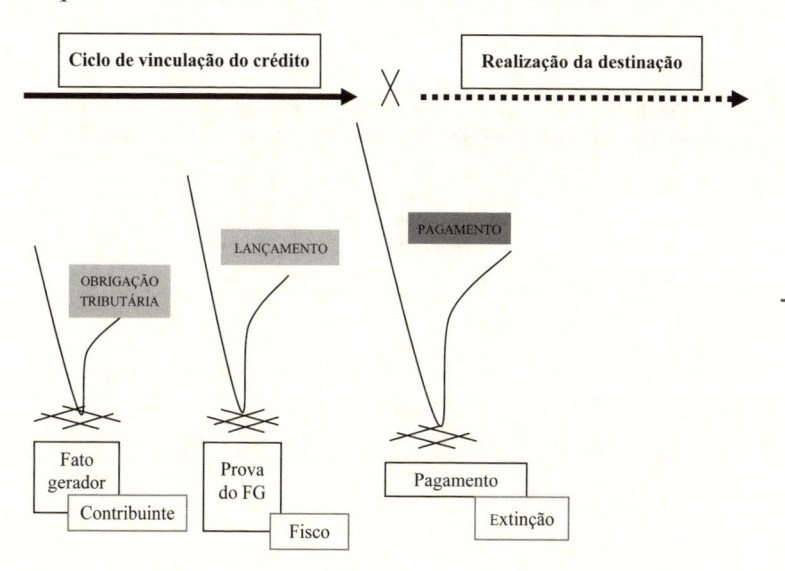

Ciclo de vinculação do crédito X **Realização da destinação**

OBRIGAÇÃO TRIBUTÁRIA

LANÇAMENTO

PAGAMENTO

Fato gerador
Contribuinte

Prova do FG
Fisco

Pagamento
Extinção

E o que sucedeu o quadro acima, que diz respeito ao estudo das contribuições e, reflexamente, à carga tributária? Com o tempo, o Estado apropriou-se desse entorno argumentativo, que pretendia controlar sua atividade, e passou a criar diversos tributos utilizando-se de formas constitucionais (emendas constitucionais)[4], atingindo

---

[4] A exemplo disso, vimos a criação da CPMF pela Emenda Constitucional n. 12/96 (que substituiu o IPMF criado pela Emenda Constitucional n. 3/93), a criação do

o ápice da legalidade que tanto se exigia e blindando a discussão sobre carga tributária que se tornou inacessível ao controle jurídico.

Nos últimos tempos, muito se tem falado que a discussão sobre a carga tributária deve ser feita em consonância com a discussão sobre o gasto público. Aqui o foco se inverte: passa a preocupar a crescente despesa pública. É sob esse novo foco que se propõe a aproximação do estudo do direito tributário com o direito financeiro, no contínuo processo de causalidade jurídica, favorecendo o desenvolvimento de formas de controle das despesas do Estado:

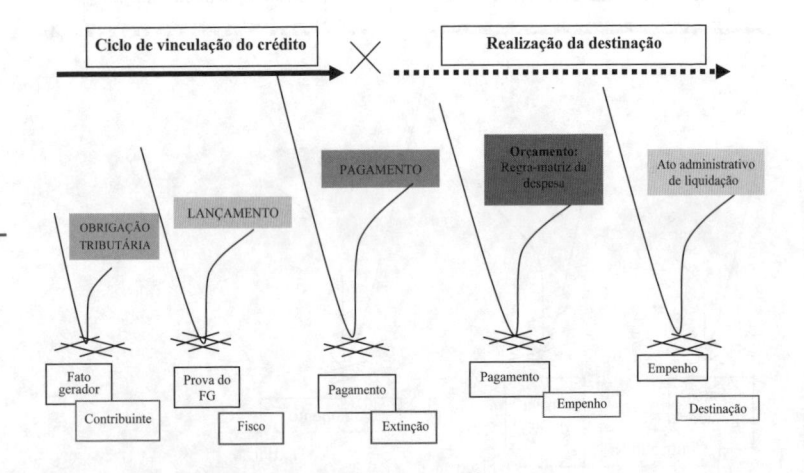

```
Ciclo de vinculação do crédito  X  Realização da destinação

                                        Orçamento:
                          PAGAMENTO    Regra-matriz da    Ato administrativo
                                          despesa         de liquidação
              LANÇAMENTO
  OBRIGAÇÃO
  TRIBUTÁRIA


  Fato                Prova do                                    Empenho
  gerador             FG          Pagamento      Pagamento
  Contribuinte        Fisco                      Empenho          Destinação
                                  Extinção
```

E por que as contribuições? Porque as contribuições são as grandes responsáveis pelo aumento da carga tributária, especialmente após a CF/1988, quando o modelo constitucional de repartição de competências e receitas tributárias, por pressões políticas, preocupou-se muito com a autonomia dos Estados e Municípios e, assim,

---

ICMS – Importação pela Emenda Constitucional n. 33/2001, a criação da COSIP pela Emenda Constitucional n. 39/2002 e a criação da contribuição dos Inativos pela Emenda Constitucional n. 41/2003.

fez com que a União passasse a se desinteressar pelos impostos, cuja arrecadação deveria ser partilhada[5].

Segundo o economista Raul Velloso, a parte da receita líquida da União, no que se refere às contribuições, aumentou de 4,9%, em 1987, para 39,1%, em 2003[6]:

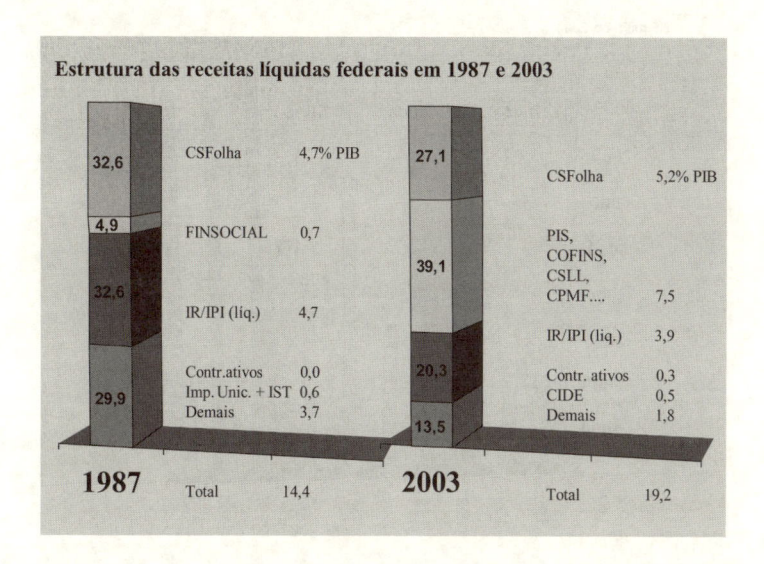

Estrutura das receitas líquidas federais em 1987 e 2003

1987			2003		
32,6	CSFolha	4,7% PIB	27,1	CSFolha	5,2% PIB
4,9	FINSOCIAL	0,7	39,1	PIS, COFINS, CSLL, CPMF....	7,5
32,6	IR/IPI (líq.)	4,7		IR/IPI (líq.)	3,9
29,9	Contr. ativos	0,0	20,3	Contr. ativos	0,3
	Imp. Unic. + IST	0,6		CIDE	0,5
	Demais	3,7	13,5	Demais	1,8
1987	Total	14,4	**2003**	Total	19,2

Em contrapartida, a Contribuição de Intervenção no Domínio Econômico instituída pela Lei n. 10.336, de 19-12-2001, incidente sobre as atividades de importação ou comercialização de petróleo e seus derivados, gás natural e seus derivados e álcool combustível, e destinada para investimentos em programas de infraestrutura de transportes (art. 177, § 4º, c, da CF/1988 e art. 1º,

---

[5] Cf. AMED, José Fernando; NEGREIROS, José Labriola de Campos. **História dos tributos no Brasil**. São Paulo: Sinfresp, 2000, p. 299-304.

[6] Cf. Gráfico apresentado no III Encontro do Núcleo de Estudos Tributários da Escola de Direito de São Paulo da Fundação Getulio Vargas, em 30 de junho de 2004, com o tema Tributação e Despesa Pública: Resgatando o Direito Financeiro.

§ 1º, III, da Lei n. 10.336/2001), por exemplo, parece ter feito com que os investimentos nessa área diminuíssem, quando deveria ser o inverso, dada sua função precípua, como podemos observar no quadro a seguir[7]:

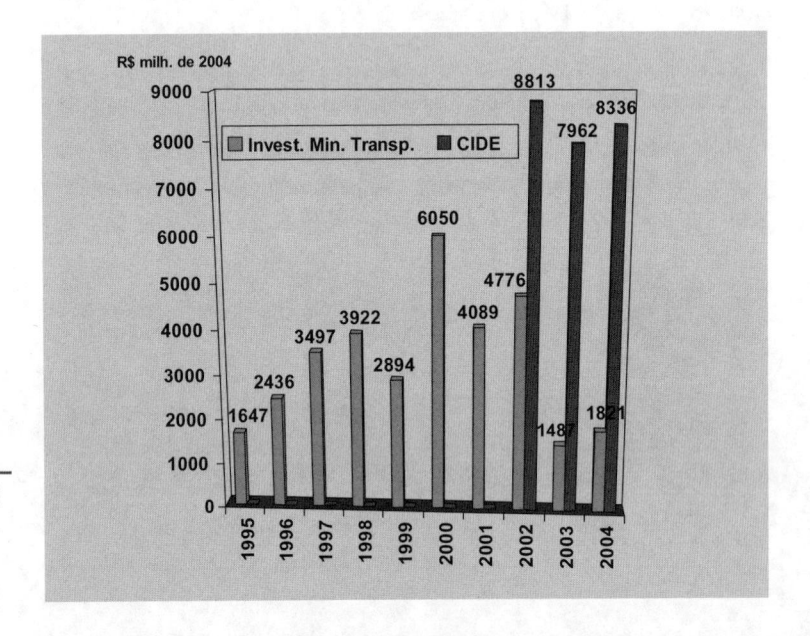

R$ milh. de 2004

Ano	Invest. Min. Transp.	CIDE
1995	1647	
1996	2436	
1997	3497	
1998	3922	
1999	2894	
2000	6050	
2001	4089	
2002	4776	8813
2003	1487	7962
2004	1821	8336

A partir dessas considerações e de uma proposta inicial de aproximação do estudo do direito tributário com o direito financeiro, pretendemos construir novas formas argumentativas de controle do gasto público, na experiência de reconstrução do conceito de tributo empreendida a partir da CF/1988.

---

[7] Gráfico utilizado pelo professor Raul Velloso no III Encontro do Núcleo de Estudos Tributários da Escola de Direito de São Paulo da Fundação Getulio Vargas, em 30 de junho de 2004, com o tema Tributação e Despesa Pública: Resgatando o Direito Financeiro.

7.3 A destinação das contribuições e a classificação das espécies tributárias

Diversas são as posições que elegem e agrupam os critérios para a definição das espécies tributárias: (i) vinculação da hipótese tributária à atividade estatal; (ii) destinação do produto da arrecadação; e (iii) obrigatoriedade de restituição.

O aspecto material da hipótese de incidência é, de acordo com o direito positivo, um dos critérios que devem integrar a classificação das espécies tributárias. A CF/1988 implicitamente nos mostra que (i) as taxas e (ii) as contribuições de melhoria terão na composição da hipótese de incidência atuação estatal, intermediada por outro fator (obra pública) ou não. Já (iii) os impostos nos mostram que as possíveis materialidades de suas hipóteses normativas se qualificarão, sempre, como atividades de particulares. O CTN, explicitamente, prescreve que os impostos não são cobrados em razão da atividade estatal e, ao contrário, as taxas e contribuições de melhoria, sim.

Vale ressaltar que o aspecto material da hipótese tributária deverá estar em consonância com a base de cálculo do tributo ou, caso contrário, infirmará aquela, redesenhando a hipótese tributária, conforme ensinamentos de Paulo de Barros Carvalho[8], apoiado em ditames constitucionais.

Não aceitamos, no entanto, que a vinculação ou não à presença da atuação estatal na realização da hipótese de incidência seja o único critério RELEVANTE para a classificação das espécies tributárias diante da CF/1988: o direito positivo não parou na Lei n. 5.172, de 25-10-1966 (Código Tributário Nacional).

A CEUB/1946, vigente à época da edição do CTN (25 de outubro de 1966), previa apenas a possibilidade da instituição

---

[8] Cf. CARVALHO, Paulo de Barros. **Curso de direito tributário**. 13. ed. 2000, p. 27-28.

de (i) impostos[9]; (ii) contribuições de melhoria[10]; (iii) taxas[11]; e (iv) quaisquer outras rendas que proviessem do exercício das atribuições dos entes federativos e da utilização dos bens e serviços da União, dos Estados, do Distrito Federal e dos Municípios[12]. Com a Emenda Constitucional n. 18/65, houve a *supressão* da possibilidade de instituição de (i) quaisquer outras rendas e (ii) outros impostos além daqueles expressamente previstos na CEUB/1946. No entanto, houve a *inclusão* da possibilidade de instituição de (i) empréstimos compulsórios[13] e (ii) impostos extraordinários[14].

Foi com a CF/1967, após a Emenda Constitucional 1/69, que surgiu a competência, somente para a União, para instituição de (iv) contribuições (iv.i) tendo em vista intervenção no domínio econômico, (iv.ii) tendo em vista o interesse de categorias profissionais e (iv.iii) para atender diretamente à parte da União no custeio dos encargos da previdência social[15], e de (v) empréstimos compulsórios, nos casos especiais, definidos em lei complementar[16].

Com a promulgação da CF/1988, após as Emendas n. 3/93, 33/2001, 39/2002, 41/2003 e 42/2003, as competências ficaram repartidas para a instituição de (i) impostos[17]; (ii) taxas[18]; (iii) contri-

---

[9] Arts. 15, 16, 19, 21 e 29.

[10] Art. 30, I, e parágrafo único.

[11] Art. 30, II.

[12] Art. 30, III.

[13] Art. 4º da Emenda Constitucional n. 18/65.

[14] Art. 17 da Emenda Constitucional n. 18/65.

[15] Art. 21, § 2º, I. As contribuições tendo em vista a intervenção no domínio econômico também estava regulada no art. 163, parágrafo único.

[16] Art. 18, § 3º, e art. 21, § 2º, II.

[17] Arts. 145, I, 153, 155 e 156.

[18] Art. 145, II.

buições de melhoria[19]; (iv) empréstimos compulsórios[20]; e (v) contribuições sociais (da qual são espécies as contribuições destinadas à seguridade social (previstas nos arts. 149, § 1º, e 195 da CF/1988), Contribuição de Intervenção no Domínio Econômico (CIDE), contribuição de interesse de categorias profissionais ou econômicas e Contribuição para o Custeio do Serviço de Iluminação Pública (COSIP)[21].

Portanto, foi com a CF/1967, em época na qual já existia o CTN, que pudemos observar, pela primeira vez, a presença das contribuições, em três espécies: (i) de intervenção no domínio econômico; (ii) corporativas; e (iii) previdenciárias. Seu regime jurídico, no entanto, não estava expressamente previsto, como hoje temos no art. 149 da CF/1988.

A partir dessa evolução das espécies tributárias nas Constituições Federais e do CTN, concluímos que o sistema atual, além dos desenhos das hipóteses normativas dos impostos, das taxas e das contribuições de melhoria, oferece *pressupostos* para a instituição de *empréstimos compulsórios* e, ainda, instrumentos disponíveis (i) para a União atuar nos setores social, econômico e no interesse de categorias profissionais ou econômicas; (ii) para o Estado e o Distrito Federal custearem o regime previdenciário de seus servidores; e (iii) para os Municípios e o Distrito Federal custearem seus serviços de iluminação pública.

Diante desse quadro, podemos perceber que o *empréstimo compulsório* não possui o desenho de sua materialidade pré-definida. Ao contrário, possui outros critérios que norteiam sua instituição: (i) exige pressupostos fáticos para sua instituição[22]; (ii) exige a des-

---

[19] Art. 145, III.
[20] Art. 148.
[21] Arts. 149, 149A, 195, 212, § 4º, e 239.
[22] Nos dizeres de Daniel Monteiro Peixoto e Eurico Marcos Diniz de Santi, uma das prerrogativas da competência legislativa tributária são "as situações fáticas to-

tinação de seus recursos para fazer frente às despesas que fundamentaram sua exigência válida; e, por ser *empréstimo*, (iii) exige a restituição da quantia entregue aos cofres públicos[23].

O mesmo se diga das *contribuições*: a existência de finalidades específicas a que elas se propõem é seu diferencial constitucional. É irrelevante que o CTN, em seu art. 4º, proíba a consideração da destinação do produto da arrecadação[24] como critério para identificação das espécies tributárias, já que este diploma normativo é anterior às Constituições Federais que trouxeram a possibilidade de instituição das contribuições.

Levando em consideração o exposto acima, entendemos que três são os critérios relevantes no direito posto para a identificação das espécies tributárias:

(i) presença da atuação estatal na hipótese normativa;

(ii) previsão de restituição do valor arrecadado; e

(iii) destinação do produto da arrecadação.

---

madas como pressupostos para o surgimento da permissão de legislar sobre determinada matéria" (localizadas no antecedente da norma de competência). Dentre essas situações está o que chamam de 'hipótese objetiva', ou seja, "circunstâncias que devem ou não ocorrer para que surja determinada autorização", o que se dá, exatamente, com os empréstimos compulsórios. Cf. PEIXOTO, Daniel Monteiro; SANTI, Eurico Marcos Diniz de. Aspectos Controvertidos do PIS/PASEP e da COFINS incidentes na Importação. *In*: SANTI, Eurico Marcos Diniz de; ZILVETI, Fernando Aurélio; MOSQUERA, Roberto Quiroga (Coords.). **Tributação do setor comercial**. São Paulo: Quartier Latin, 2005, p. 430-431.

[23] Tácio Lacerda Gama bem afirma que "As contribuições especiais e os empréstimos compulsórios (...) são tributos cujo regime tributário não se ajusta a uma classificação tripartida. Estas exações são instituídas com finalidades específicas, sujeitando-se a regras também específicas, que não se amoldam perfeitamente às três categorias propostas acima". GAMA, Tácio Lacerda. **Contribuição de intervenção no domínio econômico**. São Paulo: Quartier Latin, 2003, p. 104-105.

[24] Para os objetivos a que se presta esse trabalho, consideraremos "finalidade" e "destinação do produto da arrecadação", como sinônimos, ou seja, requisitos para o exercício da competência prevista no art. 149, da Constituição.

O primeiro critério nos é fornecido implicitamente pela Constituição Federal e explicitamente pelo Código Tributário Nacional. O segundo critério integra a tipologia constitucional dos empréstimos compulsórios. O terceiro critério integra, especialmente, a tipologia constitucional das contribuições. Sendo assim, encontramos oito possibilidades de combinação entre os três critérios que determinamos[25]:

	Presença de Atuação Estatal (1)	Destinação (2)	Restituição (3)	Espécie Tributária
1	Sim	Sim	Sim	Incompatível
2	Sim	Sim	Não	Taxas
3	Sim	Não	Sim	Incompatível
4	Sim	Não	Não	Contribuições de Melhoria
5	Não	Sim	Sim	Empréstimos Compulsórios
6	Não	Sim	Não	Contribuições
7	Não	Não	Sim	Incompatível
8	Não	Não	Não	Impostos

Fonte: Eurico Marcos Diniz de Santi e Vanessa Rahal Canado

Com isso, esgotamos as possibilidades de combinação entres as diversas variáveis impostas pelo direito para a classificação das espécies tributárias, onde encontramos cinco diferentes elementos, dentro da classe dos tributos: *impostos, taxas, contribuições de melhoria, empréstimos compulsórios e contribuições.*

---

[25] O número de casos possíveis para as relações entre critérios combinatórios será sempre 2n, onde "n" será o número de variáveis a serem combinadas e "2" representará a dualidade dos valores de cada variável (sim ou verdadeiro e não ou falso). Cf. GUIBOURG, Ricardo *et al.* **Lógica, proposición y norma**. 1. ed. Buenos Aires: Editorial Astrea, 2002, p. 49.

7.4 Um novo conceito de tributo sob a égide da Constituição de 1988: viabilizando o controle da destinação das contribuições

O Código Tributário Nacional, em seu Livro Primeiro ("Sistema Tributário Nacional"), Título I ("Disposições Gerais"), art. 3º, prescreve que "Tributo é toda prestação pecuniária compulsória, em moeda ou cujo valor nela se possa exprimir, que não constitua sanção de ato ilícito, instituída em lei e cobrada mediante atividade administrativa plenamente vinculada". Aqui, o CTN trabalha com uma acepção mais ampla que o sentido constitucional do termo "tributo" (expresso de forma denotativa no art. 145 da CF/1988), mediante estipulação dos critérios de uso dessa palavra. Desse artigo, podemos apreender critérios legais (cumulativos) que, por assim se qualificarem, condicionam a *validade material*, aferida pelo exercício da competência-legislativa em acordo com o conteúdo das espécies e materialidades juridicamente permitidas na instituição de tributos e a *validade formal*, caracterizada pelo respeito à forma no ato de aplicação do tributo pelo Poder Executivo, isto é, pelo exercício da competência estatal-executiva na cobrança do crédito tributário:

NORMA TRIBUTÁRIA   **NORMA ADMINISTRATIVA**

H → C   H → C

Validade material: *conteúdo* — **Obrigação tributária** — Validade formal: *aplicação*

Motivação ↓ Crédito tributário (SA---$---SP)

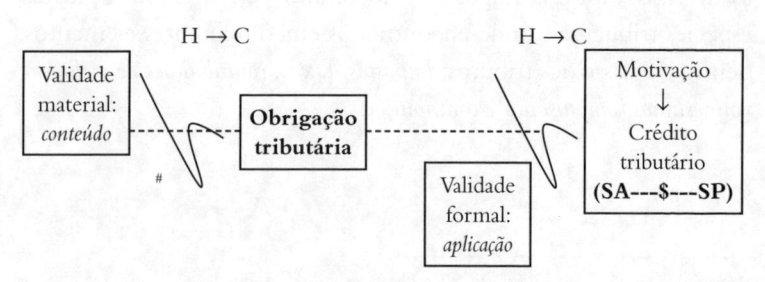

Essa estruturação reflete o conceito de tributo no CTN: a norma tributária incide *materialmente válida*, por meio de ato de aplicação da norma administrativa *formalmente válido* ("cobrada mediante atividade administrativa plenamente vinculada"), sobre o fato jurídico tributário, fazendo nascer a obrigação tributária.

7.4.1 O conceito de tributo do art. 3º do Código Tributário Nacional e a nova conformação constitucional das espécies tributárias

A definição do CTN, comparada à CEUB/1946, vigente na época de sua implementação, é perfeitamente aplicável às espécies tributárias que existiam. A definição de tributo dada pelo seu art. 3º cumpre a função de controlar o exercício da competência estatal (legislativa e executiva), fixando critérios para instituição e cobrança dos impostos, das taxas e das contribuições de melhoria, tal qual desenhados constitucionalmente, conforme demonstram as estruturas normativas:

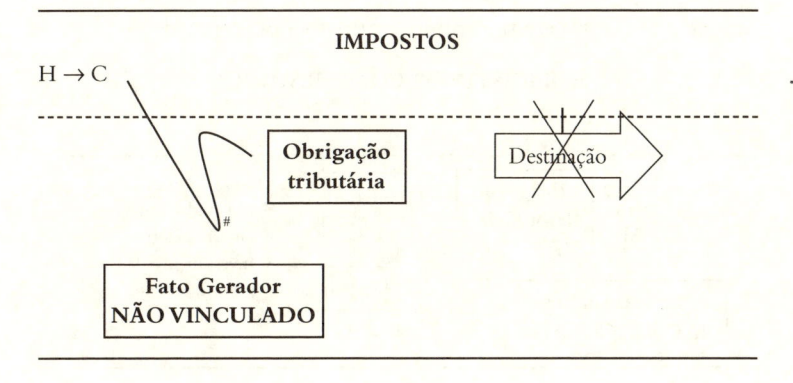

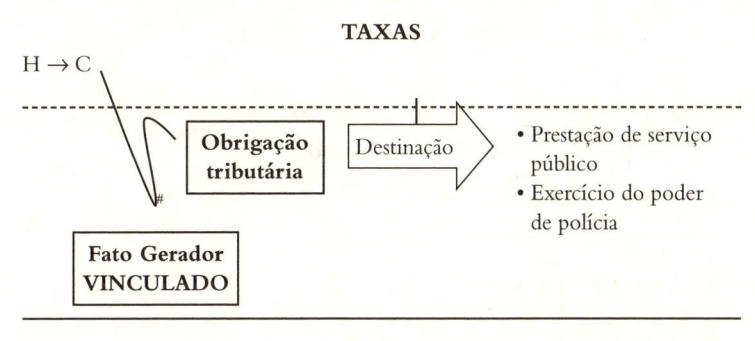

IMPOSTOS

H → C

Obrigação tributária

Destinação

Fato Gerador
NÃO VINCULADO

TAXAS

H → C

Obrigação tributária

Destinação

• Prestação de serviço público
• Exercício do poder de polícia

Fato Gerador
VINCULADO

CONTRIBUIÇÕES DE MELHORIA

H → C

Obrigação tributária — ~~Destinação~~

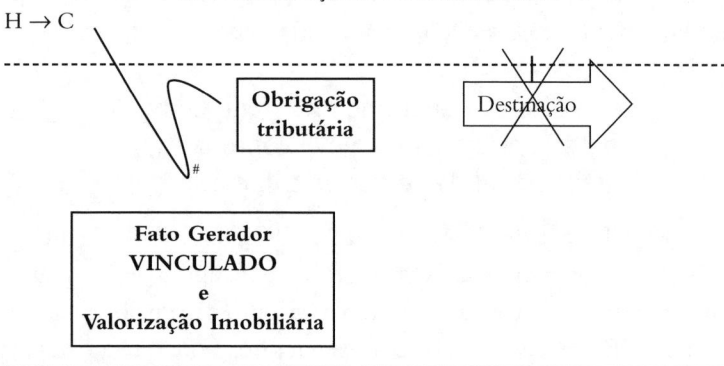

Fato Gerador
VINCULADO
e
Valorização Imobiliária

Pouco depois da promulgação do CTN, surge um novo sistema tributário na CF/1967 que, por sua vez, traz novas espécies tributárias, não contempladas na redação do CTN: os *empréstimos compulsórios* e as *contribuições*, que refletem estrutura normativa diferenciada:

EMPRÉSTIMOS COMPULSÓRIOS

H → C

Obrigação tributária — Destinação

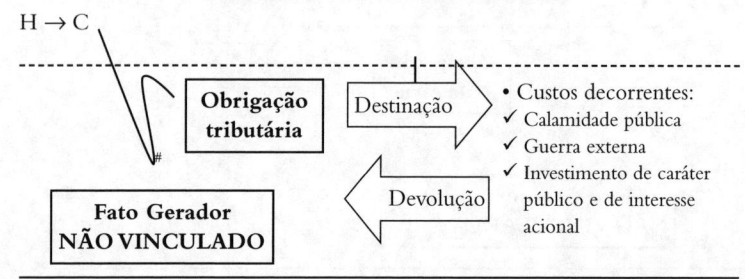

Fato Gerador
NÃO VINCULADO

Devolução

- Custos decorrentes:
  ✓ Calamidade pública
  ✓ Guerra externa
  ✓ Investimento de caráter público e de interesse acional

CONTRIBUIÇÕES DA UNIÃO

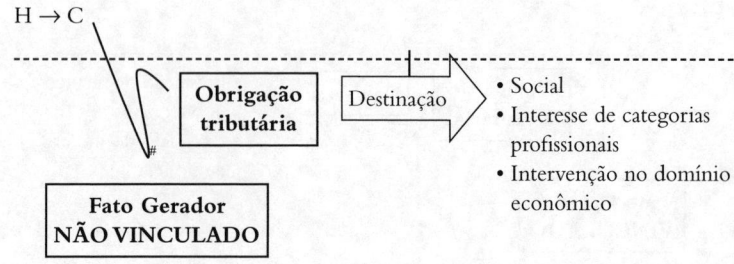

H → C

Obrigação tributária — Destinação

Fato Gerador
NÃO VINCULADO

- Social
- Interesse de categorias profissionais
- Intervenção no domínio econômico

As contribuições, como refletido acima, têm um diferencial com relação às espécies tributárias previstas na CEUB/1946 (impostos, taxas e contribuições de melhoria): *elas exigem, para a caracterização de sua espécie, a destinação específica do produto de sua arrecadação.*

Não possuem materialidade pré-definida como os impostos (bases de incidência previstas para cada ente federativo), as taxas (cobradas em razão do exercício do poder de polícia e/ou pela utilização, efetiva ou potencial, de serviços públicos específicos e divisíveis) e as contribuições de melhoria (cobradas em razão da valorização, por obra pública, de imóvel de particular), mas possuem requisito fundamental: devem ser *destinadas* aos fins a que se propõem, seja como forma de investimento social (contribuições sociais), como forma de intervir no domínio econômico (CIDE)[26], para custear serviços prestados no interesse de categorias profissionais etc. Este elemento fundamental também deve ser controlado, tal qual ocorre com o controle da competência legislativa (validade material), na aplicação da Regra-Matriz de Incidência Tributária (validade formal).

7.4.2 O surgimento das contribuições e a destinação do produto da arrecadação: um novo conceito de tributo a partir do Código Tributário Nacional e da Constituição de 1988

---

[26] "Não falaremos aqui sobre a 'ambiguidade' das CIDEs, no sentido de que podem traduzir instrumento de atuação estatal na economia, tanto sua própria arrecadação (a instituição e cobrança da CIDE já seria a própria forma de o Estado intervir no domínio econômico, cf. Daniel Vitor Bellan. Contribuições de Intervenção no Domínio Econômico. **Revista Dialética de Direito Tributário**, n. 78, p. 21. quanto a destinação do produto arrecadado. Em sentido contrário à posição da extrafiscalidade dominante de Bellan, Daniel Monteiro Peixoto e Eurico Marcos Diniz de Santi afirmam que "o mero impacto na economia quando da criação do gravame tributário (efeito extrafiscal) não é fator determinante na identificação da espécie tributária. Todos os tributos, salvo em modelos ideais, são distorcivos, isto é, influenciam o comportamento dos agentes econômicos". PEIXOTO, Daniel Monteiro; SANTI, Eurico Marcos Diniz de, *op. cit.*, p. 436-437.

Podemos afirmar, diante do quanto exposto acima, que, para as contribuições, a definição de tributo do art. 3º não se presta tal qual posta isoladamente no CTN, como forma de controle do exercício da competência tributária do Estado. Esta definição se presta muito à delimitação das formas de constituição e extinção da relação jurídico-tributária entre Fisco e Contribuinte. No entanto, para a caracterização das contribuições, é necessário o controle de momento posterior: *o momento da destinação do* quantum *pago pelo contribuinte*.

É nesse sentido que, remodelando o conceito do CTN, propomos definição de tributo que abarque tanto sua *cobrança* mediante atividade administrativa plenamente vinculada, como a *destinação do produto* da arrecadação, no caso das contribuições, de acordo com a CF/1988, também mediante atividade administrativa plenamente vinculada:

Tributo é toda prestação pecuniária compulsória, em moeda ou cujo valor nela se possa exprimir, que não constitua sanção de ato ilícito, instituída em lei, **cobrada** *e* **destinada** *mediante atividade administrativa plenamente vinculada.*

Esse novo conceito nos permite reconstruir a norma que rege a competência tributária da União para a instituição das contribuições, possibilitando o controle de sua validade *material* e *formal*:

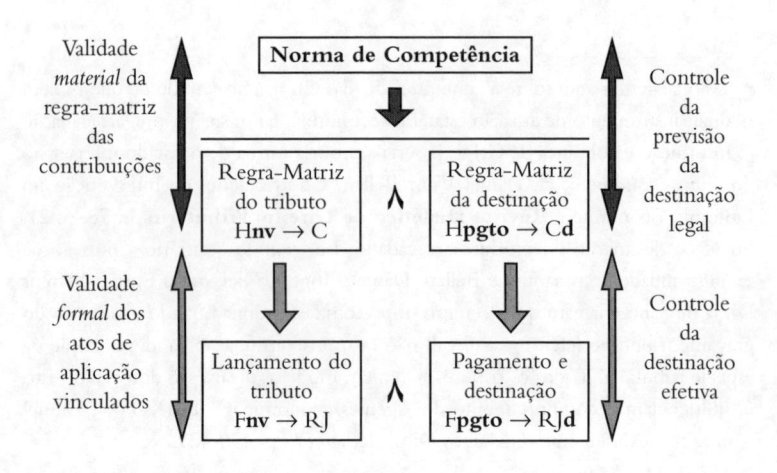

	Norma de Competência		
Validade *material* da regra-matriz das contribuições	Regra-Matriz do tributo $H\mathbf{nv} \rightarrow C$ ∧	Regra-Matriz da destinação $H\mathbf{pgto} \rightarrow C\mathbf{d}$	Controle da previsão da destinação legal
Validade *formal* dos atos de aplicação vinculados	Lançamento do tributo $F\mathbf{nv} \rightarrow RJ$ ∧	Pagamento e destinação $F\mathbf{pgto} \rightarrow RJ\mathbf{d}$	Controle da destinação efetiva

A *validade material* traduz-se na (i) adequação da Regra-Matriz de Incidência Tributária (que imputa à hipótese normativa não vinculada à atuação estatal, consequência de pagar o tributo ao Estado) e na (ii) adequação da Regra-Matriz da Destinação (que vincula a hipótese de pagamento de Contribuição à destinação prevista). Em outras palavras, é por meio das regras de estrutura que disciplinam a instituição das contribuições que se pode aferir a validade, que chamamos *material*, das normas que instituem as regras-matrizes desses tributos.

Em outro plano, a *validade formal* traduz-se no controle da produção das correspectivas normas individuais e concretas que aplicam essas regras-matrizes de (i) incidência e (ii) destinação, mediante subsequentes atos administrativos de realização do crédito tributário e da destinação. Em outras palavras, são as normas administrativas que permitem-nos controlar a validade, que chamamos *formal*, do exercício da competência do Estado-executivo, na realização das normas gerais e abstratas que regem as contribuições.

Trilhando este caminho de exigir, a partir da definição de tributo remodelada com a CF/1988, a destinação do produto da arrecadação das contribuições mediante atividade administrativa plenamente vinculada, é que talvez possamos fazer valer as regras orçamentárias e trazer, para a claridade, as normas que regem as atividades estatais, no que se referem aos gastos públicos.

7.4.3 O controle da validade formal da regra-matriz da destinação e a repetição do indébito tributário

Após a instituição da contribuição e da previsão legal da destinação do produto de sua arrecadação (Regra-Matriz de Incidência Tributária e Regra-Matriz da Destinação), cabe ao contribuinte promover a incidência da primeira (no lançamento por homologação) e ao Estado a incidência da segunda, realizando-se a aplicação dos recursos arrecadados aos fins que se destinam.

Na esteira do que foi exposto, cabe a citação da instigante tese de doutorado em que Paulo Ayres Barreto[27], levando a termo raciocínio semelhante, identifica quatro possibilidades para a não destinação do produto arrecadado, cada qual com consequências jurídicas específicas: (i) desvinculação por parte de emenda constitucional; (ii) desvinculação expressa ou tácita, no plano legal; (iii) desvinculação por disposição infralegal; e (iv) desvinculação no plano fático.

No primeiro caso, teríamos ofensa a direitos e garantias individuais dos contribuintes e, portanto, inconstitucionalidade desse tipo de previsão normativo-constitucional, a teor da chamada DRU – Desvinculação de Receitas da União, prevista no Ato das Disposições Constitucionais Transitórias.

No segundo caso, teríamos o desdobramento em cinco situações de desvinculação legal: (ii.i) não orçamentária, posteriormente à criação do tributo, caso em que a contribuição seria imediatamente inconstitucional por ausência de cumprimento de requisito essencial para a caracterização dessa espécie tributária; (ii.ii) orçamentária, posteriormente à criação do tributo, ocasião em que haveria descaracterização da "contribuição", pois esta só assim o é quando o montante arrecadado seja aplicado na finalidade que deu causa a sua instituição e, portanto, caso isso não ocorra, tem o contribuinte o direito de repetição de indébito, porquanto seu débito estaria atrelado à destinação dos recursos pagos; (ii.iii) alteração da destinação original, mas com a manutenção da finalidade essencial, hipótese em que teríamos um novo tributo (não pela alteração da Regra-Matriz de Incidência Tributária, mas pela alteração da destinação), sujeito ao princípio da anterioridade para ser exigido, por exemplo; (ii.iv) ausência de previsão expressa sobre o destino do produto da arrecadação, caso em que, não havendo existência desse vínculo necessário (entre contribuição e destino do produto arrecadado),

---

[27] BARRETO, Paulo Ayres. **As contribuições e a destinação do produto da arrecadação**. Tese (Doutorado em Direito). São Paulo: PUCSP, 2005, p. 201-229.

estaríamos diante de qualquer espécie tributária (com sua constitucionalidade a ser apreciada) que não contribuição; e (ii.v) expressa previsão de desvinculação de órgão, fundo ou despesa, hipótese à qual se aplica o mesmo raciocínio anterior.

No terceiro caso, a análise recairia sobre a alteração ou não da natureza do tributo pela desvinculação ou desvio da destinação por instrução normativa, portaria, ou qualquer outro instrumento infralegal, em momento posterior à extinção da relação jurídico-tributária. Isto quer dizer que as normas que instituem a contribuição e preveem a destinação permanecem intactas no plano legal: a destinação legal não ocorre em razão de ato de aplicação de outra norma que prevê destinação diversa. Nesse caso, o ato administrativo é produzido em desconformidade com a lei e, portanto, deve ser desconstituído com eficácia retroativa. Ou seja, se o dinheiro arrecadado não seguiu a previsão legal, acompanhando o destino infralegal, teria o contribuinte o direito de repetir os valores pagos, já que, nesse caso, não havia competência para arrecadação de contribuição às finalidades em que foram aplicados seus recursos.

No quarto e último caso, segundo o autor, temos ato administrativo que é produzido em desconformidade com a lei, dando destino diverso ao previsto legalmente, o que enseja, também, repetição do indébito tributário por descaracterização da espécie tributária criada (contribuição).

7.5 Conclusão: respostas às questões

7.5.1. Existe autonomia entre o direito tributário e o direito financeiro?

Não. A chamada "autonomia didática" é auto-limitação que não encontra justificativa no nível do objeto (direito positivo). O direito é uno e contínuo no processo de causalidade jurídica. Cindi-lo implica mutilar sua inerente complexidade, causando prejuízo na análise de novos fenômenos e novas perspectivas do direito tributário.

7.5.2. A destinação é relevante na classificação das espécies tributárias?

Sim. Configura a consciência de outras normas que explicam a complexidade das contribuições especiais e justifica sua existência perante a CF/1988. Devemos considerar, concomitantemente, os critérios trazidos pelo CTN e pela CF/1988 para, a partir desses enunciados, construir a classificação das espécies tributárias. E é nesse cotejo que verificamos que a destinação é um dos critérios relevantes para diferençar as espécies tributárias.

7.5.3 O critério da destinação é relevante no controle da competência tributária das "contribuições"?

Sim. Enquanto a destinação legal justifica a competência material para instituir contribuições, a destinação efetiva realiza concretamente esse diferencial específico. A inexistência de possibilidade de controle da destinação efetiva, seja pela obscuridade das regras orçamentárias, seja pela falta de transparência nos gastos públicos, desqualifica a necessidade da destinação legal e compromete a própria existência das chamadas contribuições. Em suma, tal competência só se justifica perante o controle de sua realização. Se não é possível controlar essa validade *formal* do exercício da competência administrativa na realização da regra da destinação, não há sentido jurídico em obrigá-la (Od):

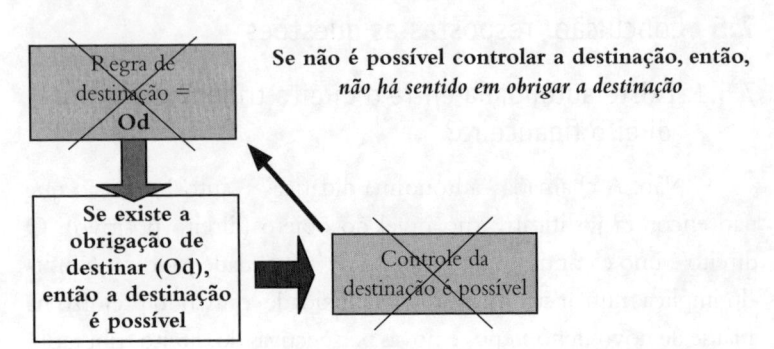

~~Regra de destinação = Od~~	Se não é possível controlar a destinação, então, não há sentido em obrigar a destinação
Se existe a obrigação de destinar (Od), então a destinação é possível	~~Controle da destinação é possível~~

REFERÊNCIAS

AMED, José Fernando; NEGREIROS, José Labriola de Campos. **História dos tributos no Brasil**. São Paulo: Sinfresp, 2000.

ATALIBA, Geraldo. **Hipótese de incidência tributária**. 5. ed. São Paulo: Malheiros, 1998.

BELLAN, Daniel Vitor. Contribuições de intervenção no domínio econômico. **Revista Dialética de Direito Tributário**, n. 78.

BRASIL. **Constituição dos Estados Unidos do Brasil de 1946**. [CEUB/1946]. Disponível em: <http://www.planalto.gov.br/ccivil_03/Constituicao/Constituiçao46.htm>.

_____. **Emenda Constitucional n. 18/1965**. [EC n. 18/65]. Brasília, 1º dez. 1965.

_____. Lei n. 5.172. **Código Tributário Nacional**. [CTN]. Brasília, 25 out. 1966. Disponível em: <http://www.planalto.gov.br/ccivil_03/Leis/L5172.htm>.

_____. **Constituição da República Federativa do Brasil de 1967**. [CF/1967]. Disponível em: <http://www.planalto.gov.br/ccivil_03/Constituicao/Constituiçao67.htm>.

_____. **Emenda Constitucional n. 1/1969**. [EC n. 1/69]. Brasília, 17 out. 1969. Disponível em: <http://www.planalto.gov.br/ccivil_03/Constituicao/Emendas/Emc_anterior1988/emc01-69.htm>.

_____. **Constituição da República Federativa do Brasil de 1988**. [CF/1988]. Disponível em: <http://www.planalto.gov.br/ccivil_03/Constituicao/Constituiçao.htm>.

_____. **Emenda Constitucional n. 3/1993**. [EC n. 3/93]. Brasília, 17 mar. 1993. Disponível em: <http://www.planalto.gov.br/ccivil_03/Constituicao/Emendas/Emc/emc03.htm>.

_____. **Emenda Constitucional n. 12/1996**. [EC n. 12/96]. Brasília, 15 ago. 1996. Disponível em: <http://www.planalto.gov.br/ccivil_03/Constituicao/Emendas/Emc/emc12.htm>.

_____. **Emenda Constitucional n. 33/2001.** [EC n. 33/2001]. Brasília, 11 dez. 2001. Disponível em: <http://www.planalto.gov.br/ccivil_03/Constituicao/Emendas/Emc/emc33.htm>.

_____. **Lei n. 10.336.** Institui Contribuição de Intervenção no Domínio Econômico incidente sobre a importação e a comercialização de petróleo e seus derivados, gás natural e seus derivados, e álcool etílico combustível (CIDE), e dá outras providências. Brasília, 19 dez. 2001. Disponível em: <http://www.planalto.gov.br/ccivil_03/Leis/LEIS_2001/L10336.htm>.

_____. **Emenda Constitucional n. 39/2002.** [EC n. 39/2002]. Brasília, 19 dez. 2002. Disponível em: <http://www.planalto.gov.br/ccivil_03/Constituicao/Emendas/Emc/emc39.htm>.

_____. **Emenda Constitucional n. 41/2003.** [EC n. 41/2003]. Brasília, 19 dez. 2003. Disponível em: <http://www.planalto.gov.br/ccivil_03/Constituicao/Emendas/Emc/emc41.htm>.

_____. **Emenda Constitucional n. 42/2003.** [EC n. 42/2003]. Brasília, 19 dez. 2003. Disponível em: <http://www.planalto.gov.br/ccivil_03/Constituicao/Emendas/Emc/emc42.htm>.

CARVALHO, Paulo de Barros. **Curso de direito tributário.** 13. ed. 2000; 16. ed. São Paulo: Saraiva, 2004.

COELHO, Sacha Calmon Navarro. **O controle da constitucionalidade das leis.** São Paulo: Del Rey, 1992.

GAMA, Tácio Lacerda. **Contribuição de intervenção no domínio econômico.** São Paulo: Quartier Latin, 2003.

GUIBOURG, Ricardo *et al.* **Lógica, proposición e norma.** 1. ed. Buenos Aires: Editorial Astrea, 2002.

PEIXOTO, Daniel Monteiro; SANTI, Eurico Marcos Diniz de. Aspectos controvertidos do PIS/PASEP e da COFINS incidentes na importação. *In:* SANTI, Eurico Marcos Diniz de; ZILVETI, Fernando Aurélio; MOSQUERA, Roberto Quiroga (Coords.). **Tributação do setor comercial.** São Paulo: Quartier Latin, 2005, p. 430-431.

8 A REFORMA DA TRIBUTAÇÃO SOBRE O CONSUMO NO BRASIL

Marcio Roberto Alabarce

Mestre em Direito Tributário pela Faculdade de Direito da Pontifícia Universidade Católica de São Paulo; advogado no Grupo CCR – Companhia de Concessões Rodoviárias.

8.1 A evolução do sistema constitucional de tributação sobre o consumo no Brasil

Entre os tributos atualmente cobrados no país, é possível incluir na relação dos que oneram de forma direta o consumo o ICMS (imposto estadual sobre as operações relativas à circulação de mercadorias e sobre a prestação de serviços de transporte interestadual e intermunicipal e de comunicação), o IPI (imposto federal sobre produtos industrializados), o ISS (imposto municipal sobre serviços de qualquer natureza), o PIS (contribuição social destinada ao custeio do Programa de Integração Social) e a COFINS (contribuição social destinada ao custeio da Seguridade Social).

Dizemos que tais tributos oneram o consumo devido ao fato de sua característica permitir o repasse aos consumidores do ônus financeiro a eles correspondentes quando da formação dos preços de venda de bens, serviços e outras utilidades. Que característica é essa? É o fato de recaírem sobre o valor das operações, o preço dos serviços ou o montante das receitas auferidas pela venda ou pela prestação de serviço. Por isso nos permitimos incluir em uma mesma classificação tributos que possuem hipóteses (fatos geradores) e bases de cálculo bastante diferenciadas. Trata-se, naturalmente, de classificação que leva em conta aspecto econômico – o repasse aos preços[1] – decorrente de suas características normativas de

---

[1] O repasse a que aludimos pode não se verificar em um ou outro caso concreto em particular. Tome-se o exemplo de preços controlados ou de *commodities*, cujo

cada um desses tributos[2].

A análise do sistema constitucional tributário criado pelo constituinte de 1988 revela um sistema tributário que, em larga medida, aproveita a experiência acumulada durante a vigência das Constituições anteriores, especialmente no que se refere aos tributos que oneram o consumo de bens, serviços e outras utilidades em geral, em que se verifica uma marcante continuidade entre as disposições constantes do sistema criado em 1988 e dos anteriores.

No que se refere a esses tributos, vale lembrar que, em 1946, cabia à União a cobrança de imposto sobre o "consumo de mercadorias" (CEUB/1946, art. 15, II), além dos impostos únicos[3]. Os Estados e o Distrito Federal eram competentes para cobrar o imposto sobre "vendas e consignações efetuadas por comerciantes e produtores, inclusive industriais ..." (CEUB/1946, art. 19, IV)[4] e sobre a "exportação de mercadorias de sua produção para o estrangeiro ..." (CEUB/1946, art. 19, V). Aos Municípios, por sua vez, competia a

---

preço é fixado em bolsa, independentemente dos tributos que recairão sobre a operação praticada pelo respectivo vendedor. Em tais hipóteses, os tributos incidentes sobre a atividade não são, efetivamente, repassados ao preço, o que, não obstante, não afeta a categorização em tela.

[2] Geraldo Ataliba criticava a classificação dos impostos em diretos e indiretos porque, em seu entender, tratar-se-ia de *"classificação que nada tem de jurídica; seu critério é puramente econômico. Foi elaborada pela ciência das finanças, a partir da observação do fenômeno econômico da translação ou repercussão dos tributos"* (**Hipótese de incidência tributária**, p. 126). O mesmo é aplicável à classificação dos tributos como oneradores do consumo, que parte de critério econômico e reúne, em um só grupo, tributos com características tão díspares como o ICMS, o IPI, o ISS, o PIS e a COFINS.

[3] Os impostos únicos eram tributos monofásicos que incidiam sobre combustíveis, energia elétrica, minerais e outros. Foram extintos só em 1988, quando a competência impositiva correspondente foi incorporada ao ICMS.

[4] O IVC – Imposto sobre Vendas e Consignações – deriva do Imposto sobre Vendas Mercantis, criado pela Lei n. 4.625/22. Foi a Constituição de 1934 que incluiu também as "consignações" em seu campo de competência.

cobrança do imposto "de indústrias e profissões" (CEUB/1946, art. 29, III) e do imposto "sobre diversões públicas" (CEUB/1946, art. 29, IV). Não havia, na época, tributação sobre o valor agregado ou tributação não cumulativa.

A Emenda Constitucional n. 18/65 promoveu ampla reforma tributária[5], representando uma mudança significativa no sistema tributário brasileiro[6]. Essa reforma criou o imposto federal "sobre produtos industrializados", com perfil não cumulativo, introduzindo no plano constitucional um novo conceito na tributação do consumo[7]. Foi essa Emenda que criou o imposto estadual "sobre operações relativas à circulação de mercadorias" (com adicional devido aos Municípios), também não cumulativo[8], o

---

[5] Roberto Nogueira Ferreira se reporta à exposição de motivos da proposta encaminhada ao Congresso Nacional – de cuja elaboração participaram, entre outros, Rubens Gomes de Souza e Gilberto de Ulhoa Canto – em que constava a seguinte preocupação (ainda atual) com o sistema tributário pretérito: *"A multiplicidade e a acumulação das incidências tributárias, a despeito da separação formal dos impostos, dificultam e oneram a produção. Os empecilhos ao progresso estão se tornando alarmantes"* (FERREIRA, Roberto Nogueira. **A reforma essencial**: uma análise, sob a ótica empresarial, das propostas e dos bastidores da reforma tributária. São Paulo: Geração Editorial, 2002, p. 56).

[6] Foi durante a vigência da Emenda Constitucional n. 18/65 que foi aprovado o Código Tributário Nacional, promulgado por meio da Lei n. 5.172/66.

[7] Como informa Aliomar Baleeiro, a técnica de tributação não cumulativa foi introduzida no país em 1958, com o imposto de consumo (BALEEIRO, Aliomar; atualização de Misabel Abreu de Machado Derzi. **Direito tributário brasileiro**. 11. ed. Rio de Janeiro: Forense, p. 353).

[8] Muito embora o antigo ICM tenha sido criado sob a influência da *taxe sur la valeur ajoutée*, concebido por financistas franceses para evitar a cumulatividade dos impostos de vendas, isso não quer significar, em absoluto, que o ICM, atual ICMS, é um imposto sobre o valor agregado. Tal figura caracteriza-se por incidir sobre a parcela acrescida, ou seja, sobre a diferença positiva do valor que se verifica entre duas operações sequenciais, onerando o contribuinte apenas na proporção do que foi adicionado à primeira operação. Pode o ser sob a ótica econômica,

imposto federal sobre serviços de transporte e comunicações, salvo os estritamente municipais e o imposto municipal sobre serviços de qualquer natureza[9].

A introdução da não cumulatividade no sistema tributário nacional teve como objetivo declarado evitar os efeitos perniciosos dos impostos plurifásicos cumulativos, tal como o antigo imposto de vendas. Em sua origem, este imposto era multifásico, porque incidia em todas as operações realizadas por industriais, ainda quando vendessem seus produtos a outros industriais para que estes os utilizassem como insumo em sua linha de produção, e cumulativo, porque o imposto pago sobre os insumos empregados na produção não era tomado em consideração no cálculo do imposto incidente sobre o produto a que se integravam.

Em notas de atualização à obra de Aliomar Baleeiro, Misabel Abreu de Machado Derzi lembra que os tributos não cumulativos, idealmente, não devem ser suportados (financeiramente) pelos agentes econômicos da produção ou da circulação, mas sim onerar quem os consome. Para ela,

> em economias que tendem à integração, como nos modelos europeus ou latino-americanos, o imposto da modalidade do ICMS é

---

mas não sob a ótica jurídica, eis que a técnica desde sempre adotada no Brasil foi a da não cumulatividade.

[9] Como comentou Rubens Gomes de Souza, a Emenda Constitucional n. 18/65 avançou só até certo ponto na técnica de discriminação das rendas tributárias que acolheu, à medida que procurou atribuir a cada ente tributante *"não figuras tributárias específicas, mas sim campos de atividade econômica suscetíveis de tributação. Todavia, logo em seguida se desdisse, porque depois de feita esta atribuição de campos (comércio exterior, patrimônio e renda e produção e circulação), ao invés de parar aí, para ficar coerente com a sua linha, a Emenda n. 18, por força de contingências que se impuseram aos pretensos legisladores (e digo pretensos, porque eu era um deles) se contradisse e passou a enumerar os tributos supostamente incluídos dentro de cada um destes campos"* (SOUZA, Rubens Gomes et. al. **Comentários ao Código Tributário Nacional**: Parte Geral. 2. ed. São Paulo: Revista dos Tribunais, 1985, p. 21).

considerado o ideal, exatamente por suas qualidades: – é neutro, devendo ser indiferente tanto na competitividade e concorrência, quanto na formação de preços de mercado; – onera o consumo e nunca a produção ou o comércio, adaptando-se às necessidades de mercado; – oferece maiores vantagens ao Fisco, pois, sendo plurifásico, o ICMS permite antecipar o imposto que seria devido apenas no consumo (vantagens financeiras), e coloca, ademais, todos os agentes econômicos das diversificadas etapas de circulação como responsáveis pela arrecadação (vantagens contra o risco da insolvência. (...) Essas são as razões pelas quais a Constituição brasileira insiste em um complicado imposto plurifásico, não cumulativo, sobre a circulação de mercadorias. Essas as razões pelas quais a Europa adotou e mantém o mesmo tributo, em lugar de um simples imposto monofásico sobre o consumo, que não pode oferecer as mesmas consequências positivas[10].

Com o advento da CF/1967 e da Emenda Constitucional n. 1/69, o cenário da repartição das competências tributárias pouco se alterou. Foi mantido o princípio da não cumulatividade no plano constitucional – aplicável ao ICM e ao IPI, mas não ao ISS – e, de um modo geral, foram preservadas as demais competências impositivas atribuídas pela Emenda Constitucional n. 18/65.

Em 1988, a repartição das competências impositivas foi um pouco alterada. Quanto à tributação sobre o consumo, há de ser ressaltada a transferência das competências para instituir e cobrar impostos sobre os serviços de transporte intermunicipal e interestadual e de comunicações (antes federal) aos Estados e ao Distrito Federal e a extinção dos impostos únicos. Outra mudança relevante foi a ampliação das competências da União para a criação das contribuições, que hoje representam parcela significativa da arrecadação tributária federal. Foram também aperfeiçoados os fundos de participação dos Estados e Municípios na arrecadação federal e estadual.

---

[10] BALEEIRO, Aliomar, *op. cit.*, p. 419.

8.2 A complexidade do sistema de tributação sobre o consumo no Brasil

Por uma questão de razoabilidade, um sistema tributário constitucional como o brasileiro, extenso, casuístico e detalhista, não poderia servir como fundamento de validade para um sistema infraconstitucional menos extenso ou complexo. Essa complexidade é acentuada pelo fato de existir uma infinidade de normas oriundas de documentos normativos provenientes dos mais diversos órgãos, que compreendem o legislador complementar, os legisladores ordinários da União, Estados e Municípios, e os mais variados órgãos públicos com "autoridade" para a edição de atos referentes à matéria tributária.

À estrutura federal adotada pelo constituinte, que, por si só, dá origem à repartição constitucional das rendas e aos conflitos horizontais de competência tributária daí decorrentes, alia-se a pluralidade e a complexidade socioeconômica dos dias atuais, tornando necessário um sistema tributário altamente diversificado e complexo, como, inclusive, observa Misabel Abreu Machado Derzi[11]. Nem poderia ser diferente, pois, com a evolução da tecnologia, acentuaram-se a comunicação e o comércio entre os diferentes povos; as estruturas e relações econômicas, antes simples, tornam-se mais complexas e dinâmicas a cada dia. O mundo atual apresenta ao homem uma multiplicidade de alternativas, em termos de comunicação, transporte, consumo, entretenimento etc., jamais pensada, de difícil apreensão, percepção e assimilação.

Esses elementos permitem vislumbrar algumas razões pelas quais o sistema tributário atual é marcado por uma acentuada particularização, pela alta diversificação dos meios e modos de tributar e pela inexistência de programas uniformes de política fiscal.

---

[11] Pós-modernismo e tributos: complexidade, descrença e corporativismo, **Revista Dialética de Direito Tributário**, n. 100, p. 69.

Essas características decorrem da equação segundo a qual a quantidade de meios e formas possíveis de tributação cresce à medida que diferentes pessoas políticas possuem competência para criar ou disciplinar a cobrança de tributos, e, do mesmo modo, à medida que aumenta a quantidade e variedade dos negócios praticados entre os particulares.

A complexidade do sistema tributário brasileiro, pois, não pode ser debitada apenas na conta do legislador, pois isso, em larga medida, reflete a complexidade do mundo atual e a complexidade de uma estrutura federativa (embora, devemos admitir, a pouca afeição que o legislador nacional dispensa à racionalidade, à sistematização e ao planejamento prejudiquem esse cenário).

Nesse tocante, para disciplinar a atividade estatal de tributar, circunscrevendo o exercício das competências legislativas atribuídas à União, Estados, Distrito Federal e Municípios, integra o subsistema constitucional tributário brasileiro um conjunto de normas que permitem a instituição de tributos: as normas de competência tributária.

O principal critério utilizado pelo constituinte para repartir as competências tributárias entre as pessoas políticas foi a enumeração de classes de eventos (auferir renda, ser proprietário de imóvel urbano ou rural, realizar negócio jurídico que acarrete a transmissão de propriedade imobiliária, auferir receita, auferir lucro, prestar serviço público etc.)[12] que poderão ser utilizados pelo legislador para a composição da hipótese normativa de cada tributo. Com a ressal-

---

[12] Os eventos mencionados são todos manifestações da renda, propriedade e consumo, que constituem as bases tradicionais de tributação. Reportam-se, todos, à manifestação mais primitiva de riqueza do particular (uma é a riqueza *per se*, a outra é a riqueza acumulada, a última é a riqueza consumida). Nesse contexto, o modelo de Imposto Único proposto pelo economista e professor Marcos Cintra vai além de tudo o que já foi estudado ou aplicado em matéria de tributação, pois se postula a substituição das bases tradicionais de tributação pelas movimentações ou transações financeiras.

va de que a União pode invadir as competências de Estados, Distrito Federal e Municípios por intermédio dos impostos extraordinários, podemos dizer que, ao atribuir à União a competência para instituir, com exclusividade, tributos que tenham hipótese normativa erigida a partir de critérios selecionados da classe de eventos "A", aos Estados e Distrito Federal a competência para instituir, com exclusividade, tributos que tenham hipótese normativa erigida a partir de critérios selecionados da classe de eventos "B", e aos Municípios e Distrito Federal a competência para instituir, com exclusividade, tributos que tenham hipótese normativa erigida a partir de critérios selecionados da classe de eventos "C", o constituinte utilizou, como critério de repartição das competências, o critério material possível do arquétipo tributário.

Não percamos de vista que a descentralização política, que é característica de um Estado Federal como o Brasil, manifesta-se de modo evidente na instituição e arrecadação dos tributos estaduais, distritais e municipais. Daí por que outro importante critério para a repartição das competências tributárias entre as pessoas políticas – particularmente entre Estados e Distrito Federal e entre Municípios e Distrito Federal – foi o critério territorial.

Com efeito, para tributos que podem ser instituídos por mais de uma pessoa política, de forma concorrente, a repartição da competência tributária não se limita à circunscrição da consistência material da respectiva hipótese normativa (o "que" é objeto de tributação). Em tais casos, a construção das normas de competência tributária relacionadas com os tributos que poderão ser instituídos pelos Estados, pelo Distrito Federal e pelos Municípios depende de um critério territorial que – embora de difícil operacionalização em alguns casos – atribui a cada uma dessas pessoas políticas a competência para instituir o tributo sobre fatos ocorridos em um dado território ("onde" ocorre o fato objeto de tributação)[13].

---

[13] Um dos principais debates em relação ao ICMS é, justamente, estabelecer o

Assim é que, de acordo com critérios de materialidade e territorialidade, as competências foram distribuídas entre União, Estados, Municípios e Distrito Federal. A descentralização das competências tributárias justifica uma parcela considerável da complexidade ínsita ao Sistema Tributário Nacional, pois diversos são os entes políticos que podem expedir enunciados prescritivos sobre a matéria tributária; diferentes são as pessoas políticas que instituem tributos sobre eventos cuja diferença, nem sempre, está clara, seja do ponto de vista material, seja do ponto de vista territorial.

Particularmente, a descentralização das competências impositivas cria dificuldades para a implementação de uma política fiscal comum aplicável aos tributos sobre o consumo no país. É que, sendo três as ordens estatais competentes para tributar o consumo no país, totalizando 5.592 pessoas políticas distintas – as 3 ordens estatais: a União (1), os Estados (27) e os Municípios (5.564) – dificilmente as orientações de política fiscal adotada por um desses entes serão adotadas por todos os demais[14].

Por isso, ao mesmo tempo em que o Governo Federal desonera do PIS e da COFINS a realização de obras voltadas à infraes-

---

"onde" da tributação. Regime de origem ou regime de destino? Qual dos dois regimes – ou uma terceira via – reúne maiores virtudes para solucionar os problemas de distribuição da arrecadação entre os Estados e para evitar conflitos que levam à Guerra Fiscal? Algo semelhante ocorre com o ISS, só que em escala distinta: o ISS é devido no local da prestação do serviço (fonte) ou no local do prestador do serviço (residência)?

[14] Em defesa do Federalismo Fiscal, Raimundo Nogueira Ferreira relata a posição defendida pelo então Secretário de Fazenda do Estado de São Paulo, Yoshiaki Nakano, segundo o qual *"não se pode ter um mesmo sistema tributário para São Paulo, que tem uma renda per capita de US$ 9 mil, e para outro Estado com renda per capita inferior a US$ 1 mil (...) é fundamental rever a questão da federação. Somos uma federação para valer ou não somos uma federação? Se realmente somos uma federação para valer, acho que os Estados deveriam ter maior autonomia tributária"* (FERREIRA, Raimundo Nogueira, op. cit., p. 51).

trutura de transportes, objetivando acelerar o crescimento do país[15], os Estados continuam a cobrar ICMS pelas alíquotas geralmente aplicáveis (17% a 25%) sobre operações com os insumos básicos para a construção civil, e os Municípios continuam a exigir o ISS sobre os serviços de construção civil com as alíquotas normais, compreendidas entre 2% e 5%. Desuniformidade nas medidas de política fiscal relativamente aos tributos sobre o consumo decorrem de diferenças quanto às necessidades orçamentárias de cada ente e de orientação quanto ao setor da economia a incentivar.

Outra particularidade ao sistema brasileiro de tributação sobre o consumo decorre do fato de Estados e Municípios partilharem do produto da arrecadação de impostos arrecadados pela União (por exemplo, o IPI) e os Municípios partilharem do produto da arrecadação de impostos arrecadados pelos Estados (entre outros, o ICMS). Essa característica acaba por condicionar os rumos da política orçamentária de Estados aos rumos da União e aos rumos da política orçamentária dos Municípios à União e aos Estados.

Quanto às complexidades do sistema tributário brasileiro, pondere-se, no particular, a situação especial da principal fonte de arrecadação dos Estados: o ICMS.

O ICMS é um imposto que tem (a) normas nacionais definidas pela lei complementar; (b) leis estaduais que o regulam; (c) alíquotas interestaduais estabelecidas pelo Senado Federal; (d) alíquotas diferentes em função da mercadoria ou serviço, em função do Estado de origem ou destino, e, em alguns casos, em função do destinatário da mercadoria ou serviço; (e) diferentes tratamentos dispensados às operações e prestações (incidência, não incidência,

---

[15] No âmbito do Programa de Aceleração do Crescimento divulgado pelo Governo Federal, foi editada a Medida Provisória n. 351/2007, que criou o Regime Especial de Incentivos para o Desenvolvimento de Infraestrutura – REIDI, para beneficiar a pessoa jurídica que tenha projeto aprovado para implantação de obra de infraestrutura no setor de transportes, entre outros.

diferimento, substituição, suspensão, isenção e redução de base de cálculo); (f) competência descentralizada para a cobrança, o que dá origem a conflitos horizontais (regime de origem, destino ou misto) nem sempre bem definidos pelas leis complementares que tratam da matéria; (g) aproveitamento de créditos de difícil e controversa operacionalização; (h) obrigações acessórias diferenciadas por categoria de contribuinte e conforme o Estado onde o contribuinte está estabelecido; e, por fim, (i) concessão de benefícios fiscais condicionados ao acordo (convênio) firmado por todos os Estados.

De todos os problemas acima referidos, ressentimo-nos, particularmente, da desuniformidade das alíquotas aplicáveis aos produtos e serviços nos diferentes Estados, do regime de cobrança do tributo em operações interestaduais – especialmente nas operações triangulares, envolvendo um terceiro Estado – e da obscura aplicação dos conceitos atinentes aos créditos de ICMS. Estes dois últimos aspectos, em particular, são causadores de muitas autuações e, por isso mesmo, representam um ônus elevado para o *passado* do contribuinte.

Do ponto de vista do orçamento público, críticas são direcionadas principalmente às regras relativas ao regime de cobrança do imposto, por propiciar incremento de receitas para uns Estados, e perdas para outros, e às restrições à concessão de benefícios fiscais ao ICMS.

Nesse sentido, a despeito de regras que condicionam a concessão de benefícios fiscais ao acordo (convênio) firmado entre todos os Estados, a sugerir a existência de uniformidade – ou, ao menos, harmonia – na política fiscal adotada pelos 27 Estados brasileiros, não foi ainda possível evitar a concessão irregular de benefícios fiscais relativos ao ICMS a diversos setores, o que é normalmente conhecido como "Guerra Fiscal", que constitui na redução ou devolução do imposto pago como contrapartida à atração ou manutenção de investimentos em um dado Estado da Federação sem a concordância das demais Unidades da Federação.

Situação semelhante é aquela vivenciada pelos Municípios no que se refere ao ISS. Desde 2002, quando da promulgação da Emenda Constitucional n. 37/2002, os Municípios deixaram de possuir competência para conceder benefícios fiscais relativos ao ISS que importem na redução do imposto, de modo direto ou indireto, a um patamar inferior a 2% sobre o preço dos serviços prestados. Esse obstáculo à utilização ampla do ISS como instrumento de política fiscal só há de ser vencido nos termos de regulação a ser editada por meio de Lei Complementar. A complexidade do ISS também decorre, assim como acontece com o ICMS, do fato de esse tributo ser cobrado de modo descentralizado. Além do problema da Guerra Fiscal, acima referido, a cobrança descentralizada do ISS carrega consigo a diversidade de alíquotas, a proliferação de conflitos horizontais, decorrente de critérios de determinação de competências tributárias nem sempre bem definidas pelas leis complementares que tratam da matéria, e as diferenças quanto às obrigações tributárias exigidas por cada Município.

Como se não bastasse a complexidade natural de um imposto regido parcialmente por normas nacionais, mas instituído e efetivamente regulado por leis locais, os particularismos dessa política fiscal descentralizada só induz maior complexidade na aplicação desse tributo.

8.3 Os 19 anos de Reforma Tributária (1988-2007)

Como se afirmou, o sistema constitucional tributário criado pelo constituinte de 1988 revela um sistema tributário que aproveitou a experiência acumulada durante a vigência das Constituições anteriores, especialmente no que se refere aos tributos que oneram o consumo de bens, serviços e outras utilidades em geral. É claro que existem diferenças. Ainda assim, é fácil verificar certa continuidade entre as disposições constantes do sistema constitucional de 1988 e as dos anteriores.

Entretanto, embora o novo sistema constitucional possua muitos enunciados idênticos àqueles que existiam em textos anteriores, é preciso dizer que a nova Constituição não se comprometeu com as normas constitucionais contidas nos sistemas pretéritos, o que significa dizer que os enunciados que serviram de referência para o constituinte (que as reproduziu no novo texto) não são o fundamento de validade dos enunciados contidos na Carta de 1988, tampouco das normas a partir deles construídas.

Nesse particular, embora se reconheça a existência de constituições produzidas pela via consuetudinária, certo é que, entre nós, a manutenção de normas (ou enunciados) existentes nos regimes anteriores não decorre do costume, e sim do ato legislativo que positivou a Constituição Federal de 1988. Foi uma decisão política que optou pela relativa manutenção do sistema tributário anterior quando da elaboração da nova Constituição Federal. Para o constituinte brasileiro, a experiência constitucional pretérita não significa vinculação jurídica da nova Constituição Federal com suas predecessoras, mas, apenas, a adoção de um mecanismo de seleção por parte das pessoas que elaboraram e aprovaram o novo texto.

Essa relativa continuidade resultou da adoção de determinados mecanismos de escolha dos meios e modos de tributar no universo das formas possíveis, o que viabilizou a seleção do modelo tributário para o novo Estado brasileiro. Certamente, a relativa manutenção do regime anterior não decorreu de falta de opções apresentadas ao constituinte. Apenas para citar uma delas, Raimundo Eloi de Carvalho lembra de proposta elaborada pela Comissão de Reforma Tributária e Descentralização Administrativa, da Secretaria de Planejamento da Presidência da República à época da Assembleia Nacional Constituinte. Essa proposta tinha como objetivo aperfeiçoar a tributação sobre o valor agregado implantada em 1967, com a criação de um Imposto sobre o Valor Agregado (IVA) de base ampla. Como lembra o monografista, a proposta foi precedida de análise sobre a situação do sistema tributário então vigente, especialmente no que se refere à inter-relação entre o ICM e o ISS[16]. A despeito das virtudes da proposta, a incerteza quanto à manutenção de receitas tributárias por parte dos Estados foi o principal aspecto que, como ressalta o autor, motivou a rejeição dessa proposta pela Assembleia Nacional Constituinte. Essa incerteza, aliás, é das principais preocupações que norteiam quaisquer discussões a respeito de mudanças estruturais no sistema de tributação[17].

Assim é que, com base em ampla e flexível moldura de referências, o constituinte originário decidiu e selecionou, dentre as alternativas à sua disposição, aquelas que pareciam satisfazer suas expectativas. A história mostrou que a experiência acumulada até então não foi suficiente para que as seleções realizadas à época ficassem imunes a descontentamentos.

Assim é que, desde a promulgação do novo texto constitucional, diversas foram as ocasiões em que mudanças no sistema tributário nacional foram colocadas em debate. Até o momento, o sistema constitucional tributário de 1988 foi modificado em 17 ocasiões diferentes pela inserção, modificação ou supressão de enunciados no corpo da Constituição Federal, efetivada pela promulgação de emendas constitucionais relativas à tributação, incluindo as mais

---

[16] Cf. CARVALHO, Raimundo Eloi. **Tributação sobre o consumo de bens e serviços no Brasil**: evolução e perspectivas. Brasília, 2005, p. 28. Disponível em: <www.receita.fazenda.gov.br/Publico/estudotributarios/Eventos/SemináiorioII/Texto01TributacaosobreoConsumo.pdf>. Acesso em: 19 jun. 2007.

[17] Esse receio não é recente. Segundo o comentário de Rubens Gomes de Souza, esta questão permeou a discussão da repartição das rendas tributárias quando da Emenda Constitucional n. 18/65. Segundo o autor, *"a discriminação de rendas é um tabu, no sentido de que se converteu em um imutável pilar da Constituição. Chegou-se mesmo, a dizer que o País viria abaixo se a Emenda n. 18 fosse aprovada. No entanto ela foi aprovada, o País não veio abaixo, mas nem por isso a situação melhorou..."* (SOUZA, Rubens Gomes. Equilíbrio entre receitas e despesas. *In*: SOUZA, Rubens Gomes et. al. **Comentários ao Código Tributário Nacional**: parte geral. 2. ed. São Paulo: Revista dos Tribunais, 1985, p. 23).

recentes: a Emenda Constitucional n. 42, de 19 de dezembro de 2003, e a Emenda Constitucional n. 47, de 5 de julho de 2005.

Desde a promulgação da Constituição Federal de 1988 até os dias atuais, não foram poucas as questões relativas à *Reforma Tributária* que frequentaram – e ainda frequentam – as mesas de debate e pautas de reunião em todo o país. Mesmo o advento de quase duas dezenas de Emendas Constitucionais, de inúmeras leis, decretos, instruções normativas e outros atos infralegais não foram suficientes para que diversos atores sociais considerassem suas demandas ou insatisfações satisfeitas.

Pelo contrário, cada uma das modificações introduzidas nos diferentes tributos criou novas insatisfações, novas demandas, e, por conseguinte, novas regulações, e assim sucessivamente. Isso se verifica, visivelmente, na disciplina dos tributos que recaem sobre o consumo – ICMS, IPI, ISS, PIS e COFINS – aos quais estão direcionadas grande parcela de demandas e insatisfações dos mais diferentes agentes econômicos (empresas, consumidores) e de diferentes órgãos de governo nas esferas federal, estadual e municipal[18].

É que esses tributos incidem diretamente sobre as atividades realizadas pelos contribuintes: sobre a venda, sobre a prestação de serviços, sobre o auferimento de receitas. São tributos plurifásicos, que tendem a afetar diretamente o preço dos bens, serviços e outras utilidades e, por isso mesmo, o resultado, o sucesso ou insucesso dos empreendimentos empresariais. Por serem os tributos que incidem sobre o produto das atividades empresariais, e que, nessa medida, afetam diretamente o seu resultado, podem criar equilíbrio ou desequilíbrio entre a carga tributária suportada por cada uma dessas atividades.

---

[18] Aliás, uma das Emendas Constitucionais relativas à tributação foi a responsável pela extinção do Imposto (Municipal) sobre Vendas a Varejo de Combustíveis Líquidos e Gasosos, exceto óleo Diesel. Ao lado dos adicionais estaduais ao imposto de renda, esse foi o único caso de imposto extinto desde 1988.

Devido a esse efeito direto sobre os preços de bens, serviços e outras utilidades, são tributos que mais facilmente viabilizam a concessão de incentivos à economia, à produção e ao consumo, e que permitem ao Estado tratar de outros objetivos de sua política de governo, além dos objetivos meramente fiscais[19]. As características dos tributos sobre o consumo tornam-nos mais expostos a críticas dos agentes sociais. Esses aspectos justificam – ao menos em parte – a presença de tributos sobre o consumo nos debates relativos à redefinição dos rumos da política fiscal do país. Para lidar com questões relativas à competitividade – inclusive internacional – portanto, os tributos sobre o consumo são os que mais despertam a atenção no que se refere à *Reforma*.

Por outro lado, são os tributos que representam a maior arrecadação nacional. É sabido que uma preocupação sensível dos governos – a primeira, talvez – é o equilíbrio da arrecadação[20]. A

---

[19] Entre os objetivos extrafiscais, não podemos deixar de mencionar uma função que tem sido atribuída a certos tributos: servir como instrumento de controle e fiscalização do cumprimento das obrigações tributárias relativas a outros tributos. Por meio da utilização de alíquotas reduzidas, transforma-se o tributo em instrumento útil para a fiscalização. Tome-se como exemplo o disposto no art. 2º da Lei n. 11.033, de 2005. Esse dispositivo atribuiu às corretoras de valores mobiliários a condição de responsáveis pela retenção e recolhimento do imposto de renda sobre as operações realizadas em bolsa de valores, de mercadorias, de futuros e assemelhadas. A alíquota para o cálculo do valor a ser retido é de 0,005% sobre os valores das operações realizadas num mesmo dia. Notavelmente, a reduzida alíquota em questão só serviu para que a União transformasse o tributo em instrumento de fiscalização. Semelhante procedimento foi iniciado com a utilização dos dados da CPMF para aferir indício de sonegação de outros tributos.

[20] A respeito dos recursos financeiros atribuídos a cada um dos entes federativos, Fernanda Dias Menezes de Almeida salienta que atribuir competências significa atribuir deveres para cujo cumprimento é imprescindível a existência de recursos financeiros. Recorda ela que *"a dificuldade de aprovisionamento direto de recursos pela União foi uma das deficiências da Confederação norte-americana mais censuradas pela doutrina federalista. Era de esperar, portanto, que na montagem do esquema federativo se*

função primordial da tributação, aliás, é o custeio do serviço público. Em tal cenário, como os tributos que oneram o consumo são eficazes instrumentos de arrecadação, acabam sendo considerados como um dos principais veículos de incremento das contas públicas. São eficazes em termos de arrecadação porque oneram diretamente as operações realizadas pelos principais setores da economia em suas várias etapas: agronegócio (ICMS), combustíveis e derivados de petróleo (ICMS), energia elétrica (ICMS), siderurgia e metalurgia (ICMS e IPI), fumo (ICMS e IPI), bebidas (ICMS e IPI), automobilística (ICMS e IPI), aeronaves (ICMS e IPI), telecomunicações (ICMS e ISS), serviços financeiros (ISS), construção civil (ISS),

---

preocupassem seus idealizadores com a discriminação constitucional de fontes de receita próprias de cada esfera, para evitar-se a repetição do problema" (ALMEIDA, Fernanda Dias Menezes. **Competências na Constituição de 1988**. 2. ed. São Paulo: Atlas, p. 30).

Dalmo de Abreu Dallari também tratou da necessidade de cada ente federado obter os próprios recursos, e advertiu que, se não houver equilíbrio entre encargos e rendas *"ou a administração não consegue agir com eficiência, e necessidades fundamentais do povo deixam de ser atendidas ou recebem um atendimento insuficiente; ou o órgão encarregado solicita recursos de outra fonte, criando-se uma dependência financeira que acarreta, fatalmente, a dependência política"* (DALLARI, Dalmo de Abreu. **O Estado Federal**. São Paulo: Ática, 1986, p. 20). Em síntese, uma federação não sobrevive quando se restringe a autonomia das unidades federadas, autonomia essa que depende de uma equilibrada distribuição de rendas, especialmente as tributárias: poderoso instrumento para a preservação da autonomia de cada um dos entes federados. A respeito de ordens pretéritas, porém, Rubens Gomes de Souza comentava que era preciso reconhecer que *"todas as discriminações de rendas que tivemos, no período de 1891, 1934, 1946, Emenda n. 18, Constituição de 67 e Constituição de 69, falharam em ambos os aspectos. Falharam quanto ao primeiro aspecto, porque ou deram demais, ou deram de menos, e o motivo da falha é fácil de apontar. É que, dentro desta ideia de discriminação de rendas por um critério rígido e nominalístico nunca se cuidou de uma premissa óbvia (e eu insisto no óbvio, que por ser assim, mais facilmente se perde de vista). Na realidade, atribuição de fontes de receita tem de corresponder à discriminação constitucional de atribuições e nunca se cuidou seriamente deste paralelismo, que está na base deste primeiro aspecto..."* (SOUZA, Rubens Gomes de, *op. cit.*, p. 21-22).

varejo (ICMS), concessões governamentais (ICMS e ISS), tecnologia de informação (ICMS e ISS) e outros.

Por suas características de incidência, tais tributos são devidos independentemente do período de maturação dos investimentos realizados nessas áreas, e não obstante o resultado de cada empreendimento, que são fatores geralmente determinantes para a tributação sobre a renda ou lucro das empresas. É que estes últimos só oneram os ganhos líquidos do contribuinte, o que pode não se verificar, afetando a arrecadação. Ao revés, os tributos sobre o consumo oneram, sob o ponto de vista econômico, os dispêndios com a aquisição de bens, serviços e outras utilidades, ainda que o resultado seja negativo. Tal aspecto transforma esses tributos em instrumentos fundamentais da arrecadação pública.

Esses dois objetivos principais – incentivo à economia e arrecadação – convivem e se contrapõem na definição das políticas de Governo. Esse contraponto é digno do registro feito por Roberto Nogueira Ferreira, ao relatar a convocação de inúmeras entidades empresariais em 1995 pelo Governo Federal para a exposição das inúmeras Reformas Constitucionais que seguiriam a partir de então. A exposição da Reforma do Sistema Tributário foi conduzida pelo então Ministro Pedro Malan que, sem tratar especificamente dos pontos que seriam objeto da proposta presidencial[21], considerou

> absolutamente necessário promover tanto a REFORMA TRIBUTÁRIA, que preveja maior amplitude de contribuintes, desonere a produção e simplifique o recolhimento de tributos, como a REFORMA FISCAL, de forma que o governo passe não só a arrecadar mais e melhor como a gastar melhor o que arrecada[22].

Pois bem, pelo menos até o final da década de 1990, o principal instrumento da política extrafiscal do Governo Federal foi o

---

[21] Proposta de Emenda Constitucional n. 175-A, de 1995.
[22] MALAN, Pedro, *apud* FERREIRA, Roberto Nogueira, *op. cit.*, p. 22.

IPI. Foi manipulando suas alíquotas e regimes de incidência que o Governo Federal incentivou operações na Zona Franca de Manaus e demais regiões sensíveis da Região norte do país e estimulou a produção e o consumo de diversos tipos de produtos (cite-se, a título de exemplo, o incentivo à comercialização de produtos relativos à construção civil[23]). As características do IPI também permitiram a criação de regimes de estímulo a determinados setores da indústria e do comércio, como o setor de informática. Em tempos recentes, o IPI foi até mesmo o tributo utilizado como instrumento para que o Governo Federal desonerasse as exportações do ônus com o PIS e a COFINS (créditos presumidos).

Com o tempo, o IPI perdeu sua importância na arrecadação tributária da União, o que, em parte, resultou de seu uso como instrumento de política extrafiscal. Assim é que, após o final da década de 1990, o Governo Federal passou a manipular com maior desenvoltura as contribuições sociais, embora continuasse a utilizar o IPI como instrumento de sua política extrafiscal. A utilização mais ampla das contribuições sociais é justificável sob o ponto de vista fiscal à medida que as receitas arrecadadas com esses tributos não são repartidas com os Estados e com os Municípios. Para o orçamento da União – e da Seguridade Social – o aumento de 10% nas alíquotas de uma contribuição dessa natureza, pois, significará aumento de 10% na arrecadação (se, é claro, assumirmos que o aumento do tributo não causará impacto nas bases de arrecadação)[24]. É uma ar-

---

[23] Confira-se, nesse sentido, o Decreto n. 5.697, de 7 de fevereiro de 2006, anunciado à época pelo Governo Federal como um pacote de incentivos para o setor de construção civil.

[24] Relatando exposição realizada pelo ex-Secretário da Secretaria da Receita Federal, Everardo Maciel, em painel sobre propostas para uma Reforma Tributária, Raimundo Nogueira Ferreira comenta que *"um dos grandes momentos da exposição de Everardo Maciel, para quem estuda Finanças Públicas com olhar político, é sua afirmação categórica de que a Constituição de 1988 'fez com que a União buscasse alguns instrumentos que permitissem a recuperação de suas receitas, como forma de contornar, de driblar, a*

recadação completamente líquida, diferentemente do que ocorre com o IPI, e com os demais impostos cobrados pela União.

Com a maior desenvoltura da União na cobrança desses tributos, começou a ocorrer o excesso legislativo. Tomemos o exemplo do PIS e da COFINS: poucos foram os tributos que passaram por tantas modificações em tão pouco tempo quanto essas duas contribuições desde então. Nos dias atuais, o PIS e a COFINS são os principais instrumentos do Governo Federal para o incentivo à economia via medidas tributárias.

Depois de experimentar os regimes monofásicos, oportunidade em que o legislador federal "concentrou" a cobrança do PIS e COFINS que incidiriam sobre as operações de comercialização de determinados produtos na indústria, atacado e varejo, o perfil desse tributos foi submetido a uma radical mudança quando da introdução dos regimes de cálculo não cumulativo aplicáveis ao PIS (desde 2002) e à COFINS (desde 2004).

Assumindo o risco de ignorar um ou outro diploma legal que tenha tratado dessa matéria, a introdução de enunciados prescritivos de direito positivo relativos à não cumulatividade do PIS e da COFINS foi realizada por meio da utilização de quase uma dúzia de Medidas Provisórias (desprovidas, no mais das vezes, da demonstração da urgência e relevância necessárias à legitimação desse expediente normativo), convertidas nas Leis n. 10.637/2002 (MP n. 66/2002), 10.684/2003 (MP n. 107/2003), 10.833/2003 (MP n. 135/2003), 10.865/2004 (MP n. 164/2004), 10.925/2004 (MP n. 183/2004), 10.996/2004 (MP n. 202/2004), 11.033/2004 (MP n. 206/2004), 11.051/2004 (MP n. 219/2004), 11.116/2005 (MP n. 227/2004), 11.119/2005 (MP n. 232/2004) e 11.196/2005 (MP n. 255/2005). Ou seja, desde a criação desses regimes, que ocorreu

---

partilha fixada na Constituição. Foi aí que apareceu o PIS, apareceu a COFINS, como forma naturalmente de não dividir com os Estados, e a contribuição sobre o lucro'" (FERREIRA, Roberto Nogueira, *op. cit.*, p. 49).

há pouco menos de cinco anos, verifica-se a existência de onze Leis tratando da matéria.

A mudança entre o paradigma dominante até dezembro de 2002 (a cumulatividade do PIS e da COFINS) para o novo cenário (a não cumulatividade do PIS e da COFINS) rearranjou importantes componentes econômicos na composição de custos da indústria, do comércio e da prestação de serviços, introduziu os *créditos* que os contribuintes poderiam utilizar para a obtenção da pretendida não cumulatividade, aumentou as alíquotas aplicáveis a esses produtos, criou uma nova forma de desonerar as exportações etc. O equilíbrio econômico-financeiro anterior à criação desses regimes foi modificado, e essa modificação afetou de modo distinto cada um dos agentes da economia – inclusive o Fisco. Talvez daí tenham surgido demandas que ensejaram as sucessivas modificações posteriores.

Não importa se o objetivo foi o aumento da arrecadação, o combate à sonegação fiscal, a simplificação da legislação tributária, o estímulo ou desestímulo da produção ou consumo de um determinado produto ou serviço, a melhoria das condições de auditoria pública, o aperfeiçoamento da não cumulatividade tributária, a resolução dos conflitos de competência, entre outros objetivos que se considere possível alcançar pela manipulação de diferentes aspectos das obrigações – principais e acessórias – dos tributos sobre o consumo. Antes de analisar se tais objetivos foram ou não alcançados, certo é dizer que tivemos, no mínimo, uma profusão de Leis, Decretos e toda sorte de atos infralegais. É o que ocorreu com a disciplina do regime não cumulativo do PIS e da COFINS, que exigiu pouco menos de uma dúzia de leis desde a sua criação, ocorrida em 2002.

Como exemplo de profusão legislativa, o caso do ICMS não é muito diferente do exemplo do PIS e da COFINS. Entre outras, as modificações promovidas ao perfil constitucional do ICMS por meio das Emendas Constitucionais n. 3/93, 31/2001, 33/2001 e 42/2003 ampliaram a competência tributária dos Estados e do Distrito Federal – pela possibilidade de o ICMS ser cobrado sobre as importações promovidas por não contribuintes desse imposto, por exemplo – e criaram regimes excepcionais de cobrança do ICMS para o setor de combustíveis. Foi também ampliada a desoneração das exportações de mercadorias e serviços para o exterior, instituindo um efetivo regime de destino para a tributação das operações de comércio exterior.

No plano infraconstitucional, vários foram os diplomas normativos que alteraram o perfil desse imposto. Logo após a promulgação do texto constitucional, foi aprovado o Convênio ICMS n. 66/88, para tratar provisoriamente da matéria. Na prática, a substituição completa desse diploma normativo por uma Lei Complementar que regulasse os aspectos nacionais do ICMS só foi efetuada quando do advento da Lei Complementar n. 87/96 (Lei Kandir), posteriormente alterada pelas Leis Complementares n. 99/99, 102/2000, 114/2002, 115/2002, 120/2005 e 122/2006. Não se ignorem, é claro, a Lei Complementar n. 63/90, que trata da repartição das receitas do ICMS entre os Municípios, e a Lei Complementar n. 65/91, que estabeleceu critérios – hoje superados – relativos à imunidade das exportações de produtos semi-elaborados para o exterior. Temos, pois, um conjunto de nove diferentes Leis Complementares editadas desde 1988 para tratar desse imposto.

Particularmente, a Lei Complementar n. 87/96 foi responsável, entre outras medidas, por ampliar as hipóteses em que os contribuintes poderiam apropriar créditos de ICMS, dando um passo adiante na busca da pretendida não cumulatividade. Com isso, o ICMS foi aproximado do modelo teórico ideal de um imposto sobre o valor agregado. As sucessivas modificações desse diploma complementar, por outro lado, marcaram o adiamento da data a partir da qual a não cumulatividade aplicável ao ICMS passará a ser ampla.

A disciplina do ICMS ainda foi modificada por 2.518 Convênios celebrados pelos Estados e Distrito Federal no âmbito do

Conselho Nacional de Política Fazendária (CONFAZ) no período compreendido entre 1989 e 2006 (ignorando os Protocolos, Convênios ECF, Convênios Arrecadação, e outros atos entre os Estados), e pelas leis, decretos e atos administrativos editados pelas 27 Unidades da Federação, que detém a competência para a instituição e cobrança desse imposto. Os Convênios ICMS tratam de matérias tão díspares como a isenção do ICMS nas vendas de famoso sanduíche em dia de campanha de combate ao Câncer quanto à uniformização das obrigações acessórias exigidas de determinadas classes de contribuintes do ICMS.

O ISS também não deixa de ser um imposto marcado pela profusão de normas a seu respeito. Muito embora desde 1988 só tenha sido editada uma Lei Complementar regulando-o nacionalmente (a Lei Complementar n. 116/2003) e apesar de a sua disciplina constitucional ter sido modificada "apenas" 4 vezes (Emendas Constitucionais n. 3/93, 31/2000, 37/2002 e 42/2003) desde 1988, não podemos esquecer que esse imposto pode ser instituído e cobrado pelos 5.564 Municípios brasileiros, já incluído o Distrito Federal[25], o que dá uma dimensão da quantidade de leis, decretos e atos normativos que devem ter sido editados a respeito do ISS em todo o país desde 1988, especialmente após o advento da Lei Complementar n. 116/2003.

O que pode sugerir todo esse cenário? Muita coisa, menos a estabilidade do sistema normativo atual. Não bastassem todas as alterações acima referidas, ocorridas ao longo do tempo – nos últimos 19 anos, desde a promulgação da Constituição Federal de 1988, continuando um processo a ela anterior – não são poucos aqueles que continuam a defender mudanças no sistema tributário nacional ao argumento de que o sistema vigente ainda é modelo de irracionalismo, que representa desestímulo à economia do país, que propicia e estimula a evasão fiscal, e assim por diante. Ou seja, defende-se

---

[25] Fonte: Instituto Brasileiro de Geografia e Estatística (IBGE).

que esse sistema não atenderia as metas a que estaria preordenado um sistema tributário ideal.

Sem ignorar que a simplificação dos mecanismos de arrecadação tributária seria bem-vinda[26], fato é que a solução de parte dos problemas econômicos nacionais, da desigualdade, da má-distribuição de renda no país etc. tem sido debitada na conta do sistema tributário nacional, problemas esses a serem solucionados por meio de uma *Reforma Tributária*, conceito vago e ambíguo, utilizado sem muito critério pela mídia e até mesmo por especialistas.

Não é difícil perceber que *Reforma Tributária* – no sentido de mudanças no sistema tributário nacional – é algo que tem ocorrido todos os dias, silenciosamente, e que não tem significado apenas a alteração do texto constitucional. É o que ocorre quando a União e os Estados criam o Sistema de Escrituração Digital, e é o que ocorre quando alguns Estados e Municípios criam a Nota Fiscal Eletrônica. É o que ocorre também quando um ou outro setor é beneficiado por um estímulo ou incentivo fiscal.

É o que ocorre, em suma, quando as regras relativas aos diferentes tributos são sucessivamente modificadas. São reformas que ocorrem dia após dia, e que, de um modo difuso (e desordenado) estimulam ou desestimulam investimentos, a produção e o comércio, aperfeiçoam mecanismos de auditoria pública, combatem a sonega-

---

[26] Como salienta Roberto Nogueira Ferreira, ao se referir à Proposta de Reforma Tributária apresentada pelo Governo Federal em 1998, *"o discurso da simplicidade administrativa é tão antigo quanto a burocracia. O Ministro reconhece, corretamente, que, para obter justiça e eficiência, 'é necessária uma certa dose de complexidade'. A complexidade, reconheça-se, é fonte de custos, além de ser facilitadora da evasão fiscal (sonegação ou elisão fiscal), e dificulta a ação fiscalizadora. No entanto, justiça e eficiência são objetivos quase sempre conflitantes. A CPMF (Contribuição sobre a Movimentação Financeira) tem duas características marcantes: é reconhecidamente simples e eficiente, mas produz justiça? Se a complexidade pode ser aceita quando o fim é a justiça tributária, também é certo que nem todo tributo que se caracteriza pela simplicidade administrativa é justo"* (FERREIRA, Roberto Nogueira, op. cit., p. 28).

ção fiscal, e, não esqueçamos, servem ao incremento da arrecadação. Estamos falando de reformas pontuais, o que, não obstante, não as tornam menos importantes ou necessárias. É que reformas estruturais na disciplina desses tributos – especificamente no que se refere aos tributos de consumo – demandam redefinição de competências tributárias, tema sensível, porque se volta às incertezas quanto à manutenção dos níveis de arrecadação atuais e porque envolve uma nova configuração do pacto federativo[27].

8.4 Um caso prático: a Reforma Tributária realizada em 2003

A insatisfação e as demandas por uma Reforma Tributária não se limitam à dificuldade de operar em um sistema como esse, mas decorrem também da percepção de que o sistema tributário vigente é diferente daquele pretendido por determinados setores. Isso ocorre porque à medida que aumenta a complexidade de um sistema, cresce também a possibilidade de que uma das diversas alternativas em jogo não seja selecionada dentre muitas outras postas à disposição. O risco de decepção, assim, é efeito da complexidade ínsita a um sistema tributário de economias evoluídas, como a brasileira, que forçam a seleção de uma forma de tributação dentre diversas outras possíveis.

Todas as demandas que costumam aparecer nos debates em torno da Reforma Tributária foram objeto de debate entre políticos,

---

[27] Um dos temas politicamente relevantes na discussão da redefinição das competências tributárias envolve a inserção do Brasil em blocos comerciais e áreas de livre comércio. Tais medidas, como ressalta Roberto Nogueira Ferreira, *"pressupõem políticas públicas harmônicas, e dentre essas políticas a questão tributária tem papel predominante, pois o país que se mantiver fora da harmonia não terá futuro comercial saudável"* (FERREIRA, Roberto Nogueira, op. cit., p. 36). É a descentralização do ICMS e do ISS prejudicando os interesses nacionais de inserção no cenário internacional.

governantes, empresários, economistas, jornalistas e juristas em meados de 2003, quando, após prodigiosa articulação política, a Presidência da República encaminhou ao Congresso Nacional uma Proposta de Emenda à Constituição com o intuito de modificar – uma vez mais – o Sistema Tributário Nacional.

Após oito meses de debates, foi promulgada a Emenda Constitucional n. 42, de 19 de dezembro de 2003, publicada no *Diário Oficial da União* em 31 de dezembro de 2003. O texto aprovado introduziu uma "reforma tributária", que é pouco significativa se comparada com o projeto original proposto pelo Governo Federal. Assim afirmamos porque a maioria das regras previstas na EC n. 42/2003 não estava contida na proposta original (cuja tônica era a reformulação estrutural do ICMS)[28].

---

[28] Entre suas disposições principais, a EC n. 42/2003 permitiu a instituição de critérios especiais de tributação, com o intuito de evitar desequilíbrios de concorrência, a ser criado por meio de lei complementar. Também por lei complementar, foi autorizada a criação de um regime tributário unificado para o controle e arrecadação dos tributos devidos pelas microempresas e empresas de pequeno porte, recentemente criado. Desse sistema resultará a arrecadação, fiscalização e cobrança única e centralizada dos tributos devidos pelas empresas de menor porte para a União, Estados e Municípios, sendo opcional para o contribuinte, o que permite o pagamento dos tributos de forma mais racional por parte dessas empresas. A EC n. 42/2003 também autorizou a adoção de um regime de cálculo não cumulativo para a cobrança das contribuições sociais incidentes sobre o faturamento ou sobre as receitas da pessoa jurídica, que, aliás, já havia sido determinada pelas Leis n. 10.637/2002 e 10.833/2003. A EC n. 42/2003 autorizou ainda a criação de uma nova contribuição social, que deve recair sobre os importadores de bens ou serviços. Essa nova figura tributária, criada com a edição da Medida Provisória n. 164/2004, convertida na Lei n. 10.865/2004, foi integrada ao regime não cumulativo do PIS e da COFINS, e assegurou o aproveitamento de créditos apenas em algumas situações. Finalmente, no que tange a questões acessórias, o constituinte derivado estabeleceu que as informações constantes dos cadastros de contribuintes e demais informações fiscais da União, Estados, Distrito Federal e Municípios poderão ser compartilhadas. Isso permite um melhor aparelhamento do Poder Público para enfrentar a sonegação fiscal, o que já vem ocorrendo.

Com efeito, o núcleo da Proposta de Emenda Constitucional originalmente encaminhada pela Presidência da República era a remodelação do ICMS no país. A incerteza quanto à manutenção dos níveis de arrecadação à época, e a difícil conciliação das propostas apresentadas à época com a situação de inúmeros contribuintes que foram beneficiados com medidas de incentivo fiscal – inclusive com prazos determinados – fez com que o ICMS continuasse praticamente inalterado.

Ainda hoje, a "grande mudança estrutural" do ICMS é discutida no Congresso Nacional, sem que se tenha obtido considerável consenso quanto às diferentes propostas até o momento apresentadas. A razão está com Roberto Nogueira Ferreira, para quem é tecnicamente simples elaborar um projeto de reforma tributária. Difícil é o consenso político para que a alternativa apresentada se viabilize[29].

Seja como for, a gênese da Emenda Constitucional mencionada é a Proposta de Emenda à Constituição n. 41, apresentada pelo Presidente da República à Câmara dos Deputados em 30 de abril de 2003. De acordo com a mensagem enviada ao Congresso Nacional, reconheceu-se que, a despeito das 15 emendas constitucionais promulgadas até aquele momento, não teria sido possível efetuar as mudanças necessárias à simplificação e racionalização do Sistema Tributário Nacional.

A mensagem defendia ter sido fundamental o papel dos Governadores de Estado, que teriam participado ativa e construtivamente na concepção da proposta. A parceria entre Governadores Estaduais e o Poder Executivo Federal teria sido essencial para que a proposta original fosse reflexo das demandas estaduais envolvendo a racionalização do sistema tributário nacional, particularmente do ICMS. Do mesmo modo, o texto salientou a importância da participação dos Municípios no debate em torno desse projeto, o que

---

[29] NOGUEIRA, Roberto Ferreira, *op. cit.*, p. 55.

teria contribuído para o aperfeiçoamento do novo modelo tributário proposto para o país.

Defendeu-se, nesse sentido, a ideia de que a reorganização do sistema tributário seria decisiva para o bom funcionamento da economia e para a melhor solução de diversas questões sociais, servindo, até mesmo, como estímulo para o desenvolvimento da produção. Mencione-se, porém, que todos os objetivos mencionados foram conjugados em um documento que expressava a preocupação de assegurar os níveis de arrecadação. O que norteou esse projeto foi resumido numa frase: "arrecadar o mesmo, mas de forma mais justa". É essa uma das equações que não foi solucionada à época.

Percebe-se, claramente, que problemas de índole *orçamentária* e *econômica* constituem as molas propulsoras que movem tais debates: controles fiscais, níveis de arrecadação, excesso de burocracia, oneração ou desoneração das exportações, simplificação do sistema tributário, melhoria da competitividade, guerra fiscal, equilíbrio fiscal, redução de carga tributária, evasão, e outros, mas sempre com a garantia da arrecadação. Não são propriamente problemas jurídicos, embora os juristas devam com eles lidar. São problemas econômicos e políticos aos quais a mudança das normas tributárias talvez sirva de remédio. É o que se tem defendido, pelo menos. Debita-se ao sistema do direito positivo uma parcela de culpa por diversos problemas nacionais e se lhe atribui a responsabilidade pela solução desses problemas.

Dos debates em torno da Reforma Tributária, põe-se em evidência a questão de se verificar em que medida é possível controlar mudanças sociais (progresso econômico, estímulo à produção e renda etc.) mediante a inserção de novos elementos no sistema jurídico.

Quanto a isso, limitamo-nos a dizer que uma sociedade é complexa quando existe uma multiplicidade de alternativas diferentes para comunicações sobre os mais variados temas. A sociedade atual não é só complexa; é marcada por profunda contingência do processo decisório[30]. As alternativas são muitas e o risco de desapontamento é elevado, fato esse que já nos parece suficiente para justificar a razão pela qual demandas relativas à Reforma Tributária não foram satisfeitas mesmo após a promulgação de pouco menos de duas dezenas de emendas constitucionais e de milhares de atos de natureza legal. Esse fato também é suficiente para constatar que, por mais amplo que pudesse ser o alcance da Emenda Constitucional a que nos referimos há pouco, ainda assim esse tema permaneceria, como, aliás, permanece, em aberto.

É interessante lembrar que os programas que orientam uma operação no interior do sistema político não constrangem o sistema jurídico. Vale dizer, aqueles programas teleológicos a que nos referimos, contidos na mensagem de encaminhamento da Proposta de Emenda Constitucional n. 41/2003 e em outros documentos semelhantes pouco representam para a construção da norma tributária, para sua eficácia ou ineficácia[31]. A história política de uma lei – as negociações, articulações, manobras, enfim, as operações realizadas dentro do esquema governo e oposição – é algo bastante distinto da história jurídica da lei. Os efeitos jurídicos de um novo texto de lei são totalmente independentes da comunicação política[32].

---

[30] Cf. CAMPILONGO, Celso Fernandes. Governo representativo "versus" governos dos juízes: a "autopoiese" dos sistemas político e jurídico, **Caderno de Pós--Graduação de Direito da UFPA**, v. 2, n. 7, p. 56.

[31] Embora a teoria dos sistemas de inspiração luhmanianna forneça elementos seguros para a abordagem dessa questão, é preciso verificar que a teoria positivista tradicional já trabalha com conceitos que permitem afirmar a irrelevância dos programas políticos para o direito, das quais é possível citar a concepção de sentido objetivo e o sentido subjetivo do ato que positiva a norma jurídica. Para a teoria tradicional positivista, o indivíduo que põe o ato (o político) liga a este um sentido que se exprime de qualquer modo e é entendido pelos outros indivíduos. Esse sentido não é, necessariamente, o significado objetivo que o ato tem do ponto de vista do direito.

[32] Para melhor compreendermos essa afirmação, é importante distinguir as funções de cada sistema da sociedade das prestações que cada um deles proporciona aos

Nesse particular, a manutenção do tema "reforma tributária" – na política – se justifica pelo fato de que se coloca na *Reforma Tributária* a expectativa de servir como estímulo à expansão econômica, à redução de desigualdades sociais. Pretende-se que a política ofereça uma prestação ao direito – novos enunciados – e que o direito, por sua vez, ofereça uma dada prestação (pré-programada) à economia – o estímulo à produção e consumo, redução de desigualdades, a arrecadação etc.

O que o Direito pode fornecer, como observado acima, são estímulos que poderão irritar o sistema econômico, o qual, mediante as operações internas que lhe são características, processará as novas informações provenientes do ambiente. O resultado desses estímulos é imponderável. Vale dizer: não é possível antecipar precisamente qual o efeito de um estímulo proposto no interior do sistema econômico, sobretudo porque não é possível saber qual o efeito de uma nova lei na economia e nas relações políticas senão após sua efetiva aplicação.

Ademais, do mesmo modo como a definição do objetivo traçado para a nova norma tributária é desafiadora (porque dificilmente existirá uma só meta defendida pelos agentes sociais envolvidos na definição de uma dada política), é sempre possível que a medida implementada contrarie o objetivo definido, como ocorreu, por exemplo, com a não cumulatividade do PIS e da COFINS, que, pelas características do regime criado à época, criou maior cumulatividade para determinados setores, como expomos adiante.

---

demais. As prestações que um sistema recebe de outro sistema podem ser consideradas a forma pela qual os estímulos provenientes do ambiente são recebidos e processados em seu interior. Assim, embora as funções de cada um desses sistemas – político e jurídico – não se confundam e o sistema político não vincule a decisão jurídica, certo é que, ao fornecer o material contido nas decisões jurídicas, o sistema político fornece importante prestação ao sistema jurídico, quais sejam, premissas para a tomada de decisões (CAMPILONGO, Celso Fernandes. Governo representativo "versus" governos dos juízes: a "autopoiese" dos sistemas político e jurídico, **Caderno de Pós-Graduação de Direito da UFPA**, v. 2, n. 7, p. 55).

Daí por que as expectativas formadas em torno dos efeitos de uma Reforma Tributária apenas potencializam o risco de desapontamentos, pois existe sempre o risco de o estímulo produzido pelo sistema jurídico no sistema econômico produzir efeito diferente daquele esperado. Cautela é o que se recomenda na adoção de remédios miraculosos para aqueles que defendem reformas radicais no sistema normativo. A formação de fortes expectativas em relação aos programas finalísticos do sistema político serve apenas para potencializar o risco de desapontamentos. E essa frustração será estímulo que criará novas demandas ao sistema político, que, uma vez mais, implementará medidas tributárias, e assim, sucessivamente.

8.5 Os objetivos foram atingidos?

Pensemos na introdução dos regimes não cumulativos do PIS e da COFINS. Pergunta-se: esse novo regime atingiu as metas a que estava preordenado? A resposta a essa pergunta depende, basicamente, de nossa percepção acerca das *metas* a que estava preordenado esse regime. Arrecadação? Simplicidade? Justiça? Não cumulatividade? Desoneração das exportações? Exatamente o que se pretendia – qual o objetivo que o político pretendeu em seu íntimo – quando o regime não cumulativo foi criado e quando ele foi (sucessivamente) alterado? Sobre o tema, vale citar o seguinte trecho de estudo elaborado por Marcelo Coletto Pohlmann e por Sérgio de Iudícibus, segundo os quais "a política tributária tem vários objetivos, tais como elevar a arrecadação, redistribuir a riqueza e estimular a atividade econômica. Dada a meta estabelecida para a regra tributária, pesquisadores podem avaliar *ex post* sua eficácia"[33].

Como defendem os referidos autores, só poderemos responder à questão acerca da meta que se pretendia alcançar com uma

---

[33] POHLMANN, Marcelo Coletto; IUDÍCIBUS, Sérgio. **Tributação e política tributária**: uma abordagem interdisciplinar. São Paulo: Atlas, 2006, p. 32.

nova norma tributária definindo claramente qual a meta que se pretendeu atingir com a adoção da medida[34]. Assim sendo, não se pode avaliar as sucessivas modificações impostas ao PIS e à COFINS sem que antes evidenciemos qual o nosso referencial para a comparação, ou seja, a meta ou objetivo para o qual estava preordenado esse novo regime tributário e suas diferentes disposições.

Se a meta fosse o aumento de arrecadação, os números divulgados pela Secretaria da Receita Federal demonstram o incrível sucesso desse novo regime. Conforme dados divulgados pela Secretaria da Receita Federal, em 2001, a arrecadação total de PIS e de COFINS foi de R$ 57.759,6 milhões. Já em 2006, a arrecadação dessas contribuições foi de R$ 116.752,0 milhões[35]. Ainda que estejamos falando de preços correntes de 2001 e 2006, é possível afirmar que, do ponto de vista da arrecadação, o novo regime foi um sucesso. Essa era a meta que se pretendia atingir? Em caso afirmativo, incontestável seria reconhecer a eficácia do novo regime.

Por outro lado, e se o propósito do novo regime, à época, fosse a simplificação do sistema, objetivando maior obediência tributária, facilitação dos trabalhos de auditoria tributária (pública e privada)? O êxito foi nenhum. Os regimes não cumulativos do PIS e da COFINS não são simples, não induzem maior obediência tributária, tampouco facilitam os trabalhos de fiscalização. Pelo con-

---

[34] Abra-se um parêntese para dizer que definir a referida meta é tão ou mais desafiador que responder se a medida implementada atingiu os resultados dela esperados principalmente porque em meio às sucessivas mudanças nas regras tributárias participam diferentes atores ou agentes sociais: a Presidência da República, o Ministério da Fazenda, a Secretaria da Receita Federal, a Secretaria da Receita Previdenciária, Congresso Nacional, os Sindicatos de Auditores Fiscais, as Federações e Confederações de Indústria, Comércio e Serviços, entre outros. São entidades formadas por pessoas com interesses contrapostos – ou sobrepostos – e que participam do processo legislativo, em sua acepção social. Já se disse, ademais, que a história política da lei é diferente da história jurídica da lei.

[35] Fonte: Secretaria da Receita Federal.

trário, a introdução de regras de *exclusão*, de *suspensões*, de *créditos* e de *alíquotas diferenciadas* conforme a natureza da transação que deu origem à receita tributada – que são características desse novo regime – só induz à necessidade de maior controle acerca do cumprimento da legislação pertinente, além de criar espaços de incerteza que potencializam a possibilidade de disputas tributárias entre Fisco e contribuintes.

Esse foi, talvez, o mais desastrado efeito da não cumulatividade do PIS e da COFINS: criar uma legislação de tal modo casuística que dificulta a sua interpretação e aplicação pelos contribuintes, pelo Fisco e pelo Poder Judiciário. Vamos a um exemplo prático: exceto no que se refere aos regimes monofásicos de tributação, que estavam sujeitos a alíquotas diferenciadas conforme a natureza da mercadoria cuja venda dava origem à receita tributada, para a generalidade dos casos, o PIS e a COFINS eram tributos que oneravam de modo uniforme o total da receita bruta auferida do contribuinte com a venda de mercadorias e serviços, deduzidos o valor do IPI, do ICMS cobrado pelo contribuinte na condição de substituto tributário, dos descontos incondicionais concedidos e das vendas canceladas[36]. O cálculo desses tributos estava direcionado à verificação de poucas linhas da Demonstração de Resultado do Exercício do contribuinte. Sobre esse valor, de fácil verificação e aferição, era apurado o PIS e a COFINS. Para o aplicador da lei, eram tributos considerados residuais ou reflexos.

E hoje? A dificuldade imposta pelo regime criado a partir de 2002 impede que o cálculo desses tributos seja efetuado a partir da Demonstração de Resultados do Exercício, pois essa Demonstração Financeira, nos moldes tratados pela Lei que a disciplina (Lei das

---

[36] Não percamos de vista que a cobrança do PIS e da COFINS sobre o total das receitas foi considerada inconstitucional pelo Supremo Tribunal Federal quando do julgamento dos Recursos Extraordinários n. 390.840, 357.950 e 358.273, entre outros.

Sociedades por Ações) não oferece o detalhamento necessário da origem das receitas e gastos do contribuinte para a aferição do tratamento dispensado aos débitos e créditos a que o contribuinte faz jus. É preciso recorrer a controles auxiliares e, não raro, é preciso recorrer às características intrínsecas ao próprio evento que deu origem à receita, para desvendar a tributação que sobre ele recai, ou ao gasto, para verificar se as características de utilização, desgaste, aplicação etc. permitem o enquadramento nas hipóteses de creditamento previstas na legislação. Imagine-se a despesa marginal que o contribuinte e o próprio Fisco incorreram com a adaptação de seus procedimentos de auditoria e controle para atender esses novos regimes de cálculo e as sucessivas mudanças pelas quais passaram esses regimes em tão pouco tempo[37].

Demonstra-se, facilmente, o total insucesso do novo regime de cálculo para o caso de se considerar como objetivo das novas regras a simplificação do sistema, objetivando maior obediência tributária e facilitação dos trabalhos de auditoria tributária (pública e privada). Como dissemos, e tomamos a liberdade de reiterar, os regimes não cumulativos do PIS e da COFINS não são simples, não induzem maior obediência tributária, tampouco facilitam os trabalhos de fiscalização.

E a não cumulatividade? A desejada neutralidade fiscal dos tributos sobre o valor agregado foi obtida? Seria enganoso dizer que

---

[37] Aldo Vicenzo Bertolucci observa que *"os custos de conformidade no Brasil estão atrelados ao conceito de federação e são muito influenciados pelas constantes alterações da legislação tributária. Rocha (1992:33) relata levantamento feito por empresa especializada em auditoria e legislação que constata que em 1990 haviam sido editados 1.062 atos normativos – leis, decretos, pareceres normativos etc. – visando regulamentar o sistema tributário nacional, e afirma que esse dinamismo agrava indiscutivelmente a complexidade. Relata estimativa de Eivany Silva, ex-diretor da Receita Federal, que os custos das administrações tributárias da União, Estados e Municípios corresponderiam a 3% do PIB, e afirma que os custos dos contribuintes corresponderiam a 5% do PIB"* (BERTOLUCCI, Aldo Vicenzo. **Quanto custa pagar tributos**. São Paulo: Atlas, 2003, p. 113).

o Governo Federal foi completamente malsucedido nesse particular. É bem verdade que a não cumulatividade do PIS e da COFINS não é ampla, pois os créditos a que o contribuinte faz jus é bastante restrita, até porque essa característica também é partilhada pela não cumulatividade do ICMS e do IPI. Na realidade, o maior defeito do regime não cumulativo do PIS e da COFINS decorre do fato de ter sido ele erigido em meio a um sistema em que alguns contribuintes estão sujeitos à sistemática de cálculo não cumulativo, outros não. Existem até mesmo contribuintes que estão parcialmente submetidos ao regime não cumulativo (apuração mista).

As "exclusões" criadas pela legislação[38] acarretaram desequilíbrios, vantajosos ou desvantajosos, conforme o caso, para o Fisco e para o contribuinte. Nesse sentido, ao examinar as regras tributárias dispensadas à indústria de cosméticos e perfumaria, que, até meados de 2004 estavam parcialmente excluídas da sistemática de

---

[38] As Leis n. 10.833/2003 e 10.637/2002, que tratam da sistemática não cumulativa do PIS e da COFINS, instituíram diversas exclusões a esse regime de cálculo. Essas exclusões se referem à pessoa do próprio contribuinte (exclusão subjetiva), afetando a pessoa jurídica como um todo, ou à natureza da receita em questão (exclusão objetiva), afetando apenas as receitas objetivamente discriminadas pela legislação. Dentre as pessoas alcançadas pelas hipóteses de exclusões subjetivas, podemos mencionar, a título exemplificativo, as pessoas jurídicas tributadas pelo imposto de renda com base no lucro presumido ou arbitrado, os bancos comerciais, de investimentos, de desenvolvimento, caixas econômicas, sociedades de crédito, financiamento e investimento, sociedades de crédito imobiliário, sociedades corretoras, distribuidoras de títulos e valores mobiliários, empresas de arrendamento mercantil, empresas de seguros privados, entidades de previdência privada, abertas e fechadas, empresas de capitalização, pessoas jurídicas que tenham por objeto a securitização de créditos, operadoras de planos de assistência à saúde, pessoas jurídicas optantes pelo SIMPLES, dentre outras. Com relação às receitas incluídas entre as exclusões objetivas, temos, como exemplo, aquelas decorrentes de operações de venda de álcool para fins carburantes, de operações sujeitas à substituição tributária da COFINS, de operações de compra e venda de veículos usados, de prestação de serviços de telecomunicações, dentre outras.

cálculo não cumulativo, chegamos a afirmar que, "pelo entrechoque das regras em torno dessas sistemáticas, o regime não cumulativo do PIS/Cofins é responsável pela introdução de uma cumulatividade no sistema tributário ainda mais acentuada do que aquela que existia na vigência dos regimes anteriores"[39]. Afirmamos isso à época porque aquelas empresas estavam sujeitas ao PIS e à COFINS sobre suas vendas com base em uma alíquota total de 12,5% (regime monofásico). Até então, suas compras de insumos eram oneradas pelo PIS e pela COFINS pela alíquota total de 3,65%. Quando os novos regimes foram criados, a indústria de cosméticos e perfumaria continuou a recolher 12,5% de PIS e de COFINS, mas passou a adquirir insumos de fornecedores que passaram a estar sujeitos a 9,25% de PIS e COFINS. E como a indústria de cosméticos e perfumaria não tinha direito ao aproveitamento de créditos pelo PIS e COFINS que recaíssem sobre tais insumos, todo o aumento do PIS e COFINS sobre suas compras foi computado como custo. Atestadamente, esse regime havia criado maior cumulatividade, justamente o contrário do que procurara combater.

Tira-se, daí, a conclusão de que a determinação do sucesso ou insucesso das mudanças implementadas à legislação do PIS e da COFINS nos últimos 5 anos – o mesmo ocorre com as alterações impostas ao ICMS, ao IPI e ao ISS – não é matéria que se possa considerar livre de controvérsias, pois tal avaliação dependerá, sempre, da referência utilizada.

Daí por que se disse – e se reafirma – que as expectativas formadas em torno dos efeitos de uma *Reforma Tributária* apenas potencializam o risco de desapontamentos, pois existe sempre o risco de o estímulo produzido pelo sistema jurídico no sistema econômico produzir efeito diferente daquele esperado. Podem existir,

---

[39] ALABARCE, Marcio Roberto; OLIVEIRA, Júlio Maria de. A não cumulatividade do PIS/COFINS, **Valor Econômico**, 2 dez. 2003, Caderno Legislação & Tributos, p. E2.

até mesmo, efeitos indesejados e imprevisíveis decorrentes de eventuais mudanças.

Tais constatações só evidenciam que a formação de fortes expectativas em relação aos programas finalísticos do sistema político potencializa o risco de desapontamentos. Essa frustração será estímulo que criará novas demandas ao sistema político, que, uma vez mais, implementará medidas tributárias, e assim, sucessivamente. Assim, a história continuará revelando uma contínua reforma tributária, perpetuando a evolução do sistema de tributação sobre o consumo no país.

REFERÊNCIAS

ALABARCE, Marcio Roberto *et al*. A não cumulatividade do PIS/COFINS. **Valor Econômico**, São Paulo, 2 dez. 2003. Caderno Legislação & Tributos, p. E2.

ALMEIDA, Fernanda Dias Menezes. **Competências na Constituição de 1988**. 2. ed. São Paulo: Atlas, 2000.

ATALIBA, **Sistema constitucional tributário brasileiro**. São Paulo: Revista dos Tribunais, 1968.

_____. **Hipótese de incidência tributária**. 5. ed. São Paulo: Malheiros, 1998.

BALEEIRO, Aliomar. **Direito tributário brasileiro**. 11. ed. Rio de Janeiro: Forense, 2005.

BERTOLUCCI. **Quanto custa pagar tributos**. São Paulo: Atlas, 2003.

CAMPILONGO. Celso Fernandes. **Política, sistema jurídico e decisão judicial**. São Paulo: Max Limonad, 2002.

BRASIL. **Lei n. 4.625**. Rio de Janeiro, 31 dez. 1922.

_____. **Constituição da República dos Estados Unidos do Brasil de 1934**. [CREUB/1934]. Disponível em: <http://www.planalto.gov.br/ccivil_03/Constituicao/Constituiçao34.htm>.

_____. **Constituição dos Estados Unidos do Brasil de 1946.** [CEUB/1946]. Disponível em: <http://www.planalto.gov.br/ccivil_03/Constituicao/Constituicao46.htm>.

_____. **Lei n. 5.172. Código Tributário Nacional.** [CTN]. Brasília, 25 out. 1966. Disponível em: <http://www.planalto.gov.br/ccivil_03/Leis/L5172.htm>.

_____. **Constituição da República Federativa do Brasil de 1967.** [CF/1967]. Disponível em: <http://www.planalto.gov.br/ccivil_03/Constituicao/Constituiçao67.htm>.

_____. **Emenda Constitucional n. 1/1969.** [EC n. 1/69]. Brasília, 17 out. 1969. Disponível em: <http://www.planalto.gov.br/ccivil_03/Constituicao/Emendas/Emc_anterior1988/emc01-69.htm>.

_____. **Constituição da República Federativa do Brasil de 1988.** [CF/1988]. Disponível em: <http://www.planalto.gov.br/ccivil_03/Constituicao/Constituiçao.htm>.

_____. **Lei Complementar n. 63/1990.** [LC n. 63/90]. Dispõe sobre critérios e prazos de crédito das parcelas do produto da arrecadação de impostos de competência dos Estados e de transferências por estes recebidas, pertencentes aos Municípios, e dá outras providências. Brasília, 11 jan. 1990. Disponível em: <http://www.planalto.gov.br/ccivil_03/Leis/LCP/Lcp63.htm>.

_____. **Lei Complementar n. 65/1991.** [LC n. 65/91]. Define, na forma da alínea *a* do inciso X do art. 155 da Constituição, os produtos semi-elaborados que podem ser tributados pelos Estados e Distrito Federal, quando de sua exportação para o exterior. Brasília, 15 abr. 1991. Disponível em: <http://www.planalto.gov.br/ccivil_03/Leis/LCP/Lcp65htm>.

_____. **Lei Complementar n. 87/1996.** [LC n. 87/96]. Dispõe sobre o imposto dos Estados e do Distrito Federal sobre operações relativas à circulação de mercadorias e sobre prestações de serviços de transporte interestadual e intermunicipal e de comunicação, e dá outras providências. (Lei Kandir). Brasília, 13 set. 1996. Disponível em: <http://www.planalto.gov.br/ccivil_03/Leis/LCP/Lcp87.htm>.

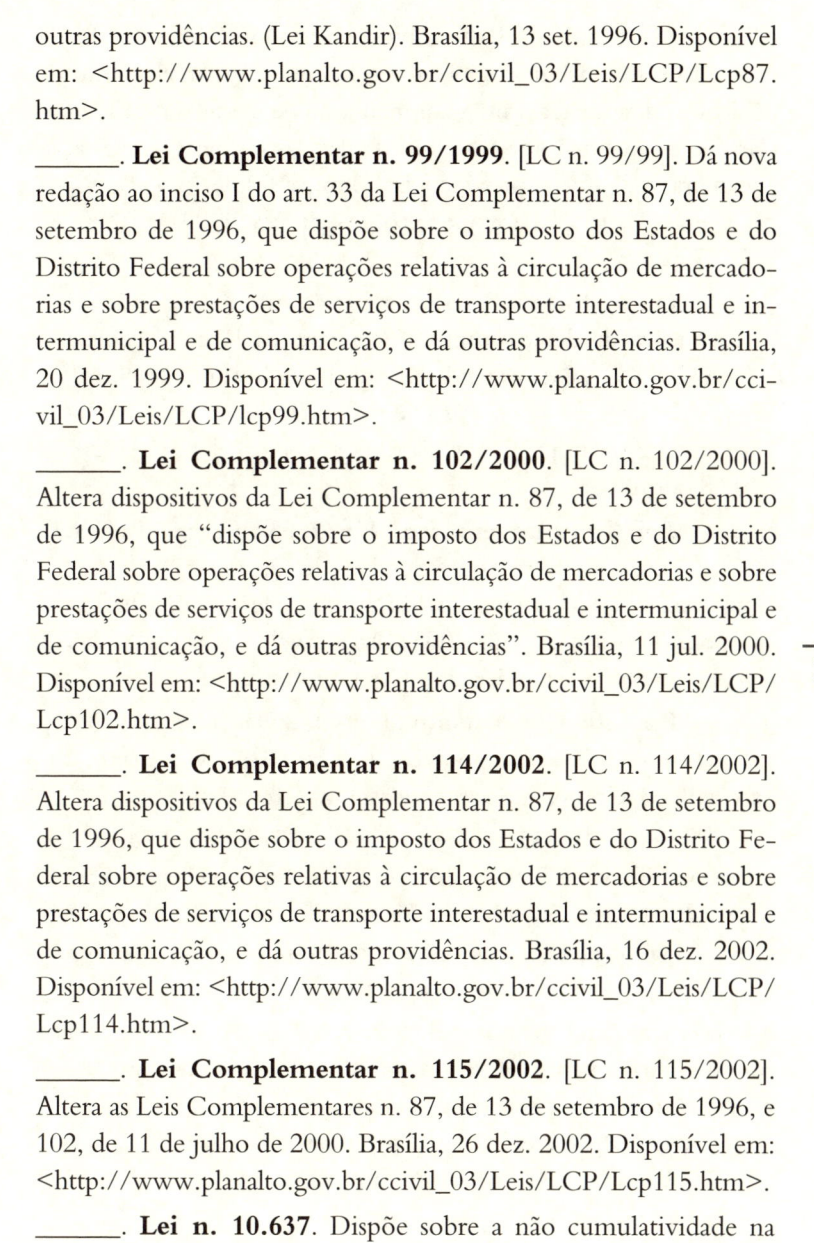

_____. **Lei Complementar n. 99/1999**. [LC n. 99/99]. Dá nova redação ao inciso I do art. 33 da Lei Complementar n. 87, de 13 de setembro de 1996, que dispõe sobre o imposto dos Estados e do Distrito Federal sobre operações relativas à circulação de mercadorias e sobre prestações de serviços de transporte interestadual e intermunicipal e de comunicação, e dá outras providências. Brasília, 20 dez. 1999. Disponível em: <http://www.planalto.gov.br/ccivil_03/Leis/LCP/lcp99.htm>.

_____. **Lei Complementar n. 102/2000**. [LC n. 102/2000]. Altera dispositivos da Lei Complementar n. 87, de 13 de setembro de 1996, que "dispõe sobre o imposto dos Estados e do Distrito Federal sobre operações relativas à circulação de mercadorias e sobre prestações de serviços de transporte interestadual e intermunicipal e de comunicação, e dá outras providências". Brasília, 11 jul. 2000. Disponível em: <http://www.planalto.gov.br/ccivil_03/Leis/LCP/Lcp102.htm>.

_____. **Lei Complementar n. 114/2002**. [LC n. 114/2002]. Altera dispositivos da Lei Complementar n. 87, de 13 de setembro de 1996, que dispõe sobre o imposto dos Estados e do Distrito Federal sobre operações relativas à circulação de mercadorias e sobre prestações de serviços de transporte interestadual e intermunicipal e de comunicação, e dá outras providências. Brasília, 16 dez. 2002. Disponível em: <http://www.planalto.gov.br/ccivil_03/Leis/LCP/Lcp114.htm>.

_____. **Lei Complementar n. 115/2002**. [LC n. 115/2002]. Altera as Leis Complementares n. 87, de 13 de setembro de 1996, e 102, de 11 de julho de 2000. Brasília, 26 dez. 2002. Disponível em: <http://www.planalto.gov.br/ccivil_03/Leis/LCP/Lcp115.htm>.

_____. **Lei n. 10.637**. Dispõe sobre a não cumulatividade na cobrança da contribuição para os Programas de Integração Social

(PIS) e de Formação do Patrimônio do Servidor Público (PASEP), nos casos que especifica; sobre o pagamento e o parcelamento de débitos tributários federais, a compensação de créditos fiscais, a declaração de inaptidão de inscrição de pessoas jurídicas, a legislação aduaneira, e dá outras providências. Brasília, 30 dez. 2002. Disponível em: <http://www.planalto.gov.br/ccivil_03/Leis/2002/L10637.htm>.

_____. **Lei n. 10.684**. Altera a legislação tributária, dispõe sobre parcelamento de débitos junto à Secretaria da Receita Federal, à Procuradoria-Geral da Fazenda Nacional e ao Instituto Nacional do Seguro Social e dá outras providências. Brasília, 30 maio 2003. Disponível em: <http://www.planalto.gov.br/ccivil_03/Leis/2003/L10.684.htm>.

_____. **Lei Complementar n. 116/2003**. [LC n. 116/2003]. Dispõe sobre o Imposto Sobre Serviços de Qualquer Natureza, de competência dos Municípios e do Distrito Federal, e dá outras providências. Brasília, 31 jul. 2003. Disponível em: <http://www.planalto.gov.br/ccivil_03/Leis/LCP/Lcp116.htm>.

_____. **Emenda Constitucional n. 42/2003**. [EC n. 42/2003]. Brasília, 19 dez. 2003. Disponível em: <http://www.planalto.gov.br/ccivil_03/Constituicao/Emendas/Emc/emc42.htm>.

_____. **Lei n. 10.833**. Altera a Legislação Tributária Federal e dá outras providências. Brasília, 29 dez. 2003. Disponível em: <http://www.planalto.gov.br/ccivil_03/Leis/2003/L10.833.htm>.

_____. **Medida Provisória n. 164/2004**. [MP n. 164/2004]. Dispõe sobre a Contribuição para os Programas de Integração Social e de Formação do Patrimônio do Servidor Público e a Contribuição para o Financiamento da Seguridade Social incidentes sobre a importação de bens e serviços, e dá outras providências. Brasília, 29 jan. 2004. Disponível em: <http://www.planalto.gov.br/ccivil_03/_Ato2004-2006/Mpv/164.htm>.

_____. **Lei n. 10.865**. Dispõe sobre a Contribuição para os Programas de Integração Social e de Formação do Patrimônio do Servidor Público e a Contribuição para o Financiamento da Seguridade Social incidentes sobre a importação de bens e serviços e dá outras providências. Brasília, 30 abr. 2004. Disponível em: <http://www.planalto.gov.br/ccivil_03/_Ato2004-2006/2004/Lei/L10.865.htm>.

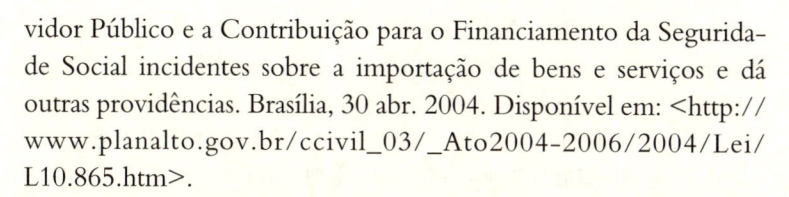

_____. **Lei n. 10.925**. Reduz as alíquotas do PIS/PASEP e da COFINS incidentes na importação e na comercialização do mercado interno de fertilizantes e defensivos agropecuários e dá outras providências. Brasília, 23 jul. 2004. Disponível em: <http://www.planalto.gov.br/ccivil_03/_Ato2004-2006/2004/Lei/L10.925.htm>.

_____. **Lei n. 10.996**. Altera a legislação tributária federal e as Leis n. 10.637, de 30 de dezembro de 2002, e 10.833, de 29 de dezembro de 2003. Brasília, 15 dez. 2004. Disponível em: <http://www.planalto.gov.br/ccivil_03/_Ato2004-2006/2004/Lei/L10996.htm>.

_____. **Lei n. 11.033**. Altera a tributação do mercado financeiro e de capitais; institui o Regime Tributário para Incentivo à Modernização e à Ampliação da Estrutura Portuária – REPORTO; altera as Leis n. 10.865, de 30 de abril de 2004, 8.850, de 28 de janeiro de 1994, 8.383, de 30 de dezembro de 1991, 10.522, de 19 de julho de 2002, 9.430, de 27 de dezembro de 1996, e 10.925, de 23 de julho de 2004; e dá outras providências. Brasília, 21 dez. 2004. Disponível em: <http://www.planalto.gov.br/ccivil_03/_Ato2004-2006/2004/Lei/L11033.htm>.

_____. **Lei n. 11.051**. Dispõe sobre o desconto de crédito na apuração da Contribuição Social sobre o Lucro Líquido – CSLL e da Contribuição para o PIS/PASEP e COFINS não cumulativas e dá outras providências. Brasília, 29 dez. 2004. Disponível em: <http://www.planalto.gov.br/ccivil_03/_Ato2004-2006/2004/Lei/L11051.htm>.

_____. **Lei n. 11.116**. Dispõe sobre o Registro Especial, na Secretaria da Receita Federal do Ministério da Fazenda, de produtor ou importador de biodiesel e sobre a incidência da Contribuição para o PIS/PASEP e da COFINS sobre as receitas decorrentes da venda desse produto; altera as Leis n. 10.451, de 10 de maio de 2002, e 11.097, de 13 de janeiro de 2005; e dá outras providências. Brasília, 18 maio 2005. Disponível em: <http://www.planalto.gov.br/ccivil_03/_Ato2004-2006/2005/Lei/L11116.htm>.

_____. **Lei n. 11.119**. Altera a Legislação Tributária Federal e dá outras providências. Brasília, 25 maio 2005. Disponível em: <http://www.planalto.gov.br/ccivil_03/_Ato2004-2006/2005/Lei/L11119.htm>.

_____. **Lei n. 11.196**. Institui o Regime Especial de Tributação para a Plataforma de Exportação de Serviços de Tecnologia da Informação – REPES, o Regime Especial de Aquisição de Bens de Capital para Empresas Exportadoras – RECAP e o Programa de Inclusão Digital; dispõe sobre incentivos fiscais para a inovação tecnológica; altera o Decreto-Lei n. 288, de 28 de fevereiro de 1967, o Decreto n. 70.235, de 6 de março de 1972, o Decreto-Lei n. 2.287, de 23 de julho de 1986, as Leis n. 4.502, de 30 de novembro de 1964, 8.212, de 24 de julho de 1991, 8.245, de 18 de outubro de 1991, 8.387, de 30 de dezembro de 1991, 8.666, de 21 de junho de 1993, 8.981, de 20 de janeiro de 1995, 8.987, de 13 de fevereiro de 1995, 8.989, de 24 de fevereiro de 1995, 9.249, de 26 de dezembro de 1995, 9.250, de 26 de dezembro de 1995, 9.311, de 24 de outubro de 1996, 9.317, de 5 de dezembro de 1996, 9.430, de 27 de dezembro de 1996, 9.718, de 27 de novembro de 1998, 10.336, de 19 de dezembro de 2001, 10.438, de 26 de abril de 2002, 10.485, de 3 de julho de 2002, 10.637, de 30 de dezembro de 2002, 10.755, de 3 de novembro de 2003, 10.833, de 29 de dezembro de 2003, 10.865, de 30 de abril de 2004, 10.925, de 23 de julho de 2004, 10.931, de 2 de agosto de 2004, 11.033, de 21 de dezembro de 2004, 11.051, de 29 de dezembro de 2004, 11.053, de 29 de dezembro de 2004, 11.101, de 9 de fevereiro de 2005, 11.128, de 28 de julho de 2005, e a Medida Provisória n. 2.199-14, de 24 de agosto de 2001; revoga a Lei n. 8.661, de 2 de junho de 1993, e dispositivos das Leis n. 8.668, de 25 de junho de 1993, 8.981, de 20 de janeiro de 1995, 10.637, de 30 de dezembro de 2002, 10.755, de 3 de novembro de 2003, 10.865, de 30 de abril de 2004, 10.931, de 2 de agosto de 2004, e da Medida Provisória n. 2.158-35, de 24 de agosto de 2001; e dá outras providências. Brasília, 21 nov. 2005. Disponível em: <http://www.planalto.gov.br/ccivil_03/_Ato2004-2006/2005/Lei/L11196.htm>.

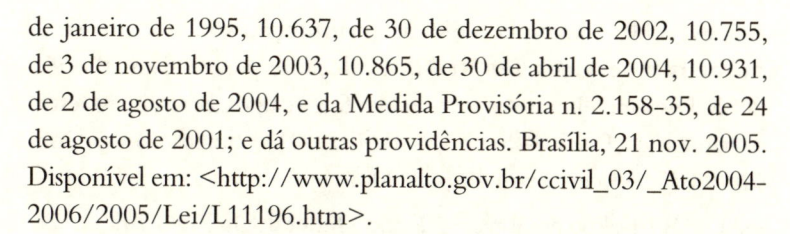

_____. **Lei Complementar n. 120/2005**. [LC n. 120/2005]. Altera dispositivos da Lei Complementar n. 87, de 13 de setembro de 1996, que dispõe sobre o imposto dos Estados e do Distrito Federal sobre Operações Relativas à Circulação de Mercadorias e sobre Prestações de Serviços de Transporte Interestadual e Intermunicipal e de Comunicação, e dá outras providências. Brasília, 29 dez. 2005. Disponível em: <http://www.planalto.gov.br/ccivil_03/Leis/LCP/Lcp120.htm>.

_____. **Decreto n. 5.697**. Revogado pelo Decreto n. 6.006, de 2006. Brasília, 7 fev. 2006. Disponível em: <http://www.planalto.gov.br/ccivil_03/_Ato2004-2006/2006/Decreto/D5697.htm>.

_____. **Lei Complementar n. 122/2006**. [LC n. 122/2006]. Altera o art. 33 da Lei Complementar n. 87, de 13 de setembro de 1996, que dispõe sobre o imposto dos Estados e do Distrito Federal sobre operações relativas à circulação de mercadorias e sobre prestações de serviços de transporte interestadual e intermunicipal e de comunicação, para prorrogar os prazos previstos em relação à apropriação dos créditos do ICMS. Brasília, 12 dez. 2006. Disponível em: <http://www.planalto.gov.br/ccivil_03/Leis/LCP/Lcp122.htm>.

_____. **Medida Provisória n. 351/2007**. [MP n. 351/2007]. Convertida na Lei n. 11.488, de 2007. Brasília, 22 jan. 2007. Disponível em: <http://www.planalto.gov.br/ccivil_03/_Ato2007-2010/2007/Mpv/351.htm>.

_____. Governo representativo "versus" governos dos juízes: a "autopoiese" dos sistemas político e jurídico. **Caderno de Pós--Graduação de Direito da UFPA**, v. 2, n. 7, p. 56.

CARVALHO, Raimundo Eloi de. **Tributação sobre o consumo de bens e serviços no Brasil**: evolução e perspectivas. Brasília, 2005. Disponível em: <www.receita.fazenda.gov.br/Publico/estudotributarios/Eventos/SeminarioII/Texto01TributacaosobreoConsumo.pdf.>. Acesso em: 19 jun. 2007.

DALLARI, Dalmo de Abreu. **O Estado federal**. São Paulo: Ática, 1986.

DERZI, Misabel Abreu Machado. Pós-modernismo e tributos: complexidade, descrença e corporativismo. **Revista Dialética de Direito Tributário**, n. 100.

FERREIRA, Roberto Nogueira. **A reforma essencial**: uma análise, sob a ótica empresarial, das propostas e dos bastidores da reforma tributária. São Paulo: Geração Editorial, 2002.

MINISTÉRIO DA FAZENDA. **Convênio ICMS n. 66/1988**. Fixa normas para regular provisoriamente o ICMS e dá outras providências. Brasília, 16 dez. 1988. Disponível em: <http://www.fazenda.gov.br/confaz/confaz/Convenios/ICMS/1988/CV066_88.htm>.

POHLMANN, Marcelo Coletto *et. al*. **Tributação e política tributária**: uma abordagem interdisciplinar. São Paulo: Atlas, 2006.

SOUZA, Rubens Gomes e outros. **Comentários ao Código Tributário Nacional**: parte geral. 2. ed. São Paulo: Revista dos Tribunais, 1985.

SUPREMO TRIBUNAL FEDERAL. Recurso Extraordinário 390.840-MG, Relator Ministro Marco Aurélio. **Diário de Justiça da União**, v. 2242-03, p. 372, 15 ago. 2006.

_____. Recurso Extraordinário 357.950-RS, Relator Ministro Marco Aurélio. **Diário de Justiça da União**, v. 2242-01, p. 186, 15 ago. 2006.

_____. Recurso Extraordinário 358.273-RS, Relator Ministro Marco Aurélio. **Diário de Justiça da União**, v. 2242-02, p. 185, 15 ago. 2006.

TEMER, Michel. **Elementos de direito constitucional**. 17. ed. São Paulo: Malheiros, 2001.

9 TÓPICOS DE ADMINISTRAÇÃO TRIBUTÁRIA

Everardo Maciel

Consultor Tributário; professor do Instituto Brasiliense
de Direito Público (IDP); ex-Secretário da Receita Federal de
1995 a 2002; ex-Secretário da Fazenda do Distrito Federal de 1991
a 1994; ex-Secretário da Fazenda de Pernambuco de 1979 a 1982

9.1 Introdução

Este capítulo pretende desenvolver alguns tópicos de administração tributária, com base na literatura especializada e, sobretudo, a partir da experiência do autor no exercício das funções de dirigente de organizações tributárias.

A crescente sofisticação dos negócios, a globalização e a utilização intensiva das novas tecnologias de informação e comunicação passaram a exigir cada vez mais uma administração eficiente como condição indispensável à eficácia da política tributária.

Alguns já prenunciam, até mesmo, a morte de impostos tradicionais, pela incapacidade de o fisco enfrentar adequadamente estruturas de planejamento fiscal, cujas teias se espalham por diferentes países, constituindo uma rede com vínculos em paraísos fiscais ou países com fortes salvaguardas de segredo comercial ou bancário. Esse prenúncio dramático pode ser um exagero, o que não implica subestimar a dimensão dos problemas.

O imposto de renda enfrenta as vicissitudes da tributação em bases mundiais e dos preços de transferência. A tributação sobre o valor agregado muitas vezes se mostra incapaz de lidar adequadamente com as transações associadas à economia digital, sem falar de conhecidas dificuldades administrativas, como créditos ilícitos, "passeio" de notas fiscais, restituições morosas, acumulação de créditos etc.

Vito Tanzi, renomado tributarista que por muitos anos esteve à frente do *Fiscal Affairs Department* do Fundo Monetário Internacional (FMI), já constatara[1], em 2001, a existência de cupins tributários *(fiscal termites)* que estão, gradativamente, corroendo o tecido dos atuais modelos tributários. Nomeadamente:

a) o comércio eletrônico;

b) o dinheiro eletrônico;

c) os centros financeiros *offshore*;

d) os derivativos e fundos de *hedge*;

e) a tributação do capital financeiro;

f) o crescimento das atividades econômicas no exterior;

g) as compras no exterior.

A crise dos atuais modelos tributários já ultrapassou a fronteira do debate acadêmico para se inscrever como tema de interesse dos países.

De fato, em 2000, foi instituído, na Organização para a Cooperação e Desenvolvimento Econômico (OCDE), o Fórum Global de Transparência e Intercâmbio de informações, que elaborou o *Action Plan on Base Erosion and Profit Shifting* (BEPS), aprovado pelos Ministros de Fazenda e Presidentes dos Bancos Centrais do G20, em reunião realizada em Moscou (julho de 2013), e ratificado pelos respectivos chefes de Estados em São Petersburgo (setembro de 2013).

Com o concurso de administrações tributárias de países integrantes ou não da OCDE, instituições acadêmicas, entidades empresárias e representativas da sociedade civil, e sob a coordenação do *Committee on Fiscal Affairs* da OCDE, o BEPS pretende, até o final de 2015, produzir estudos e sugestões visando assegurar a equidade e a integridade dos sistemas fiscais, em virtude do descompasso entre as leis nacionais e as atividades das multinacionais, a mobilidade do capital e a economia digital, do qual resulta o indevido deslocamento do lucro tributável entre países.

---

[1] TANZI, Vito. **Globalization and the work of fiscal termites**. Washington: International Monetary Fund, Finance & Development, março de 2001.

O BEPS tem por foco as seguintes questões específicas:
a) problemas fiscais associados à economia digital;
b) neutralização dos efeitos dos arranjos híbridos;
c) enfrentamento da competição fiscal nociva;
d) prevenção da dupla não tributação nos tratados fiscais internacionais;
e) revisão das regras de preços de transferência aplicáveis a intangíveis e a transações de elevado risco;
f) instituição de convenções tributárias multilaterais;
g) disciplinamento do tratamento tributário dispensado às empresas estrangeiras vinculadas;
h) dedutibilidade de juros e comissões de empréstimos;
i) obrigação de informar planejamentos tributários agressivos;
j) disciplinamento da resolução de conflitos decorrentes da aplicação dos tratados fiscais.

O ambicioso escopo do BEPS traduz a dimensão do problema a ser enfrentado, cujas soluções vão requerer longo tempo de maturação e implementação.

De qualquer forma, impressionam dados coligidos pela OCDE, como justificação para o BEPS: as multinacionais pagam em média 4 a 5% de impostos sobre lucros, enquanto a média das demais empresas, nos países ricos, é de 24%.

Essas circunstâncias ressaltam a importância cada vez maior que assume a administração tributária (modelos organizacionais, gestão de pessoas, processos, procedimentos e ferramentas tecnológicas) para conferir eficácia à política tributária, especialmente nos países que não têm sólida tradição de cumprimento das obrigações fiscais.

A propósito é muito conhecida a frase de Milka Casanegra, destacada tributarista que também militou nos quadros do *Fiscal Affairs Department* do FMI: "nos países em desenvolvimento, administração fiscal é a verdadeira política fiscal" (texto original em inglês)[2].

---

[2] Cf. CASANEGRA DE JANTSCHER, Milka; BIRD, Richard. **Improving tax**

Hoje, não seria desarrazoado estender, até certo ponto, esse entendimento aos próprios países desenvolvidos.

O Brasil, malgrado todas as queixas contra seu complexo sistema tributário, conquistou merecido prestígio internacional, em termos de capacidade de inovação e aperfeiçoamento da administração tributária.

Foi pioneiro na utilização da informática na área fiscal, com a criação do Serviço Federal de Processamento de Dados (SERPRO), no final dos anos sessenta. Nessa mesma época, introduziu a coleta de impostos pela rede bancária.

Procedeu, de forma ousada, à fusão das administrações aduaneira e de tributos internos, com a implantação da Secretaria da Receita Federal, em 1968, que veio a ser modelo posteriormente adotado por inúmeros países.

Em 2007, mais um passo foi dado, com a instituição da Receita Federal do Brasil, que incorporou a Secretaria da Receita Previdenciária à Secretaria da Receita Federal.

De resto, acrescente-se o extraordinário sucesso decorrente da ampla utilização da internet na administração tributária, o que pôs o Brasil em absoluto destaque no contexto internacional.

9.2 Carga tributária, evasão e elisão fiscais

Ainda que seja um conceito relativamente simples (quociente entre o total das receitas públicas arrecadadas e o Produto Interno Bruto – PIB), a discriminação das receitas consideradas para apuração da carga tributária pode envolver algumas controvérsias, especialmente no caso brasileiro, em que há uma grande diversidade de tributos e contribuições *sui generis*, como o Fundo de Garantia do Tempo de Serviço (FGTS).

---

administration in developing countries. Washington, D.C.: International Monetary Fund, 1992, p. 1.

Constata-se uma clara tendência à uniformização do conceito, em virtude da troca continuada de informações entre as administrações nacionais e as organizações internacionais responsáveis pela produção de estatísticas fiscais comparadas, dentre as quais se sobressai o FMI.

É certo que a própria apuração do PIB pode sujeitar-se a revisões metodológicas, com repercussão sobre a carga tributária.

Em abril de 2007, foi feita uma revisão na metodologia de apuração do PIB brasileiro que implicou um redimensionamento da carga tributária, a partir do ano 2000.

A despeito de sua pertinência, essa revisão resultou, infelizmente, em limitações à análise da evolução da carga tributária brasileira, com base em séries históricas mais longas.

Contrastando com a simplicidade do conceito básico, a análise da evolução da carga tributária é algo que requer maior reflexão.

São comuns e compreensíveis reações da sociedade a aumentos de carga tributária. No Brasil, há décadas constata-se um contínuo aumento da carga tributária, com maiores variações em determinados períodos.

Não sem razão, a despesa pública seguiu uma trajetória paralela, a demonstrar que é ela a melhor explicação para a relativa alta e crescente carga tributária brasileira. Com efeito, a expansão imoderada das despesas públicas tem gerado uma forte demanda por aumentos sucessivos de arrecadação tributária.

Ainda que não represente uma opção consciente da sociedade, o crescimento da carga tributária decorre sempre de gastos que crescem para atender a novas demandas sociais ou por mera inércia, aumento dos gastos correntes, renúncia fiscal (gastos tributários) etc.

No Brasil, inexistem freios que permitam uma evolução mais suave e racional da despesa pública, a despeito das restrições estabelecidas na Lei Complementar n. 101 (Lei de Responsabilidade Fiscal), de 4 de maio de 2000, cuja eficácia, todavia, tem sido cada vez mais questionada.

As explicações para o crescimento, desproporcionalmente elevado, do gasto público são muitas e, quase sempre, em virtude da Constituição de 1988, a exemplo de:

a) ampliação dos benefícios e do universo de beneficiários da seguridade social, na pretensão não declarada de instituir um "estado de bem-estar social tropical", sem a adoção de critérios de promoção social que resultem na transferência dos beneficiários para a atividade produtiva formal;

b) gestão autônoma dos orçamentos dos Poderes Judiciário e Legislativo;

c) crescente vinculação de receitas a programas setoriais (educação, saúde, ciência e tecnologia);

d) processo vertiginoso de criação de municípios, com as decorrentes despesas inerentes às novas administrações;

e) aumento significativo dos gastos com pessoal, por força do crescimento do efetivo e elevação dos padrões de remuneração.

Hoje, no Brasil, deter o crescimento do gasto público é a única via para efetivamente reduzir a carga tributária e estimular investimentos privados. Para consecução desse objetivo, a propósito, não devem ser consideradas grotescas manipulações de dados, denominadas "pedaladas fiscais" ou "contabilidade criativa".

Disciplinar o gasto público não é, contudo, tarefa fácil. A cada fatia de despesa correspondem interesses arraigados, que se insurgirão, com veemência, ante qualquer tentativa de controle ou erradicação.

Não existe despesa órfã. Todos os gastos são tutelados por beneficiários atentos e combativos. É, portanto, pura ingenuidade postular redução de carga tributária, sem a concomitante redução do gasto público.

Afora isso, ajustes para correção de desequilíbrios fiscais explicam, também, a necessidade de aumento de receitas.

O crescimento da carga tributária brasileira, em 1999, por exemplo, foi uma pronta resposta à necessidade de geração de superávits fiscais visando enfrentar os sucessivos ataques especulativos contra o real, no contexto das crises cambiais internacionais. De igual forma, é o que ocorreu em 2009, por força da crise financeira internacional.

Crescimento de despesas ou exigências de ajuste fiscal são explicações para demanda por aumento de receitas. Não são, entretanto, suficientes para compreender a evolução da carga tributária.

Aumentos da carga tributária podem ter explicações diversas, como:

a) maior participação, no crescimento do PIB, de setores relativamente mais tributados;

b) ocorrência, em proporção expressiva, de receitas atípicas, a exemplo das oriundas da solução de importantes litígios tributários;

c) esgotamento de possibilidade de compensações tributárias;

d) maior eficiência do aparelho arrecadador, com consequente diminuição da evasão fiscal;

e) aumento de alíquotas ou bases de cálculo de tributos.

Dessas explicações apenas a majoração de alíquotas ou bases de cálculo tem repercussões sobre os contribuintes adimplentes com suas obrigações fiscais.

Caso inexistam desequilíbrios fiscais a corrigir, aumentos consistentes de receitas, obtidos em virtude de uma maior eficiência do aparelho arrecadador, pode ser um sólido pretexto para reduzir a carga tributária.

A redução deve ser, preferencialmente, de caráter geral e só eventualmente para corrigir distorções setoriais.

O grau de eficiência de uma administração tributária pode ser entendido como a razão entre o efetivamente arrecadado (carga tributária efetiva ou, simplesmente, carga tributária) e o que seria arrecadado caso os contribuintes cumprissem rigorosamente as obrigações fiscais (carga tributária nominal ou carga tributária legal).

Evasão fiscal é a diferença entre a carga tributária nominal e a carga tributária efetiva. Seu enfrentamento consiste, em última análise, em um dos principais focos da administração tributária.

A redução da evasão fiscal decorre de uma combinação de fatores como grau de civilidade dos contribuintes, eficiência da máquina arrecadadora, rigor das penalidades fiscais, simplificação da legislação tributária, forma de extração fiscal adotada etc.

Oswald Splenger (*Neubau des Reiches*, 1924), citado por Klaus Tipke[3], notável tributarista alemão, caracterizava o contribuinte como um ser que corresponde a uma "mistura de senso de justiça, inveja, irritação e astúcia". À luz desse entendimento, Tipke construiu uma interessante tipologia dos contribuintes, tendo em conta suas diferentes atitudes mentais perante os tributos:

a) o *homo economicus* – pensa exclusivamente em sua vantagem econômica e não reconhece nenhum dever moral de conduta;

b) o barganhista – está convencido de que o Poder Público é um grande perdulário e ademais provê o mínimo de prestações, o que autoriza o contribuinte a minimizar o pagamento de tributos;

c) o mal-humorado – discrepa da política adotada pelo Estado e entende como legítimo privá-lo dos meios para executá-la;

d) o liberal – entende o tributo como limitação da liberdade e festeja, anualmente, o dia da liberdade fiscal (*tax freedom day*), como uma alegoria apurada a partir de um cotejo entre tamanho da carga tributária e o número de dias do ano;

e) o legalista – explora, ao máximo, os favores fiscais e as brechas e obscuridades da lei, para fazer a maior economia possível de tributos;

f) o inexperiente – é o sujeito passivo comum que nada entende das leis tributárias e usualmente se socorre de assessoria especializada;

g) o sensível à justiça – é o contribuinte que se insurge com as desigualdades e privilégios fiscais, não raro filiado à *Taxpayers Association Internacional* que, em escala mundial, defende tributos mais baixos e justiça fiscal, e denuncia a dilapidação dos tributos.

---

[3] Cf. TIPKE, Klaus. **Moral tributária do Estado e dos contribuintes**. Porto Alegre: Sérgio Antônio Fabris Editor, 2012, p. 103.

A forma de extração é fator extremamente relevante para aquilatar a vulnerabilidade dos tributos à evasão fiscal. A propósito, algumas observações:

> a) os impostos monofásicos sobre vendas a varejo, como o *Sales Tax* nos Estados Unidos, são mais vulneráveis à evasão que os impostos sobre o valor agregado, o que, entretanto, naquele país, é compensado, em boa medida, pelo elevado grau de civilidade dos contribuintes no cumprimento das obrigações fiscais;
>
> b) na cobrança de tributos sobre bebidas, tabaco e combustíveis, a tributação *ad rem* (por unidade específica de medida) é menos vulnerável à sonegação que a *ad valorem;*
>
> c) as dificuldades na cobrança do ICMS nas operações de venda a varejo serviram de pretexto para a adoção em larga escala (certamente excessiva) dos institutos da substituição tributária e da tributação concentrada;
>
> d) a tributação sobre a movimentação financeira, repudiada por muitos, é extremamente eficiente e de baixos custos de conformidade (custos do contribuinte para cumprimento da obrigação fiscal) e de fiscalização, afora ser possivelmente a única forma de tributar efetivamente determinadas transações internacionais.

A pretexto de prevenir distorções econômicas, muitas vezes se perfilha, em países com escassa tradição fiscal, a adoção de extrações pouco eficientes e mais vulneráveis à evasão.

É uma atitude francamente temerária, porque a sonegação corresponde à mais corrosiva forma de distorção econômica, não apenas porque reduz a capacidade de o Estado exercer sua missão constitucional, senão também porque gera concorrência desleal e desestímulo ao investimento privado.

É ingenuidade presumir que a fiscalização, malgrado sua crucial importância na administração tributária, seja capaz de superar dificuldades inerentes a extrações pouco eficientes, em países de baixa tradição fiscal. Neles, a prevenção e o enfrentamento da evasão devem começar pela escolha das formas de extração fiscal.

Ademais da evasão, as bases da arrecadação podem ser impactadas negativamente pela elisão fiscal. Se a evasão corresponde a uma prática *contra legem,* a elisão fiscal significa a possibilidade de evitar, reduzir ou postergar o pagamento de tributos, sem que haja fraude, dolo, simulação ou mesmo simples inadimplência.

Vários países, especialmente os mais desenvolvidos, optaram por admitir a existência de dois tipos de elisão: lícita (ou não abusiva) e ilícita (ou abusiva).

O tema da elisão exsurge da introdução de uma norma geral antielisiva no Código Tributário Alemão, de 1919. Como bem assinala Gustavo Lopes Courinha[4], tributarista português, o tema ganhou destaque internacional com o Acórdão *"Duke of Westminster versus Inland Revenue Comissioners"*, célebre caso levado à Câmara dos Lordes, nos anos 1930, em que o fisco britânico se insurgiu contra as práticas do Duque de Westminster, que transformou os salários de seus empregados em empréstimos, com vistas à economia tributária, em decorrência da dedutibilidade dos juros recebidos.

O fisco entendeu como infração à legislação tributária, por se tratar de uma *tax driven transaction,* isto é, um negócio realizado com meras intenções fiscais.

A Câmara dos Lordes, contudo, acolheu as razões do Duque, entendendo que seria uma operação legítima sob a ótica tributária, ainda que moralmente censurável.

Somente no início dos anos 1980 houve uma reversão jurisprudencial, a partir da chamada *Doutrina Ramsey.* Desde então, o fisco britânico desconsidera, para fins tributários, atos ou negócios jurídicos considerados abusivos.

São tidos como abusivos, tipificando elisão ilícita, os atos ou negócios jurídicos realizados, antes da ocorrência do fato gerador da

---

[4] Cf. COURINHA, Gustavo Lopes. **A Cláusula Geral Anti-Abuso no Direito Tributário**: contributos para sua compreensão. Coimbra: Livraria Almedina, 2004, p. 27.

obrigação tributária, com a finalidade exclusiva de evitar, reduzir ou postergar o pagamento de tributos.

Vários caminhos foram adotados para conceituar e caracterizar a elisão abusiva. Alguns seguem o curso de uma norma geral, tendo como fundamento a falta de propósito negocial, o abuso de direito, o abuso de forma, a fraude à lei, o negócio jurídico indireto etc.; outros preferem o estabelecimento de normas especiais, nas quais são elencadas as situações não oponíveis ao fisco.

No Brasil, a Lei Complementar n. 104, de 10 de janeiro de 2001, ao introduzir o parágrafo único do art. 116 do CTN, permitiu a desconsideração de ato ou negócio jurídico pela autoridade administrativa, nos casos de dissimulação da ocorrência do fato gerador ou de seus elementos constitutivos.

Ainda que polêmica, essa norma é a que mais se aproxima de uma regra antielisiva. Sua concretude, entretanto, por ser norma de eficácia limitada, está a depender da aprovação de lei que estabeleça procedimentos especiais aplicáveis à matéria.

Mensurar evasão fiscal é tarefa extremamente difícil. Não há consenso quanto a métodos para aferir a arrecadação potencial associada à carga tributária nominal. Trabalhos empíricos realizados pelo fisco norte-americano procuram, com base em análises de declarações, estabelecer, por amostragem, padrões aplicáveis ao universo dos contribuintes e, desse modo, inferir qual seria o valor da arrecadação potencial. Esse valor confrontado com o correspondente ao da arrecadação efetiva permitiu estimar a evasão fiscal como equivalente a 18% da arrecadação potencial.

No Brasil, também de forma empírica, foram feitas estimativas da evasão fiscal nos anos de 1998 e 2000. No caso, recorreu-se a dados oriundos da arrecadação da Contribuição Provisória sobre a Movimentação Financeira (CPMF). A escolha daqueles anos se explicava porque, à época, eram os dois únicos exercícios em que a contribuição foi cobrada ininterruptamente, com alíquota uniforme.

Da base de cálculo daquela contribuição, foram destacados os pagamentos, segregando-os das aplicações financeiras e empréstimos, visto que correspondem a pagamentos diferidos ou antecipados.

Ao valor correspondente aos pagamentos foram adicionados ou subtraídos, conforme o caso, agregados conhecidos ou estimáveis: receita bruta declarada das pessoas jurídicas, rendimentos das pessoas físicas, estimativa de rendimentos das pessoas físicas isentas, transferências interfinanceiras, transferências entre contas de mesmo titular, total arrecadado de tributos e contribuições dos diferentes entes federativos.

A diferença resultante seria o total de pagamentos que foram tributados apenas pela CPMF. As diferenças apuradas corresponderam a 33,5% e 29,7% do total de pagamentos, respectivamente, em 1998 e 2000.

Esses percentuais não representam a medida da evasão fiscal, pois o não pagamento de tributos, no referido caso, poderia decorrer, também, de elisão ou de renúncia fiscal.

Constatou-se, ao menos, que a evasão é inferior àqueles percentuais e que ela não é significativamente superior à que foi estimada nos Estados Unidos, onde o cumprimento das obrigações fiscais tem construção secular, como bem evidencia frase atribuída a Benjamim Franklin: "só existem duas coisas inevitáveis: a morte e o imposto de renda".

Não há parâmetros que determinem de forma conclusiva o tamanho ótimo da carga tributária de um país. Alguns fatores, contudo, podem justificar uma carga tributária relativamente mais alta: renda *per capita* elevada, boa distribuição de renda, urbanização intensa, bases tributárias vinculadas a produtos com elevada cotação no mercado internacional (petróleo, gás natural, cobre, diamante, aço etc.), efetivo exercício de políticas de bem-estar social etc.

As metas de arrecadação observam, usualmente, trajetória de crescimento conservador.

As projeções levam em conta, preliminarmente, os diferentes parâmetros que governam as bases de cálculo dos tributos, como as estimativas para taxas de câmbio e de juros, inflação etc. Secundariamente, são considerados os efeitos de mudanças na legislação (aumento ou redução de alíquotas ou bases de cálculo).

Não raro, essas projeções incorporam, também, o esforço fiscal voltado para mitigar a evasão. A projeção de receitas vinculada ao esforço fiscal, infelizmente, é, às vezes, apenas um artifício utilizado para equilibrar um orçamento, de rigor deficitário.

As projeções de receita, que integram as peças orçamentárias anuais, são quase sempre questionadas, quando submetidas ao crivo das casas legislativas, no pressuposto de que estão subdimensionadas.

Não se trata, o mais das vezes, de questionamento técnico, mas de forma utilizada por parlamentares para acomodar despesas não previstas no projeto de lei orçamentário, recorrendo-se, indevidamente, ao disposto no art. 166, § 3º, III, *a*, da Constituição, que prevê a possibilidade de apresentação de emendas orçamentárias visando à "correção de erros ou omissões".

A incorporação das novas despesas, por essa via, finda por distorcer profundamente o processo orçamentário, resultando em um ciclo pouco racional: projeção de receitas, presunção de subestimação das receitas, incorporação de despesas não previstas na proposta original e, por fim, contingenciamento de despesas.

9.3 Modelos organizacionais na administração tributária

Os debates sobre modelos organizacionais da administração tributária envolvem essencialmente as seguintes questões:

a) grau de autonomia na administração pública;

b) abrangência funcional, no tocante a espécies tributárias administradas;

c) foco da organização.

No que concerne ao grau de autonomia, as administrações tributárias são organizações inseridas na Administração Direta ou organizações semiautônomas.

Maureen Kidd e William Crandall[5] preferem definir as Autoridades Tributárias (*Revenue Authorities*) ou Agências Tributárias como organizações semiautônomas, em contraste com as organizações autônomas, a exemplo das agências reguladoras e dos bancos centrais (em boa parte dos países, diferentemente do Brasil, a supervisão bancária goza de autonomia, seus gestores têm mandatos e prestam contas ao Poder Legislativo).

As organizações semiautônomas têm muitas prerrogativas de autonomia, exceto mandatos de dirigentes.

A experiência mostra uma grande diversidade de organizações tributárias, tanto em termos da natureza jurídica, quanto em relação ao grau de autonomia: no Brasil e na França, as organizações tributárias integram a Administração Direta; nos Estados Unidos, México, Espanha, Canadá e Peru são organizações semiautônomas; na China, corresponde ao Ministério da Receita.

Não há, portanto, um paradigma, e os arranjos decorrem da tradição política e administrativa de cada país.

A despeito dessa diversidade, é clara a tendência à ampliação do grau de autonomia das organizações tributárias, que se emancipam da Administração Direta e se convertem em Autoridades Tributárias, com ganhos de eficiência e eficácia.

No Brasil, nunca se cogitou conferir natureza autárquica à administração tributária, ainda que nos limites das organizações semiautônomas. Constitui exceção o extinto órgão da receita previdenciária que integrava a estrutura administrativa do Instituto Nacional do Seguro Social (INSS), de natureza autárquica.

Há razões para essa cautela. Sujeitas a rígidos controles, sobretudo por meio dos contingenciamentos orçamentários, as autar-

---

[5] Cf. KIDD, Maureen; CRANDALL, William. **Revenue authorities**: issues and problems in evaluating their success. Washington, D.C.: International Monetary Fund, IMF Working Paper n. 6/240, out. 2006. Disponível em: <http://ssrn.com/abstract=944078>. Acesso em: 25 jun. 2007.

quias há muito perderam a autonomia original. Além disso, existem reações muito fortes dos servidores fiscais a soluções que pareçam distanciamento da Administração Direta, em virtude de preconceitos que enxergam, indevidamente, a autonomia como uma pretensão de privatizar atividades fiscais.

A abrangência funcional das organizações tributárias é, também, bastante diversificada.

Na maioria dos países, a administração tributária é fortemente concentrada no governo central, porque detém a competência dos impostos sobre o consumo (IVA e impostos especiais sobre o consumo) e do imposto de renda (nos Estados Unidos, excepcionalmente, existe imposto de renda das entidades subnacionais).

Há importantes exceções ao paradigma da concentração da administração tributária, no governo central: no Brasil, o ICMS, individualmente o mais importante imposto nacional em termos de arrecadação, se inscreve na titularidade estadual; nos Estados Unidos, o *Sales Tax* é de competência estadual; na Alemanha, o IVA é disciplinado em lei federal, fiscalizado e arrecadado pelos *länder* (ente federativo homólogo aos Estados brasileiros), sendo o produto da arrecadação partilhado entre eles e o governo federal; no Canadá, coexistem, em algumas províncias, o IVA federal e o IVA provincial.

Há uma franca tendência à fusão das administrações tributária e aduaneira, pioneiramente concebida no Brasil. Tal modelo já é adotado por inúmeros países, como Holanda, Espanha, Argentina, Colômbia, Irlanda, Reino Unido e países da África Austral.

As organizações tributárias se estruturam em conformidade com os impostos sob sua administração. As representações regionais e locais, por sua vez, replicam as estruturas centrais, o que, de certo modo, guarda muita semelhança com as organizações militares.

Mais recentemente, houve uma profunda revisão desses arranjos. As organizações tributárias, especialmente após a reformulação da administração tributária federal nos Estados Unidos (*Internal Revenue Service* – IRS), no final dos anos 1990, passaram a enxergar o contribuinte como cliente.

As unidades organizacionais, assim, passaram a ser estruturadas em função do contribuinte, e não mais de acordo com as espécies de tributos administrados.

Uma solução muito difundida consistiu na criação da unidade de grandes contribuintes, com base na iniciativa pioneira do IRS. Muitas administrações tributárias acolheram esse modelo.

A despeito das virtudes do novo modelo, deve-se ponderar que as soluções organizacionais concebidas a partir do porte dos contribuintes encerram um erro basilar, pois induzem o contribuinte à omissão de receitas para evitar a qualificação de grande contribuinte, sujeito a uma atenção mais especial do fisco.

Tal fato evidencia um quadro que pode ser referido como "nanismo tributário", que também se manifesta na omissão de receitas visando a preservar o enquadramento nos regimes favorecidos das empresas de pequeno porte.

No Brasil, a adoção das unidades de grandes contribuintes na Receita Federal ocorreu em 2010. Antes, já houvera a ruptura com os modelos tradicionais, em virtude da criação, no final dos anos 1990, das Delegacias Especiais de Instituições Financeiras e da Delegacia Especial de Assuntos Internacionais.

A tributação e a fiscalização das instituições financeiras reclamam preparo especial, por conta das peculiaridades do setor. Inscrevê-las em unidades genéricas de tributação e fiscalização significa perder o foco, em prejuízo da arrecadação.

A implantação das Delegacias Especiais de Instituições Financeiras exigiu um longo percurso, que envolveu formação de pessoal e estabelecimento de regras operacionais, como a centralização, na matriz, do recolhimento das receitas devidas ou de responsabilidade da instituição financeira.

A centralização facultou localizar essas Delegacias Especiais em São Paulo e no Rio de Janeiro, logrando uma maior concentração de quadros especializados em proveito de uma maior eficácia operacional.

A existência de uma Secretaria da Receita Federal, reunindo sob a mesma égide as atividades de tributos internos e aduanas, e a introdução, em 1996, da tributação em bases mundiais na legislação brasileira, ensejou a criação de uma Delegacia Especial de Assuntos Internacionais, sediada em São Paulo, com a responsabilidade de tratar de questões atinentes a preços de transferência, valoração aduaneira e tributação em bases mundiais. Essa solução levou à criação de um corpo de servidores especializados em temas complexos e contemporâneos, com elevado grau de conexão.

Particularmente, preços de transferência e valoração aduaneira, ainda que observem origens históricas e metodologias de apuração distintas, têm por fulcro o preço, como base de cálculo de tributos.

Alocar essas matérias em unidades que não guardam articulação entre si poderia, em princípio, gerar tratamento não uniforme do preço que informa a determinação da base de cálculo dos correspondentes tributos (no caso, o imposto de renda e os tributos aduaneiros).

A instituição das Delegacias Especiais, afora representar uma significativa mudança no modelo organizacional da administração tributária federal, foi extremamente exitosa, tanto em termos de eficiência arrecadatória quanto de atendimento especializado de contribuintes.

O sucesso da implantação das Delegacias Especiais inspirou outras mudanças: nas unidades de grande porte, a desagregação da delegacia original em delegacias especializadas de fiscalização e arrecadação; criação, nas novas delegacias de fiscalização, de equipes especializadas em contribuintes (pequenas e microempresas) ou temas (cisão, fusão e incorporação); fixação das unidades de tributação nas Superintendências Regionais etc.

9.4 Gestão de pessoas na administração tributária

A gestão de pessoas na administração tributária exibe peculiaridades que merecem destaque.

Uma questão presente em órgãos públicos de grande porte, em termos de efetivo e jurisdição territorial, como as forças armadas, a diplomacia e algumas organizações tributárias, é a contínua movimentação de pessoal.

A Receita Federal instituiu um sistema modelar visando administrar, de forma justa e transparente, a movimentação de pessoal.

O sistema tem por fundamento dois pilares: nenhum servidor pode ser removido de ofício, exceto para o exercício de cargos de confiança, o que, desde logo, previne abusos por parte da direção; a movimentação somente poderá ocorrer em virtude de aprovação em concursos de remoção.

Para realização de concurso de remoção, a administração periodicamente especifica as vagas que serão abertas, por localidade.

Cada servidor acumula pontos em função do tempo decorrido desde sua última remoção. Esses pontos podem ser bonificados em razão do caráter inóspito da localidade em que o servidor se encontra (as localidades são classificadas, segundo esse critério), exercício de cargos de chefia e participação em comissões designadas para apuração de faltas disciplinares.

O servidor conhece, objetivamente, sua pontuação e a dos demais candidatos, bem como as respectivas intenções de remoção, visto que essas informações ficam disponíveis para todos os participantes do concurso, na intranet.

Assim, ele pode ir ajustando suas intenções ao que for mais viável, tendo em conta sua pontuação, ou postergar o pedido de remoção para outra oportunidade, ocasião em que terá necessariamente acumulado mais pontos.

O resultado do concurso de remoção é realizado pelo próprio sistema.

Somente podem participar do concurso servidores que concluíram o estágio probatório, de caráter obrigatório para os aprovados em concurso público, e nomeados para as localidades para as quais se inscreveram, nos termos do edital do concurso.

Além de eficiente, transparente e justo, o modelo adotado protege a administração de qualquer tipo de ingerência externa, principalmente a política, sabidamente nociva à gestão pública.

9.5 Fluxos de informação na administração tributária

O tributo tem um ciclo de existência que se inicia com a ocorrência do fato gerador, prossegue com a homologação do crédito e se encerra com a extinção da obrigação.

Ao ciclo de existência do tributo se vincula um fluxo de informações, cuja consistência, articulação e fluidez são fundamentais para determinar o grau de eficiência de uma administração tributária.

As informações são alimentadas pelo contribuinte e pela própria administração tributária. Sua confiabilidade impõe a aplicação de critérios permanentes de verificação.

O cadastro é a pedra angular dos sistemas de informações fiscais. Sem um cadastro minimamente confiável não há possibilidade de sucesso na utilização das informações fiscais, para fins de fiscalização ou de prestação de serviços aos contribuintes.

Um cadastro fiscal deve encerrar, minimamente, as seguintes características:

a) as informações que permitam a identificação de um contribuinte (por exemplo, nome ou razão social) somente podem ser alteradas mediante rito específico;

b) as informações sujeitas a frequentes alterações, como endereço ou capital social, devem residir em outros bancos de dados, devidamente articulados com o cadastro;

c) o número de inscrição cadastral deve ser definitivo e observar uma correspondência biunívoca com o contribuinte, isto é, nenhum contribuinte deve ter seu número de inscrição cadastral alterado, e, uma vez concedido o número, este jamais poderá ser atribuído a outro contribuinte;

d) devem ser estabelecidas regras de inscrição que impeçam duplicidade de registro e que, no caso de pessoas físicas, discriminem homônimos, bem como critérios que reconheçam a inatividade da pessoa jurídica ou o cancelamento da inscrição.

O Cadastro das Pessoas Físicas (CPF), até 1996, era extremamente deficiente: uma miríade de dados insubsistentes, multiplicidade de inscrições para uma mesma pessoa e um grande número de registros correspondentes a pessoas que faleceram ou emigraram definitivamente.

Reestruturar o CPF, à época, representou uma tarefa relativamente difícil. O número de registros ultrapassava 105 milhões. Boa parte deles correspondia a inscrições que deveriam ser canceladas, principalmente tendo em vista que o cadastro jamais fora objeto de depuração.

A solução aparentemente óbvia seria um recadastramento geral. Essa medida, entretanto, foi avaliada como complexa e dispendiosa, além de trazer muitos inconvenientes para o contribuinte regular.

São conhecidos os transtornos gerados por processos de recadastramento. A própria Receita Federal já vivera experiência desagradável, quando da instituição do Cadastro Nacional da Pessoa Jurídica (CNPJ). A Previdência Social, por sua vez, tem um longo histórico de transtornos em processos de recadastramento.

O cerne da questão consistia em cancelar inscrições de pessoas falecidas ou de emigrantes, afora aquelas maculadas por erro, intencional ou não. Configurava-se, então, uma situação que demandava uma prova de inexistência, ou seja, a chamada prova diabólica, cuja resolução requer a construção de critérios indiretos de verificação.

A solução encontrada inspirou-se na experiência da Justiça Eleitoral, ao cancelar os títulos dos eleitores que não se apresentassem em sucessivas eleições, sem justificativa plausível. Por analogia, as pessoas físicas que, por dois anos consecutivos, não apresentassem declaração de imposto de renda, teriam suas inscrições canceladas no CPF.

Esse cancelamento seria fator impeditivo para movimentação de contas bancárias e de cadernetas de poupança ou para contratações de operações de qualquer natureza com as instituições financeiras. Posteriormente, essa restrição tornou-se ainda mais eficaz, com a interconexão dos cadastros fiscal e eleitoral.

No caso de cancelamento, seria possível restabelecer a regularidade cadastral, mediante procedimento relativamente simples e o pagamento dos correspondentes custos de processamento. Não havia, por conseguinte, qualquer propósito punitivo, mas apenas o de construir um cadastro confiável.

Remanescia, entretanto, um enorme problema: como alcançar a imensa massa dos contribuintes isentos?

É verdade que ocorrera um enorme crescimento no número de pessoas físicas declarantes, além de uma grande melhoria na qualidade das declarações, quer em termos de consistência, quer em termos de velocidade de processamento. De fato, desde 1995, o número de declarações de imposto de renda das pessoas físicas evoluiu de 6,3 milhões (75% das declarações, em papel) para, em 2014, quase 27 milhões (todas pela internet).

À exceção dos não residentes, a grande maioria dos isentos não tinha, contudo, acesso aos serviços de internet. Facultar declaração em papel, para os isentos residentes, seria extremamente oneroso, afora a possibilidade de erros inerentes a essa forma de declaração.

Admitida a existência de 50 milhões de isentos, a um custo de processamento, à época, de R$ 1,00 por declaração, a manutenção do cadastro demandaria R$ 50 milhões anuais – valor extremamente elevado, especialmente para um país que fazia um ingente esforço para lograr o equilíbrio fiscal.

Concebeu-se, então, a declaração anual de isentos, inspirada nos boletos de loterias esportivas, o que facultava a utilização das casas lotéricas na sua captação.

O formulário era extremamente simples, com quesitos que envolviam respostas binárias (sim ou não), pois pretendia servir apenas como elemento confirmatório de regularidade cadastral. O custo, por sua vez, seria ínfimo (R$ 0,27 por declaração), capaz de ser suportado por qualquer pessoa e praticamente nulo para a administração tributária.

A declaração de isento foi um sucesso completo. Logo no primeiro ano de implantação, cerca de 26 milhões de pessoas apresentaram a declaração de isento por meio de casas lotéricas.

Posteriormente, admitiu-se também a declaração de isentos por telefone.

As consequências do recadastramento foram o cancelamento de mais de 60 milhões de inscrições, a gradual conquista de confiança no cadastro por parte das instituições financeiras e comerciais, e a fixação de uma base firme para funcionamento dos diferentes sistemas fiscais.

Não seria exagerado dizer que a inscrição no CPF converteu-se em verdadeiro número único de registro das pessoas físicas, ao menos no plano das atividades econômicas.

Em 2008, foi extinta a declaração de isento. É razoável supor que essa medida possa vir a comprometer a consistência do cadastro.

Sem as mesmas sutilezas e desafios do CPF, a instituição do CNPJ representou um verdadeiro recadastramento das pessoas jurídicas, ainda que tenha sofrido alguns percalços em sua implantação. À época, mais de cinco milhões de inscrições foram canceladas.

Esse processo de implantação se fez acompanhar de outras mudanças, com destaque para a criação de um tipo especial de declaração para empresas inativas, de caráter extremamente simples, em lugar da declaração completa exigida para as empresas ativas.

O CNPJ pretendia ser o cadastro único fiscal das pessoas jurídicas, com eliminação dos múltiplos cadastros fiscais administrados pelos demais entes federativos.

O Brasil, em contraste com tantas iniciativas meritórias no campo da administração fiscal, é o único país do mundo com cadastros fiscais federal, estaduais e municipais. Trata-se de uma evidência, ao menos nesse aspecto específico, de que, em lugar de olhar o contribuinte como um cliente, a administração tributária brasileira volta-se para si mesma.

Foi justamente o esclerosado corporativismo das burocracias tributárias quem inviabilizou o propósito inicial de conferir caráter nacional ao CNPJ. Foram infrutíferos os esforços para consecução desse objetivo. A cada solução proposta, as burocracias contrapunham uma miríade de problemas.

Em algum momento da história recente da administração tributária brasileira cogitou-se a sincronização dos diferentes cadastros fiscais de pessoas jurídicas. Essa medida é mero paliativo, que apenas mascara a medíocre competição entre os titulares dos cadastros.

À burocracia decorrente da fragmentação cadastral se acrescenta a parafernália de exigências para inscrição e baixa de pessoas jurídicas.

Levantamentos anuais realizados pelo Banco Mundial (*Doing Business*) mostram que, no Brasil, sem nenhum sinal de melhoria, é necessário, em média, mais de seis meses para abrir uma empresa e mais de um ano para fechar.

No que concerne às facilidades para fazer negócios, essa lamentável marca somente se replica nos países mais atrasados do mundo. A inscrição e a baixa de empresas demandam uma revolução desburocratizante.

No campo das inovações tecnológicas, a administração tributária brasileira, desde a utilização intensiva da internet, prossegue com o desenvolvimento e implementação de novos instrumentos, que concorrem para tornar mais ágil e eficiente a ação fiscal e a comunicação entre o fisco e o contribuinte, ademais de eliminar toneladas de documentos em papel e viabilizar, em larga escala, o atendimento virtual do contribuinte, tendo em vista que é escassa a possibilidade de atendimento presencial em organizações tributárias de grande porte. Dentre as novidades, ganham destaque a certificação digital nas comunicações, a nota fiscal eletrônica e o Sistema Público de Escrituração Digital (SPED).

Paradoxalmente, esse dinamismo na utilização de ferramentas avançadas de comunicação e informação contrasta com o impressionante tempo (em média, 2.600 horas anuais) despendido pelo contribuinte brasileiro para cumprimento das obrigações fiscais, segundo dados constantes na *Doing Business*.

A explicação para esse alarmante dado seria a excessiva liberalidade que desfruta o fisco brasileiro para instituir obrigações acessórias, inclusive com informações repetidas, até mesmo no âmbito de um mesmo ente tributante. Poderia também concorrer para isso a excessiva litigiosidade, em decorrência, sobretudo, do teor excessivamente analítico da matéria tributária na Constituição.

9.6 Procedimentos de fiscalização

O cumprimento voluntário da obrigação fiscal responde, em todo o mundo, por cerca de 95% dos créditos tributários. Esse dado pode levar à enganosa conclusão sobre a pouca relevância dos procedimentos de fiscalização.

A verdade é que boa parte dos créditos oriundos do cumprimento voluntário é induzida por um fundado temor da fiscalização.

Os procedimentos de fiscalização, cada vez mais, pautam-se pelo planejamento, pelo recurso aos serviços de inteligência e pela utilização intensiva das novas tecnologias de comunicação e informação, nelas incluídas o cruzamento de bancos de dados.

Constitui imagem do passado o servidor fiscal que saía em expedições, sem informações e sem roteiro previamente construído, para identificar infrações e contribuintes faltosos.

Considerada a sofisticação dos serviços financeiros no Brasil, as informações sobre movimentação financeira são extremamente relevantes para o planejamento e a execução dos procedimentos de fiscalização.

A partir da vigência da Lei Complementar n. 105, de 10 de janeiro de 2001, o funcionário fiscal pode, na execução de procedimentos de fiscalização, ter acesso a informações protegidas por sigilo bancário.

O acesso, todavia, sujeita-se a normas rigorosas, estatuídas pelo Decreto n. 3.724, de vigência concomitante com a da Lei Complementar n. 105, dispondo sobre:

a) as hipóteses que podem pretextar o acesso às informações protegidas por sigilo bancário;

b) o rito especial para notificar o contribuinte;

c) as regras que tratam da aprovação e efetivação do acesso;

d) a utilização das informações tidas como indispensáveis ao procedimento de fiscalização;

e) as regras de proteção aos sigilos fiscal e bancário das informações acessadas.

Ressalvadas situações especiais, previstas nos §§ 1º e 2º do art. 198 do CTN (requisições da autoridade judicial, solicitações de informações de órgãos públicos indispensáveis a investigações em processos regularmente instaurados, intercâmbio entre órgãos fazendários, representações fiscais para fins penais, inscrição em dívida ativa, parcelamento ou moratória), é crucial a manutenção do sigilo das informações fiscais ou bancárias.

A violação de sigilo, fora das hipóteses discriminadas no CTN, implica prática tipificada como crime, além de abalar a confiança e a lealdade que devem presidir as relações entre o fisco e o contribuinte.

Se a boa utilização das informações aperfeiçoa a atividade de fiscalização, é deplorável a utilização de instrumentos indiretos visando à cobrança de tributos.

O mais conhecido exemplo dessa prática é a exigência de certidões negativas de débito, para participação em procedimentos licitatórios ou contratação de empréstimos com o setor público.

A despeito da jurisprudência do Supremo Tribunal Federal que qualifica as exigências de certidões negativas como sanção política, essa prática ainda não foi abolida na administração pública brasileira, sobrecarregando o Judiciário com constantes demandas e a própria administração tributária, porque a certidão, muitas vezes, só é emitida mediante atendimento presencial.

Em lugar de vincular o pagamento de um serviço contratado com a administração pública ao pagamento da dívida durante a própria execução do serviço, exige-se o prévio pagamento de quem está inadimplente com as obrigações fiscais e se vê impedido de exercer a atividade econômica. Trata-se claramente de uma contradição em termos.

De mais a mais, as certidões têm validade futura, o que constitui rigorosamente uma extravagância.

Deveriam elas assumir caráter meramente informativo, revelando a história fiscal do contribuinte como informação para tomada de decisão em um evento específico.

No plano das relações entre a fiscalização e o contribuinte, o Mandado de Procedimento Fiscal (MPF), instituído pela Receita Federal, em 1999, representou um notável avanço. Seu pressuposto é de que o procedimento de fiscalização se opera em nome do ente tributante. Desse modo, o funcionário fiscal deve estar investido de mandado, em que estejam especificados os tributos e respectivos períodos que deverão ser objeto de fiscalização e a autoridade fiscal que o expediu.

Nesse modelo, o contribuinte pode, a qualquer tempo, verificar, pela internet, a autenticidade do MPF, mediante utilização de senha a ele conferida.

O MPF converteu-se, pois, em eficaz forma de controle de eventuais desvios de conduta nas atividades de fiscalização, além de evitar a prática de atividades criminosas por falsos fiscais. Sua expedição deve decorrer de criterioso planejamento, fundado em pesquisas nos sistemas de informação fiscal.

Infelizmente, não se pode dizer que o MPF seja um instrumento definitivamente consolidado, porque são recorrentes investidas que pretendem fragilizá-lo ou mesmo extingui-lo.

9.7 Compensação e restituição de tributos

Por sua importância para a administração tributária e para os contribuintes, reservou-se um tópico específico para lidar com os institutos da compensação e a restituição de tributos.

Ao lado do tamanho da carga tributária e da complexidade do sistema tributário, sem lugar a dúvidas, as restrições à compensação e à restituição são as mais importantes e recorrentes queixas dos contribuintes.

Até o advento da Lei n. 9.430, de 27 de dezembro de 1996, a compensação de tributos, no âmbito da legislação federal, somente poderia ocorrer entre tributos da mesma espécie, tendo em vista prevenir situações que afrontassem as regras constitucionais da partilha ou da vinculação de tributos.

Por exemplo, não seria possível compensar o IPI, partilhado com as entidades subnacionais e não vinculado à seguridade social, com a Cofins, vinculada à seguridade social e não partilhada com as entidades subnacionais.

Ainda que lastreada em bons fundamentos, a vedação à compensação de tributos de espécies distintas finda onerando o contribuinte com institutos de interesse restrito à administração pública, ainda que lastreados em preceitos constitucionais.

A Lei n. 9.430, de 1996, veio solucionar esse conflito de razões, ao estabelecer que a compensação, quando lícita, poderia ser efetivada imediatamente, mesmo quando se tratasse de tributos distintos. Para tal o contribuinte deveria fazer a comunicação ao fisco, a quem caberia proceder aos devidos ajustes contábeis, de modo a preservar as regras de vinculação e partilha.

Desde 2003, os pedidos de restituição, ressarcimento e compensação se operam por via eletrônica, o que permitiu um exame mais ágil dos processos.

A devolução de tributos (restituição do imposto de renda ou ressarcimento do IPI, PIS e Cofins) encerra dificuldades análogas às da compensação.

São conhecidas, em todo mundo, as reclamações de contribuintes quanto à morosidade na devolução de créditos relativos ao imposto sobre o valor agregado (IVA). São também conhecidas as preocupações do fisco quanto a fraudes em processos de restituição, decorrentes de creditamentos ilícitos.

A restituição do imposto de renda das pessoas físicas, no Brasil, é relativamente simples.

Os valores reclamados pelo contribuinte se sujeitam, todavia, a um crivo nos sistemas fiscais, envolvendo prévio cotejo com informes de rendimentos declarados pelas fontes pagadoras e os correspondentes pagamentos dos valores retidos. Se houver discrepância nesse confronto, a declaração ficará retida em malha, dando curso a um exame específico pela fiscalização.

A restituição do imposto de renda das pessoas físicas, com base na Lei n. 9.250, de 26 de dezembro de 1995, é mensalmente corrigida pelos juros equivalentes aos da taxa referencial do Sistema Especial de Liquidação e de Custódia (Selic), de forma idêntica ao que ocorre em relação aos tributos em atraso ou aos parcelamentos.

A cobrança da taxa Selic, nos tributos em atraso, explica-se, porque tal fato resultou na necessidade de o Tesouro buscar financiamento no mercado financeiro, mediante a emissão de títulos da dívida pública, remunerados com aquela taxa. Ao fazer o pagamento do principal, relativo ao tributo em atraso, não há a completa cobertura do dispêndio do Tesouro com a remuneração do título, daí a exigência da taxa Selic.

Quando há o pagamento a maior dos tributos, o Tesouro se desobriga do lançamento de títulos e, portanto, da correspondente taxa Selic. Como esse pagamento constitui recurso que não pertence ao Tesouro, a devolução deve, por isonomia, ser corrigida com os mesmos juros Selic.

Na administração tributária brasileira, a mais séria questão de restituição diz respeito aos créditos de ICMS acumulados nas operações de exportação, que finda representando um custo que afeta a competitividade das exportações brasileiras e compromete a não cumulatividade do imposto, prevista na Constituição.

A acumulação de créditos encontra explicação na própria história do ICMS (originalmente ICM).

A instituição desse imposto, no contexto da reforma tributária de 1965, representou uma inovação tributária que pretendia acolher as modernas técnicas de tributação do consumo com base no valor agregado.

O único paradigma dessa forma de tributação, à época, era a França, que, como se sabe, é um estado unitário.

Para prevenir as críticas quanto às tendências centralizadoras da reforma, o legislador optou pela titularidade estadual do ICM, como se fosse um sucedâneo do extinto Imposto sobre Vendas e Consignações (IVC), também de titularidade estadual.

O legislador não vislumbrou as dificuldades decorrentes da titularidade subnacional de um imposto sobre valor agregado, mesmo porque ele ainda não fora adotado em federações.

Hoje, a titularidade estadual do ICMS, no contexto dos mais de 150 países que adotaram o IVA, tornou-se praticamente solitária e responde, entre outros problemas, pelos créditos acumulados nas operações de exportação, sobretudo nos casos em que estão associadas a operações interestaduais.

Assim, o pedido de restituição na unidade federada em que ocorreu a operação de exportação pode resultar na devolução de créditos oriundos de outra unidade.

O problema inexistiria se o ICMS passasse para a competência federal. Essa hipótese, contudo, é completamente inexequível sob o ponto de vista político, podendo ser vista, inclusive, como ofensiva ao pacto federativo.

Forja-se, assim, um conflito entre o legítimo interesse arrecadatório dos Estados com o interesse nacional, também legítimo, de estimular a competitividade das exportações.

Para mitigar o problema, foi criado um fundo constitucional destinado a compensar as exportações de produtos industrializados, para o qual são destinados 10% da arrecadação do IPI, acrescido de transferências orçamentárias da União.

Como inexiste vínculo entre as transferências e os créditos acumulados, os recursos transferidos findam sendo utilizados para o financiamento geral dos gastos públicos estaduais e, em consequência, não há a liquidação daqueles créditos.

Afastada a hipótese de federalização do ICMS, a solução do problema não é simples. Uma fórmula a ser pensada seria a instituição de um fundo federal para o qual concorreriam os recursos destinados ao atual fundo constitucional do IPI, parcela das receitas estaduais decorrentes da incidência do ICMS nas operações de importação e parcela complementar oriunda de outras fontes federais.

O fundo procederia à compensação dos Estados na exata medida do valor das receitas que não foram auferidas, por conta da desoneração das exportações.

9.8 Órgãos de julgamento administrativo fiscal e gestão de passivos tributários

As estruturas das administrações tributárias, em todo o mundo, abrigam, com diferentes denominações, órgãos que correspondem a tribunais fiscais.

A pretensão é tornar mais célere e qualificada a apreciação dos lançamentos tributários, tendo em conta que esses tribunais são integrados por especialistas capazes de aprofundar o exame da matéria, o que, no Judiciário, seria mais difícil.

No Brasil, os órgãos de julgamento administrativo fiscal observam uma estrutura de duplo grau de jurisdição, na qual a primeira instância assume contornos bastante distintos entre os entes federativos. No âmbito federal, a primeira instância corresponde às Delegacias de Julgamento e a segunda, ao Conselho Administrativo de Recursos Fiscais – CARF.

As Delegacias de Julgamento foram instituídas em 1994, assumindo a competência de julgamento até então cometida às Superintendências Regionais da Receita Federal.

O que presidiu essa mudança institucional foi a convicção de que deveria haver uma clara separação entre a autoridade julgadora e a autoridade lançadora. Como o lançamento era de responsabilidade de unidades subordinadas às Superintendências, havia o receio de que tal circunstância não aproveitaria de forma adequada à desejada separação.

Originalmente submetidas à jurisdição administrativa das Superintendências Regionais, ainda que tecnicamente vinculadas à Coordenação Geral de Tributação (COSIT) da Receita Federal, as Delegacias de Julgamento eram dirigidas por um Delegado que procedia às decisões de forma monocrática, ainda que com apoio de equipes de assessores.

Em 2001, as Delegacias de Julgamento foram profundamente reestruturadas, mantido o comando administrativo do delegado. As mudanças foram:

a) as decisões passaram a ser colegiadas;

b) as delegacias foram estruturadas em turmas, cujos integrantes são investidos de mandato;

c) as turmas passaram a ser especializadas em determinadas matérias ou tributos, com jurisdição que transcende à da região na qual está localizada;

d) admitiu-se a possibilidade de transferência de estoques de processos de uma delegacia para outra, com o objetivo de manter um relativo equilíbrio nos processos a elas alocados;

e) fixou-se um valor abaixo do qual não haveria a necessidade de recurso de ofício, caso a decisão fosse favorável ao contribuinte.

Instituído em 2009, o CARF sucedeu os Conselhos de Contribuintes, criados em 1934, sendo integrado por três Seções de Julgamento, cada uma delas com quatro Câmaras, subdivididas em Turmas de Julgamento.

As unidades integrantes da estrutura do CARF são especializadas em função da natureza do tributo. Distintamente das Delegacias de Julgamento, integradas exclusivamente por representantes do fisco, o CARF tem composição paritária, entre representantes da Fazenda Nacional e dos contribuintes.

Os representantes da Fazenda Nacional são indicados em lista tríplice elaborada pela Secretaria da Receita Federal, enquanto os representantes dos contribuintes são indicados em listas tríplices apresentadas pelas confederações empresariais e centrais sindicais (no caso específico das turmas de julgamento especializadas em contribuições previdenciárias). Em ambos os casos, a nomeação é atribuição do Ministro de Estado da Fazenda.

A despeito de vir experimentando crescente aprimoramento na qualidade das decisões e maior celeridade nos julgamentos, seria recomendável aperfeiçoar as regras de funcionamento e de constituição dos órgãos julgadores, adotando-se as seguintes medidas:

a) a designação dos representantes do fisco deveria resultar de um processo seletivo interno, preservada a competência da Administração para designar o responsável pela gestão do órgão;

b) a designação dos representantes dos contribuintes deveria decorrer de aprovação em concurso público, observadas dedicação exclusiva e remuneração adequada;

c) os mandatos deveriam ser de cinco anos, visando fixar a jurisprudência e robustecer o grau de independência em relação à Administração;

d) os mandatos dos representantes do fisco ou dos contribuintes poderiam ser renovados, desde que houvesse aprovação em novo processo seletivo interno ou concurso público, conforme o caso;

e) os acórdãos dos Conselhos de Contribuintes teriam efeito vinculante para a administração tributária;

f) os julgamentos não poderiam examinar a constitucionalidade da legislação tributária, salvo em observância a decisões definitivas tomadas pelos tribunais superiores.

Haveria um avanço considerável se as decisões do CARF fossem suscetíveis de recurso, por parte do contribuinte ou do fisco, diretamente à segunda instância judicial, conferindo aos órgãos julgadores caráter de verdadeiros tribunais administrativos. Esse modelo não elidiria a possibilidade de o contribuinte ingressar com demandas diretamente no Judiciário, com renúncia tácita à instância administrativa. Tal solução demandaria, entretanto, uma complexa mudança constitucional.

Encerrado o processo no âmbito do CARF, caso remanesça crédito tributário, abrem-se três hipóteses: pagamento, com extinção do crédito; inscrição em dívida ativa para fins de execução fiscal ou, na hipótese de irresignação por parte do contribuinte, demanda judicial com virtual suspensão da exigibilidade do crédito.

A execução fiscal ou a demanda pela via judicial encerram um longo e penoso processo. São inúmeras as situações em que o processo ultrapassa uma década.

Na Justiça, por menos razoável que seja, tudo começa da estaca zero, sem considerar as peças que constam do processo administrativo fiscal, o que torna o processo indevidamente moroso.

A execução fiscal merece uma revisão profunda. Sua ineficiência produz números estarrecedores. Segundo a Procuradoria-Geral da Fazenda Nacional, em 2013, os créditos inscritos na dívida ativa da União correspondiam a R$ 1,3 trilhão. Se somados aos dos demais entes federativos, esse montante se eleva para R$ 3 trilhões. Registre-se que esses valores são crescentes ao longo do tempo.

A Lei n. 6.830 (Lei de Execução Fiscal), de 1980, encontra-se completamente ultrapassada, o que se torna patente em vista de recurso a expedientes polêmicos, como a publicação de lista de devedores ou o protesto em cartório.

Uma questão central é a inadequada preparação dos créditos encaminhados para inscrição em dívida ativa, sem que sejam identificados, com precisão, o domicílio fiscal e o patrimônio do devedor.

Além disso, o redirecionamento do devedor deveria ser considerado um recurso extremo, limitado a casos de fraude.

A realização dos créditos inscritos em dívida ativa vai exigir a concepção de amplos programas de recuperação fiscal, abrangendo o parcelamento, a anistia ou remissão das pequenas dívidas e a compensação com prejuízos, créditos acumulados e precatórios próprios ou de terceiros.

Os parcelamentos, em geral, consistem na amortização da dívida, segundo determinado número de parcelas. Ocorre que o número de parcelas não guarda correlação com a capacidade de pagamento do devedor. Justamente por isso, quase sempre resultam em inadimplência, sobretudo quando o parcelamento alcança períodos longos.

A melhor forma de aquilatar a capacidade de pagamento do devedor seria examinar sua solvência a partir dos lucros projetados. Essa solução, todavia, é operacionalmente complexa e, portanto, desaconselhável.

A receita bruta de uma empresa é uma boa aproximação de sua capacidade de pagamento, daí porque parcelamentos com base em percentual daquela receita são mais viáveis.

O Programa de Recuperação Fiscal (Refis), instituído pela Lei n. 9.964, de 10 de abril de 2000, é um exemplo da aplicação desse entendimento à gestão dos passivos tributários federais.

A adoção de programas de recuperação fiscal, como forma de conferir liquidez aos expressivos valores em cobrança administrativa e execução fiscal, deveria ter caráter permanente.

A participação do devedor em programas dessa natureza deveria, contudo, estar condicionada à celebração de termo de ajustamento de conduta, em que fossem estabelecidas exigências para o devedor, como: pagamento regular dos créditos correntes, compromisso expresso de evitar qualquer medida tendente a subtrair receita da pessoa jurídica inscrita no programa, prestação regular de informações econômicas e financeiras da empresa que permitam acompanhar sua solvência, oferecimento de garantias reais da empresa e de seus sócios etc.

9.9 O enfrentamento de desvios na administração tributária

A administração tributária responde pela indispensável e, usualmente, incompreendida missão de extrair rendas da sociedade em favor do interesse coletivo. John Marshall, jurista norte-americano, no início do século XIX, sentenciou: "o poder de tributar inclui o poder de destruir"[6].

O poder do fisco torna-o, naturalmente, vulnerável a abusos e corrupção, como bem atesta uma miríade de exemplos.

O enfrentamento dos abusos pode ser corrigido pelas instâncias administrativas de julgamento ou pela Justiça.

Não é desarrazoado, contudo, prevenir o excesso antes da edição das próprias normas, quer pela consulta pública em relação às normas infralegais, quer pela prévia discussão da política tributária em um conselho para esse fim constituído e integrado por representantes dos órgãos governamentais vinculados à matéria e da sociedade civil. A propósito, a Lei de Responsabilidade Fiscal (Lei Complementar n. 101, de 2000) já prevê, em seu art. 67, a criação de um Conselho de Gestão Fiscal, que poderia, em princípio, incluir essa responsabilidade na sua competência.

É particularmente deplorável, ainda que não inusitado, o abuso que decorre da utilização do fisco para propósitos persecutórios, motivados por interesses políticos ou pessoais. Tal fato macula profundamente a administração tributária e debilita sua credibilidade perante a sociedade.

---

[6] Cf. **THE OXFORD DICTIONARY OF QUOTATIONS**, 15. ed. New York, NY: Oxford University Press, 1999, p. 497.

Os dirigentes e servidores fiscais devem exercer suas atribuições, nos limites da lei, com base em seus conhecimentos técnicos e na sua convicção. Além de ser honestas ou, como a mulher de César, parecer honestas, essas autoridades devem ser exemplares.

Resta identificar o órgão público em cuja competência deve ser incluída a responsabilidade pela apuração de abusos da autoridade fiscal. Não se trata de matéria trivial, mesmo porque a legislação brasileira que dispõe sobre abusos de autoridade é claudicante.

A corrupção requer vigilância permanente. É sempre oportuno o histórico ensinamento de James Madison, um dos pais da nação norte-americana: "Se os homens fossem governados por anjos, dispensar-se-iam os controles internos e externos"[7].

As organizações tributárias têm, em geral, um grande número de servidores, com elevado grau de qualificação e enorme poder perante os cidadãos e as empresas, estando, pois, vulneráveis à prática de atos ilícitos.

Foi esse entendimento que levou à instituição, na Receita Federal, na segunda metade dos anos 1990, de uma Corregedoria, com efetivo próprio e dirigente investido de mandato.

As funções desse órgão não excluem, ao contrário se integram, com as de outros órgãos, como a Corregedoria Geral da União e o Tribunal de Contas da União.

Integrada por profissionais habilitados para a tarefa, as atividades de corregedoria na administração tributária devem ser revestidas de algumas prerrogativas: a direção do órgão responsável pela corregedoria deve estar investida de mandato, em proveito de uma maior independência; seus integrantes devem ter o privilégio de

---

[7] Cf. HAMILTON, Alexander, MADISON, James e JAY, John. **O Federalista**. Brasília, DF: Editora Universidade de Brasília, 1984, p. 418.

escolher a unidade em que irão exercer suas atividades, quando do afastamento voluntário da unidade de corregedoria, a fim de prevenir eventuais constrangimentos com servidores fiscais submetidos a processos disciplinares administrativos; a participação em comissões de inquérito deve repercutir positivamente nos processos de ascensão funcional e de remoção.

A corrupção dispõe de muitas formas para se instalar na administração tributária. Uma delas é infalível: a designação de dirigentes por meio de indicações políticas. Quebra-se a hierarquia, avilta-se a meritocracia e se institui uma das mais perversas práticas de patrimonialismo, com ostensiva confusão entre o público e o privado.

Nos Estados Unidos, o fisiologismo sofreu um duro revés, quando do assassinato do Presidente James Abram Garfield, no final do século XIX.

O crime foi atribuído a um correligionário que se sentiu frustrado em suas pretensões de ocupar um cargo público. O episódio comoveu a nação e levou o Congresso a adotar medidas firmes em favor de uma administração pública apartidária, profissional e impessoal.

Somente no início dos anos 1950, entretanto, é que foi expurgada a influência política na designação de autoridades da administração tributária federal dos Estados Unidos (*Internal Revenue Service* – IRS), conforme salientou o então Secretário do Tesouro, Larry Summers, em conferência realizada na Assembleia Geral do Centro Interamericano de Administrações Tributárias (CIAT), em Washington-DC, em julho de 2000.

No governo do Presidente Fernando Henrique Cardoso eliminou-se completamente, na Receita Federal, a influência política na escolha de dirigentes e na condução das atividades fiscais. Desde então, naquele órgão, essa conduta vem se mantendo, salvo em episódica e malsucedida tentativa de "aparelhamento".

REFERÊNCIAS

CASANEGRA DE JANTSCHER, Milka; BIRD, Richard. **Improving tax administration in developing countries**. Washington, D.C.: International Monetary Fund, 1992.

COURINHA, Gustavo Lopes. **A Cláusula Geral Anti-Abuso no Direito Tributário**: contributos para sua compreensão. Coimbra: Livraria Almedina, 2004.

HAMILTON, Alexander, MADISON, James e JAY, John. **O Federalista**. Brasília: Editora Universidade de Brasília, 1984.

KIDD, Maureen; CRANDALL, William. **Revenue authorities**: issues and problems in evaluating their success. Washington, D.C: International Monetary Fund. IMF Working Paper n. 6/240, out. 2006. Disponível em: <http://ssrn.com/abstract=944078>. Acesso em: 25 jun. 2007.

MESTRALLET, Gérard; TALY, Michel; SAMSON, Julien. **La réforme de la gouvernance fiscale**. Paris: Librairie Génerale de Droit et de Jurisprudence, 2005.

SHOME, Parthasarathi. **Tax Shastra**: administrative reforms in India, United Kingdom and Brazil. New Delhi: BS Books, 2012.

TANZI, Vito. **Globalization and the work of fiscal termites**. Washington: International Monetary Fund, Finance & Development, março de 2001.

TIPKE, Klaus. **Moral tributária do Estado e dos contribuintes**. Porto Alegre: Sérgio Antônio Fabris Editor, 2012.

LEGISLAÇÃO

Lei Complementar n. 101, de 4-5-2000.

Lei Complementar n. 104, de 10-1-2001.

Lei Complementar n. 105, de 10-1-2001.

Lei n. 5.172, de 25-10-1966.
Lei n. 6.830, de 22-9-1980.
Lei n. 9.250, de 26-12-1995.
Lei n. 9.430, de 27-12-1996.
Lei n. 9.964, de 10-4-2000.
Decreto n. 3.724, de 10-1-2001.

10 MEDIDAS DE COMBATE AO PLANEJAMENTO TRIBUTÁRIO E À EVASÃO FISCAL

Elidie Palma Bifano

Professora do Mestrado Profissional da Escola de Direito da Fundação Getulio Vargas de São Paulo (FGV DIREITO SP); mestre e doutora em Direito Tributário pela Pontifícia Universidade Católica de São Paulo (PUCSP); ex-diretora de Consultoria da PricewaterhouseCoopers (PWC); é sócia atualmente do escritório Mariz de Oliveira e Siqueira Campos Advogados

10.1 Informalidade e sonegação no Brasil

10.1.1 Informalidade

A) Conceito

No trato da matéria tributária, no Brasil, tornou-se lugar comum o uso da expressão informalidade para indicar comportamento consistente na inobservância da lei por parte dos contribuintes. A informalidade vem registrada no *Dicionário jurídico* como a qualidade do que é informal, sendo que o informal é o que não observa qualquer formalidade legal. Formalidade, de sua vez, pode ser um requisito de validade de um ato, um modo de proceder, uma praxe, uma cerimônia, um procedimento na execução de certos atos ou uma exigência burocrática[1].

Dentre tantas possibilidades que o Direito apresenta, em que tipo de ausência de formalidade se insere a informalidade em matéria tributária objeto de tanta preocupação? Essa definição é crucial para que se possa examinar a questão, especialmente quando na sequência introduz-se o tema da sonegação, conforme a designação do item que está sendo abordado.

A forma ou formalidade cuja inobservância acarreta a nulidade do ato jurídico é "o conjunto de solenidades que se devem observar para que a declaração da vontade tenha eficácia jurídica. É o

---

[1] DINIZ, Maria Helena. **Dicionário jurídico**. São Paulo: Saraiva, 1998, v. 2.

revestimento jurídico que exterioriza a declaração da vontade"[2] e, certamente, não deve ser a forma ou formalidade a que o senso comum se refere quando afirma que a informalidade, ou ausência de formalidade, predomina em matéria tributária. Várias das demais hipóteses de per si podem ser excluídas, como praxe, cerimônia ou exigência burocrática, restando, portanto, modo de proceder e procedimento a ser adotado na execução de certos atos.

B) Razões da informalidade no Brasil

A qualidade de informal que usualmente se atribui ao comportamento de grande parte dos contribuintes, no Brasil, decorre de duas específicas situações: (i) abstenção total de observância de procedimentos previstos em lei para a hipótese concreta ou (ii) adoção de certos procedimentos, porém diversos daqueles prescritos na norma para a situação de fato. A decisão do contribuinte de manter-se à margem de suas obrigações legais bem como de cumpri-las parcialmente ou de forma diversa da prevista no sistema deve ser investigada. Quando indagados sobre a informalidade, os contribuintes costumam apontar uma lista de razões que a justificariam, alternando-se aquelas supostamente mais significativas, porém coincidindo, essencialmente, o conjunto indicado, a saber: (i) alto custo tributário; (ii) qualidade do tributo e contrapartida do Poder Público; (iii) complexidade das normas tributárias; (iv) frequência das alterações na legislação; (v) dificuldade no cumprimento das obrigações acessórias[3]; (vi) falta de agilidade do Poder Judiciário.

---

[2] GARCEZ, Martinho; anotações de Martinho Garcez Neto. **Das nulidades dos atos jurídicos**. 5. ed. Rio de Janeiro: Renovar, 1997, p. 89.

[3] PricewaterhouseCoopers, em conjunto com o Banco Mundial, efetuou pesquisa em 175 países demonstrando que o contribuinte gasta, no Brasil, 2.600 horas por ano para cumprir as obrigações relacionadas aos tributos incidentes sobre a renda, consumo e fontes provedoras da seguridade social. Para maiores detalhes, cf. PRICEWATERHOUSECOOPERS; WORLD BANK GROUP. **Paying**

Observe-se que a decisão do contribuinte de manter-se à margem da lei ou de adotá-la apenas em parte, com base nos motivos apontados, em nenhum momento parece ter sido contrabalançada pelas razões que histórica, econômica e juridicamente compelem o cidadão a contribuir com parcela de sua riqueza pagando tributos. A função social do tributo e a solidariedade dos cidadãos no atendimento às necessidades do Estado não é tema recorrente, nem é objeto de consideração, quando se cuida da informalidade no Brasil. Certamente que o tributo é a fonte principal de recursos de que os Estados dispõem para atender ao bem-estar social, finalidade de sua existência, o que torna aqueles que são considerados como contribuintes, porque dispõem de riqueza ou de condições de colaborar, obrigados a tanto desde que os princípios consagrados na Constituição sejam observados, como a liberdade de escolha, a igualdade e a capacidade contributiva e suas decorrências. A solidariedade, em um Estado de direito e em matéria tributária, sustenta-se, em última análise, na responsabilidade de cada um e de todos os cidadãos pela coisa pública, que sendo de todos, por todos é compartilhada, considerando-se que a vida é vivida em sociedade. A partir desses fatos e do reconhecimento de um certo *dever de arrecadar* prosperam correntes que se lastreiam na chamada solidariedade social[4], com a finalidade de, buscando o equilíbrio entre tributação e liberdade, atingir uma justa tributação. A exacerbação desse conceito pode conduzir a excessos que desprotejam o cidadão e obstem

---

taxes, the global picture, 2006. Disponível em: <http://www.doingbusiness.org/documents/DB_Paying_Taxes.pdf.>. Acesso em: 10 jun. 2007. Cf. também BIFANO, Elidie Palma. Excesso de lentidão é o maior inimigo da reforma tributária. **Cu$toBrasil, Soluções para o Desenvolvimento**, ano 1, n. 6, dez. 2006-jan. 2007. Rio de Janeiro: Estratagema Consultoria de Comunicação Ltda.

[4] SACCHETTO, Cláudio. O dever de solidariedade no direito tributário: o ordenamento italiano. In: GRECO, Marco Aurélio; GODOI, Marciano Seabra (Orgs.). **Solidariedade social e tributação**, 2005, p. 9-52.

o livre exercício da atividade econômica, origem e sustentáculo da tributação, em geral[5]. A solidariedade social, contudo, é a única forma que o Estado tem de, muitas vezes, permitir a inclusão de todos os cidadãos no usufruto de um certo benefício[6].

C) O tributo ótimo

O tema em epígrafe deveria ser proposto sob a forma de indagação: há um tributo ótimo? Se há um tributo ótimo ele o seria para o Poder Público ou para o cidadão? Ou para ambos? Essa última parece ser a melhor assertiva. Considerando-se como premissa assentada que todos devem contribuir a partir de princípios constitucionais rígidos (no Brasil são designados como cláusulas pétreas) Richard Posner, um dos representantes da Escola do Direito & Economia[7] nos Estados Unidos, procurou conceituar o imposto ótimo, nos seguintes termos: (i) tem uma base ampla, pois que facilita a arrecadação de grandes somas de que os Estados modernos

---

[5] GRECO, Marco Aurélio. Solidariedade social e tributação, *In*: GRECO, Marco Aurélio; GODOI, Marciano Seabra (Orgs.). **Solidariedade social e tributação**, 2005, p. 168-189.

[6] Ricardo Lobo Torres cuida da solidariedade social sob outro ângulo, comentando que o STF construiu jurisprudência sobre o que denomina princípio estrutural da solidariedade pelo qual se validaram contribuições sociais exóticas (Contribuição Social sobre o Lucro/CSL e Contribuição Provisória sobre a Movimentação Financeira/CPMF), fazendo-as incidir sobre pessoas dotadas de capacidade para contribuir e desatando os laços da solidariedade e da responsabilidade apenas entre os seus beneficiários. Cf. TORRES, Ricardo Lobo. Existe um Princípio Estrutural da Solidariedade? *In:* GRECO, Marco Aurélio; GODOI, Marciano Seabra (Orgs.). **Solidariedade social e tributação**, 2005, p. 198-207.

[7] O objetivo dessa corrente é analisar o fenômeno jurídico a partir de uma visão baseada em princípios econômicos, de tal sorte a apontar os efeitos que as regras legais terão, junto aos agentes econômicos, assim como estabelecer recomendações de políticas e de normas com base nas consequências econômicas que elas poderão gerar, caso sejam adotadas. Observe-se que o tributo é, antes de tudo, um fenômeno econômico, o que dá sustentação a essa linha de pensamento.

necessitam; (ii) grava atividades cuja demanda não é muito elástica de modo que as possibilidades de substituição do tributo são mínimas; (iii) não aumenta a desigualdade, nem ofende a equidade; e (iv) cuja administração não seja cara. Por decorrência, conclui que a tributação da renda pessoal parece atingir essa finalidade[8]. Se cotejarmos o tributo ótimo de Posner com a relação de aspectos indicados pelos adeptos da informalidade tributária no Brasil, para sustentar sua opção, observaremos que:

> (i) alto custo tributário: decorre da restrita base de contribuintes, hoje existente no Brasil, das distorcidas bases de cálculo previstas pela lei ordinária (muitas delas julgadas inconstitucionais), das elevadas alíquotas, em geral, aplicadas. A ausência de colaboração de muitos, as falhas contidas nas normas e o uso de alíquotas elevadas violam os princípios da igualdade e capacidade contributiva, deixando de observar a equidade, assim definida como um ideal de justiça que atribui a cada um seu direito, não exatamente o justo legal, mas o justo melhor[9];
>
> (ii) qualidade do tributo e contrapartida do Poder Público: no Brasil, diversos tributos adotam bases de cálculo desaconselhadas, mundialmente, por onerarem a atividade econômica em excesso, como impostos e contribuições calculados sobre a receita e com a natureza cumulativa[10]. O oportunismo da exigência muitas vezes transparece especialmente quando marcado pela imposição extravagante com o propósito arrecadatório imediato. A subsequente declaração de inconstitucionalidade da exigência, em muitos casos, e a ausência de contrapartida do Poder Público no atendimento ao

---

[8] POSNER, Richard. A.; tradução de Eduardo L. Suarez. **El análisis económico del derecho**. México: Fondo de Cultura Económica, 2000, p. 460.

[9] MAXIMILIANO, Carlos. **Hermenêutica e aplicação do direito**. 9. ed. Rio de Janeiro: Forense, 1984, p. 172.

[10] DAIN, Sulamis. Experiência internacional e especificidade brasileira. *In:* AFFONSO, Rui de Brito Álvares; SILVA, Pedro Luiz Barros (Orgs.). **Reforma tributária e federação**. São Paulo: Fundap/Unesp, 1995, p. 21-38.

cidadão demonstram, cabalmente, a ausência da condição de um tributo ótimo. As dificuldades para cobrar os tributos dos contribuintes, em razão dos fatos comentados, obrigam o Estado a criar novas incidências ou alterar as existentes, reduzindo-se a segurança do sistema, deixando-o vulnerável e facilitando sua inobservância por parte de seus destinatários;

(iii) complexidade das normas tributárias: a comentada frequência das alterações na legislação é dado que dificulta o cumprimento tanto da obrigação principal, o tributo, quanto das obrigações acessórias, exigindo do Poder Público maiores esforços na cobrança e na fiscalização, encarecendo, sobremaneira, o custo da administração tributária. Do lado do contribuinte, o esforço para acompanhar as mudanças de lei, contratar consultores e organizar-se, integra o custo da administração tributária, de vez que o tempo que deveria ser aplicado na atividade produtiva resulta desviado para outras tarefas de cunho administrativo-fiscal, sem qualquer tipo de retorno. A esses fatos deve ser somado o quase permanente recurso ao Poder Judiciário para garantir direitos e evitar correspondentes violações, o que obriga todo contribuinte a manter assessores jurídicos em caráter permanente, obrigando, também, o Poder Judiciário a ocupar-se de matéria que poderia ser mais bem regulada e administrada.

As questões apontadas como estimuladoras da informalidade podem levar a outras conclusões quando se examina o sistema tributário brasileiro. Diogo Leite Campos avaliou o direito português em matéria tributária, no que respeita à justiça (ou igualdade, princípio que leva todos a contribuírem na proporção da riqueza de que desfrutam sob a proteção do Estado), certeza (ou legalidade, princípio que elimina a indeterminação, surpresa e arbitrariedade), comodidade (princípio que determina seja o tributo cobrado na data e no modo mais conveniente para o contribuinte) e economia (princípio que impõe menores sacrifícios ao contribuinte com redução de custos para o Estado)[11]. Conclui que os princípios constitucionais

---

[11] Cf. CAMPOS, Diogo Leite. Justiça e certeza no direito tributário português. *In:*

portugueses estão fundados nos cânones propostos, mas que o legislador ordinário, muitas vezes, deixa de observá-los[12].

Trazidas essas reflexões ao ambiente tributário nacional, o mesmo fenômeno poderá ser observado: princípios constitucionais que resultam não cumpridos pelas leis ordinárias, abrindo a oportunidade para a discussão da correspondente exigência ou para a dita informalidade.

Conclui-se, portanto, que não logramos, até o momento, criar um tributo ótimo, no Brasil, pois que ainda não motivamos todos os cidadãos a solidarizar-se na arrecadação, bem como não encontramos elementos que simplifiquem e facilitem a arrecadação pelo Poder Público.

10.1.2 Sonegação e outros ilícitos

A) Conceito de sonegação

Etimologicamente, sonegar origina-se do latim *negare,* que significa ver, mais a preposição *sub,* daí passando a significar ocultar de alguma forma[13]. Na atualidade, sonegar é ocultar algo, deixando-se de mencioná-lo, sendo que a figura da sonegação é tratada pela lei em mais de uma situação: sonegados ao inventário, sonegação de correspondência, sonegação de incapaz e sonegação de tributo. Sonegação, em matéria tributária, é ação ou omissão dolosa com o objetivo de furtar-se alguém ao pagamento, total ou parcial, de tributo. A sonegação fiscal era considerada como crime, consoante dispunha a Lei n. 4.729, de 14 de julho de 1965, art. 1º, sendo assim

---

MACHADO, Brandão (Coord.). **Direito tributário. Estudos em homenagem ao Prof. Ruy Barbosa Nogueira**. São Paulo: Saraiva, 1984, p. 109-130. O modelo adotado, informa o autor, baseia-se nas recomendações de Adam Smith.

[12] *Idem, ibidem.*

[13] HOUAISS, Antonio; VILLAR, Mauro de Salles. **Dicionário Houaiss da língua portuguesa**. Rio de Janeiro: Objetiva, 2001.

enquadradas, de acordo com o art. 3º da mesma lei, somente as situações dessa forma definidas, a saber:

(i) prestar declaração falsa ou omitir, total ou parcialmente, informação que deva ser produzida a agentes das pessoas jurídicas de direito público interno, com a intenção de eximir-se, total ou parcialmente, do pagamento de tributos e adicionais devidos;

(ii) inserir elementos inexatos ou omitir rendimentos ou operações de qualquer natureza em documentos ou livros exigidos pelas leis fiscais, com a intenção de exonerar-se do pagamento de tributos;

(iii) alterar faturas e quaisquer documentos relativos a operações mercantis com o propósito de fraudar a Fazenda Pública;

(iv) fornecer ou emitir documentos graciosos ou alterar despesas, majorando-as com o objetivo de obter dedução de tributos devidos, sem prejuízo das sanções administrativas cabíveis;

(v) exigir, pagar ou receber, para si ou para o contribuinte, beneficiário da paga qualquer percentagem sobre a parcela dedutível ou deduzida do imposto sobre a renda, como incentivo fiscal.

A Lei n. 8.137, de 27 de dezembro de 1990, em seu art. 1º, definiu, por sua vez, como crime contra a ordem tributária, aquele praticado com o intuito de suprimir ou reduzir tributo e seus acessórios mediante as seguintes condutas:

(i) omitir informação, ou prestar declaração falsa às autoridades fazendárias;

(ii) fraudar a fiscalização tributária, inserindo elementos inexatos, ou omitindo operação de qualquer natureza, em documento ou livro exigido;

(iii) falsificar ou alterar nota fiscal, fatura, duplicata, nota de venda, ou qualquer outro documento relativo a operação tributável;

(iv) elaborar, distribuir, fornecer, emitir ou utilizar documento que saiba ou deva saber falso ou inexato;

(v) negar ou deixar de fornecer, quando obrigatório, nota fiscal ou documento equivalente, relativo a venda de mercadoria ou prestação de serviço;

(vi) não atender exigência da autoridade, no prazo por ela determinado.

O art. 2º da mesma lei equipara a crime contra a ordem tributária:

(i) fazer declaração falsa ou omitir declaração sobre rendas, bens ou fatos, ou empregar outra fraude, para eximir-se, total ou parcialmente, do pagamento de tributo;

(ii) deixar de recolher, no prazo legal, tributo descontado ou cobrado, que deveria recolher aos cofres públicos, na qualidade de sujeito passivo de obrigação[14];

(iii) exigir, pagar ou receber, para si ou para o contribuinte, qualquer percentagem sobre a parcela dedutível ou deduzida de tributo como incentivo fiscal;

(iv) deixar de aplicar, ou aplicar em desacordo com o estatuído, incentivo fiscal ou parcelas de imposto liberadas por órgão ou entidade de desenvolvimento;

(v) utilizar ou divulgar programa de processamento de dados que permita ao sujeito passivo da obrigação tributária possuir informação contábil diversa daquela que é, por lei, fornecida à Fazenda pública.

A mudança mais importante ocorrida no cenário penal tributário, como se observa, é que a Lei n. 8.137/90 regulou a sonegação por inteiro, mas introduziu outras figuras delituosas novas. Por conseguinte, há hoje no direito nacional um rol de tipos penais tributários que, além de incluir a sonegação, como anteriormente tipificada, vai muito além dela. Pelo fato de a nova lei ter disposto sobre conteúdos normativos já descritos pela Lei n. 4.729/65 sem, contudo, ter havido sua expressa revogação, foi gerado algum desconforto entre operadores do Direito a respeito de uma eventual

---

[14] A Lei n. 8.866/94 qualificou como depositário infiel a pessoa a quem a lei tributária impõe a obrigação de reter ou receber, de terceiro, ou recolher aos cofres públicos, tributo, e deixa de fazê-lo. O depositário infiel é tratado no Código Civil, art. 652.

prevalência do diploma anterior. A questão se resolve mediante recurso ao art. 2º da Lei de Introdução às Normas do Direito Brasileiro – LINDB, que determina seja a lei mais recente a prevalecer quando mais de uma norma regulam a mesma matéria; nesse caso, houve uma revogação tácita, sendo de se concluir que o crime de sonegação está regulado pela Lei n. 8.137/90[15].

Em matéria de crimes contra a ordem tributária, o ilícito deve ser tratado com alguma cautela: (i) o crime tributário depende sempre da existência de tributo a ser pago, retido ou recolhido; (ii) o autor de crime contra a ordem tributária somente pode ser contribuinte ou responsável por tributo; (iii) o crime tributário é doloso, pois não existe a possibilidade de ser imputada culpa por negligência, imperícia ou imprudência nessa matéria; (iv) o crime tributário referente à obrigação acessória depende da existência de obrigação principal (tributo); (v) a falta de pagamento de tributo, se não estiver associada a outros elementos fáticos e ao dolo, não configura crime.

B) Direito tributário penal e direito penal tributário: punibilidade

É importante definir que no campo tributário há dois diferentes tipos de ilícitos: (i) administrativos, punidos com multas de natureza administrativa, e que formam o campo do chamado Direito Tributário Penal e (ii) penais, cuja origem é a obrigação, não cumprida de forma maliciosa, de pagar tributo, e que formam o campo do Direito Penal Tributário.

A punibilidade nos dois campos difere, pois em matéria administrativa não há possibilidade de o contribuinte faltoso ser apenado com a privação da liberdade, resolvendo-se os ilícitos com

---

[15] Consideram como revogada a Lei n. 8.137/90, dentre outros: GRECO, Marco Aurélio. Notas à legislação sobre crimes fiscais. **Cadernos de Direito Tributário e Finanças Públicas**, ano 2, n. 8, jul.-set.1994, p. 137-157; PACHECO, Ângela Maria da Motta. **Sanções tributárias e sanções penais tributárias**. São Paulo: Max Limonad, 1997, p. 321.

penas pecuniárias algumas vezes associadas com algum tipo de restrição na obtenção de documentos ou similares. A punibilidade em matéria penal tributária envolve a privação da liberdade (reclusão ou detenção) como forma de orientar outros eventuais faltosos no caminho a ser trilhado, pois toda pena pretende sempre punir o infrator, mas também servir de lição aos demais cidadãos. Afirma Gerd Rothman, que é bastante discutível a punibilidade em matéria penal tributária, pois que as leis tributárias alteram-se ao sabor de interesses sociais, econômicos e políticos, mostrando-se bastante defeituosas, o que torna difícil a tarefa de apenar[16]. É exemplo o crime anteriormente designado como sonegação fiscal e, em suas múltiplas facetas, apenado com a detenção; colhido pela Lei n. 8.137/90, passou a ser apenado com reclusão, sem prejuízo de multa. Atualmente, no Brasil, a punibilidade extingue-se se o tributo for pago antes do recebimento da denúncia pelo juiz (art. 34, Lei n. 9.249/95), aplicando-se esse benefício a crimes anteriores a sua vigência por força da determinação constitucional (art. 5º, XL) de retroação benigna em matéria penal. Observe-se a favor do oportuno comentário de Gerd Rothman acima que até recentemente a visão de punir, independentemente do pagamento do tributo, estava albergada no sistema jurídico, não importa por quais fundamentos.

C) Diferenças e semelhanças com outras figuras: o uso indevido do tipo penal

Afirma Lídia Maria Lopes Rodrigues Ribas, tratando de crimes tributários, que deve haver um valor social a ser preservado quando certo comportamento passa a ser considerado como ilícito, devendo ser evitado o que denomina de trivialização da pena cri-

---

[16] ROTHMAN, Gerd W. Extinção da punibilidade nos crimes contra a ordem tributária, **Repertório IOB de Jurisprudência**, n. 3, 1995, p. 36. GRECO, Marco Aurélio. Notas à legislação sobre crimes fiscais, **Cadernos de Direito Tributário e Finanças Públicas**, ano 2, v. 8, jul-set.1994, p. 139-157.

minal, pois caso contrário haverá uma repulsa da sociedade à lei, sendo sua eficácia prejudicada[17]. Esse procedimento, em nosso entender, deve ser estendido para o ilícito administrativo, já que do ponto de vista objetivo e prático a matéria atinente aos ilícitos tributários sempre deve ser analisada com muita cautela, evitando-se transbordar os limites da lei. Em muitas circunstâncias, essa cautela é abandonada pelo próprio Fisco, que age de forma desarrazoada insinuando ou até mesmo enquadrando como ilícitas situações que merecem ser mais bem esclarecidas ou que não acarretam o pagamento de tributo[18]. Nesse critério de imputar ilicitude, de forma genérica, muitas vezes é incluído o planejamento tributário realizado através dos institutos autorizados em lei, em que o negócio

---

[17] RIBAS, Lídia Maria Lopes Rodrigues. **Direito penal tributário**: questões relevantes. 2. ed. São Paulo: Malheiros, 2004, p. 151.

[18] O crime contra a ordem tributária envolvendo supressão ou falta de pagamento de tributo é dito de resultado, material ou de dano, pois, além de tipificado em lei, produz efeito já que evita ou afasta a obrigação de dar dinheiro ao Fisco. É por essa razão que os tribunais têm considerado como arbitrárias certas intervenções das autoridades quando, sequer, houve confirmação do crédito tributário. Veja-se: denúncia oferecida antes do término do processo fiscal, impossibilidade (TRIBUNAL REGIONAL FEDERAL, 1ª R., 4ª T. *Habeas Corpus* 95.01.03147-0/DF, **Diário de Justiça da União**, p. 21581, 17 abr. 1995); multa punitiva e impossibilidade de aplicação na sucessão (SUPREMO TRIBUNAL FEDERAL, 1ª T., Recurso Extraordinário 104.993-RS. Relator Ministro Octavio Gallotti, **Diário de Justiça da União**, 7 fev. 1986, p. 935); impossibilidade de considerar como simulado ato praticado pelo Poder Judiciário (MINISTÉRIO DA FAZENDA. PRIMEIRO CONSELHO DE CONTRIBUINTES, Acórdão 102-44.5288/00, DOU, 6 abr. 2001); documento público eivado de erro não caracteriza crime tributário, pois a responsabilidade pelo erro é do funcionário público (MINISTÉRIO DA FAZENDA. PRIMEIRO CONSELHO DE CONTRIBUINTES, Câmara 2, Acórdão 102-22973, Relatores Jacinto de Medeiros Calmon; Gustavo Ernani Cavalcanti Dantas, Brasília, 3 dez. 1987. **Imposto de Renda**: Jurisprudência administrativa, v. 12.3, p. 183-191, jan. 1992).

eleito tem encargo tributário, definitivamente, menor[19]. Esse tipo de economia tributária, legítima, conhecida como elisão, será abordada no próximo tópico.

Nos últimos tempos, tem-se observado uma exacerbação das penas, em matéria tributária. Algumas resultam curiosas e merecem comentários, pois que não se enquadram nas melhores práticas fiscais e tampouco resultam em proteção ou incremento de arrecadação, como: (i) multa isolada cobrada de contribuinte, pessoa jurídica, sujeita ao regime de antecipação de tributo no sistema de estimativa, ainda que tenha prejuízo fiscal no final do período (MP n. 351, de 22-1-2007, art. 14, que alterou a Lei n. 9.430, de 27-12-1996, art. 44, II); (ii) multa de 450% referente a CPMF não recolhida, no caso de uso diverso de contas bancárias, nas hipóteses que relaciona (MP n. 351/2007, art. 14, § 2º); (iii) multa de 150% na ausência de esclarecimentos para o Fisco, quando solicitados (MP n. 351/2007, art. 14, § 2º). Medidas dessa natureza lidam com o ilícito como se ele fora a regra comportamental usualmente adotada pelos contribuintes e não a exceção que deve ser perseguida, o que, certamente, não motiva os cidadãos a solidarizarem-se no pagamento de tributos, bem como não contribuem para a consolidação do tributo dito justo ou ótimo.

D) Informalidade e sonegação

Os temas da informalidade e da sonegação se entrecruzam na medida em que informalidade foi aqui definida como a decisão consciente de manter-se alguém à margem da lei em matéria tributária. Assim, se a opção em matéria tributária, para uma dada empresa, é omitir operação ou evitar declaração para furtar-se ao pa-

---

[19] MINISTÉRIO DA FAZENDA. PRIMEIRO CONSELHO DE CONTRIBUINTES. CÂMARA 3, Acórdão 103-14432, Recorrente Braspérola Ind. Com. S/A; Recorrida Delegacia da Receita Federal do Espírito Santo-ES; Relator José Roberto Moreira de Melo, **DOU**, 15 maio 1996, Seção 1, p. 8376.

gamento de tributo, certamente estarão os administradores, que assim o decidam, incorrendo em crime contra a ordem tributária, com todas as suas decorrências.

10.2 Fundamentos para adoção de uma cláusula geral antielisiva

10.2.1 O que é elisão e evasão?

Rigorosamente, aponta Hermes Marcelo Huck[20], elisão e evasão apresentam muitas similaridades, pois têm em comum a característica de serem técnicas de insubmissão ao comando da norma tributária: ambas objetivam evitar ou reduzir o montante de tributo, apenas que em uma, a evasão, isso é feito à revelia da lei. Após analisar, detalhadamente, os dois conceitos, Douglas Yamashita[21] conclui que: (i) elisão fiscal é conduta lícita destinada a reduzir ou eliminar o ônus fiscal e (ii) evasão fiscal é conduta ilícita destinada a reduzir ou eliminar o ônus fiscal, aí incluídos além da fraude comum e da simulação, o abuso de direito e a fraude à lei, o que torna relevante o exame das relações entre o Direito Tributário e o Direito Privado. Algumas vezes, a doutrina faz referência à elisão ilícita, que não envolve a conduta delituosa da fraude, mas que se socorre de formas inadequadas ou anormais com o único objetivo de reduzir a carga tributária[22].

As referências doutrinárias acima permitem refletir um pouco e concluir sobre a natureza e as diferenças dos institutos ora comen-

---

[20] HUCK, Hermes Marcelo. **Evasão e elisão**: rotas nacionais e internacionais do planejamento tributário. São Paulo: Saraiva, 1997, p. 33.

[21] YAMASHITA, Douglas. **Elisão e evasão de tributos, planejamento tributário**: limites à luz do abuso de direito e da fraude à lei. São Paulo: Lex, 2005, p. 66.

[22] HUCK, Hermes Marcelo. **Evasão e elisão**: rotas nacionais e internacionais do planejamento tributário. São Paulo: Saraiva, 1997, p. 45.

tados. A primeira questão importante diz respeito ao direito que o contribuinte tem de organizar seus negócios, observados os ditames legais relacionados à validade dos negócios jurídicos (arts. 104 a 114, 166, 167 do Código Civil). Além disso, a lei civil decorre e repousa nos princípios constitucionais, dentre eles o respeito à função social, de tal sorte que na prática de qualquer ato, observar-se-á o seu fim econômico e a sua função social sob pena de abuso de direito. O intérprete de ato ou negócio jurídico deve orientar-se mais pela vontade das partes (causa do negócio) do que pelo sentido literal da linguagem, presumindo-se a boa-fé dos envolvidos. O contribuinte que no trato de seus negócios observe, rigorosamente, as disposições da lei civil, ainda que com a finalidade de buscar opção negocial menos onerosa, do ponto de vista tributário, estará exercendo seus direitos nos estritos limites que lhe são permitidos. Nesse caso, torna-se discutível a elisão com a única finalidade de poupar tributo, o que parece, inclusive, difícil de se concretizar pela absoluta ausência de negócio jurídico que a sustente, já que todo negócio jurídico tem causa.

A doutrina, no passado, colocava o momento da ocorrência do fato gerador do tributo como o único elemento a ser observado para definir a licitude de um certo planejamento tributário, o que não é verdadeiro, pois poderia ocorrer uma economia ilícita, antes do fato gerador, se o instrumento ou negócio utilizado não observasse as condições de validade acima relacionadas[23]. Entretanto, o exercício dessa faculdade deverá ser feito antes que ocorra o fato gerador do tributo, pois a partir desse momento impedido estará o contribuinte de manipular a situação fática ou o *quantum* devido.

Definidos os conceitos de elisão e de evasão, é importante relacioná-los com a informalidade e com a sonegação, já analisadas. Considerando-se que é permitido ao contribuinte, valendo-se dos

---

[23] Cf. YAMASHITA, Douglas, *op. cit.*, p. 63 e HUCK, Hermes Marcelo, *op. cit.*, p. 29.

instrumentos legais adequados, reduzir ou evitar o pagamento de tributo, é de se concluir que a redução e a supressão enquadradas na figura da elisão fiscal não se enquadram como uso da informalidade ou como sonegação, cabendo-lhe importante função na realização de negócios sociais. A evasão, entretanto, como conduta ilícita, à margem da lei, é recurso à informalidade no conceito que aqui foi adotado, podendo caracterizar-se como sonegação se houver o enquadramento nos tipos legais penais assim descritos.

10.2.2 O que é uma cláusula geral antielisiva?

A partir do conceito de elisão construiu-se, do ponto de vista doutrinário, a teoria de uma cláusula geral antielisiva. A expressão usada precisa ser detalhada para que o instituto correspondente seja bem compreendido.

Cláusulas gerais, de acordo com Luis Eduardo Schoueri, configuram descrições amplas de hipóteses de incidência, que acabam por permitir ao aplicador da lei atender a peculiaridades do caso concreto[24]. A boa-fé objetiva, a função social do contrato, a observância dos fins sociais e econômicos na realização de negócios, a função social da propriedade, dentre outras, são cláusulas gerais. A cláusula geral em matéria tributária opera da mesma forma: descreve uma certa hipótese a qual abriga peculiaridades comuns a múltiplas situações, o que possibilita ao legislador tornar a lei aplicável, dada a impossibilidade de todas as hipóteses idênticas serem esgotadas. Dessa forma opera o instituto da distribuição disfarçada de lucros[25] ou da dedutibilidade de despesas operacionais, por necessárias ao tipo de negócio desenvolvido.

---

[24] SHOUERI, Luis Eduardo. **Normas indutoras e intervenção econômica**. Rio de Janeiro: Forense, 2005, p. 249.

[25] BIFANO, Elidie Palma. Anotações sobre a distribuição disfarçada de lucros. *In*: ANAN JR., Pedro (Coord.). **Imposto sobre a renda de pessoa jurídica – teoria e prática**. São Paulo: Quartier Latin, 2006, p. 129-141.

A partir do conceito de cláusula geral, deve-se entender como cláusula geral antielisiva a regra que descreva hipótese de incidência que permita ao aplicador da lei enquadrar todas as hipóteses tidas como de elisão, com o fito de obstar que o tributo resulte suprimido, total ou parcialmente. Há dois fundamentos, em nosso entender, que têm orientado essa construção doutrinária: (i) obrigação constitucional, inarredável, de pagamento de tributos, de tal forma que não seria admissível que cidadãos que usufruem os mesmos serviços, por parte do Estado, possam tratar de forma diversa a mesma obrigação; (ii) ameaça/ataque sofridos pelo Estado, em virtude do tributo que se pode/deixa de pagar, por adoção de fórmulas que, embora não proibidas, frustram as expectativas de arrecadação.

No passado, a matéria foi discutida, havendo posicionamentos de estudiosos estrangeiros no sentido de que definido um tributo ele deve prevalecer e suas regras serem aplicadas, desde que os seus pressupostos econômicos ou fáticos se tenham verificado, ainda que o fato gerador não tenha ocorrido[26]. Muitos países inseriram cláusulas antielisivas em seu sistema, sendo nosso próximo passo avaliar da possibilidade jurídica de adotar idêntica providência no Brasil.

Alberto Xavier define cláusulas gerais antielisivas como normas que têm por objetivo comum a tributação, por analogia, de atos ou negócios jurídicos extratípicos ou não subsumíveis ao tipo legal tributário, mas que produzem efeitos econômicos equivalentes aos dos atos ou negócios jurídicos típicos, sem, no entanto, produzirem as respectivas consequências. Esclarece que tais cláusulas assumem características diversas, podendo ser gerais, especiais (situações pontuais) ou setoriais (destinadas a um certo tributo); faz referência a negócios anormais ou esdrúxulos, fora do usual, que podem, também, ensejar normas antielisivas. Informa, ainda, que são fundamentos de toda

---

[26] Cf. CONGRESSO SOBRE TAX AVOIDANCE/TAX EVASION. Anais Veneza: International Fiscal Association, IFA, 1983, v. 68.

norma antielisiva: liberdade de opção por modelos negociais não descritos; obtenção de resultado econômico equivalente ao de modelo descrito, porém tributado de forma mais onerosa e obtenção de economia tributária (elisão) com o negócio concretizado[27].

A evolução do debate, internacionalmente, levou à construção da teoria da finalidade ou objetivo (propósito) negocial que, sustentando o planejamento tributário, afastaria a aplicação da regra antielisiva. Particularmente, por acreditarmos que a validade de todos os negócios sustenta-se nos preceitos do Direito Civil, para após serem colhidos os efeitos tributários, entendemos bastante adequada e coerente a fundamentação dessa corrente de pensamento, que mais adiante se comentará.

10.2.3 Aplicação de cláusula antielisiva no Brasil

O desenho da norma antielisiva demonstra, de imediato, que ela não cabe no sistema jurídico nacional por falta de amparo constitucional; assim, o princípio da estrita tipicidade, associado ao da legalidade, para fins de definição das hipóteses de tributação e da capacidade contributiva, de início, já afastam qualquer pretensão de cobrança de tributo com base em norma antielisiva, que opera com a analogia. Nesse sentido também conclui Hermes Marcelo Huck:

> No caso brasileiro, é admissível o reconhecimento de restrições por parte do sistema legal vigente a uma implantação pura e simples da desconsideração da forma abusiva. O direito nacional é fechado, impondo uma estrutura legalista ao relacionamento entre o estado e cidadãos, no qual são restritos os espaços que se abrem à administração pública[28].

---

[27] XAVIER, Alberto. **Tipicidade e tributação, simulação e norma antielisiva**. São Paulo: Dialética, 2001, p. 85.

[28] HUCK, Hermes Marcelo, *op. cit.*, p. 51.

Alberto Xavier, na obra já referida, arremata o tema em capítulo que denomina *Inconstitucionalidade de Norma Geral Antielisiva*, no qual expõe argumentos relevantes que demonstram a impossibilidade de se inserir norma antielisiva no sistema jurídico nacional[29].

Com a alteração do art. 116 do CTN, pela LC n. 104/2001, muitos quiseram ver introduzida cláusula antielisiva no Direito Brasileiro. O art. 116 tem por conteúdo a definição do momento em que se considera ocorrido o fato gerador de um tributo, a saber: (i) se situação de fato: desde que se verifiquem as circunstâncias materiais necessárias a que produza os efeitos que normalmente lhe são próprios; (ii) se situação jurídica: desde o momento em que esteja definitivamente constituída, nos termos do direito aplicável. A mudança sob discussão consistiu em introduzir parágrafo único, nesse dispositivo, para permitir à "autoridade administrativa desconsiderar atos ou negócios jurídicos praticados com a finalidade de dissimular a ocorrência do fato gerador do tributo ou a natureza dos elementos constitutivos da obrigação tributária, observados os procedimentos a serem estabelecidos em lei ordinária".

Observe-se que a norma introduzida nada mais fez do que se referir, de forma indireta, ao instituto da simulação, já consagrado no Direito Civil. De fato, toda simulação se faz para ocultar ato ou fato, que se diz dissimulado, e que contempla a verdadeira intenção ou objetivo dos partícipes; ao permitir à autoridade afastar a simulação, o que sempre foi permitido, a lei apenas traz à luz o ato dissimulado, e de forma abundante, já que isso também estava permitido. Com esse procedimento, que não é novo, expõe-se a obrigação tributária referente ao ato dissimulado e suas consequências[30].

Por fim, é de se comentar que o uso que se faz da norma antielisiva, internacionalmente, vincula-a, quase sempre, a situações

---

[29] XAVIER, Alberto, *op. cit.*, p. 85-149.

[30] Nesse sentido, cf. YAMASHITA, Douglas, *op. cit.*, p. 311.

pontuais para atacar atos ou negócios praticados sob a proteção da lei, mas que as autoridades observam que resulta em economia tributária para os que assim atuam. Essa tentativa de colher operações especiais, mas de forma genérica, sem obediência aos conceitos que orientam a formulação das hipóteses de incidência previstas constitucionalmente, resulta inconstitucional para fins brasileiros, especialmente se a pretensão do legislador é inserir uma hipótese de incidência geral, abrangendo fato não tipificado, mas cujos efeitos econômicos sejam idênticos aos de outras situações. O exemplo mais comentado de cláusula geral antielisiva, adotada por diversas legislações, é o conjunto de normas designado por "*CFC/Controlled Foreign Companies rules*" cuja finalidade é impedir que lucros auferidos através de sociedades controladas, localizadas no exterior, tenham sua tributação, no país da investidora, diferida para o momento do recebimento (caixa) dos correspondentes lucros, na hipótese desses investimentos não se revestirem das características mínimas de substância negocial que a lei local exige. A hipótese, tampouco, se coaduna com o sistema jurídico brasileiro.

10.3 Repressão ao planejamento tributário

De longa data se observa que as autoridades se movimentam para inibir o planejamento tributário, independentemente dos instrumentos utilizados para tanto. No foco de questionamento das autoridades inclui-se o planejamento realizado por meio do chamado negócio jurídico indireto, com recurso a certos meios que permitem às partes envolvidas obter o mesmo efeito econômico pretendido na operação originalmente prevista, com a única diferença de que no negócio eleito o encargo tributário é menor. A eleição dessa via não permite ou implica caracterizar a operação como um negócio simulado, nas condições descritas no Código Civil (art. 167), quando prevalece o ato que se tentou dissimular, nem como fraude (uso de meio ilícito para obter certo fim), nem como fraude à lei (art. 166 do Código Civil). O contribuinte, ao escolher o negócio dito indireto, estará operando em conformidade com a lei ainda que o mecanismo adotado lhe permita suprimir, total ou parcialmente, o montante de tributo a pagar.

O planejamento tributário tem sido perseguido pelas autoridades, no Brasil e no exterior, pois representa forma de redução do encargo tributário e, consequentemente, da geração de caixa para os cofres públicos. Há que se dividir o planejamento, para efeitos de repressão, pois que a elisão, como acima comentado, é forma lícita de poupar tributos. A repressão através da criação de normas de natureza penal, por seu lado, deve considerar: (i) estrita tipificação das hipóteses de incidência tributária; (ii) previsão, anterior, do tipo praticado como ilícito tributário; (iii) previsão de sanção específica; (iv) graduação adequada da sanção.

A seguir, comentam-se algumas figuras jurídicas que perseguem práticas tributárias adotadas com o fito de reduzir o tributo, sejam elas de natureza administrativa ou penal.

10.3.1 Institutos legais tradicionais

A) Distribuição Disfarçada de Lucros – DDL

O objetivo do instituto, no Brasil, era impedir a distribuição disfarçada de lucros na época em que essa distribuição era gravada na fonte. Remanesce no direito positivo, agora não mais perseguindo a tributação na fonte, mas impedindo que gastos referentes a certas operações sejam considerados como despesas dedutíveis na sociedade porque feitos com pessoas ligadas, ou, que certas receitas, auferidas junto a pessoas ligadas, de forma disfarçada, sejam subtraídas à tributação[31]. Dessa forma, operações engendradas para beneficiar pessoas com vínculo societário com a pessoa jurídica são con-

---

[31] As hipóteses de DDL estão descritas nos arts. 464 e s. do Regulamento do Imposto sobre a Renda (Decreto n. 3.000, de 26-3-1999).

sideradas, por presunção, como formas de distribuir lucros e assim excluí-los de tributação. A DDL opera com o conceito de valor de mercado e de comutatividade, de tal sorte que a presunção de distribuição disfarçada pode ser afastada se ficar demonstrado que o negócio se fez nas condições comentadas.

B) Substituição tributária e regime de fonte

Em muitas circunstâncias, a lei vale-se de regimes de arrecadação especiais com o fito de minimizar a fuga à tributação em decorrência de operações estruturadas que postergam a arrecadação ou, até mesmo, a inibem. É muito comum o uso da substituição tributária em que o verdadeiro sujeito passivo da obrigação tributária não tem o encargo de arrecadar o tributo, sendo substituído pelo responsável que assim age, no interesse da administração. A introdução do art. 51 da Lei n. 7.450, de 23 de dezembro de 1985, que tributa na fonte todas as operações efetivadas com o fito de obter renda fixa, independentemente do uso de título, contrato ou designação, é uma evidência de ação do legislador para coibir o planejamento financeiro com vistas a obter ganhos tributários.

C) Preços de transferência

Em matéria de planejamento tributário internacional, a introdução das regras de preços de transferência voltadas a operações internacionais de compras e vendas de mercadorias e serviços, além de cobrança de juros em mútuos, ativos ou passivos, significa fórmula que desbarata negócios internacionais em que um dos países envolvidos, nitidamente, deixa de tributar riqueza que a seu controle foi subtraída. As regras de preço de transferência compelem as partes a praticarem operações em condições mínimas exigidas por lei sob pena de a sociedade brasileira ter que reconhecer receita, não registrada em balanço, tributando-a, ou glosar despesa indevidamente deduzida.

D) *Desconsideração de negócios e os crimes contra a ordem tributária*

A desconsideração de negócios jurídicos é um instrumento de que as autoridades podem valer-se ao examinar o planejamento tributário, entretanto, somente quando se verificarem os pressupostos de nulidade ou invalidade do ato jurídico, inclusive simulação, fraude, fraude à lei ou abuso de direito. Afora essas hipóteses, garante-se ao contribuinte organizar seus negócios como melhor lhe pareça. O uso de medida de natureza puramente penal, podendo acarretar enquadramento como pena tributária, somente ocorre quando o contribuinte incorrer em uma das hipóteses de ilícito descritas em lei; o crime contra a ordem tributária já foi analisado e suas hipóteses relacionadas. Quando o planejamento tributário colocar-se à margem da lei, inserindo-se no tipo descrito como ilícito, caracterizado estará o crime e outras serão as decorrências. Diversamente da DDL, da substituição tributária e do preço de transferência, em que o contribuinte é chamado a pagar o tributo devido, com eventuais encargos, no crime ele está sujeito às regras próprias que penalizam o infrator com a reclusão e a detenção, conforme o caso. Libera-se, porém, se pagar o tributo antes da denúncia, posto que condição essencial para nascer o crime contra a ordem tributária é não haver paga de tributo mediante o uso de forma maliciosa.

10.4 Tendências dos tribunais administrativos e judiciais relativamente ao planejamento tributário

Não há negócio jurídico sem causa[32], razão pela qual todo o planejamento deve estar fundado em uma causa que o determinou. O propósito negocial do planejamento tributário sempre

---

[32] Causa é o que move as partes, o que elas objetivam; não se confunde com motivação, fato pré-jurídico, de nenhuma relevância tributária.

orientou os tribunais administrativos[33] no Brasil e em matéria de Judiciário[34], que protege, acima de tudo, o exercício regular de um direito. Eventualmente, observam-se movimentos tendentes a esquecer essa justificativa, a única e importante razão do empresário, se considerados os ditames do Código Civil, para se tentar enveredar por uma área de discussão que opera apenas com a presunção, descaracterizando os institutos legais e, dessa forma, tornando a segurança jurídica instrumento secundário na garantia dos direitos[35]. Não se pode admitir que os tribunais julguem a partir de preconceitos ou com base em percepções indevidas, deixando de aplicar a lei e os princípios constitucionais.

---

[33] MINISTÉRIO DA FAZENDA. PRIMEIRO CONSELHO DE CONTRIBUINTES. Acórdão 101-77.837. **DOU**, 11 jul. 1988, foi decisiva nessa matéria, pois consagrou o princípio aceito internacionalmente do propósito negocial a fundamentar o planejamento tributário.

[34] A Apelação Cível 115.478-RS (Tribunal Federal de Recursos, 6ª T. **DOU**, 18 fev. 1987), decidiu que a constituição de diversas sociedades, no mesmo dia, de uma só vez, pelos mesmos sócios, com o mesmo objetivo, não permitira o uso do critério de tributação com base no lucro presumido, por não estarem preenchidos os legítimos requisitos para tanto, ou seja, as partes nunca desejaram associar-se no modelo utilizado.

[35] Exemplo significativo da desconsideração do direito do contribuinte eleger institutos que lhe pareçam mais adequados para seus negócios, bem como da total distorção do uso desses mesmos institutos, foi recentemente observado quando, de forma indevida, foi considerada como destituída de qualquer fundamento negocial a emissão de debêntures de participação atribuídas a sócio de companhia, sob alegação de que os sócios já desfrutam da condição essencial para participar dos lucros. Dessa forma, inibem o uso de instrumento previsto na lei societária e dirigido em primeiro lugar aos acionistas e glosam as correspondentes despesas deduzidas pelas sociedades na apuração do lucro real. O tribunal administrativo manteve, também de forma equivocada, os termos da autuação e a decisão de primeira instância (MINISTÉRIO DA FAZENDA. PRIMEIRO CONSELHO DE CONTRIBUINTES. Acórdão 101-94-986).

10.5 Procedimentos de fiscalização das empresas

10.5.1 O crédito tributário e seus privilégios

O contribuinte tem o dever de arrecadar o tributo uma vez ocorrido o correspondente fato gerador, tudo na forma da lei. A autoridade tem o dever indelegável de proteger o crédito tributário, com o fito de arrecadá-lo e, para tanto, exerce todos os procedimentos necessários, inclusive fiscalizando os contribuintes. A fiscalização eficiente é a que se faz presente para orientar e auxiliar, mas também para fazer cumprir a lei. A fiscalização do crédito tributário se faz na forma dos arts. 194 e s. do CTN, abrangendo, sem excepcionar, mercadorias, livros, documentos, arquivos, papéis, efeitos comerciais e outros mais. A autoridade pode: (i) solicitar perícias, esclarecimentos, diligências; (ii) intimar tabeliães, casas bancárias, empresas, leiloeiros, inventariantes, síndicos, comissários, representantes, entidades ou pessoas que por seu ofício tenham tomado parte em qualquer negócio de interesse do Estado; (iii) intercambiar informações com outras autoridades, nacionais ou estrangeiras; (iv) pedir auxílio da força policial. O crédito tributário, de sua vez, desfruta de privilégios na cobrança e no recebimento, como disposto nos arts. 183 a 193 do CTN.

Considerados os fatos descritos e as especiais condições de que desfruta o crédito tributário, não há qualquer justificativa para que a autoridade, no que tange ao mérito dos negócios desenvolvidos pelos contribuintes, opte, simplesmente, por desconsiderá-los, sem maiores justificativas do que uma suposta fraude ou simulação, cuja contraprova cabe ao contribuinte, o que muitas vezes se faz não sem um alto custo adicional. A fiscalização deve ser exercida nos estritos termos da lei, para evitar tais constrangimentos.

10.5.2 Meios de arrecadação estranhos à lei

Usando mal os instrumentos que a lei lhe atribui para fiscalizar e frustrado no seu objetivo de arrecadar, o Fisco tenta valer-se, algumas vezes, de meios não previstos em lei para recolher o que acha que é de seu direito. Os excessos cometidos pelas autoridades fiscais são, muitas vezes, opostos como instrumentos que desestimulam o contribuinte no cumprimento de seus deveres. Assim, o uso de diversos veículos para arrecadar, que não os previstos em lei, têm ensejado manifestações dos tribunais para proteger os contribuintes[36]. São dessa natureza: (i) a cobrança de tributo por descumprimento de obrigação acessória[37]; (ii) os regimes especiais de fiscalização e arrecadação que impõem sanções, não previstas em lei, para obrigar o pagamento do tributo[38]; (iii) a apreensão de mercadoria para pagamento de tributo[39]; (iv) a recusa na emissão de Certidão Negativa de Débitos Fiscais – CND, quando o crédito tributário ainda não está constituído[40]; (v) a imposição, por via oblíqua, de sanção a devedor remisso, impedindo-o de exercer sua atividade[41]; (vi) a recusa de emissão de certidão (positiva com efeitos de negativa) quando o débito está *sub judice*[42]. Além das hipóteses referidas, a legislação

---

[36] Sobre a matéria, Cf. BIFANO, Elidie Palma. Deveres instrumentais: cessão de créditos e legalidade do uso de meios coercitivos na cobrança de crédito tributário. *In:* DINIZ, Eurico M. (Coord.). **Interpretação e Estado de Direito**. São Paulo: Noeses, 2006.

[37] TJMG, 4ª CÂMARA. Apelação Cível 153.152/4. **COAD**, n. 51, 1999, p. 801.

[38] SUPREMO TRIBUNAL FEDERAL. TRIBUNAL PLENO. Relator Min. Carlos Velloso. Acórdão 115.452/SP, Pleno, 4 out. 1990. **DJ**, 6 nov. 1999, p. 13059.

[39] SUPREMO TRIBUNAL FEDERAL. Súmula de jurisprudência predominante n. 323. Sessão Plenária 13 dez. 1963. **RTJ**, n. 17, p. 172.

[40] Inúmeras são as decisões dos TRFs determinando a expedição de certidão quando o débito não está regularmente constituído; o STJ, com base em julgados do STF, considera que exigir o pagamento de tributo, como condição para o deferimento da CND, é atividade predatória que deve ser coibida. SUPERIOR TRIBUNAL DE JUSTIÇA. Recurso Especial 98.050-RS, **DJ**, 7 abr. 1997.

[41] SUPREMO TRIBUNAL FEDERAL. Súmula de jurisprudência predominante n. 547. Sessão Plenária 3 dez. 1969. **DJ**, 10 dez. 1969, p. 5935.

[42] Inúmeros são os julgados dos tribunais nesse sentido. O STJ confirmou esse

que regula os atos do Registro de Comércio, em diversas situações, exige a prova da quitação de débitos, em flagrante inconstitucionalidade, considerando-se a liberdade de exercício da atividade econômica. Por fim, a não emissão de certidões negativas por motivos que não decorrem da lei compõem um conjunto de instrumentos não autorizados para constranger ao pagamento do débito, pois que o contribuinte termina *"pagando quantias indevidas, porque este é o caminho mais prático para alcançar o resultado pretendido"*[43].

10.5.3 Fiscalização e informalidade

Conforme já se comentou, uma das razões que têm sido usadas para justificar a fuga do contribuinte para a marginalidade tributária é a fiscalização cujo único objetivo seria arrecadar, sem qualquer melhor exame da situação concreta, como acima longamente exposto. Outro critério para a escolha do caminho marginal é, também, uma certa assunção de risco no que tange a ser efetivamente fiscalizado e autuado, pois que a falta de regularidade dos fiscais na visita aos contribuintes permite jogos dessa natureza em que, vencido o prazo decadencial para lançamento do crédito tributário, a falta de pagamento não mais pode ser imputada ao sujeito passivo.

Resta ao contribuinte, contra os desmandos do Fisco, recorrer ao Poder Judiciário para fazer cumprir seus direitos. Sabidamente, o Poder Judiciário luta contra o excesso de trabalho gerado, até mesmo, pela lei tributária formulada à margem dos princípios constitucionais, o que também não garante aos interessados uma satisfação de seus interesses a tempo e a contento. Esse é mais um argumento a sustentar o mito de que a informalidade pode ser uma

---

entendimento como se observa em: SUPERIOR TRIBUNAL DE JUSTIÇA. Apelação em Mandado de Segurança n. 94.01.20419-5/DF. **DJU**, 19 dez. 1994.

[43] MACHADO, Hugo de Brito. **Curso de direito tributário**. 26. ed. São Paulo: Malheiros, 2005, p. 266.

aposta mais segura, na eventualidade de não se receber visita do Fisco, do que o custo de manter-se, alguém, na estrita conformidade legal.

REFERÊNCIAS

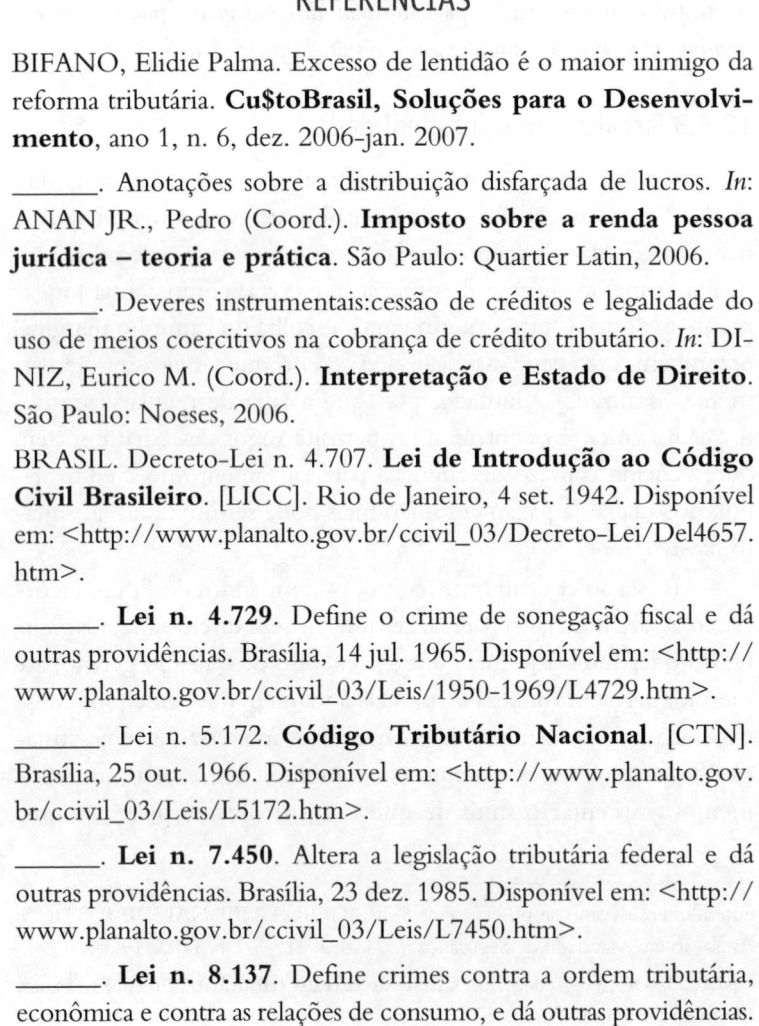

BIFANO, Elidie Palma. Excesso de lentidão é o maior inimigo da reforma tributária. **Cu$toBrasil, Soluções para o Desenvolvimento**, ano 1, n. 6, dez. 2006-jan. 2007.

_____. Anotações sobre a distribuição disfarçada de lucros. *In*: ANAN JR., Pedro (Coord.). **Imposto sobre a renda pessoa jurídica – teoria e prática**. São Paulo: Quartier Latin, 2006.

_____. Deveres instrumentais:cessão de créditos e legalidade do uso de meios coercitivos na cobrança de crédito tributário. *In*: DINIZ, Eurico M. (Coord.). **Interpretação e Estado de Direito**. São Paulo: Noeses, 2006.

BRASIL. Decreto-Lei n. 4.707. **Lei de Introdução ao Código Civil Brasileiro**. [LICC]. Rio de Janeiro, 4 set. 1942. Disponível em: <http://www.planalto.gov.br/ccivil_03/Decreto-Lei/Del4657.htm>.

_____. **Lei n. 4.729**. Define o crime de sonegação fiscal e dá outras providências. Brasília, 14 jul. 1965. Disponível em: <http://www.planalto.gov.br/ccivil_03/Leis/1950-1969/L4729.htm>.

_____. Lei n. 5.172. **Código Tributário Nacional**. [CTN]. Brasília, 25 out. 1966. Disponível em: <http://www.planalto.gov.br/ccivil_03/Leis/L5172.htm>.

_____. **Lei n. 7.450**. Altera a legislação tributária federal e dá outras providências. Brasília, 23 dez. 1985. Disponível em: <http://www.planalto.gov.br/ccivil_03/Leis/L7450.htm>.

_____. **Lei n. 8.137**. Define crimes contra a ordem tributária, econômica e contra as relações de consumo, e dá outras providências.

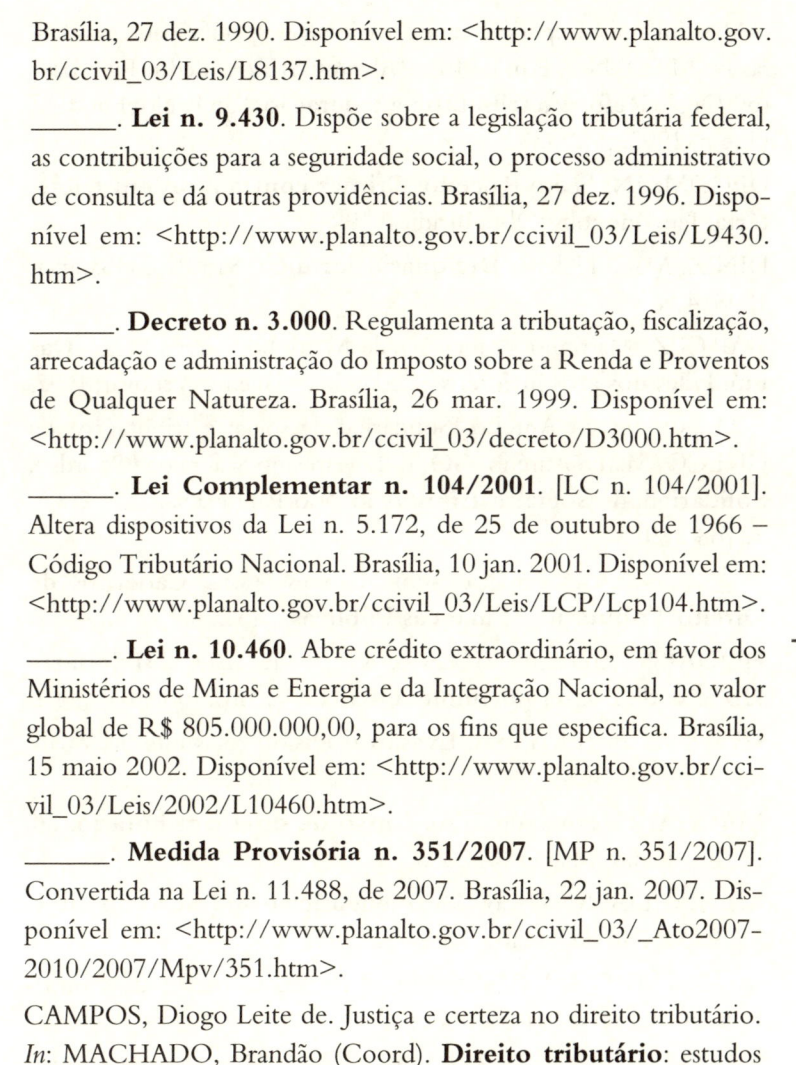

Brasília, 27 dez. 1990. Disponível em: <http://www.planalto.gov.br/ccivil_03/Leis/L8137.htm>.

_____. **Lei n. 9.430**. Dispõe sobre a legislação tributária federal, as contribuições para a seguridade social, o processo administrativo de consulta e dá outras providências. Brasília, 27 dez. 1996. Disponível em: <http://www.planalto.gov.br/ccivil_03/Leis/L9430.htm>.

_____. **Decreto n. 3.000**. Regulamenta a tributação, fiscalização, arrecadação e administração do Imposto sobre a Renda e Proventos de Qualquer Natureza. Brasília, 26 mar. 1999. Disponível em: <http://www.planalto.gov.br/ccivil_03/decreto/D3000.htm>.

_____. **Lei Complementar n. 104/2001**. [LC n. 104/2001]. Altera dispositivos da Lei n. 5.172, de 25 de outubro de 1966 – Código Tributário Nacional. Brasília, 10 jan. 2001. Disponível em: <http://www.planalto.gov.br/ccivil_03/Leis/LCP/Lcp104.htm>.

_____. **Lei n. 10.460**. Abre crédito extraordinário, em favor dos Ministérios de Minas e Energia e da Integração Nacional, no valor global de R$ 805.000.000,00, para os fins que especifica. Brasília, 15 maio 2002. Disponível em: <http://www.planalto.gov.br/ccivil_03/Leis/2002/L10460.htm>.

_____. **Medida Provisória n. 351/2007**. [MP n. 351/2007]. Convertida na Lei n. 11.488, de 2007. Brasília, 22 jan. 2007. Disponível em: <http://www.planalto.gov.br/ccivil_03/_Ato2007-2010/2007/Mpv/351.htm>.

CAMPOS, Diogo Leite de. Justiça e certeza no direito tributário. *In*: MACHADO, Brandão (Coord). **Direito tributário**: estudos em homenagem ao Prof. Ruy Barbosa Nogueira. São Paulo: Saraiva, 1984, p. 109-130.

CONGRESSO SOBRE TAX AVOIDANCE/TAX EVASION. **Anais**. Veneza: International Fiscal Association, IFA, 1983, v. 68.

DAIN, Sulamis. Experiência internacional e especificidade brasileira. In: AFFONSO, Rui de Brito Álvares; SILVA, Pedro Luiz Barros (Org.). **Reforma tributária e federação**. São Paulo: Fundap/Unesp, 1995, p. 21-38.

DECOMAIN, Pedro Roberto. **Crimes contra a ordem tributária**. Florianópolis: Obra Jurídica, 1994.

DINIZ, Maria Helena. **Dicionário jurídico**. São Paulo: Saraiva, 1998, 4 v.

GARCEZ, Martinho. Anotações de Martinho Garcez Neto. **Das nulidades dos atos jurídicos**. 5. ed. Rio de Janeiro: Renovar, 1997.

GRECO, Marco Aurélio. Solidariedade social e tributação. In: GRECO, Marco Aurélio; GODOI, Marciano Seabra de (Coords.). **Solidariedade social e tributação**. São Paulo: Dialética, 2005, p. 168-189.

_____. Notas à Legislação sobre Crimes Fiscais. **Cadernos de Direito Tributário e Finanças Públicas**, ano 2, n. 8, p 139-157.

HOUAISS, Antonio; VILLAR, Mauro de Salles. **Dicionário Houaiss da língua portuguesa**. Rio de Janeiro: Objetiva, 2001.

HUCK, Hermes Marcelo. **Evasão e elisão**: rotas internacionais. São Paulo: Saraiva, 1997.

MACHADO, Hugo de Brito. **Curso de direito tributário**. 26. ed. São Paulo: Malheiros, 2005.

MAXIMILIANO, Carlos. **Hermenêutica e aplicação do direito**. 9. ed. Rio de Janeiro: Forense, 1984.

MINISTÉRIO DA FAZENDA. Primeiro Conselho de Contribuintes. Acórdão 101-94-986.

MINISTÉRIO DA FAZENDA. Primeiro Conselho de Contribuintes. Acórdão n. 101-77.837. **DOU**, 11 jul. 1988.

MINISTÉRIO DA FAZENDA. Primeiro Conselho de Contribuintes. Acórdão 102-22973. Relatores Jacinto de Medeiros Calmon; Gustavo Ernani Cavalcanti Dantas. **Imposto de Renda**: Jurisprudência Administrativa, jan. 1992, v. 12.3, p. 183-191.

MINISTÉRIO DA FAZENDA. Primeiro Conselho de Contribuintes. Acórdão 103-14432. Recorrente Braspérola Ind. Com. S/A. Recorrida Delegacia da Receita Federal-ES. Relator José Roberto Moreira de Melo. **DOU**, 15 maio 1996, Seção 1, p. 8376.

MINISTÉRIO DA FAZENDA. Primeiro Conselho de Contribuintes. Acórdão 102-44.5288/00-**DOU**, 6 abr. 2001.

PACHECO, Ângela Maria da Motta. **Sanções tributárias e sanções penais tributárias**. São Paulo: Max Limonad, 1997.

POSNER, Richard A. Trad. Eduardo L. Suarez. **El análisis económico del derecho**. México, DF: Fondo de Cultura Económica, 2000.

PRICEWATERHOUSECOOPERS; WORLD BANK GROUP. **Paying taxes, the global picture**, 2006. Disponível em: <http://www.doingbusiness.org/documents/DB_Paying_Taxes.pdf.>. Acesso em: 10 jun. 2007.

RIBAS, Lídia Maria Lopes Rodrigues. **Direito penal tributário**: questões relevantes. 2. ed. São Paulo: Malheiros, 2004.

ROTHMAN, Gerd W. Extinção da punibilidade nos crimes contra a ordem tributária. **Repertório IOB de Jurisprudência**, n. 3, 1995.

SACCHETTO, Cláudio. O dever de solidariedade no direito tributário: o Ordenamento Italiano. *In*: GRECO, Marco Aurélio; GODOI, Marciano Seabra de (Coords.). **Solidariedade social e tributação**. São Paulo: Dialética, 2005, p. 9-52.

SCHOUERI, Luis Eduardo. **Normas tributárias indutoras e intervenção econômica**. Rio de Janeiro: Forense, 2005.

SUPERIOR TRIBUNAL DE JUSTIÇA. Apelação em Mandado de Segurança 94.01.20419-5/DF. **DJU**, 19 dez. 1994.

SUPERIOR TRIBUNAL DE JUSTIÇA. Recurso Especial 098.050-RS. **DJ**, 7 abr. 1997.

SUPREMO TRIBUNAL FEDERAL. Súmula de jurisprudência predominante n. 323. Sessão Plenária, 13 dez. 1963. **RTJ**, n. 17, p. 172.

SUPREMO TRIBUNAL FEDERAL. Súmula de jurisprudência predominante n. 547. Sessão Plenária, 3 dez. 1969. **DJ**, 10 dez. 1969, p. 5935.

SUPREMO TRIBUNAL FEDERAL. 1ª Turma. Recurso Extraordinário 104.993-RS. Relator Min. Octavio Gallotti. **Diário de Justiça da União**, 7 fev. 1986, p. 935.

SUPREMO TRIBUNAL FEDERAL. Tribunal Pleno. Relator Min. Carlos Velloso. Acórdão 115.452/SP, 4 out. 1990. **DJ**, 6 nov. 1999, p. 13059.

TORRES, Ricardo Lobo. Existe um princípio estrutural da solidariedade?. *In*: GRECO, Marco Aurélio; GODÓI, Marciano Seabra de (Coords.). **Solidariedade social e tributação**. São Paulo: Dialética, 2005, p. 198-207.

TRIBUNAL FEDERAL DE RECURSOS. 6ª Turma. Apelação Cível 115.478-RS. **DOU**, 18 fev. 1987.

TRIBUNAL REGIONAL FEDERAL. 1ª Região, 4ª Turma. *Habeas Corpus* 95.01.03147-0/DF. **Diário de Justiça da União**, 17 abr. 1995, p. 21581.

TRIBUNAL DE JUSTIÇA DE MINAS GERAIS. 4ª Câmara. Apelação Cível 153.152/4. **COAD**, n. 51, 1999, p. 801.

XAVIER, Alberto. **Tipicidade e tributação, simulação e norma antielisiva**. São Paulo: Dialética, 2001.

YAMASHITA, Douglas. **Elisão e evasão de tributos, planejamento tributário**: limites à luz do abuso de direito e da fraude à lei. São Paulo: Lex, 2005.